2026 COMPACT
공기업 전공필기

기·출·적·중
행정학

끝까지 책임진다! 시대에듀!
QR코드를 통해 도서 출간 이후 발견된 오류나 개정법령, 변경된 시험 정보, 최신기출문제, 도서 업데이트 자료 등이 있는지 확인해 보세요! **시대에듀 합격 스마트 앱**을 통해서도 알려 드리고 있으니 구글 플레이나 앱 스토어에서 다운받아 사용하세요.
또한, 파본 도서인 경우에는 구입하신 곳에서 교환해 드립니다.

편집진행 김준일·이경민·오다움 | **표지디자인** 김경모 | **본문디자인** 하한우·조윤정

PREFACE

머리말

공기업 전공필기 행정학 시험의 최적 대비서

행정학은 행정현상을 연구대상으로 하는 사회과학의 한 분야로, 국가의 효율적인 운영을 통해 국가 전반의 발전을 도모하는 응용 사회과학 분야입니다. 정부조직의 활동과 민간기업 및 NGO(비영리기구)와의 협력적 관계, 그리고 급격한 사회변동에 따른 정책적 대응에 이르기까지 그 분야는 다양하고 방대합니다.

이러한 행정학의 방대한 범위를 고려해 볼 때, '단기완성'이라는 것은 사실상 불가능할 수도 있으나 취업이 목적일 경우에는 일정 수준의 학습을 통한 준비가 가능할 것입니다.

이 책의 특징은 다음과 같습니다.

- **첫 째** 최신복원문제와 기출 키워드 및 중요도를 통해 출제 방향성을 파악함으로써 시험에 유리한 방식으로 학습할 수 있도록 하였습니다.
- **둘 째** 탄탄한 기본이론으로, 행정학 이론을 꼼꼼하게 정리하여 확실한 기본기를 다질 수 있게 하였습니다.
- **셋 째** 기본이론뿐만 아니라 변별력을 위해 종종 출제되지만 놓치기 쉬운 세부이론을 추가하여 경쟁력을 강화할 수 있도록 하였습니다.
- **넷 째** 2021년부터 2025년까지 최근 5개년간 출제된 기출을 분석하여 실전과 유사하게 문제를 구성하였습니다.
- **다섯째** 직접 시간을 측정하며 풀 수 있는 하프모의고사 3회분으로 수험생 여러분들이 실전감각을 익힐 수 있도록 하였습니다.

이렇듯 탄탄한 기본이론과 틈틈이 채워진 세부이론을 통해 더욱 효율적으로 학습할 수 있으며, 양질의 기출분석문제와 하프모의고사를 풀면서 기초 실력뿐만 아니라 실전 적응력을 키울 수 있을 것입니다.

아무쪼록 공기업 전공시험을 준비하는 데 있어 본서가 큰 도움이 되길 바라며, 수험생들의 최종 합격을 진심으로 기원합니다.

시대전공필기연구소 일동

이 책의 구성

1 최신복원문제와 기출 키워드

- 이론을 학습하기에 앞서 최신복원문제를 통해 기출의 방향성을 먼저 파악하여 이론 습득에 흥미를 느낄 수 있도록 하였습니다.
- 출제빈도가 잦은 기출 키워드를 정리하여, 이론을 공부하기 전 중점적으로 봐야 할 중심주제를 먼저 확인할 수 있게 하였습니다.

2 탄탄한 기본이론

- 행정학 이론을 완벽하게 정리하여 기본기를 탄탄하게 다질 수 있게 하였습니다.
- 심화이론들을 이해하기 용이하게 정리하여 간편하게 학습할 수 있도록 하였습니다.

3 개념더하기와 개념체크 OX

- 개념더하기를 통해 놓치기 쉬운 세부이론들을 확인하여 경쟁력을 강화할 수 있도록 하였습니다.
- 개념체크 OX를 통해 중요이론을 철저히 복습할 수 있게 하였습니다.

4 기출분석문제

- 최근 5개년 동안 출제된 문제들의 유형을 복원하여 실전과 같은 문제를 풀 수 있도록 하였습니다.
- 출제가 잦은 기출 키워드들을 반영해 문제를 구성하여 효율적으로 문제풀이를 연습할 수 있도록 하였습니다.
- 해당 문제 유형이나 키워드가 출제되었던 기관명을 기재하여 각 기관이 선호하는 출제 경향을 파악할 수 있도록 하였습니다.

5 하프모의고사

- 직접 시간을 재며 풀 수 있는 모의고사를 통해 실전감각을 익힐 수 있도록 하였습니다.
- 다양한 유형의 문제를 통해 이론에 대한 이해도를 스스로 점검할 수 있도록 하였습니다.

2026 COMPACT 공기업 전공필기
기·출·적·중 행정학

INTRODUCE

공공기관의 의미

공공기관이란 정부의 투자·출자 또는 정부의 재정지원 등으로 설립·운영되는 기관으로서 일정 요건에 해당하여 기획재정부장관이 매년 지정한 기관을 의미합니다.

공공기관의 운영에 관한 법률(제4조)

공공기관의 현황

2025년 공공기관 지정 331개

공기업 31개
직원정원이 300명, 총 수입액 200억 원, 자산규모가 30억원 이상이면서, 총 수입액 중 자체 수입액이 차지하는 비중이 50% 이상인 공공기관

- **시장형 14개**
  자산규모가 2조원 이상이고, 총 수입액 중 자체 수입액이 85% 이상인 공기업(한국전력공사, 한국가스공사 등)

- **준시장형 17개**
  시장형 공기업이 아닌 공기업(한국조폐공사, 한국방송광고진흥공사 등)

준정부기관 57개
직원정원이 300명, 총 수입액이 200억원, 자산규모가 30억원 이상이면서, 총 수입액 중 자체 수입액이 차지하는 비중이 50% 미만인 공공기관

- **기금관리형 12개**
  국가재정법에 따라 기금을 관리하거나, 기금의 관리를 위탁받은 준정부기관(국민체육진흥공단, 근로복지공단 등)

- **위탁집행형 45개**
  기금관리형 준정부기관이 아닌 준정부기관(한국국제협력단, 한국장학재단 등)

기타공공기관 243개
공기업, 준정부기관이 아닌 공공기관

이 책의 차례

PART 1 | 행정학 기초이론
핵심이론 + 기출분석문제

- CHAPTER 01 행정학의 의의 · · · · · · 002
- CHAPTER 02 행정학의 성립과 발달 · · · · · · 022
- CHAPTER 03 행정학의 주요이론 · · · · · · 036

PART 2 | 정책론
핵심이론 + 기출분석문제

- CHAPTER 01 정책의 기초이론 · · · · · · 086
- CHAPTER 02 정책의제의 형성과정 · · · · · · 094
- CHAPTER 03 정책결정론 · · · · · · 104
- CHAPTER 04 정책분석론 · · · · · · 116
- CHAPTER 05 정책집행론 · · · · · · 132
- CHAPTER 06 정책평가론 · · · · · · 146
- CHAPTER 07 기획론 · · · · · · 162

PART 3 | 조직론
핵심이론 + 기출분석문제

- CHAPTER 01 조직의 기초이론 · · · · · · 170
- CHAPTER 02 조직의 구조 · · · · · · 190
- CHAPTER 03 조직과 환경 · · · · · · 222
- CHAPTER 04 조직행태론 · · · · · · 232
- CHAPTER 05 조직관리론 · · · · · · 250

이 책의 차례

PART 4 인사행정론
핵심이론 + 기출분석문제

- CHAPTER 01 인사행정의 기초이론 ········· 276
- CHAPTER 02 임 용 ········· 296
- CHAPTER 03 공무원의 능력발전 ········· 306
- CHAPTER 04 공무원의 복지와 사기 ········· 328
- CHAPTER 05 근무규범 ········· 346

PART 5 재무행정론
핵심이론 + 기출분석문제

- CHAPTER 01 예산의 일반이론 ········· 368
- CHAPTER 02 예산제도 ········· 390
- CHAPTER 03 예산의 과정 ········· 408

PART 6 행정통제 및 개혁
핵심이론 + 기출분석문제

- CHAPTER 01 행정통제 ········· 428
- CHAPTER 02 행정개혁 ········· 446

PART 7 지방행정론
핵심이론 + 기출분석문제

- CHAPTER 01 지방행정의 기초이론 ········· 458
- CHAPTER 02 지방자치 ········· 472

PART 8 하프모의고사

- 제1회 하프모의고사 ········· 484
- 제2회 하프모의고사 ········· 489
- 제3회 하프모의고사 ········· 494
- 정답 및 해설 ········· 499

01 행정학 기초이론

CHAPTER 01 행정학의 의의

CHAPTER 02 행정학의 성립과 발달

CHAPTER 03 행정학의 주요이론

Chapter 01
행정학의 의의

기출복원문제

키워드 공행정과 사행정

공행정과 사행정에 대한 설명으로 옳지 않은 것은? 한국보훈복지의료공단

① 공행정은 평등의 원칙을 적용하지만 사행정은 평등의 원칙을 엄격히 적용하지 않는다.
② 공행정은 정부의 강제에 의해 발생하고 사행정은 시장의 원리에 의해 발생한다.
③ 공행정은 법적규제가 비교적 약하나 사행정은 법적규제가 강하다.
④ 공행정은 독점성이 강하나 사행정은 독점성이 약하다.

해설 공행정은 공익을 추구하므로 법적규제가 비교적 강하다. 그러나 사행정이라 할 수 있는 경영은 법적 테두리 안에서 활동이 이루어지기는 하지만 공행정에 비해 법적규제가 약하다.

정답 ③

기출 키워드	중요도
☑ 행정학적 행정개념	★★
☑ 행정학의 발달순서	★★★
☑ 공공서비스의 유형	★★
☑ 전통적 행정과정	★
☑ 현대적 행정과정	★
☑ 정치와 행정의 관계	★★★
☑ 공행정과 사행정	★★

PART 1 행정학 기초이론

행정학의 의의

01 행정학의 개념

역사적으로 행정의 개념은 서구 근대국가와 함께 등장한 삼권분립이론을 배경으로 입법·사법과 대립되는 개념으로 발전되어 왔다. 이후 역대 행정학자들은 정치와 행정의 관계, 정부의 역할, 행정에 대한 접근방법 등을 중심으로 다양한 개념을 제시해 왔다. 이로 인해 시대나 지역, 행정을 보는 관점에 따라 행정에 관한 정의는 다양하다. 그러나 일반적으로 행정이란 '공동의 목표를 설정하고 이를 달성하기 위해 기회비용을 최소화시키면서 그 목표 달성과 관련된 적정 수단을 정확히 선택하는 계산된 행동(광의의 행정)'이라고 할 수 있다.

1 행정학적 행정개념

(1) 행정관리설
① 행정을 정치에서 이미 수립된 법률이나 정책을 구체적인 상황에 맞춰 집행하고 관리하는 기술적 과정으로 보는 견해이다.
② 엽관주의의 폐단을 극복하기 위한 개념으로 행정의 능률성을 중시하였다.
③ 행정의 가치중립적인 기술적 과정을 강조함으로써 행정의 독자적 영역과 위치를 설정하고 행정학이론을 처음 성립시켰다는 점에서 의의가 크다.
④ 20세기 전후에 윌슨(W. Wilson), 화이트(L.D. White) 등 정치·행정이원론자들에 의해 주장되었다.

(2) 통치기능설(정치기능설)
① 행정이란 법이나 정책의 집행·관리뿐만 아니라 정책을 수립·형성하는 기능까지 수행한다고 보는 견해이다.
② 대공황을 계기로 대두된 행정국가에 따른 개념으로, 행정을 정치와 구분될 수 없는 상호보완적인 통치과정으로 본다.
③ 행정을 단순히 수단적·기술적 관점이 아니라 정치·사회현상의 기능적 관점에서 접근함으로써 행정기능을 확대·강화시키는 요인이 되었다.
④ 1930년대 중반 디목(M.E. Dimock), 애플비(P.H. Appleby) 등 정치·행정일원론자 혹은 기능적 행정학자들의 입장이다.

개념더하기

광의의 행정과 협의의 행정
광의의 행정은 조직 일반에 적용할 수 있는 인간협동의 측면에 초점을 맞추는 개념으로, 공공단체, 기업체, 민간단체 등 모든 조직 활동에서 찾아볼 수 있다. 병원행정, 학교행정, 목회행정 등이 그 예이다. 한편 협의의 행정은 행정부 및 공무원을 중심으로 이루어지는 활동을 의미한다.

(3) 행정행태설

① 행정이란 목표달성을 위하여 협동하는 인간집단의 합리적 활동(특히 의사결정과정) 또는 협동적 집단행동이다.
② 행정학의 과학화를 위해 가치와 사실을 구분하고 행정연구는 사실에 한정시킴으로써 가치판단적인 정치기능을 배제하는 입장을 취하고 있다.
③ 행정연구에 있어서 가치나 제도보다는 인간의 행태 자체를 연구하고자 하는 연구방법으로, 1940년대 이후 버나드(C.I. Barnard), 사이먼(H.A. Simon) 등 정치·행정새이원론자들에 의해 주장되었다.

(4) 발전기능설

① 행정을 정치사회의 발전목표를 적극적으로 설정하기 위한 발전정책의 형성·집행으로 이해한다.
② 행정의 사회변동 주도능력을 중시하고, 공무원의 쇄신지향적인 가치관을 중시하였으며, 행정이념 중 효과성을 강조하였다.
③ 1960년대 이후 발전행정론을 바탕으로 개발도상국에서 강조되는 입장으로, 에즈먼(M.J. Esman), 와이드너(E.W. Weidner) 등 정치·행정새일원론자들에 의해 주장되었다.
④ 행정기능의 적극적이고 우월적인 측면을 강조하였다.

(5) 정책화기능설

① 행정을 공공정책의 형성에 있어서 중요한 역할을 하는 정치과정의 일부로 보는 견해이다.
② 1970년대 이후 행정의 정책형성기능을 강조하는 입장으로 샤칸스키(I. Sharkansky), 알렌워드(D.T. Allenworth) 등 정치·행정새일원론자에 의해 주장되었다.
③ 발전기능설과 유사하나 행정의 정책형성기능을 특히 강조하고, 정책결정과정에서의 갈등문제를 중시한다는 점에서 차이가 있다.

(6) 국정관리설(Governance)

① 행정은 국가에 의한 통치가 아니라 '모든 형태의 집단적 공공활동(거버넌스)'이며 능률성, 경제성, 효과성과 아울러 형평성, 공정성의 기준에 부합되도록 정부, 준정부, 비정부기관 등을 조직하고 관리하는 것이다.
② 정부기능의 대폭적인 감축, 민영화, 계약에 의한 민간위탁 등에 중점을 두며, 정부가 공공서비스를 직접 제공하기보다 다른 대안의 탐색을 추구한다.
③ 절차나 과정보다 결과와 성과에 중점을 두며 고위관리자의 개인적 책임이나 역할이 강조된다.

개념체크 O ×

• 통치기능설은 행정을 정치와 구분될 수 없는 상호보완적인 통치과정으로 본다. O X
• 정책화기능설은 개발도상국에서 강조되는 입장으로, 에즈먼(M.J. Esman), 와이드너(E.W. Weidner) 등 정치·행정새일원론들에 의해 주장되었다. O X

O, ×

④ 국제적 경쟁에 대비하고 정부의 경쟁력과 생산성을 향상시키기 위하여 공공부문의 시장화와 공공서비스의 시장지향화를 추구하며, 통제·규제 위주의 행정관리모형으로부터 시장모형적 성격을 띤 공공관리의 새로운 모형을 모색하고 개인도 공동생산자로서 인식된다.

개념더하기

행정 개념에 대한 학자별 주장
- 윌슨(W. Wilson)은 「행정의 연구(1887)」에서 행정과 정치의 분리를 강조하며 행정의 능률성을 강조하였다.
- 애플비(P.H. Appleby)는 「정책과 행정(1949)」에서 정책(가치)과 행정(사실)의 연계·통합을 강조하였다.
- 사이먼(H.A. Simon)은 정치·행정새이원론을 주장하며, 행정의 합리화를 강조하였다.

행정학의 발달순서

구분	행정관리설	통치기능설	행정행태설	발전기능설	정책화기능설	국정관리설
대두시기	1880~1930년대	1930~1940년대	1940~1960년대	1960년대	1970년대	1980년대 후반
대두배경	엽관제의 극복, 행정의 능률성 추구	세계대공황과 뉴딜정책	행정의 과학화, 가치와 사실의 구분	신생독립국과 개발도상국의 발전 필요성	선진국의 사회문제 적극적 해결	감축관리의 필요성과 공공부문의 생산성 향상
내용	법이나 정책의 구체화를 위한 사무·관리·기술·집행체제	행정을 정책결정과 집행으로 이해	행정행태의 규칙성을 과학적으로 규명	발전목표의 설정과 이를 위한 대응능력의 향상	행정의 정책형성 기능을 중시	신자유주의에 의한 작은 정부의 실현
정치·행정	정치·행정 이원론	정치·행정 일원론	정치·행정 새이원론	정치·행정 새일원론	정치·행정 새일원론	정치·행정 이원론
행정·경영	공·사행정 일원론	공·사행정 이원론	공·사행정 새일원론	공·사행정 새이원론	공·사행정 새이원론	공·사행정 일원론
행정이념	능률성	민주성	합리성	효과성	형평성	생산성
학자	윌슨(W. Wilson), 화이트(L.D. White)	디목(M.E. Dimock), 애플비(P.H. Appleby)	버나드(C.I. Barnard), 사이먼(H.A. Simon)	에즈먼(M.J. Esman), 와이드너(E.W. Weidner)	샤칸스키(I. Sharkansky), 알렌워드(D.T. Allenworth)	후드(C. Hood)

2 행정법적 행정개념

① 행정법상 행정개념은 크게 실질적 개념설과 형식적 개념설로 나눌 수 있다.
② 실질적 개념설이란 국가의 작용을 그 성질에 따라 입법·사법·행정으로 나누고, 입법 및 사법에 대비되는 것이 행정이라고 본다.
③ 형식적 개념설은 행정기관이 하는 행위를 행정이라고 본다.
④ 행정법에서는 실질적 개념설이 통설인데 실질적 개념설은 다시 구별긍정설과 구별부정설로 나누어진다.

		입법·사법으로부터 행정이 구별될 수 있다.
구별긍정설	소극설	행정은 입법·사법을 제외한 나머지 국가작용의 일체를 말한다.
	적극설	'행정은 어떤 것이다'라고 적극적으로 규명하려고 시도한 학설들이다. • 국가목적실현설 : 국가목적을 실현하려는 작용이다. • 결과실현설 : 법질서하에서 법의 구속을 받으면서 구체적으로 공익이라는 결과를 실현해 내는 계속적이고 형성적인 국가 활동이다(행정법상 통설).
구별부정설		입법·사법으로부터 행정을 구별할 수 없다(기관양태설, 법단계설, 법함수설).

> **개념더하기**
>
> **행정법상 행정개념**
> 행정법상 행정개념은 종래의 엄격한 삼권분립을 전제로 하고 있을 뿐만 아니라 행정을 단순히 법령의 집행·관리 작용으로 인식하고 있어, 행정부 우위의 현대 행정국가화 추세에 부합하지 않는 경향이 있다.

3 공공서비스의 유형

(1) 민간재(사적재)
민간재는 자동차나 옷 등 개별적 소비가 이루어지고(경합성) 배제가 가능하기 때문에(배제성), 시장메커니즘에 의해 수요 공급의 법칙에 따라 자동적으로 조절 공급될 수 있는 사적 재화를 말한다.

(2) 요금재(유료재)
요금재는 교통, 통신, 전기, 가스, 상하수도, 고속도로 등 공동으로 소비하지만(비경합성), 요금을 지불하지 않으면 배제가 가능하기 때문에(배제성), 공기업이나 시장에서 공급될 수 있는 재화를 말한다.

(3) 공유재(공동재)
공유재는 야생동식물, 자연환경 등 소비는 경쟁적이지만(경합성) 배제가 불가능한(비배제성) 재화로 구성원 모두가 공유하는 자연자원이다. 공유재는 소비가 경쟁적이어서 고갈상태(공유지의 비극)를 초래할 수 있다.

> **개념더하기**
>
> **재화의 유형**
>
> | 구 분 | 비경합성 | 경합성 |
> |---|---|---|
> | 비배제성 | 공공재
(집합재) | 공유재
(공동재) |
> | 배제성 | 요금재
(유료재) | 민간재
(사적재) |

> **개념체크** ○ ×
>
> • 상하수도, 고속도로, 가스는 요금재에 속한다. ○×
> • 공유재는 비경합성과 배제성을 가지고 있다. ○×
>
> ○, ×

(4) 공공재

공공재(Public Goods)란 국방·치안 서비스, 도로, 항만 등 국가에 의해 생산·분배·유통되는 재화와 용역을 말한다. 공공재는 사회적으로 필요한 것이지만 재화의 비배제성, 비분할성, 비경합성 때문에 시장기구를 통해 공급하기 어려우므로 시장기능에 의해 결정되지 않고 정치적인 판단에 의해 결정된다.

① 등량소비성

많은 사람이 동일한 재화를 동시에 소비하여 동일한 이익을 얻을 수 있다.

② 비배제성

불특정 다수인에게 공급되므로 비용을 지불하지 않은 특정인을 소비로부터 배제하기 어렵다.

③ 무임승차성

비용부담을 하지 않은 국민도 행정서비스 혜택을 받는 데 있어 불이익을 받지 않는다. 수익자부담의 원칙이 적용되지 않으므로 공공재의 생산에는 기여하지 않으면서 소비를 하려는 이기적인 행동을 하게 된다.

④ 비분할성

특정인에게만 분할하여 배타적으로 공급될 수 없다.

⑤ 비시장성

공공재는 시장에 의하여 공급하기 어렵거나 불가능하게 된다. 이에 따라 공공재는 세금을 재원으로 하여 정부가 직접적으로 공급한다.

⑥ 비축적성

생산과 소비가 동시에 이루어지므로 서비스를 저장·축적할 수 없다.

⑦ 과소비의 문제

공공재는 비배제성 때문에 가격기구를 통하여 소비를 제한하기 어려운 경우가 많다. 따라서 공공재는 항상 과소비의 문제가 발생하게 된다.

⑧ 집합적 이용

모든 사람들이 똑같은 수준으로 이용이 가능하게 되며, 개인들이 자신의 선호를 충족하기 위해 개인의 소비 수준을 적용하기 어렵다.

⑨ 외부효과

의도하지 않은 제3의 효과나 부작용으로서 주로 정치적 개입에 의한 졸속행정이 원인이다.

개념 더하기

외부효과

외부효과에는 외부경제(External Economy)와 외부불경제(External Diseconomy)가 있다.

- 외부경제란 어떤 경제주체의 경제활동이 시장가격기구를 통하지 않고 다른 경제주체의 후생을 증가시키는 경우를 말한다.
- 외부불경제란 어떤 경제주체의 경제활동이 시장가격기구를 통하지 않고 다른 경제주체의 후생을 감소시키는 것을 말한다.
- 예를 들어 집 주변에 공원이 생겨 주거환경이 쾌적해졌다면 이는 외부경제라 할 수 있으며, 공장이 생겨 주거환경이 열악해졌다면 이는 외부불경제라 할 수 있다.

02 행정의 변수와 과정

1 행정의 변수

행정변수란 행정현상을 야기하는 요인 또는 행정활동에 영향을 주는 요인이라고 할 수 있다. 일반적으로 행정변수라 하면 '구조', '인간', '환경'의 3대 변수를 말한다. 이에 '기능'을 더하면 4대 변수가 되고, '이념'을 더하면 5대 변수가 된다.

(1) 구 조
① 법령, 제도, 행정목표, 직책, 절차, 과정, 역할 등 공식적 요소나 제도 일반을 말한다.
② 과학적 관리법, 고전적 조직론, 근대 관료제, 초기 행정학, 공식 조직에서 중시하였다.
③ 소극적 · 침체적 가치관(X이론), 폐쇄체제

(2) 인 간
① 지식, 기술, 인간관계, 귀속감 등 사회적 · 심리적 · 비공식적 요인을 말한다.
② 인간관계론, 신고전적 조직론, 비공식 조직에서 중시하였다.
③ 적극적 · 진취적 가치관(Y이론), 폐쇄체제

(3) 환 경
① 정치, 경제, 사회, 문화 등 조직 외적 요인 전반을 말하며, 행정조직을 사회의 하위체제로 보고 각 하위체제 간의 관계를 변수로 간주한다.
② 생태론, 체제론에서 중시하였다.
③ 현대조직론, Y이론, 개방체제

(4) 기 능
① 행정부에서 추상적인 법령이나 제도를 구체화하는 기능을 말한다.
② 비교행정론에서 중시하였다.

(5) 이념(가치관과 태도)
① 행정은 환경으로부터 영향을 받는 것만이 아니라 환경을 적극적 · 능동적으로 변화시키는 독립변수이며, 인간의 가치관, 창조성, 쇄신성, 성취의욕, 적극성이 중요하다.
② 1960년대의 발전행정론과 1970년대에 대두한 신행정론에서 중시하였다.
③ 발전인은 자연을 극복하려는 태도, 미래지향적 태도, 성취지향적 태도, 강한 쇄신, 창조성을 가진 사람을 말한다.

개념체크 ○ ×

- 인간관계론은 비공식조직의 중요성을 인정한다. ○×
- 발전인은 자연을 극복하려는 태도, 미래지향적 태도, 성취지향적 태도, 강한 쇄신, 창조성을 가진 사람을 말한다. ○×

○, ○

행정론의 변천과 행정변수

구 분	고전기 (1880년대)	신고전기 (1930~ 1940년대)	현대(1950년대~)		
행정이론	과학적 관리론, 관료제 이론, 행정관리론	인간관계론, 행정행태론	생태론, 체제론	비교 행정론	발전행정론, 신행정론
변 수	구 조	인 간	환 경	기 능	이념(가치관 과 태도)

2 행정의 과정

(1) 개 념
행정목표를 효율적으로 달성하기 위한 절차나 단계를 말한다. 전통적 행정과정(1920년대)과 현대적 행정과정(1960년대)으로 구분할 수 있다.

(2) 전통적 행정과정
① 근대 입법국가 시대의 초기 행정이론이나 정치 · 행정이원론하에서 중시하였다.
② 귤릭(L.H. Gulick)의 POSDCoRB 개념에 따라 행정과정을 '계획 → 조직화 → 실시 → 통제'의 과정으로 파악할 수 있다.
③ 행정을 정태적 · 수단적 차원에서, 단순히 정치가 내세운 목표를 달성하기 위한 수단이나 기술로 파악하였다.
④ 정치 · 행정이원론, 공 · 사행정일원론의 입장에서 원리주의를 강조하여 능률성을 제1의 공리로 간주하였다.

> **POSDCoRB**
> 귤릭(L.H. Gulick)과 어웍(L.F. Urwick)이 공저한 「행정과학논문집」 중 한 논문에서 귤릭이 POSDCoRB을 전개하였다. POSDCoRB는 전통적 행정이론에서 최고관리층의 7가지 기능의 머리글자만 따서 만든 용어이다.
> - 기획(Planning) : 목표나 정책의 합리적 운용을 위한 준비 활동
> - 조직화(Organizing) : 인적 · 물적 자원과 정보를 편제하는 과정
> - 인사, 총무(Staffing) : 인적 자원을 관리하는 활동
> - 지휘(Directing) : 목표의 성취를 위한 기준을 지시하는 활동
> - 조정(Coordinating) : 조직 총화의 증대를 위해 모든 구성체들이 하나의 구심점에 연계된 활동을 하도록 하는 과정
> - 보고(Reporting) : 보고를 받기도 하고 하달하기도 하는 과정
> - 예산(Budgeting) : 예산을 편성 · 관리 · 통제하는 제반 활동

개념체크 ○×
- POSDCoRB에서 P는 기획(Planning)을 의미한다. ○×
- POSDCoRB에서 Co는 협동(Cooperation)을 의미한다. ○×

○, ×

(3) 현대적 행정과정

행정국가시대에 있어서 행정이 지녀야 할 과정을 발전행정론의 입장에서 동태적·거시적·기능적·목적적 차원에서 파악한 것이다.

① 목표설정(Goal-setting)

행정이 달성하고자 하는 바람직한 미래상을 설정하는 과정으로, 필연적으로 가치판단의 문제를 포함한다. 가장 창조적인 과정으로 정치·경제·사회·문화적 욕구에 기하여 정치과정을 통합하여 성립한다.

② 정책결정(Policy Making)

행정목표를 능률적으로 수행하기 위하여 여러 대안 중에서 합목적적·합리적으로 최적안을 선택하는 과정이다.

③ 기획화(Planning)

행정목표나 정책결정을 달성하기 위하여 효과적인 계획을 설정하는 과정이다. 개발도상국에서 특히 동태적 변동 유도, 양적 성장과 질적 변화를 이룩하기 위한 기획을 중요시한다.

④ 조직화(Organizing)

행정목표를 달성하는 데 적합하도록 분업구조의 편제와 인적·물적 자원을 동원, 배분하는 과정이다. 즉 무엇을 어떻게 하겠다는 안이 확립되면 이를 구체화하는 수단으로서 인간의 협동체인 조직 또는 분업체제 및 자원의 동원과 배분이 필요하게 된다.

⑤ 동기부여(Motivating)

조직이 계획대로 움직일 수 있도록 필요한 동기를 부여하고 자극하는 과정이다.

⑥ 통제(Controlling)

동기부여 후 조직이 원래 의도대로 움직이고 있는지를 검토·조정하는 과정이다.

⑦ 환류(Feedback ; 시정조치)

행정의 결과를 분석·검토하여 후행하는 행정과정에 투입·반영시키는 과정이다. 환류는 구체적으로 시정조치의 형태를 취함으로써 행정의 효율성과 질적 수준을 제고한다.

개념체크 ○ ×

- 환류는 목표수정과 오차수정을 위한 장치이다. ○|×
- 환류는 정책결정에 참여했던 사람을 징계하기 위한 장치이다. ○|×

○, ×

03 정치와 행정

1 의의

① 일반적으로 권력이나 영향력의 행사와 관련되는 정치는 입법부를 중심으로 한 정치인의 영역으로서 가치지향적인 목표설정 및 정책결정 활동을 말한다.
② 이에 비해 행정은 행정부의 일반공무원의 영역으로서 사실관계적인 집행적 활동을 말한다.
③ 정치와 행정은 상호 밀접한 관계를 맺고 있으며, 양자의 관계에 대한 인식은 행정학 성립 이후의 기본문제로서 행정학의 발달과정과 함께 변화해 왔다고 할 수 있다.

2 정치·행정이원론(기술적 행정학)

(1) 의의
① 정치·행정이원론은 정치와 행정을 개념적으로 분리하여, 행정을 정책의 효율적인 집행을 위한 관리기술로 보는 입장으로 기술적 행정학이라고도 한다.
② 정치·행정이원론을 최초로 주장한 사람은 윌슨(W. Wilson)으로 그의 「행정의 연구」라는 논문에서부터였다. 그는 이 논문에서 '행정의 분야는 사무의 분야이고, 행정은 정치의 고유영역 밖에 존재하며, 행정문제는 정치문제가 아니다'고 하여 정치로부터 행정의 분리·독립을 주창하였다. 그 후 화이트(L.D. White), 굿노우(F.J. Goodnow), 윌로비(W.F. Willoughby) 등에 의하여 계승·발전되었다.

(2) 성립배경
① 엽관주의의 폐해
정치·행정이원론은 19C 후반 엽관주의·정실주의의 부작용으로 행정의 낭비와 비능률이 야기됨에 따라, 행정을 정치로부터 분리하여 공무원의 정치적 중립과 안정성을 확보하고 행정의 전문성과 기술성을 제고하기 위하여 대두되었다.
② 과학적 관리법
사기업 분야에서 경영의 능률을 제고하기 위해 도입된 과학적 관리법은 행정학 분야에도 많은 영향을 끼쳤다. 특히 윌로비(W.F. Willoughby)는 행정을 비정치적 성격을 띤 순수한 관리기술 과정으로 이해하고 행

개념체크 ○ ×
• 정치·행정이원론은 행정의 정책결정기능을 강조한다. ○×
• 정치·행정이원론은 행정의 전문화와 관리의 능률성을 추구하는 이론이다. ○×

×, ○

정의 영역에 과학적 연구 방법을 적용함으로써 행정에서의 합리성과 절약·능률을 강조하였다.
③ 행정학의 독자성 확보를 위한 노력
윌슨(W. Wilson)을 시초로 하여 정치에 대한 행정의 종속성을 탈피하고 행정의 독자성과 정체성을 확보하기 위한 학문적 노력으로 정치·행정이원론이 등장하게 되었다.

(3) 평 가
① 정치와 행정을 분리하여 행정학이 독자적인 학문체계로 발전하는 데 기여하였다.
② 공무원의 중립성과 능률성을 제고할 수 있는 직업공무원제도와 실적주의를 도입하는 이론적 배경을 제공하였다.

(4) 한 계
① 행정영역과 권한이 확대·강화된 행정부 우위의 현대 행정국가에서는 행정을 정치로부터 완전히 분리하는 것이 가능하지도 않으며, 바람직하지도 않다.
② 행정의 목표설정기능을 소홀히 하고 있으며, 행정을 행정조직 내의 관리 작용으로만 인식하여 환경적 요인을 제대로 반영하지 못하고 있다.

3 정치·행정일원론(기능적 행정학)

(1) 의 의
① 정치·행정일원론은 행정영역을 정치로부터 명확히 분리하지 않고, 행정의 정책결정 등 정치적 측면을 인정하는 입장으로 기능적 행정학이라고도 한다.
② 디목(M.E. Dimock)은 정책결정과 정책집행과정이 상호 간의 명확한 경계를 가지는 것이라기보다는 연속선상에 있다고 지적하면서 이원론에서의 기계적 능률이 아닌 사회적·인간적 능률을 주장하였다.
③ 애플비(P.H. Appleby)는 '정책과 행정'에서 가치판단적인 정책결정이 행정과정에서도 이루어진다고 주장하였다.

(2) 성립배경
① 1930년대에 경제대공황에 따른 각종 문제와 사회의 분화·복잡화 현상 등에 대응하기 위해 행정의 기능이 더욱 확대·강화되어, 행정이 정책결정기능까지 담당하게 되었다.

개념체크 ○ ×
- 정치·행정일원론에서 공공조직의 관리자들은 정책결정자를 위한 지원, 정보제공의 역할만을 수행한다. ○ ×
- 정치·행정일원론에서 공공조직의 관리자들이 수집, 분석, 제시하는 정보는 가치판단적인 요소를 내포한다. ○ ×

×, ○

② 행정의 이러한 정치적 기능을 종래의 이원론으로는 제대로 설명할 수 없었으며, 이에 따라 정치와 행정과의 관계를 연속적·일원적으로 파악하려는 정치·행정일원론이 대두하게 되었다.

4 정치·행정새이원론(행태론적 행정학)

(1) 성립배경

1940년대 중반 이후 행정의 연구가 지나치게 가치판단적인 정책결정에 치우치는 것에 대한 반발로 사이먼(H.A. Simon)을 중심으로 한 행태론의 입장에서 정치와 행정을 분리하여 행정의 정체성을 강조하면서 행정의 과학화를 추구하는 정치·행정새이원론이 제기되었다.

(2) 내용

① 정치·행정새이원론의 대표적인 학자인 사이먼(H.A. Simon)은 행정의 가치판단적인 정책결정기능을 인정하였지만, 행정연구의 과학화를 위하여 논리실증주의에 입각하여 정치와 행정을 구분하고자 하였다. 이에 따라 그는 행정 현상을 가치판단적인 것과 사실적인 것으로 구분하고, 사실적인 것만을 연구의 대상으로 할 것을 주장하였다.

② 이를 위해 사이먼(H.A. Simon)은 학문연구에 있어 제도나 구조보다는 집단이나 인간의 행태에 관심을 돌려 과학적 분석의 기초로 삼는 행태론을 행정학에 도입하였다.

5 정치·행정새일원론(발전행정론·행정우위론적 행정학)

(1) 성립배경

① 1960년대에 발전행정의 연구에 의하여 신생국에 대한 연구가 활발히 전개되면서 신생국의 발전을 위한 전략의 문제가 제기되었다.

② 이에 따라 발전의 주도자로서의 국가행정의 역할이 강조되었고, 정치에 대한 행정우위론적인 성격의 정치·행정새일원론이 대두하게 되었다.

(2) 내용

① 발전행정론적 입장에서 에즈먼(M.J. Esman), 와이드너(E.W. Weidner) 등은 신생국에서 조속한 국가발전을 이루기 위해서는 행정이 직접 발전 목표를 설정·집행하고 사회변동을 적극 유도해 나가야 한다고 보았다. 따라서 정치와 행정은 구분될 수 없다는 주장과 함께 행정우위론적인 일원론이 제기된 것이다.

개념더하기

우리나라에 있어서의 정치·행정의 관계

연혁적으로 보면, 서구에서는 민주적 시민사회 발전이 선행된 후에 새로운 사회적 요청에 따라 정치에 대한 행정의 우위가 나타난 반면, 우리나라에서는 이론적 기반과 사회적 여건의 구축도 없이 행정체제의 일방적 강화가 진행되어 왔다. 특히 우리나라에서는 정치와 행정의 기능이 확실하게 분화되지 못한 채 행정이 강력한 중앙집권적인 권력구조하에 고도의 정치적 기능을 수행하면서 정치에 대한 행정의 우위를 지켜왔다고 할 수 있다.

② 1970년대 이후 행정의 적실성을 위해 사회문제 및 가치를 적극적으로 다루어야 한다는 소위 신행정론은 행정의 적극적 가치 추구를 강조하여 정치와 행정의 유기적 통합을 강조하였다.

04 공행정과 사행정

1 의의

① 공행정이란 국가 또는 공공기관에서 공익의 실현을 목적으로 행하는 정부활동을 말하며, 사행정이란 민간 경영업체에서 이윤추구를 목적으로 행하는 기업활동을 말한다. 대개 공행정을 단순히 '행정'이라 부르고, 사행정을 '경영'이라 부른다.
② 정치와 행정을 구분하는 정치·행정이원론은 행정과 경영의 유사성을 강조하는 입장이고, 정치·행정일원론은 행정과 경영의 차이점을 강조하는 입장이다.

2 공·사행정의 관계에 관한 이론

(1) 공·사행정일원론
① 윌슨(W. Wilson)은 행정업무를 사무의 한 분야로 보았으며, 윌로비(W.F. Willoughby)는 경영에서 요구되는 절약과 능률이 공행정에도 적용되어야 한다고 주장했다.
② 이처럼 이들은 공행정의 관리적 측면을 강조하여 공·사행정의 유사성을 주장하였다(정치·행정이원론적 입장).

(2) 공·사행정이원론
① 1930년대 이르러 공행정 기능의 정치성과 공공성이 강조되면서 등장하였다.
② 디목(M.E. Dimock)은 정치와 행정의 정치결정과 정책집행기능이 상호 협조적이라 했고, 애플비(P.H. Appleby)는 행정은 정책결정이라 하여 공행정의 정치적 기능을 강조했다.
③ 이처럼 이들은 공행정의 정치적인 성격을 중시하여 공행정과 사행정의 차이를 강조하였다(정치·행정일원론적 입장).

> **개념더하기**
> **'행정'과 '경영'의 구별 상대화**
> 최근 신자유주의에 기반한 정부개혁(신공공관리 등)을 추진하는 과정에서 '행정의 경영화' 또는 '기업형 행정'이라는 용어가 보편적으로 사용되고 있다. 이러한 개혁의 흐름은 양자의 차이점보다 유사점을 강조하고 있는 것으로 볼 수 있다.

(3) 공·사행정새일원론
① 1940년대 조직연구의 순수한 과학성을 추구하고자 등장한 이론이다.
② 사이먼(H.A. Simon)은 행정을 공통의 목표달성을 위한 협동적 집단활동이라 했고, 왈도(D. Waldo)는 행정을 고도의 합리성을 지닌 협동적 기능이라 했다.
③ 이처럼 행정을 대규모 유기체의 관리라고 보아 공·사행정의 유사성을 강조했다(정치·행정새이원론적 입장).

(4) 공·사행정새이원론
① 1960년대 이후 공행정의 발전적 기능이 강조되면서 공행정의 정치적 기능과 사회변동기능을 강조하게 되었다.
② 1970년대에 등장한 신행정론에서는 공익과 사회적 형평을 중시하여 공행정과 사행정의 차이성을 강조했다(정치·행정새일원론적 입장).

3 공·사행정의 유사점

(1) 목표달성을 위한 협동적 수단
공·사행정은 비록 그들이 추구하는 목표는 다르지만 목표달성을 위한 수단으로서의 성격을 갖고 또한 여럿이 함께 모여 협동하는 협동 행위이다.

(2) 관료제적 성격
공·사행정은 전문화와 분업, 계층제 등을 특징으로 하는 관료제적 성격을 가진다.

(3) 관리성
공행정이든 사행정이든 주어진 자원으로 목표를 효과적으로 달성하기 위해서는 합리적인 관리가 반드시 필요하다. 현대에 들어와서 관리기술적인 측면은 대개 사행정이 우수한 경향을 보이기 때문에 정부는 사행정을 벤치마킹하여 공행정에 적용한다.

(4) 의사결정
공·사행정은 여러 경로를 통해 제기되는 대안들 중에서 합리적인 기준에 따라 최선의 대안을 산출해 내는 의사결정과정을 포함한다.

개념체크 ○ ×
- 정치·행정이원론자들은 공·사행정의 유사성을 강조한다. ○×
- 공·사행정은 목표달성을 위한 수단으로서의 성격을 갖는다는 공통점이 있다. ○×

○, ○

4 공·사행정의 차이점

(1) 권력성·정치성
공행정은 스스로가 가진 권력성과 정치성에 의해 일반인에 대해서 강제력을 가지나, 사행정은 강제력을 갖지 못한다. 또한 공행정은 정책결정에 참여하고 독점성을 띠며 그 영향력이 매우 크나, 사행정은 경쟁적이고 그 영향력도 상대적으로 작다.

(2) 법적 규제
공행정은 자신이 가진 권력적 성격 때문에 법에 의해서 엄격히 통제되어야 한다. 따라서 행정상 행위·의무·책임 등이 엄격히 법적 규제를 받으며 재량의 여지가 비교적 적은 편이다. 이에 반해 사행정은 사규·정관 등에 의해 일차적으로 규제를 받으며 경영상 재량의 여지가 큰 편이다.

(3) 목 표
공행정과 사행정은 목표와 능률에서 차이가 난다. 공행정의 목표는 공익이고, 사행정의 목표는 이윤이다. 따라서 공행정은 목표 자체가 추상적이기 때문에 능률 측정이 곤란하나 사행정은 능률 측정 및 계량화가 용이하다.

(4) 공개성
행정활동은 국민에게 공개되는 것을 원칙으로 하며, 이를 통해 국민의 행정참여를 유도하고 있으나, 독점성이 없는 경영은 다른 업체와의 경쟁을 효과적으로 수행하기 위하여 비공개되는 영역이 많다.

(5) 조직구성원의 신분 보장
공행정은 직업공무원제 등을 통해 조직구성원의 신분을 법적으로 보장하는 편이고, 사행정 쪽은 신분 보장이 약하고 인사권자의 재량이 강하다.

공행정과 사행정의 비교

구 분	공행정	사행정
주 체	국가 또는 공공기관	개인 또는 민간단체
목 적	공익 추구(다원적·추상적)	사적 이윤 추구(일원적·구체적)
법적 규제	강한 법적 규제	상대적으로 약한 법적 규제
정치적 통제	직접적인 정치적 통제 대상	예외적 통제 대상
능률 측정	기계적 능률 측정 곤란	기계적 능률 측정 용이
권력 수단	강제적인 권력수단을 통해 이행확보	주로 경제적인 수단을 통한 이행확보
공개성	공개 원칙	대부분 비공개 원칙
신분 보장	법적으로 보장	인사권자의 재량
독점성 여부	독점적	경쟁적

> **개념체크** O X
>
> • 공행정의 목표는 공익이고, 사행정의 목표는 이윤이다. ⃞O⃞X
>
> • 사행정은 행정상 행위·의무·책임 등이 엄격히 법적 규제를 받으며, 재량의 여지가 비교적 적은 편이다. ⃞O⃞X
>
> 〇, ✕

CHAPTER 01 | 기출분석문제

01 행정(학)에 대한 다음 설명 중 옳지 않은 것은?

① 행정학은 응용과학으로서 그 연구에 있어 정치학·심리학·경영학·사회학 등 많은 인접 학문의 도움을 필요로 한다.
② 행정은 근본적으로는 가치 판단보다는 사실의 인식과 적용을 주로 한다.
③ 행정은 경영에 비해 상대적으로 복합적 목표(Plural Objective)를 가지며, 그 성과측정에 있어서도 계량화의 곤란으로 어려움을 겪는다.
④ 현대 행정은 능률성의 제고를 최고의 가치로 하며, 첨단기술과 장비를 활용하여 과학화의 정도를 높임으로써 예측 가능성을 높이고 있다.

[해설] 행정은 현실적 사회문제의 적실성 있는 해결을 위하여 정책 처방을 제시하는 과정에서 가치 판단적 요소를 불가피하게 갖게 된다. 따라서 가치와 사실의 양 측면을 다 띠고 있다.

02 다음 중 행정에 대한 설명으로 옳지 않은 것은?

① 넓은 의미의 행정은 협동적 인간노력으로서 정부조직을 포함한 대규모 조직에서 보편적으로 나타난다.
② 좁은 의미의 행정은 행정부 조직이 행하는 공공목적의 달성을 위한 제반 노력을 의미한다.
③ 최근에는 공공문제의 해결을 위해 정부 외의 공·사조직들 간의 연결 네트워크, 즉 거버넌스(Governance)를 강조하는 경향이 있다.
④ 행정은 정치과정과는 철저히 분리된 정부의 활동이며, 공공서비스의 생산 및 공급, 분배에 관련된 모든 활동이다.

[해설] 행정은 정치적 환경하에서 이루어지며, 정치적 지지 역시 얻어야 하므로 행정이 정치로부터 분리된 활동이라고 정의할 수 없다.

03 「정책과 행정(Policy and Administration, 1949)」에서 정책(정치)과 행정은 분리가 아니라 융합적·정합적·연속적 관계라고 강조한 학자의 학설로 옳은 것은?

① 행정관리설
② 통치기능설
③ 행정행태설
④ 발전기능설

해설 애플비(P.H. Appleby)는 「정책과 행정(Policy and Administration, 1949)」에서 정책(정치)과 행정은 분리가 아니라 융합적·정합적·연속적 관계라고 강조하며 통치기능설을 주장했다.

04 다음 중 공공재의 특징에 대한 설명으로 옳지 않은 것은?

① 공공재는 개별적으로 분할하여 소유 및 소비할 수 있으며, 민간이 생산하기도 한다.
② 비경합성 때문에 간접적으로 무임승차가 일어난다.
③ 공공재는 서비스되자마자 축적되지 않고 그때그때 소비가 이루어진다.
④ 공공재에 대한 개인의 선호를 정확하게 파악할 수 없다.

해설 공공재는 개별적으로 분할하여 소유 및 소비할 수 없는 비분할성을 가진다.

05 다음 중 공공서비스에 대한 설명으로 옳지 않은 것은?   부산시설공단

① 공공서비스 공급을 정부가 담당해야 하는 이유로는 공공재의 존재 및 정보의 비대칭성 등이 있다.
② 전기와 고속도로는 공유재의 성격을 가지는 공공서비스이다.
③ 공유지의 비극은 편익의 집중과 비용의 분산으로 인하여 발생한다.
④ 오스트롬(E. Ostrom)은 당사자들 간 자발적 합의에 의해 공유자원의 고갈을 방지할 수 있다는 다양한 사례를 제시하였다.

해설 전기와 고속도로 등 사회기반시설은 공유재가 아니라 전형적인 유료재에 해당한다.

정답 03 ② 04 ① 05 ②

06 행정관리론의 대표적 학자 귤릭(Gulick)과 어웍(Urwick)은 효율적인 조직관리에 필요한 일곱 가지 기능의 머릿글자를 따서 POSDCoRB라고 하였는데, 다음 중 옳지 않는 것은?

① P : 계획(Planning)
② O : 조직화(Organizing)
③ R : 기록(Recording)
④ B : 예산(Budgeting)

[해설] POSDCoRB란 계획(Planning), 조직화(Organizing), 인사행정(Staffing), 지휘(Directing), 조정(Coordinating), 보고(Reporting), 예산(Budgeting)의 첫 글자를 따서 만든 용어다.

07 행정과 정치의 관계에 대한 다음 설명 중 옳지 않은 것은? 한국전력공사

① 정치 · 행정이원론의 대두배경 중 하나는 엽관주의가 가져온 부패와 비능률이었다.
② 정치 · 행정이원론의 대두배경 중 하나는 행정을 좀 더 과학적으로 연구하기 위한 것이었다.
③ 행정의 독자성을 위한 강력한 정치적 뒷받침의 필요성에서 정치 · 행정이원론이 대두되었다.
④ 행정에 내재된 가치현상을 과학적으로 규명하기 위해 정치 · 행정이원론이 대두된 것은 아니다.

[해설] 행정의 독자성을 위해서는 정치로부터 행정을 단절시켜야 하므로 강력한 정치적 뒷받침이 불필요하다.

08 공 · 사행정의 특징에 대한 다음 설명 중 옳은 것은?

① 공 · 사행정은 모두 평등의 원칙을 엄격히 적용한다.
② 정치 · 행정이원론자들은 공 · 사행정의 차이점을 강조하였다.
③ 목표달성을 위하여 사용하는 수단이 다르다.
④ 공 · 사행정의 차이는 본질적이라기보다는 정도상의 차이로 본다.

[해설] 공 · 사행정의 차이는 본질적이라기보다 상대적인 것으로 본다.
① 공행정의 목표는 공익이고, 사행정의 목표는 이윤이다.
② 정치 · 행정이원론자들은 공 · 사행정의 유사점을 강조하였다.
③ 공 · 사행정은 목표달성을 위한 수단으로서의 성격을 갖는다.

09 행정과 경영의 차이점에 대한 설명으로 옳지 않은 것은?

서울도시철도공사

① 행정은 경영보다 더 강한 권력수단을 갖는다.
② 행정은 경영보다 의회, 정당, 이익단체로부터 더 강한 비판과 통제를 받는다.
③ 행정은 공익을 추구하기 때문에 경영보다 법적 규제를 적게 받는다.
④ 행정은 공익추구를 핵심가치로 하지만, 경영은 이윤추구를 핵심가치로 한다.

해설 │ 행정과 경영은 목표를 위한 수단으로서 관료제적 성격을 띠고 있기 때문에 여러 유사성을 지니고 있지만 목표 자체는 많은 차이가 있다. 행정은 공익을 추구하기 때문에 엄격한 법적 규제와 타율성을 지니며 정치의 영향을 직접적으로 받게 된다. 반면 경영은 이윤추구라는 단일 목적을 지니고 있어 비교적 많은 재량을 가지고 자율성을 띠며 정치로부터 분리가 가능하다. ③은 반대로 서술되어 있다. 행정은 공익을 추구하기 때문에 경영보다 법적 규제가 더 엄격하다.

10 다음 중 '경영'과 대비되는 '행정'의 고유한 특징으로 모두 묶은 것은?

한국보훈복지의료공단

가. 관료제적 성격	나. 공익 추구
다. 협동 행위	라. 관리기술의 활용
마. 정치권력적 성격	바. 강제성

① 가, 나, 다
② 가, 다, 라
③ 나, 라, 바
④ 나, 마, 바

해설 │ 행정은 기본적으로 공익 추구의 의무가 있고, 정치권력적 성격이 강하며, 법에 의한 강제성을 띠게 된다.

Chapter 02
행정학의 성립과 발달

기출복원문제

키워드 현대행정의 특징

현대행정의 질적 특징이 아닌 것은? 국민연금공단

① 공무원의 수나 정부기구(조직)가 증가한다.
② PPBS와 ZBB 등에 의한 예산편성이 활성화된다.
③ 행정기능이 전문·복잡화되어 간다.
④ 가치판단 및 정책결정기능이 강조된다.

해설 │ 공무원의 수나 정부기구의 증가는 현대행정의 양적 측면의 특징이다.

정답 ①

기출 키워드	중요도
☑ 행정학의 발전	★★
☑ 행정학의 접근방법	★
☑ 행정국가 형성요인	★★
☑ 시장실패	★★
☑ 현대행정의 특징	★★★
☑ 정부실패	★★★

CHAPTER 02 행정학의 성립과 발달

01 미국의 행정학

1 미국행정학의 발전 과정

(1) 시대적 상황

① 18세기 이후 남북전쟁과 산업혁명 등으로 인해 산업자본이 비대화됨에 따라 자본주의의 폐해가 드러나는 등 사회문제가 대두되면서 정부기능의 강화가 요구되었다.

② 건국 초기 미국은 전문적 행정관료 체제보다는 주민의 통제하에 이루어지는 아마추어리즘이 행정을 지배해 왔다. 이러한 경향은 1829년 잭슨 대통령이 공직임용의 기준을 선거전에서의 기여도에 두었던 엽관주의(Spoils System)를 본격적으로 도입함으로써 심화되었다.

③ 엽관제는 민주주의에 기여할 것이라는 당초의 기대와 달리, 비능률과 부패의 만연 등 많은 부작용을 야기함에 따라 공무원 개혁운동이 전개되었다. 개혁운동가들은 민주주의의 위기를 극복하기 위해서는 정치와 행정을 분리하여 일반시민이 더 많이 참여할 수 있도록 정치제도를 개혁하고, 행정은 당시 기업 경영에서 유행하고 있던 능률성 위주의 업무 전문화를 도모하는 것이 필요하다고 주장하였다.

④ 이러한 일련의 개혁운동들은 1883년에는 펜들턴법(PendletonAct)이 제정됨으로써 행정의 정치적 중립과 실적주의 인사제도가 실현을 보게 되었고, 아울러 행정학의 탄생과 성장을 촉진하는 데 기여하였다.

(2) 행정학의 발전

정치와 행정을 엄격히 구분해야 한다는 정치·행정이원론을 토대로 형성된 미국의 행정학은 과학적 관리법 및 고전적 조직이론과 접목되면서 독자적인 학문 영역을 구축하게 되었다. 초기의 행정학은 정치와 분리된 행정의 영역에 과학적 연구방법을 적용함으로써 조직과 관리의 원리를 발견하고자 하였으며, 능률을 행정의 최고 지도이념으로 생각하였다.

① 굿노우(F.J. Goodnow)
    정부에는 국가의사를 표현하는 정치와 그 집행을 다루는 행정의 두 영역이 있다고 지적하였다.

개념더하기

엽관주의의 장점
- 관직의 특권화 배제
- 관료제의 침체화 방지
- 정당제의 기본이념에 충실

엽관주의의 단점
- 행정의 복잡·전문화에 대응하지 못함
- 조직비대화에 따른 예산낭비(위인설관현상)
- 집권정당에의 충성(정당의 사병화 현상)
- 신분불안에 따른 부정부패의 원인 제공

② 화이트(L.D. White)

정치는 행정에 간섭해서는 안 되며, 행정은 관리의 영역이라고 주장하였다.

③ 윌로비(W.F. Willoughby)

행정은 순수한 기술적 과정이며, 행정의 과제는 절약과 능률을 확보하고 과학적 원리를 찾아내는 것임을 강조하였다.

④ 귤릭(L.H. Gulick)

㉠ 조직설계의 원리로서 명령통일의 원리, 통솔범위의 원리, 부성화의 원리 등을 제시하였다.

㉡ 관리활동의 원리로서 조직의 최고관리층이 담당해야 할 관리기능으로 기획(Planning), 조직(Organizing), 인사(Staffing), 지휘(Directing), 조정(Co-ordinating), 보고(Reporting), 예산(Budgeting)의 7대 기능을 합성한 'POSDCoRB'라는 신조어를 제시하였다.

(3) 행정학의 성숙

1930년대의 뉴딜 정책과 2차 대전을 거치면서 미국 행정부의 역할과 규모는 확대되었다. 행정의 정책형성 기능이 강화되었으며, 관료의 재량권도 증가하게 되었다. 행정부의 정책입안 기능이 확대되면서 전통적인 정치와 행정의 구분은 비현실적인 것이 될 수밖에 없었다. 행정의 정책결정 범위의 확대와 선택과정에서의 현실적인 가치판단의 불가피성은 정치와 행정의 관계를 순환적인 연속과정으로 파악하는 정치·행정일원론의 대두를 가져왔다.

① 디목(M.E. Dimock), 애플비(P.H. Appleby)

정치와 행정의 분리로 인한 행정의 비현실성을 지적하면서 정치와 행정의 현실을 양자의 혼합으로 보았다.

② 사이먼(H.A. Simon)

㉠ 사이먼은 행태과학의 영향을 받아 과학적 행정 연구를 위한 행태주의를 주장하였고, 이후 다양한 의사결정 이론이 발전하는 계기를 마련하였다.

㉡ 사이먼은 의사결정이 행정의 핵심이며, 행정과정은 바로 의사결정과정이므로 절약과 능률보다는 합리적 결정이 더 중요하다고 간주하였다. 이러한 의사결정론은 1960년대에 관리과학과 정책학으로 발전하게 되었다.

> **개념체크** ○ ✕
>
> - 미국에서는 엽관주의로 인한 비효율을 제거하기 위한 정치행정이원론으로 행정학이 시작되었다. ○✕
> - 굿노우(F.J. Goodnow)는 정치는 국가의 의지를 표명하고 정책을 구현하는 것이며 행정은 이를 실천하는 것으로 정치와 행정의 차이를 명확히 구별하였다. ○✕
>
> ○, ○

③ 리그스(F.W. Riggs)

전후 개발도상국 행정에 대한 기술 원조 과정에서 미국 행정학의 보편 타당성에 의문이 제기되면서, 각국의 비교연구를 통한 행정학의 과학성 제고와 일반화된 행정이론을 개발하였다.

④ 에즈먼(M.J. Esman)

개발도상국에 대한 관심과 함께 국가 발전을 위한 행정의 적극적 역할이 강조되면서 발전을 위한 전략과 처방을 제시하였다.

⑤ 왈도(D. Waldo)

기존 행정학의 능률지상주의 및 가치중립적 행정학의 비실천성을 비판하며 적실성, 사회적 형평성, 참여, 민주적 가치, 인본주의에 입각한 능동적 행정, 고객중심 행정을 주창하면서 탈관료제 조직 설계 대안을 제시하였으며, 논리실증주의와 행태주의를 비판하고 현상학적 접근방법을 제시하는 등 행정학의 새로운 주체성에 대한 관심을 제고하였다.

> **개념체크** ○ ×
> - 애플비(P.H. Appleby)는 정책(정치)과 행정은 분리가 아니라 융합적·정합적·연속적 관계라고 강조하였다. ○|×
> - 사이먼(H.A. Simon)은 원리주의 접근을 중시하였다. ○|×
>
> ○, ×

2 행정학의 사상적 조류와 접근방법

(1) 행정학의 사상적 기초

미국에서 정부의 역할을 둘러싼 민주주의의 규범적 관료제 모형으로서는 해밀턴주의, 제퍼슨주의, 매디슨주의의 세 가지가 제시되고 있다.

① 해밀턴적 고전주의

미국 초대 재무장관 해밀턴은 강력하고 효과적이며 행동 지향적인 정부를 추구하는 국가 중심주의자로서 정부역할의 확대, 행정권의 집중화, 행정관료의 전문화를 중시하였다.

② 제퍼슨적 낭만주의

미국 4대 대통령 제퍼슨은 국민을 유일한 주권자로 생각하여 정부에 대한 통제, 개인의 권리와 자유, 대중의 행복 추구를 강조하고, 목가적인 농촌사회에 기초를 둔 작고 검소한 정부를 옹호하였다. 제퍼슨은 정부를 가능한 한 민중에게 가까이 두는 것이 중요하다고 강조하였으며, 행정에의 대중의 자발적인 참여를 중시하였다.

③ 매디슨적 신고전주의

매디슨은 파당을 미국정치활동의 주요 원천으로 보았으며, 이익집단의 요구에 대한 조정을 위해 견제와 균형을 중시하였다.

(2) 행정학의 기본적 접근방법

행정학은 응용 사회과학으로서 인접 사회과학 분야에서 사용되고 있는 다양한 접근방법들이 필요에 따라 행정학 연구의 곳곳에 사용되고 있고, 과학적인 연구방법에 따른 다양한 접근방법과 이에 대한 대안적인 연구방법으로 제시되는 접근방법이 다양하다.

① 미시적 접근방법과 거시적 접근방법
  ㉠ 오일라우(H. Eulau)는 관찰하는 단위인 주제단위(Subject Unit)와 설명하는 단위인 대상단위(Object Unit)라는 개념을 도입하여, 설명하려는 대상단위보다 관찰하려는 주제단위가 더 작으면 미시적 접근방법, 대상단위보다 주제단위가 더 크면 거시적 접근방법이라고 하였다.
  ㉡ 상원의 의사결정을 설명하기 위하여 상원의원의 개성과 배경을 연구하는 것은 미시적 접근방법의 예이며, 상원의원의 투표 행태를 설명하기 위해 상원의 구조를 연구하는 것은 거시적 접근방법이다.

② 역사적 접근방법
  ㉠ 역사적 접근방법은 과거와 현재의 사건들은 무수한 방식으로 상호연결되어 있으며, 인간의 존재도 과거와 연결되어 있다고 본다.
  ㉡ 역사학파들은 역사의 순환성을 강조하며, 과거를 보다 잘 이해하게 되면 현재의 문제를 보다 효과적으로 해결할 수 있다고 보았다.

③ 법률·제도적 접근방법
  ㉠ 법률·제도를 중심으로 행정현상을 설명하려는 접근방식으로 법률·제도가 사회 내에서 어떤 역할을 하는가, 법률이나 제도의 발생 동기, 과정, 성과 등에 관한 연구를 주로 한다.
  ㉡ 구체적으로 입법, 행정, 사법부 사이의 관계, 각 부처 간의 관계, 권한과 사무의 배분 등 인사제도나 예산제도에 대한 연구를 주요 대상으로 하는데, 제도 이면의 행정의 동태적인 측면을 파악하지 못한다는 비판을 받고 있다.

> **개념체크** ○×
> • 대상단위보다 관찰하려는 주제단위가 더 작으면 거시적 접근방법에 해당한다. ○×
> • 과거를 보다 잘 이해하게 되면 현재의 문제를 보다 효과적으로 해결할 수 있다고 보는 관점은 역사적 접근방법이다. ○×
> ×, ○

02 현대행정학

1 현대행정의 의의

(1) 현대행정의 개념
① 현대행정이란 일반적으로 행정의 기능과 권한이 확대·강화된 행정부 우위의 행정국가시대의 행정을 의미한다.

② 행정국가는 권력분립에 기초한 국가권력 작용 중 행정권이 입법권·사법권보다 우위에 있는 국가를 말한다. 이는 입법국가에 대응하는 개념으로 행정입법 증가, 행정재량 확대, 행정부에 의한 의회 지배를 특징으로 하며 현대국가의 공통된 현상이다.

(2) 행정국가의 성립배경

① 과거 18~19세기경까지 국가는 단순히 야경국가·경찰국가·입법국가로 불리며, 국민의 최소한의 안전과 치안방지 등의 소극적 기능을 수행하였다.
② 20세기에 들어와 한정된 자원에 비해 인구가 기하급수적으로 증가하면서 시장이 가격 조절기능을 상실하여 빈부격차 등 여러 사회문제가 발생하였다.
③ 또한 산업혁명 이후 도시화에 따라 주택, 교통, 상하수도, 환경, 인구 등 여러 가지 공공재적 요소들이 등장하면서 자유방임주의 사상에 입각하여 필요악으로 여겨지던 국가의 개입이 필연적으로 바뀌게 되었다.
④ 이에 따라 과거 국가안보와 치안질서유지 기능 위주의 소극적 국가의 형태에서 국가의 안보, 치안질서유지는 기본이며, 규제기능 및 사회촉진 기능 등 적극적 기능을 수행하는 국가가 필요로 하여 등장한 것이 행정국가이다.

2 행정국가의 형성요인

(1) 근본적 촉진요인

① 대의제의 원리와 현실 사이의 모순(대의제의 위기 초래)
사회문제의 고도의 기술화, 복잡화, 다양화에 따라 입법부·사법부에 의한 통제가 곤란해졌으며, 입법부의 우위성은 허구임이 판명되기에 이르렀다.
② 행정기능의 확대 강화
현대의 복잡하고 동태적인 사회문제의 해결은 결국 전문적 지식과 신축성 있는 반응력을 발휘할 수 있는 행정부에 주로 의존할 수밖에 없게 되었다. 즉, 행정부는 입법부, 사법부로부터 적지 않은 권한을 흡수해 오게 된다.

(2) 구체적 촉진요인

① 산업혁명 이후의 비약적인 사회·경제 발전으로 많은 사회·경제 문제가 대두되었다.

개념더하기

현대행정의 양적 특징
- 행정기능의 확대
- 행정기구의 확대
- 공무원 수의 증가
- 재정규모의 팽창
- 공기업과 준정부 조직의 증가

현대행정의 질적 특징
- 행정의 전문화·복잡화
- 정책결정과 기획 등 가치판단의 중시
- 행정의 광역화 및 신중앙집권
- 조직의 동태화(탈관료제화)
- 행정책임과 통제의 중시
- 인사행정의 적극화
- 예산제도의 현대화(통제 → 기획)

② 인구의 급증 및 도시화에 따른 도시문제가 대두되었다.
③ 과학기술의 급속한 발달 및 전쟁의 위기와 국제 긴장의 가속화가 촉진되었다.
④ 노사 간의 대립 등이 빈번해졌다.
⑤ 근대국가는 국가와 사회의 대립을 전제로 하나 현대국가에 이르러서는 국가와 사회의 동일화라는 인식이 지배적이다.

(3) 시장실패
① 현실경제는 시장경제를 통한 사적 이익의 추구와 그로 인한 개인 간의 소득분배의 불평등, 실업과 인플레이션, 독점적 및 비경제적 요소의 존재와 이로부터 오는 폐해, 시장정보 및 접근기회의 결여, 경제성장 과정의 부산물인 환경오염, 도시의 인구집중과 교통혼잡 등 심각하고 시급한 문제들을 해결하는 데에 있어서 시장의 기능만으로는 치유될 수 없는 한계를 보이고 있다.
② 이처럼 시장내부의 여러 가지 제약으로 인해 시장의 기능이 제대로 발휘되지 못하고 있는 현상을 시장기능의 실패 또는 시장실패(Market Failure)라 하며, 시장실패가 발생하는 경우 정부의 적절한 개입을 통하여 효율성을 제고시켜야 할 필요성이 대두되게 된다.

> **개념체크** ○ ×
> - 도시화 및 과학기술의 급속한 발달은 행정국가 형성의 저해 요인이다. ○ ×
> - 시장실패로 인해 정부의 적절한 개입을 통하여 효율성을 제고시켜야 할 필요성이 대두되었다. ○ ×
>
> ×, ○

3 현대행정의 특징

현대행정의 근본적인 특징은 행정기능의 확대강화로 요약될 수 있다. 이에 따라 행정의 역할도 '소극적 행정, 사회질서 유지, 정책관리·집행자'에서 '적극적·능동적 행정, 창조적 변화 담당, 정책결정자'로 변화되어 왔다.

(1) 양적 측면의 특징
① **행정기능의 확대·강화**
자본주의의 발달, 급속한 도시화의 진전, 사회 구조의 고도화 등에 따라 행정권의 전반적인 확대·강화가 이루어지고 있다.
② **행정기구의 확대**
현대행정은 기본적으로 행정기능의 확대강화를 특징으로 하며, 특히 환경·보건·복지 등의 분야에서 행정기구의 확대가 두드러지고 있다.
③ **공무원 수의 증가**
공무원의 수의 증가에 관하여 파킨슨(C.N. Parkinson)은 공무원의 수는 업무량에 관계없이 늘어난다는 파킨슨 법칙을 주장하였다. 이에 의하면 끊임없이 새로운 자리를 마련해야 하는 관료조직의 속성 때문에

> **개념더하기**
>
> **현대 행정조직의 특징**
> - 규모의 확대
> - 복잡성
> - 기능의 확대·강화
> - 환경과의 상호작용

실제 업무량과 관계없이 불필요한 일자리가 생기고, 이를 관리하기 위해 또다시 새로운 일거리가 만들어진다고 본다.

④ 예산규모의 증가

행정기구와 공무원 수가 증가되면 예산규모도 증가하게 되고, 신중앙집권화 경향에 따라 국고보조금 지출도 증대된다. 니스카넨(Niskanen)에 의하면 관료들은 필요 이상으로 자기 부서의 예산을 확보하려는 속성을 가진다고 보는데, 이는 과잉생산에 따른 정부실패의 한 원인이 될 수 있다.

⑤ 공기업의 증가

사경제의 취약성을 보완하고 시민들의 다양한 공공 수요를 효율적으로 충족하기 위하여 행정과 경영의 양면성을 가진 공기업이 증가하고 있다.

(2) 질적 측면의 특징

① 행정의 전문화 심화

사회 문제의 복잡성·다양성이 심화되었기 때문이며, 그 외에 관직의 직업화, 전문화, 엽관주의에서 실적주의로 변천됨에 따라 필요한 전문인력의 확보를 위한 인사의 합리화가 이루어졌기 때문이기도 하다.

② 행정의 조정·통합 중시

오늘날 행정의 전문화·분업이 고도로 심화됨에 따라 행정의 조정·통합 기능이 중시되고 강조될 수밖에 없다.

③ 정책결정 및 기획 중시

행정의 적극적인 사회변화의 유도 역할이 강조되면서 정책결정 역할이 중시되고 사전적 행정, 예방행정, 기획행정이 강조되고 있다.

④ 컴퓨터 및 관리과학 이용

문제해결, 의사결정, 정책분석의 효율화를 위하여 컴퓨터 및 제관리과학기법 등이 적극적으로 이용되고 있다.

⑤ 신중앙집권화

중앙정부에 의한 지방자치사무의 흡수와 지방자치에 대한 중앙통제의 강화라는 모습으로 신중앙집권화 현상이 보편적으로 나타나고 있다.

⑥ 행정의 광역화

교통·통신의 발달, 도시화, 산업경제의 발달 등에 따라 생활권역과 행정권역의 괴리가 도래됨으로써 그러한 괴리를 막고자 하는 행정의 광역화 현상이 두드러지게 나타나고 있다.

⑦ 행정조직의 동태화

조직의 경직화를 막고 문제해결 위주의 신축적인 조직을 확보하기 위하여 동태적 조직을 활용하는 경향이 현저해지고 있다.

⑧ 행정평가제도의 발달, 행정책임의 중시
행정관료의 권한 확대 경향에 따라 이의 적절한 통제가 요구되며 이에 행정평가제도의 발달과 행정책임의 중시 경향이 나타나고 있다.
⑨ 행정조사 및 행정통계의 적극적 활용
행정실태의 정확한 파악과 그에 따른 행정운영의 합리적 개선을 위하여 행정조사 및 행정통계가 적극적으로 활용되고 있다.
⑩ 예산의 성과지향성 및 기획지향성
성과주의 예산제도, PPBS, MBO, ZBB 등의 예산제도의 발달에 힘입어 예산은 과거의 통제지향성으로부터 성과지향성 및 기획지향성으로 변모되고 있다.

> **개념체크** ○×
> • 예산규모의 팽창은 현대 행정의 양적 측면의 특징이다. ○|×
> • 행정의 전문화·분업화는 현대 행정의 질적 측면의 특징이다. ○|×
> ○, ○

4 현대행정의 문제점과 바람직한 방향

(1) 행정국가의 문제점
① 정부에의 의존 경향이 확대되어 국민의 피동화를 초래할 우려가 크며, 이러한 경향은 결국 행정권을 더욱 강화하게 될 것이다.
② 행정권의 집중화 현상에 따라 시민의 자유가 제약되고, 시민의 의견을 행정에 반영하기 어렵게 된다.
③ 이익집단이 직접 행정에 밀착되어 공익을 저해할 우려가 크다.

(2) 정부실패
정부실패란 정부가 국민의 요구에 적절한 대응성을 갖지 못하는 것과 정부의 과도한 시장개입으로 인해 자원배분의 비효율성 또는 불공정 현상이 초래되는 것을 말한다. 정부실패의 원인은 다음과 같다.
① 도덕적 해이(Moral Hazard)
정부가 복지국가의 이념에 입각하여 사회보장제도를 시행하는 것은 시장실패를 교정하고 사회적 형평을 기하기 위한 것이었다. 그러나 노동의욕을 감퇴시키고 생활습관을 나태하게 만드는 등 도덕적 해이현상이 제기되고 있다.
② 행정기구의 내부성과 조직내부목표
민간기업과 달리 정부조직은 시장의 판단기준(이윤의 크기, 매상고 등)과 같은 명확한 성과기준이 없으므로 자기활동의 행동기준으로서 내부조직목표를 필요로 하며 이를 내부성(Internalities)이라고 한다. 이러한 행정조직의 내부성은 효율을 높이는 요인으로 작용하지 않고 본래 목표인 공익보다 조직내부목표가 우선시되는 행동원리로서 반영되는

것이다. 내부성의 특성으로는 관료의 예산증액 추구성향, 정보수집·관리기능의 역이용 성향, 정부규제기관과 피규제기관과의 밀착과 같은 현상이 나타나게 된다.

③ 조직 내의 비능률성과 서비스 제공비용의 계속적 증가

공공조직에서는 시장의 경우와 같은 경쟁 메커니즘이 존재하지 않으므로 서비스생산의 한계비용이 그 생산에 의하여 발생되는 한계편익을 훨씬 상회하여도 서비스의 제공이 계속되며, 조직내부에 있어서의 생산이나 서비스 제공의 효율화를 위한 유인이 작용하지 않는다. 행정조직은 독점기업과 같이 시장의 경쟁압력에 노출되는 기회가 적기 때문에 조직 내의 최적자원배분에 실패할 가능성이 있으며(소위 X-inefficiency), 관료제의 계층적 구조에 기인하는 정보전달의 장애, 책임체제의 애매성, 업무처리의 경직성 등이 나타난다.

④ 정부개입의 파생적 효과

정부개입에는 예상 외의 부차적 효과가 발생한다. 즉, 개입이 개입을 부르는 매커니즘이 작동하게 된다.

⑤ 소득분배에의 관여와 권력분배의 불평등

정부가 정책에 대한 수요를 투입하여 이를 정책으로 전환하는 과정에서 작용하는 힘은 특정 서비스영역에의 대응을 과대하게 하고 다른 영역에의 대응은 지연시키는 결과를 가져올 수 있다. 예를 들면 분배정의를 실현하기 위한 정부의 직접개입이 분배의 공평성 실현에 기여하기보다는 각종 보조금이나 세제상의 우대조치, 특정산업의 보호·육성 등으로 분배의 불공평을 초래할 수 있다.

(3) 현대행정의 방향

① 현대국가에서 행정의 역할 및 기능의 확대·강화 경향은 여전할 것이지만, 불필요한 사업의 통폐합, 공공부문의 민영화나 계약에 의한 민간 위탁 등을 통해 작지만 강한 정부를 지향하여야 한다.

② 행정권의 비대를 방지하고, 효과적인 통제와 책임성의 확보로 시민의 자유와 권리를 수호해 나아가야 한다.

③ 행정의 분권화를 통해 행정능률성을 제고하고, 지방실정에 맞는 행정이 시행되어야 한다.

④ 소외된 계층의 편에 서서 사회정의와 공익을 실현시키며, 생활의 질을 향상시키는 데 주력해야 한다.

개념체크 ○×

- 내부성의 존재는 시장실패의 한 요인이다. ○×
- 정부개입에 따른 예상 외의 부차적 효과 발생은 정부실패의 한 요인이다. ○×

×, ○

CHAPTER 02 | 기출분석문제

01 다음 중 엽관주의의 폐단과 관련하여 타당성이 적은 것은?

① 민주주의의 이념 저해
② 행정의 안정성 저해
③ 공무원의 정치적 중립 저해
④ 행정의 낭비 초래

해설 엽관제는 선거를 통하여 국민에 대한 책임성 확보가 용이하므로 정치적 민주주의나 행정의 민주성 제고에 기여한다. 따라서 민주주의의 이념 저해는 엽관제의 폐단이 아니다.

02 다음 중 현대행정의 질적 특징이 아닌 것은?   국민연금공단

① 환경·보건·복지 등의 분야에서 행정기구의 확대가 두드러진다.
② 행정의 조정·통합 기능이 중시되고 강조된다.
③ 조직의 경직화를 막기 위해 동태적 조직을 활용하는 경향이 현저하다.
④ 행정실태를 정확하기 파악하기 위해 행정조사 및 행정통계가 적극 활용된다.

해설 환경·보건·복지 등의 분야에서 행정기구의 확대가 두드러지는 것은 현대행정의 양적 특징에 해당한다.

03 현대 행정국가에 대한 다음 설명 중 옳은 것은 무엇인가?   한국보훈복지의료공단

① 행정문제의 복잡화에 따라 정책결정과정에서 고도의 전문성과 기술성이 요구되기 때문에 행정부를 감독하는 입법부에게 많은 권한이 이양되었다.
② 20세기 이후 각종 사회문제가 폭증하고 행정서비스에 대한 수요가 다양화됨에 따라 행정국가가 등장하게 되었다.
③ 위임입법과 행정의 자유재량권 확대로 인하여 행정부의 업무영역이 축소되었다.
④ 행정국가는 적극적으로 사회를 일정한 방향으로 유도하는 사회변동 촉진자보다는 사회안정 유지자라는 소극적 역할을 주로 담당하게 되었다.

해설 ① 행정문제의 복잡화에 따라 정책결정과정에서 고도의 전문성과 기술성이 요구되기 때문에 입법부보다는 전문지식을 갖춘 행정관료에게 많은 권한이 위임되었다.
③ 위임입법과 행정의 자유재량권 확대로 인하여 행정부의 업무영역이 확대되었다.
④ 행정국가는 사회안정 유지자라는 소극적 역할뿐 아니라 적극적으로 사회를 일정한 방향으로 유도하는 사회변동 촉진자로서의 기능도 담당하게 되었다.

정답 01 ① 02 ① 03 ②

04 시장실패의 원인에 대한 설명으로 옳지 않은 것은?

POBA 행정공제회

① 외부효과의 발생
② 내부성의 존재
③ 정보의 비대칭성
④ 공공재의 존재

[해설] 내부성의 존재는 정부실패의 원인이 된다.

05 시장실패의 원인에 대한 정부의 대응으로 옳지 않은 것은?

한국석유공사

① 공공재의 경우 원칙적으로 정부가 직접 공급한다.
② 독점의 폐해를 막기 위해 정부는 서비스를 직접 공급하거나 규제를 한다.
③ 외부불경제에서 나타나는 문제에 대응하기 위해 정부는 보조금을 지원한다.
④ 정보의 비대칭성에 기인하는 문제에 대응해 정부는 보조금을 지원하거나 규제를 한다.

[해설] 외부효과 중 외부불경제에서 나타나는 문제에 대응하기 위해 정부는 규제를 강화하여야 하며, 외부경제에서 나타나는 문제에 대응하기 위해 정부는 유인(보조금)을 제공한다.

06 정부실패에 대한 설명으로 옳지 않은 것은?

한국도로공사

① 정부산출물은 대부분 정부에 의해 독점적으로 생산됨으로써 X-비효율성의 가능성이 크다.
② 파생적 외부효과로 인한 정부실패는 정부 보조 삭감 또는 규제완화의 방식으로 해결하는 것이 적합하다.
③ 최근 시장실패와 정부실패를 함께 교정할 수 있는 제도로서 네트워크 거버넌스가 제시되고 있다.
④ 선거를 의식한 정치인의 시간할인율은 사회의 시간할인율에 비해 낮게 나타나는 경향이 있기 때문에 단기적 이익과 손해의 현재가치를 낮게 평가한다.

[해설] 선거를 의식한 정치인의 시간할인율은 사회의 시간할인율에 비해 높게 나타나는 경향이 있기 때문에 장기적 이익과 손해의 현재가치를 낮게 평가한다.

07 현대 민주주의 국가에서 정부와 시민사회의 관계에 대한 설명으로 옳지 않은 것은?

① 시민사회의 역량이 커지면서 정부 중심의 통치에서 거버넌스로 관점이 변화하고 있다.
② 정부주도의 성장 과정에서 초래된 사회적 부작용을 완화하는 방안으로 시민사회의 역할이 강조되고 있다.
③ 시민의식이 성숙되고 시민의 참여욕구가 증대하면서 정부와 시민사회의 새로운 파트너십이 요구되고 있다.
④ 시민사회에서 발생하는 이해관계자 간의 다양한 갈등을 해결하기 위하여 심판자로서의 정부 역할이 강화되고 있다.

해설 이해관계자 간의 갈등 해결을 위한 심판자로서의 정부 역할은 행정국가에 해당하며, 거버넌스 등을 중시하는 현대 민주주의 국가에서는 시민사회의 역할과 참여가 강조되고 있다.

08 미국의 행정학 발전과정에 대한 설명으로 옳지 않은 것은?

① 건국 직후 미국의 정치체계는 작은 정부 철학에 기반한 제퍼슨적 낭만주의가 지배했다.
② 미국에서는 엽관주의로 인한 비효율을 제거하기 위한 정치행정이원론으로 행정학이 시작되었다.
③ 사이먼(H.A Simon)은 행태과학의 영향을 받아 과학적 행정 연구를 위한 행태주의를 주장하였다.
④ 윌로비(W.F. Willoughby)는 정치와 행정은 분리가 아니라 융합적·정합적·연속적 관계라고 강조하였다.

해설 윌로비(W.F. Willoughby)는 행정은 순수한 기술적 과정이며, 행정의 과제는 절약과 능률을 확보하고 과학적 원리를 찾아내는 것임을 강조하였다.

Chapter 03
행정학의 주요이론

기출복원문제

키워드 신제도주의 행정학

다음 중 신제도주의 행정학에 대한 설명으로 옳은 것은? 한국농어촌공사

① 비공식적인 제도나 규범도 넓은 의미에서 제도로 규정한다.
② 합리적 선택의 신제도주의에 의하면 행위자의 선호는 개인 간 상호작용을 통해 형성된다.
③ 사회학적 제도주의에서 제도는 개인 간의 선택적 균형에 기반한 제도적 동형화 과정의 결과물로 본다.
④ 역사적 신제도주의는 제도의 횡단면적 측면을 중시하면서 제도의 국가 간 차이를 강조한다.

> **해설** 신제도주의는 공식적 규칙·법률 등 공식적 측면뿐만 아니라 규범·관습 등의 비공식적인 측면도 함께 지닌다.
> ② 합리적 선택의 신제도주의는 행위자의 선호가 개인 간 상호작용이 아니라 개인의 전략적 계산과 판단에 의하여 주어지는 외생적 선호라고 가정한다.
> ③ 사회학적 제도주의에서는 제도를 개인 간의 선택적 균형에 기반한 산출물이 아니라 제도적 동형화 과정의 결과물로 본다. 제도를 개인 간의 선택적 균형에 기반한 산출물로 보는 것은 합리적 선택의 신제도주의이다.
> ④ 역사적 신제도주의는 제도의 종단면적 측면을 중시하면서 제도의 국가 간 차이를 강조한다.
>
> **정답** ①

기출 키워드	중요도
☑ 과학적 관리론과 인간관계론	★★
☑ 행정행태론(행태주의)	★★★
☑ 가우스(Gaus), 리그스(Riggs)의 생태론 및 환경요인	★
☑ 비교행정론, 발전행정론, 신행정론(NPA)	★★
☑ 현상학적 접근방법	★
☑ 공공선택이론	★
☑ 신제도론적 접근법	★★
☑ 신공공관리론(NPM)	★★★
☑ 뉴거버넌스	★★★

PART 1 행정학 기초이론

행정학의 주요이론

01 과학적 관리론

1 개념 및 성립배경

(1) 개념

생산 과정에 있어서 필요한 지식과 기술을 적절히 활용하고, 작업 수행에 있어서 낭비와 비능률을 제거함으로써, 최소의 노동과 비용으로 최대의 생산효과를 확보할 수 있는 방법을 찾아내기 위한 관리이론이다.

(2) 성립배경

① 19세기 말과 20세기 초 미국에 해외 이민의 급증으로 인구가 급격하게 팽창하고 산업화가 급속히 촉진되었다.
② 대부분의 기업들은 주로 저임금과 미숙련 노동자 중심의 경영 즉, 관리의 대상은 미숙련공이고, 관리의 초점은 저임금의 유지인 경영을 하고 있었다.
③ 이러한 상황에서 테일러(F.W. Taylor)는 합리적이고 과학적인 관리를 통해 생산성을 올리는 데 주력할 수 있는 일명 테일러 시스템 또는 테일러리즘(Taylor System or Taylorism)으로 불리는 과학적 관리론을 창안하였다.

2 과학적 관리론의 내용

과학적 관리론의 목표는 사용자가 낮은 비용을 들이면서도 노동자를 위한 높은 임금을 유지하는 것에 있었다. 일선 기업의 경영에서뿐만 아니라 행정학에 있어서의 과학적 관리론에서도 기본 이론으로 작용한 것이 바로 경영 합리화였다. 경제적이고도 물질적인 것을 우선 요인으로 삼아, 작업이 이루어지는 과정을 분석·연구하고 적정량의 업무를 부여하여 구성원과 조직 간의 조화를 이룩함으로써 최소의 비용으로 최대의 생산 결과를 이끌어내는 것을 기본 골격으로 하는 것이었다.

개념체크 ○ ×

• 과학적 관리론은 행정관리설, 관료제이론과 함께 미국 고전기 행정학의 기틀을 다졌다. ○×

• 과학적 관리론은 조직이 추구하는 가치로서 사회적 능률성을 가장 중요시한다. ○×

○, ×

(1) 시간 연구
모든 생산활동은 정확한 시간 연구에 의해 측정되어야 하며, 이를 바탕으로 공장에서 행해지는 모든 작업에 대하여 표준 시간이 설정되어야 한다.

(2) 성과급의 지급
임금은 생산량에 비례해야 하며, 그 비율은 시간 연구에 의해 결정된 표준에 입각하여야 한다.

(3) 계획과 작업 수행의 분리
작업을 계획하고 그 작업 수행을 가능하도록 하는 책임을 노동자로부터 분리하여 경영자가 떠맡아야 한다.

(4) 과학적인 작업 방법
경영자는 작업 방법에 관한 책임을 노동자로부터 떠맡아야 하며, 최선의 방법을 결정하고 이를 바탕으로 노동자를 훈련시켜야 한다.

(5) 기능적 관리 통제
경영자는 경영과 통제에 과학적인 원리를 적용할 수 있는 훈련과 교육을 받아야 한다.

테일러 시스템과 포드 시스템의 비교

구 분	테일러 시스템(과업관리)	포드 시스템(동시관리)
역점사항	개별 생산공장 관리기술의 합리화	계속 생산의 능률적 향상 및 관리 합리화
경영이념	고임금, 저노무비의 원리 (High Wage and Low Labour Cost)	고임금, 저가격의 원리 (High Wage and Low Price)
원 리	4대 원리 • 최고과업 결정 • 표준화된 제조건 • 성공에 대한 우대 • 실패 시는 노동자의 손실	4대 이념 • 영리주의 부인 • 봉사주의 제창 • 경영의 자주성 강조 • 경영을 공동체시 함
수단방법	시간 연구, 직능식 조직, 차별적 성과급제, 지도표 제도의 채용	3S 적용, 이동조립법, 일급제 급여, 대량 소비시장의 존재
표 준	작업의 표준화	생산(제품)의 표준화

개념체크 ○ ×
- 테일러(F.W. Taylor)는 과업을 달성했을 때는 고임금을, 실패했을 때는 저임금을 지급하는 차별적 성과상여금제도를 제시하였다. ○ ×
- 테일러(F.W. Taylor)의 최대 관심사는 능률과 이윤이었고 이를 위하여 훈련과 작업분석을 강조하였다. ○ ×

○, ○

3 과학적 관리법의 특징

① 행정의 전문성을 강조하며, 과학화·객관화·분업화를 통한 행정의 능률성을 중시하였다.
② 권한·책임의 범위 분담을 위한 계층제 등 공식구조·조직을 강조하였으며, 상의하달형 의사전달에 따른 경직성을 초래하였다.
③ 경제적·합리적 인간을 전제로 X이론적 인간관을 주장하였으며, 기계적 능률성을 강조하였다.
④ 외부적 환경변수를 무시하고, 비공식적 요인을 고려하지 않는 폐쇄적 조직이론이다.

4 과학적 관리법의 유용성과 한계

(1) 과학적 관리법의 유용성

① 과학적 관리론은 조직과 인간관리의 과학화를 주창함으로써 능률을 극대화하는 데 크게 기여하였다.
② 과학적 관리론은 행정을 관리현상으로 인식하고, 행정능률을 보다 향상·촉진시키는 데 공헌하였으며, 정치·행정이원론의 성립에 기여하였다.
③ 행정조사 및 행정개혁운동의 배경으로 작용하여 엽관주의의 폐단을 극복하는 계기가 되었다.

(2) 과학적 관리법의 한계

① 공익을 우선으로 해야 하는 행정에 있어서는 이윤의 극대화를 목적으로 하는 기계적인 능률 원리를 적용하는 데 일정한 한계가 있다.
② 조직과 인간을 기계시하여, 종속변수만으로서의 인간 부품화라는 인식을 초래하였다.
③ 폐쇄형 조직이론으로서 조직과 환경과의 상호작용을 무시하고 있다.
④ 경제적 동기의 지나친 강조로 인간의 사회적·심리적 요인 등을 간과하였다.
⑤ 정치가 개입되는 행정을 경영과 동일시하고 있다(공·사행정일원론).
⑥ 조직 내의 비공식 집단을 무시하고 있다.

개념더하기

과학적 관리론이 행정에 미친 영향
- 능률과 절약의 추구
- 정치와 행정의 분리
- 행정의 관리화 운동

02 인간관계론

1 개념 및 성립배경

(1) 개념
① 인간관계론은 진정한 능률을 추구하기 위해서는 인간을 기계적으로만 취급할 것이 아니라 감정·정서·비합리성·사회성을 지닌 존재로 간주하고, 인간의 감정적 요소와 비합리적 요소를 효율적으로 운용하는 것이 능률성 제고에 유용하다는 이론이다.
② 인간관계론은 모든 조직에 비공식적 인간관계가 존재하며, 비공식적 관계가 공식적 명령 체계보다 더 효과적으로 작용한다고 보았다.

(2) 성립배경
① 인간관계론은 과학적 관리론에 의해 인간의 기계화·비인격화가 초래되자 이에 대한 반발로 등장하였다. 그러나 과학적 관리론을 전면 부정한 것은 아니고, 이의 성과를 인정하면서도 과학적 관리론에서 경시되었던 인간의 감성적·사회적 측면에 주목한 것이다.
② 인간관계론에 최초로 공헌한 사람은 폴레(M.P. Follett)이지만 이 주장이 성립·발전된 것은 엘튼 메이요(E. Mayo)의 호손실험(Hawthorne Experiment) 이후이다.

호손실험

구 분	결 과
조명 실험 (작업조건 변화)	조명과 같은 작업환경의 변화는 생산량과 직접적인 관계 없음
계전기 조립실험 (조립속도)	작업 중 휴식이나 간식의 제공도 생산량과 직접적인 관계 없음
면접 실험 (감독방법·작업환경 내의 불만사항 조사)	종업원의 불만이나 감정 등은 생산량과 어느 정도 관계 있음
배전기권선 관찰실험 (작업상태 관찰)	생산량은 관리자의 지시나 종업원의 능력보다 비공식적으로 합의된 사회적 규범에 의해 결정됨

개념체크 ○×
• 인간관계론은 비공식 집단의 단점 극복을 위하여 권위주의적 리더십 유형을 필요로 한다. ○×
• 인간관계론은 조직을 외부환경과 적극적으로 상호반응하는 개방체제적 관점에서 파악하고 있다. ○×

×, ×

2 인간관계론의 내용

① 인간관계론에 의하면 구성원은 개인으로서가 아니라 집단의 구성원으로서 행동한다.
② 사람은 감정과 기분에 따라 움직이며, 조직참여자들이 만족하면 생산성 향상에 도움이 된다.
③ 기계적 능률성보다 사회적 능률을 중시하고, 대인관계 등 사회적·비경제적 동기가 생산성을 결정한다.
④ 조직구성원의 사기는 소규모집단을 중심으로 형성되며, 공식구조보다는 구성원 간의 욕구나 혈연·지연 등에 따른 비공식적인 소집단에서의 소속감이 중시된다.

3 인간관계론의 유용성과 한계

(1) 인간관계론의 유용성
① 인간을 인격적으로 인식하고, 인간의 심리적·사회적 측면을 중시하였다.
② 사회적 능률이라는 개념을 정립하고 노동자의 인격적 대우가 조직의 능률향상에 기여함을 파악하였다.
③ 조직의 관리에 있어서 의사전달, 리더십, 비공식조직 등을 강조함으로써 경쟁이 아닌 협동과 인화에 의한 생산성 제고를 강조하였다.

(2) 인간관계론의 한계
① 비합리적·정서적·감정적 요인을 지나치게 강조한 결과 인간의 경제적 동기를 지나치게 경시하였다.
② 공식조직의 합리적 기능을 경시하고, 비공식 집단의 중요성을 지나치게 강조하였다.
③ 인간을 관리의 대상으로 삼는다는 점에서 관리방법 적용상의 기술적 한계가 현실적으로 존재한다.
④ 조직 내의 개인·비공식조직을 단위로 사회적·심리적 관계를 연구하는 데에 그치고 있어 조직과 외부환경과의 상호의존적 작용 관계를 설명하지 못한다.
⑤ 사회심리적 욕구의 충족에 의한 동기부여를 지나치게 강조하고 있으며, 직무 자체를 중심으로 한 동기부여를 간과하고 있다.
⑥ 인간관계의 안정적 균형을 지나치게 강조하여 보수적 안정 희구주의에 경도될 우려가 있다.

개념체크 ○ ×

• 인간관계론에 의하면 구성원은 집단으로서가 아니라 개인의 구성원으로서 행동한다. ○×
• 인간관계론은 공식조직의 합리적 기능을 경시하고, 비공식 집단의 중요성을 지나치게 강조한다. ○×

×, ○

4 과학적 관리론과 인간관계론

(1) 유사점
① 생산성 향상을 궁극적 목표로 하고 있다.
② 두 이론 모두 관리방법 중심의 관리과학으로, 관리계층의 우월성을 전제로 인간을 조작가능한 수단가치로 인식하고 있다.
③ 목표달성을 위해 동기부여를 통해 인간을 유도할 수 있다고 보았다.
④ 조직을 외부환경과 상호반응하지 않는 폐쇄체제적 관점에서 파악하고 있다.
⑤ 조직목표와 개인목표의 양립가능성을 인정하고 있다. 즉, 양자의 목표가 상호 모순되지 않고 함께 달성될 수 있다고 보았다.

(2) 차이점

구 분	과학적 관리론	인간관계론
능률관	기계적 능률관	사회적 능률관
조직관	인간을 종속변수로만 인식	인간을 사회·정서적 존재로 인식
인간관	합리적 경제인관(X이론)	사회적 인간관(Y이론)
구조 측면	공식적 구조 중심	비공식적 구조, 소집단
기 여	능률증진에 기여	민주성 확립에 기여
동기부여	경제적 유인	사회심리적 유인
의사전달	하향적	상향적·하향적
생산성 향상	구성원 간 경쟁을 통한 능률 향상	구성원 간 협동을 통한 능률 향상
조직목표와 개인욕구 간 균형	저해요인 제거에 의한 여건 조성으로 저절로 균형 성립	적극적 개입 전략에 의해 의식적으로 균형 성립

> **개념체크** ○ ×
> • 인간관계론은 기술적 능력과 경제적 보상보다는 사회적 능력(대인관계능력, 리더십 등)과 사회적 규범에 의한 생산성 결정을 중시한다. ○×
> • 과학적 관리론과 인간관계론 모두 조직의 생산성과 능률성 향상을 궁극적 목표로 하고 있다. ○×
>
> ○, ○

03 행정행태론(행태주의)

1 의 의

(1) 개 념
① 행태주의는 1920년대의 과학적 관리법을 비판하고, 인간관계론에 착안하여 1940년대 등장한 논리 실증주의적 연구방법이다.
② 행태주의는 조직이나 제도, 절차 등과 관련된 문제에 집중했던 과학적 관리법과 달리 인간의 행태, 외면화된 경향 등을 연구대상으로 삼아 그 규칙성을 발견하는 것을 강조했다.

(2) 행태주의의 연구전제
① 행정현상을 인간의 집단적이고 합리적인 의사결정과정으로 인식한다.
② 객관적 사실이나 검증될 수 있는 영역을 연구대상으로 삼고, 주관적이고 가치판단적인 영역은 의식적으로 배제한다.
③ 행태주의는 인간의 행태를 수학적으로 계량화하는 것이 가능하다고 본다.

2 행태주의의 내용

① 과학적 · 경험적 방법에 입각하여 행정현상을 사실영역과 가치영역으로 구분하고 행정학은 경험적으로 검증가능한 사실문제만을 연구대상으로 할 것을 주장하였다.
② 행정을 목적을 설정하고 이를 집행하는 의사결정과정의 연속체로 파악하여 의사결정을 둘러싸고 있는 권위 · 갈등 · 의사전달 등을 중시한다(새이원론).
③ 행정조직의 구조적 · 제도적 측면보다 행정문화 · 집단행태 및 이에 따른 행정인의 행태를 분석하는 데 중점을 둔다.
④ 개념의 조작적 정의를 통해 객관적인 측정방법을 사용하며, 자료의 미시적 · 계량적 분석에 중점을 둔다.
⑤ 인간을 복잡인으로 간주하여 인간 사고체계의 집단에 따른 고유한 특성을 인정하지 않고, 개인의 특성에 따라 각자 다르다는 방법론적 개체주의에 입각하였다.
⑥ 자료의 수집에 심리학 · 사회학 · 문화인류학의 기법이 적용되고, 수집된 자료의 분석에도 인문과학과 자연과학적 기법이 동원되는 등 종합과학적 성격이 강조된다.
⑦ 수집된 자료의 객관적 · 계량적 입증을 거쳐 이러한 행태의 규칙성, 상관성 및 인과성을 경험적으로 입증하고 설명하는 데 치중한다.

3 행태주의의 유용성과 한계

(1) 행태주의의 유용성
① 행정학 연구의 과학화에 공헌하였다.
② 의사결정을 둘러싸고 일어나는 권위 · 갈등 · 의사전달 등에 관한 현상을 사회심리학적 측면에서 연구하였다.

개념더하기

행정행태론(행태주의)의 대표 학자
행태주의는 버나드(C.I. Barnard)의 사회심리학적 접근법에서부터 시작되었으며, 이를 행정 현상에 적용시켜 행정행태론(행태주의)을 완성시킨 학자는 사이먼(H.A. Simon)이다. 사이먼은 가치와 사실을 구분하고 가치문제를 행정학의 연구대상에서 제외시켰으며, 실증적 연구방법을 강조함에 따라 공공부문과 사기업 간의 공통점을 강조하였다.

(2) 행태주의 접근방법에 대한 비판

① 방법의 신뢰성에 치중하는 나머지 연구대상과 범위를 지나치게 미시적인 것에 한정하고, 실제문제를 외면한 채 형식논리로 흐를 가능성이 있다.
② 연구방법이나 기술에 있어서 지나치게 일부분에 치중하며, 객관화하기 어려운 분야에서의 자의적 자료 조작 가능성이 있다.
③ 정책결정이 가치선택의 문제임을 간과하고 가치중립성이 지나치게 강조되면, 결과적으로 현상유지적인 보수주의적 행정에 빠지게 된다.
④ 관료의 자발적인 행태를 관찰하기 어려운 개도국에 적용하기 곤란하므로 보편화의 문제점이 있다.

4 후기행태주의 · 탈행태주의의 대두

행태론이 지나치게 가치중립적이어서 가치판단이 필요한 여러 사회적 문제를 제대로 진단해 내지 못함에 따라 행태론에서 소홀히 했던 가치판단, 철학적 측면이나, 사회적 형평성 등을 중시하는 후기행태론, 신행정론 등 대안적 접근이 대두되었다.

> **개념체크** ○ ×
> • 사이먼(H.A. Simon)의 행태주의 이론은 가치와 사실을 구분하고 사실문제를 행정학의 연구대상에서 제외시켰다. ○×
> • 사이먼(H.A. Simon)은 행태주의 이론에서 행정은 논리적 실증주의와 사회심리학적 접근방법에 따라 연구되어야 한다고 주장하였다. ○×
>
> ×, ○

04 생태론적 접근방법

1 의의

(1) 개념

① 생태(Ecology)란 살아있는 유기체와 그 주위환경과의 상호작용 관계를 의미한다.
② 생태론적 접근방법은 행정을 주변 환경과 밀접한 영향을 주고받는 하나의 유기체로 파악하여, 행정체제와 이를 둘러싸고 있는 환경적 요인 간의 관계에 연구 중심을 둔다.
③ 즉, 행정에 영향을 미치는 환경적 변수에 의한 행정현상을 설명하고자 한 접근 방법으로, 가우스(J.M. Gaus)와 리그스(F.W. Riggs)가 대표학자이다.

(2) 성립배경

① 생태론적 접근방법은 제2차 세계대전 후 미국에서 발전한 기존의 행정학 이론이 제3세계 국가에 적용하기 어려운 현실에서 출발하였다.
② 특히 성숙한 행정환경이 없는 신생국의 경우 서구에서 이식된 행정제도와 이식된 신생국의 현실 간에 괴리로 인해 제도의 이상이 형해화되고 여러 문제점이 발생함에 따라 이의 해결을 위해 논의되기 시작하였다.

(3) 특 징

① 행정체제의 개방성을 강조하고, 행정의 종속변수적 측면을 강조하였다.
② 분석단위가 행위자 개인보다는 집합적 행위나 제도를 위주로 하고 있어 거시적 분석의 성격을 띠고 있고, 신생국 행정의 연구에 중점을 두었다.

2 생태론적 접근방법의 내용

(1) 가우스(J.M. Gaus)의 생태론

가우스(J.M. Gaus)는 행정현상의 연구에 있어서 환경과의 유기적 상호관계를 고려하면서 정부기능이 분석되어야 한다고 보고, 행정에 영향을 미치는 환경적 요인으로 주민, 장소, 욕구와 이념, 재난, 사회적·물리적 기술, 인물을 들고 있다.

(2) 리그스(F.W. Riggs)의 생태론

① 농업사회와 산업사회의 비교

리그스(F.W. Riggs)는 사회이원론과 구조기능적 분석을 활용하여 행정의 비교모형으로 농업사회와 산업사회의 유형을 대별하여 제시하였다.

구 분	농업사회	산업사회
정치적 요인	정치권력의 근거는 천명	정치권력의 근거는 국민
경제적 요인	자급자족적 경제체제	시장경제 체제
사회구조적 요인	1차 집단 중심으로 혈연·지연 강조	• 실적이 중시되고 기능적 분화 • 개방적인 2차 사회
이념적 요인	• 직감에 의한 인식이 지배적 • 지식의 획일성	• 경험에 의한 인식 • 지식의 다양성
의사전달제도	정부와 국민 간 의사소통이 원활하지 않음	• 정부와 국민 간 의사소통이 원활 • 국민의사가 국정에 반영

개념더하기

가우스가 지적한 행정에 영향을 미치는 환경요인

• 주민(People)
  국민의 연령이나 성별, 학력 등
• 장소(Place)
  지리적 요인 등
• 욕구와 이념(Wishes & Idea)
  국민들이 공유하는 바람이나 사상 등
• 재난(Catastrophe)
  전쟁이나 천재지변 등
• 사회적 기술(Social Technology)
  금융실명제, 독점자본의 규제 등
• 물리적 기술(Physical Technology)
  전자정부의 구축, 인터넷의 발달 등
• 인물(Personality)
  지도적 인물의 성품이나 리더십, 가치관

② 리그스(F.W. Riggs)의 프리즘적 사회

리그스(F.W. Riggs)는 농업사회에서 산업사회로의 전이 과정상 중간 단계를 프리즘 사회로 규정하고 이를 신생국의 행정모형으로 제시하였다. 리그스(F.W. Riggs)는 프리즘 사회의 특징을 다음과 같이 설명하고 있다.

㉠ 이질성 : 상호 이질적인 전통적 요인과 현대적 요인이 혼합된 상태로 공존하고 있다.
㉡ 기능의 중복 : 공식기능은 분화되어 있으나 실제로는 중첩되거나, 분화된 기능과 미분화된 기능이 중첩되어 있다.
㉢ 형식주의 : 각종 법규나 규범이 사문화되어 실제로 집행되지 않거나 왜곡되어 집행된다.
㉣ 규범의 비통일성 : 규범이 사안에 상관없이 통일적으로 적용되지 못하고 사안에 따라 편의적으로 적용된다.
㉤ 파벌주의 : 행정조직에 씨족적·종파적 파벌이 존재한다.
㉥ 가격의 불확정성 : 상품가격의 결정에 시장 외적인 요인이 작용한다.
㉦ 양초점성 : 관료의 권한이 법적으로는 상당히 제약되나 실제로는 큰 영향력을 가진다.
㉧ 가치의 응집 : 가치가 다양하게 분화되지 못하고 지배 엘리트 계층의 가치만이 주류로 확대 재생산된다.
㉨ 의존증후군 : 권력자가 자신의 권력을 이용하여 자본가에 기생하거나 재화를 수탈한다.

> **개념체크** ○×
> • 리그스(F.W. Riggs)가 말하는 프리즘 사회의 특징 중 하나는 기능의 분화이다. ○×
> • 리그스(F.W. Riggs)가 말하는 프리즘 사회의 특징 중 하나는 고도의 이질혼합성이다. ○×
> ×, ○

3 생태론적 접근방법의 유용성과 한계

(1) 공 헌
① 행정체제를 개방체제로 파악하여 문화적·환경적 요인과의 상호 관련성 속에서 행정을 고찰함으로써 행정학의 연구에 거시적 안목을 제공하였다.
② 행정을 보편적 이론으로 보지 않고 정치·경제·사회·문화적 조건에 따라 다르게 나타나는 것으로 보게 되어 비교행정의 기초를 제공하였다.
③ 주로 제도면에 치중했던 전통적 방법론 대신 현상과 현상 간의 상호관계의 연구에 중점을 두어 행정의 종합적 연구를 촉진시켰다.

> **개념체크** ○ ×
>
> - 생태론자들은 행정현상을 자연·사회·문화적 환경과 관련시켜 이해하려고 한다. ○|×|
> - 생태론적 접근방법은 행정이 추구해야 할 목표나 방향을 명확하게 제시한다. ○|×|
>
> ○, ×

(2) 비 판

① 국가발전에 대한 독립변수로서 쇄신적 행정엘리트가 발전의 원동력이 될 수 있는 가능성을 무시하고 인간적 요인을 과소평가하였다.
② 행정을 문화적 환경에 의하여 결정되는 종속변수로 봄으로써 행정의 적극적 역할을 무시하였다.
③ 행정이 지향해야 할 목표·이념을 제시하지 못하고 있다.
④ 신생국 발전에 대한 비관주의·패배주의, 정태적 체제론이다.
⑤ 특정국가의 개별적 환경을 대상으로 함으로써 이론의 보편화가 저해된다.

05 체제론적 접근방법

1 의 의

체제론적 접근방법이란 행정현상을 하나의 유기체로 보아 행정을 둘러싸고 있는 다른 환경적 제요소와의 관련 속에서 행정현상을 연구하려는 것을 말한다. 체제론적 접근방법은 행정을 개방체제의 관점에서 상호작용 과정으로 파악하여 거시적으로 접근하였다.

2 사회체제론

(1) 체제의 의의

체제란 상호관련성 있는 복수의 구성요소가 일정한 목표와 경계를 가지고 서로 일정한 기간에 걸쳐서 다른 부분 및 환경과 끊임없이 영향을 주고받으며 전체성을 유지해 나가는 하나의 실체 내지 전체를 의미한다.

(2) 체제의 특징

① 체제는 여러 하위체제로 분화됨과 동시에 공동목표를 위해 상호 조정되고 통합된다.
② 체제는 환경, 투입, 전환, 산출, 환류의 과정을 거치면서 환경과 상호작용한다.
③ 체제는 스스로의 정체성을 유지하기 위하여 다른 체제와 구별되는 경계를 지닌다.

④ 체제는 그것을 둘러싸고 있는 환경과의 관계에 따라 환경과 관련이 없는 자급자족적 체제인 폐쇄체제, 환경과 상호유기적 교호작용을 갖는 개방체제, 그리고 환경이 체제에 영향을 미칠 수는 있으나 체제는 환경에 영향을 미치지 못하는 준 개방체제로 나뉜다.

(3) 체제의 기능

① 적응 기능
변화하는 환경에 대응하여 조직의 생존에 필요한 개혁과 업무의 지속성을 유지해 나가는 기능

② 목표달성 기능
환경으로부터 조달된 재원을 체계화하여 조직의 목표를 달성하는 기능

③ 통합 기능
행정체제의 목표달성을 위하여 각 하위체제의 활동을 상호 조정하는 기능

④ 형상유지 기능
체제가 자신의 기본적인 형상을 유지하면서 교육 등을 통해 자신의 가치와 규범을 재생산하는 기능

> **개념체크** ○×
> - 체제는 공동목표를 지니며 이의 달성을 위하여 하위체제끼리 협동한다. ○×
> - 체제론은 전체주의적 관점을 취한다. ○×
>
> ○, ○

3 행정체제론

(1) 행정체제의 의의
행정체제란 상호 관련된 환경, 투입, 전환, 산출, 환류 등의 상호작용을 반복하는 개방체제를 말한다.

(2) 구성요소

① 환 경
환경은 행정체제 밖에서 체제를 둘러싸고, 체제에 대해 일정한 요구나 지지를 발생시킨다(정치·경제·사회적 현상, 고객, 압력단체 등).

② 투 입
환경으로부터 행정체제의 전환 과정에 투입되는 자원이나 정보 등을 의미한다(국민의 요구와 지지, 인적·물적자원 투입).

③ 전 환
환경으로부터 자원이나 정보 등을 투입받아 그 결과로서 어떤 산출을 발생시키기 위한 체제 내부의 작업절차를 말한다(정책결정).

④ 산 출
환경으로부터 투입받아 전환과정을 거쳐 발생되는 결과물을 말한다(법령, 정책, 재화 등).

⑤ 환 류

산출의 결과가 다음 단계의 환경이나 투입에 연결되는 과정으로 이 단계에서 시정조치나 개선 등이 적극적으로 진행된다(행정통제, 행정책임 등).

4 체제론의 발달영역

(1) 일반체제이론
복잡하고 역동적인 현상을 이해할 수 있는 거시적이고 종합적인 틀을 발전시키며 다양하고 전문화된 여러 영역의 지식을 통합시키는 기초를 마련한다.

(2) 체제철학
문제해결에 체계적인 사고를 할 수 있도록 체제적 사고능력을 개발시켜 주는 접근방법으로, 개방체제나 체제의 규모가 크고 비합리적 규범이 작용하는 인간중심조직에 적합하다.

(3) 체제관리
조직을 하나의 체제로 보고 상위체제나 하위체제와의 상호작용이나 투입에 대한 산출관계를 규명한다.

(4) 체제분석
문제해결이나 효과적인 의사결정을 위한 과학적 의사결정방식으로 계량적 기법을 통해 체제운영의 효율성을 높이려 한다. 따라서 폐쇄체제이거나 규모가 작고 합리적 규범이 지배하는 기계중심조직에 적합하다.

5 개방체제

(1) 의 의
개방체제란 이를 둘러싸고 있는 환경과의 상호 유기적 교호작용 속에서 조직을 유기적 실체로 파악한 것으로, 동태적 조직을 의미한다.

(2) 개방체제의 특징
① 투입, 전환, 산출, 환류, 환경의 5단계 기능을 수행한다.
② 조직이 해체·소멸되어 가는 엔트로피 현상을 부정하고, 체제의 지속적인 유지를 중시한다.
③ 개방체제는 목표달성, 적응, 통합, 형상 유지의 4대 기능을 수행한다.

④ 정보의 관리기능을 통해 의사결정의 합리성을 제고한다.
⑤ 환경과의 불균형을 시정하기 위해 투입과 산출을 계속하는 점에서 동태적이지만 체제의 특징은 변하지 않고 고유 형태를 유지한다.
⑥ 과정과 절차보다는 최종성과를 중시하여 방법론적 다양성을 지향한다.
⑦ 다른 체제나 환경과의 안정과 균형을 중시한다.
⑧ 개방체제에서는 통합을 전제로 기능적으로 분화하는데, 이는 발전을 의미한다.

6 체제론적 접근방법의 유용성과 한계

(1) 체제론적 접근방법의 유용성
① 다양한 여러 행정체제나 행정단위의 비교분석을 위한 일반적인 기준을 제시한다.
② 문제해결과 의사결정의 합리화에 기여할 수 있고, 행정이론의 과학화에 이바지하였다.
③ 구조나 절차를 중요시하기보다 거시적인 측면에서 전체를 조망하며 그 구성부분 간의 상호 기능적인 측면을 분석하였다.

(2) 체제론적 접근방법의 한계
① 체제기능의 성질이나 하위체제 간의 구분·비중을 밝히기 어렵다.
② 체제유지, 사회체제의 균형·조화적 관계 등이 강조됨으로써 보수적인 편견이 내재하고 있다.
③ 특정 인물의 성격·리더쉽 등이 큰 비중을 차지하더라도 이를 과소평가하기 쉽고, 권력·의사전달·정책결정 등의 문제나 행정의 가치문제를 고려하지 못한다.
④ 거시적인 분석이 지나치게 강조되어 체제의 전체적인 국면은 잘 다루고 있으나, 체제의 과정이나 절차상 구체적 운영이나 행태적인 측면의 설명에서 취약하다.
⑤ 체제기능 위주이므로 동태적인 변화를 설명하기 곤란하며, 정태적·균형적 성격을 띠게 되어 정치사회의 변동을 충분히 설명할 수 없다.
⑥ 안정적인 선진국(다원주의사회) 연구에는 적절하나 행정환경이 급변하는 후진국에는 적용하기 어렵다.

개념체크 ○×
- 체제론적 접근방법은 선진국의 행정현상을 연구하는 데 한계를 지닌다. ○×
- 체제론적 접근방법은 거시적인 접근방법을 취함으로써 구체적인 운영의 측면을 다루지 못한다. ○×

×, ○

06 비교행정론

1 의의

(1) 개념
① 비교행정은 여러 국가의 행정체제와 행태를 연구함으로써 보편성 있는 일반이론을 정립하는 동시에 행정개선에 필요한 지식기반을 구축하는 것을 목적으로 한다.
② 비교행정론에서 주요 연구대상은 관료제라고 할 수 있으며, 따라서 비교관료제론은 사실상 비교행정론의 대부분을 형성하고 있다.
③ 1950년대 말부터 대두된 비교 및 발전행정론을 통해 그동안 미국행정학이 안고 있던 문화기속적 관점에서 벗어나 보편적이고 일반적인 행정이론을 형성하는 계기가 되었다.

(2) 성립배경
① 비교행정은 전후 개발도상국 행정에 대한 기술 원조 과정에서 미국 행정이론의 보편타당성에 의문이 제기되면서, 각국의 비교연구를 통한 행정학의 과학성 제고와 일반화된 행정이론의 개발을 위해 대두되었다.
② 비교행정은 미국 행정학의 문화기속적 속성과 보편타당성의 한계를 인식하면서 선·후진국을 막론하고 보편적으로 적용할 수 있는 행정학을 만들기 위해 등장하였다.

(3) 비교행정연구회(CAG)
① 비교행정은 리그스(F.W. Riggs) 주도하의 비교행정연구회(CAG)를 중심으로 1960년대에 활발한 활동을 전개하였다.
② 리그스의 개발도상국 행정체제에 대한 「프리즘적 사랑방 모형」(Prismatic sala model)은 비교행정연구의 대표적인 성과라고 할 수 있다.
③ 리그스가 가우스(J.M. Gaus)의 생태론적 접근방법을 이어받아 개발도상국의 행정행태를 사회문화적 맥락에서 파악하였으나, 환경을 강조한 나머지 행정의 독자성을 과소평가하여 종속변수로 취급하였다.

개념더하기

비교행정론 발달의 영향을 끼친 요인
- 비교행정연구회(CAG)의 활동
- 후진국 원조사업에 대한 학자들의 참여
- 보편타당한 행정이론 도출을 위한 노력

2 접근방법

(1) 리그스(F.W. Riggs)의 접근방법
① 규범적 접근법에서 현실을 있는 그대로 연구하는 경험적 접근법으로 전환하였다.
② 개별적 접근법에서 여러 나라에 적용될 수 있는 일반법칙적 접근방법으로 전환하였다.
③ 비생태적 접근방법에서 환경적 요인을 고려하는 생태적 접근방법으로 전환하였다.

(2) 헤디(F. Heady)의 접근방법
① 수정전통형
전통적 접근방법을 일부 수정한 방법으로 각국의 행정현상을 단순 비교·고찰하는 방법이다.
② 발전지향형
국가발전의 목표 달성을 위한 행정의 필요조건을 규명하여 행정 개선을 위한 전략을 수립한다.
③ 일반체제모형
각국 행정현상의 비교를 위한 일반적인 기준이나 모델을 개발하기 위한 연구를 의미한다.
④ 중범위이론
일반체제이론이 지나치게 광범위하고 포괄적이기 때문에 실증적인 비교·분석이 곤란함에 따라 학문의 실증적인 비교·분석을 위해 학문연구 범위를 중간수준으로 연구하는 이론으로 등장하였다. 관료제가 대표이론이다.

3 비교행정론의 한계

① 비교행정론은 현상유지적 성격을 지니므로 행정의 사회변동 기능을 다루지 못하였다.
② 행정행태의 특징 중 환경을 지나치게 강조한 나머지 후진국의 발전에 비관적이다.
③ 발전의 독립변수로서 행정체제나 행정엘리트의 요소를 경시하였다.

개념체크 O×

• 비교행정론은 과학성보다는 기술성과 규범성을 강조한다. [O|X]

• 비교행정론은 행정형태를 사회문화적 관점에서 파악한다는 특징이 있으나 행정을 종속변수로 취급한 문제가 있다. [O|X]

×, O

07 발전행정론

1 의의

(1) 발전 개념

① 발전 개념에 대해서는 다양한 견해가 있으나 일반적으로 발전을 양적 성장과 질적 향상, 또는 물질적 요인과 인간적 요인을 포함하는 포괄적인 개념으로 보는 것이 보편적이다.
② 양적 성장의 예로는 인구의 증가, 국민소득의 증가 등을 들 수 있으며, 질적 성장의 예로는 구조의 분화, 생산성의 향상, 인력의 질적 향상 등을 들 수 있다.

(2) 성립배경

① 비교행정론이 정태성, 이론지향성 등으로 인해 신생국의 조속한 국가발전을 지원하는 데 한계를 노출함에 따라, 직접적·구체적 발전방안을 제시하기 위하여 발전행정론이 대두되었다.
② 발전행정론은 비교행정론과 달리 역동적인 신생국의 발전에 대한 직접적 활동, 즉 동태적 연구를 중시하여 신생국 발전의 구체적인 방안제시를 목표로 한다.

(3) 발전행정의 의의

① 행정발전
 행정발전은 행정기관의 계획대로 지속적인 변화를 도모하기 위하여 행정체제 내부적인 능력을 증진시키는 것을 말한다.
② 발전행정
 발전행정은 행정발전을 통해 행정기관 내부의 능력 증진과 아울러 국가발전사업을 유도하고 촉진하는 것을 말한다.
③ 국가발전
 국가발전은 행정발전과 발전행정을 포괄하는 개념으로, 정치·경제·사회·문화 등 국가의 전반적인 변동능력을 향상시키는 활동이다. 결국 행정발전은 발전행정의 선행조건이고, 행정발전과 발전행정은 국가발전을 위한 수단의 성격을 가진다.

개념더하기

발전 개념의 다양성
발전은 질적 변화를 포함하므로 주관적인 가치판단이 어느 정도 개입될 수밖에 없다. 따라서 발전의 뜻이 다양성을 띠게 되는 것이다. 또한 발전은 과정으로서뿐 아니라 성취목표로서 인식되기도 한다.

2 발전행정의 특징

① 행정을 국가발전목표의 달성을 위한 정책의 수립과 집행과정으로 보면서 행정우위론적인 정치·행정일원론의 입장을 취하고, 행정인의 정책결정능력을 강조한다.
② 과학성보다는 기술성·규범성을 강조한다.
③ 발전사업의 목표달성을 위한 행정이념으로 효과성을 중시한다.
④ 독립된 행정변수로 발전행정인의 역할을 중시한다.
⑤ 행정체제를 발전시켜 다른 하위체제의 발전을 유도하는 불균형 전략을 선호하며, 발전행정의 전략으로 기관형성 전략을 중요시한다.

3 발전행정의 접근전략

(1) 행정체제 접근방법
행정체제를 통해 국가발전을 주도하려는 접근방법을 말한다. 외부적 요인을 고려하지 못한 폐쇄적 접근법이다.

균형적 접근방법 (비교행정)	행정의 전반에 걸친 균형적 발전
불균형적 접근방법 (발전행정)	행정 일부분의 발전을 통해 나머지 부분의 발전을 유도

(2) 사회체제 접근방법
국가 하위체제의 상호관계를 중시하는 국가발전 전략이다.

균형적 접근방법 (비교행정)	행정을 종속변수로 보며, 국가발전은 정치·경제·사회·문화 등 각 분야의 균형된 발전을 통해 가능하다는 입장으로, 이상적이나 비현실적일 수 있다.
불균형적 접근방법 (발전행정)	행정의 독립변수로서의 성격을 강조하며, 국가발전에 있어 정치·경제·사회·문화 등 다른 분야보다 행정이 주도적이어야 한다는 입장으로, 현실적이나 민간부문의 약화 등 역기능의 우려가 있다.

(3) 강제적 전략, 기술적 전략, 규범적 전략

① 강제적 전략
행정체제가 주축이 되어 강제적으로 변화를 추구한다. 단기적인 효과는 있으나 장기적으로는 바람직하지 못하며, 행정이념 중 민주성에 부합되지 못한다.

② 기술적 전략
보조금의 제공, 융자 등 적절한 유인이나 기술에 의한 변화를 추구한다.

개념체크 ○ ×

• 발전행정론은 정치·행정이원론의 입장을 취한다. ○ ×
• 발전행정론은 불균형적 접근법으로 행정권력의 비대화를 정당화시켰다는 비판이 따른다. ○ ×

×, ○

③ 규범적 전략

변동대상자에 대한 가치관이나 행태의 변화 등 심리적인 측면을 중심으로 한다. 근본적인 개혁이 될 수 있으나, 단기간에 가시적인 효과를 얻기는 어렵다.

4 발전행정론의 한계

① 발전이라는 개념이 모호하며, 서구화를 발전이라고 보는 오류를 범할 수 있다.
② 발전행정의 입장에서는 필연적으로 행정기능이 비대화되어 민주주의를 저해하고, 소위 '개발독재'라는 식의 독재의 합리화 수단으로 전락할 수 있다.
③ 발전행정론은 개도국의 발전을 위한 처방적 성격으로 인해 과학성이 결여되고, 이론의 검증이 제대로 되지 않고 있다.
④ 외형적인 산출기능만 중시하여 정책결정에의 참여와 관련되는 투입기능을 경시하게 된다.
⑤ 관료들의 의식이나 윤리를 중시하지 않으므로 가치배분의 불공정 문제가 유발될 수 있다.

개념체크 ○×

- 발전행정론은 개도국 발전을 위한 처방적 성격으로 인해 과학성이 결여되었다. ○|×
- 발전행정론은 외형적인 산출기능만 중시하여 정책결정에의 참여와 관련되는 투입기능을 경시하였다. ○|×

○, ○

08 신행정론(신행정학)

1 의 의

(1) 의 의

① 신행정론(NPA; New Public Administration)은 40년대의 행태론, 50년대의 생태론, 비교행정론의 보수성과 정태성에 대한 반발과 60~70년대 미국 후기산업사회의 현실을 배경으로 그에 알맞는 행정이론의 정립과 이론의 현실적 적용을 목표로 하는 행정이론의 새로운 사조이다.
② 신행정론은 실증주의에 대한 반발에 철학적 배경을 두고 있으며, 현실적합성을 강조하는 현상학과 직·간접으로 관련이 있다.
③ 신행정론은 사회적 형평성, 인본주의적 경향, 적극적인 가치판단, 정책·문제지향성 등을 특징으로 한다.

(2) 성립배경

① 1960년대 미국에서는 월남전의 충격, 소수민족문제의 확산, 신구 세대 간의 갈등 등 여러 현실문제가 발생하였으나, 기존의 행정이론이 제대로 대처하지 못했다.

② 왈도(D. Waldo)와 소장학자들은 안정과 질서를 전제로 한 중산층 위주의 가치중립적인 기존의 행정이론으로는 격동기의 현실문제에 제대로 대응하기 어렵다고 판단하였으며, 1968년 미노브룩(Minnowbrook) 회의에서 새로운 행정학의 방향을 모색하였다.

> **개념체크 O X**
> - 신행정론은 논리실증주의를 중요시하였다. ⬜O⬜X
> - 신행정론은 주관주의, 인간주의를 지향한다. ⬜O⬜X
>
> X, O

2 신행정론의 주요 내용

(1) 사회적 형평과 능동적 행정의 추구
행정인은 구조적 사회불평등을 제거하기 위해 적극적으로 개입해야 하고, 사회적 약자의 정치적 지위와 경제적 이익을 보장할 수 있는 보다 나은 행정서비스를 제공하여 사회적 형평성을 이룩하여야 한다.

(2) 적실성(Relevance)의 추구
격변하는 환경에 적절하게 대응하기 위한 적극적인 행정인의 독립 변수적인 역할이 필요하다.

(3) 문제지향성의 강조
의사결정보다는 문제해결을, 정책과학보다는 정책분석을 중시하며, 장기적·거시적·발전지향적 문제해결을 중시한다.

(4) 행태론의 지양과 규범주의의 추구(Norm & Value)
가치중립적이고 보수적인 행태론이나 실증주의를 비판하면서 현상학적 철학 사유에 기반을 두고 사회적·총체적 인식에서 구체적 해결책을 제시하려는 규범주의를 지향한다.

(5) 고객중심의 행정
신행정론은 시민참여의 확대, 행정의 분권화, 고객의 조직화와 혜택의 수여, 고객과 행정의 관계를 인간화하기 위한 태도변화 노력, 공공분야에서의 행정의 독점성 약화와 선택의 범위 확장 등을 주장하고 있다.

> **개념더하기**
>
> **신행정론의 특징**
> - 사회적 처방능력을 중시한다.
> - 능률성과 효과성을 바탕으로 한 적절성과 실천성을 강조한다.
> - 사회적 형평성을 강조한다.
> - 행정의 가치주의(가치지향성)를 강조한다.
> - 고객중심의 논리를 강조하여 가외성이 중시되며 주민참여를 강조한다.

(6) 반계층제적 입장과 새로운 조직형태의 모색(구조적 동태성)

반계층제적·반관료제적 성향의 신행정론은 전통적 조직이론을 비판하면서 발전 욕구의 충족 등을 목표로 하는 새로운 조직형태를 모색한다. 그 예로서 다원적 권위, 프로젝트 팀, 상황적 적응성, 조직 간의 이동성, 수익자의 참여 등이 특징인 Kirkhart의 연합모형, Frederickson의 행정분권모형·협상모형 등을 들 수 있다.

3 신행정론의 문제점과 평가

(1) 문제점
① 사회적 형평의 실현을 주장하고 있으나, 형평의 내용이 추상적이고 그 기준이나 접근방법이 구체적이지 못하다.
② 시민의 행정참여를 지나치게 강조한 나머지 행정의 목표 설정 등에 행정전문가보다 아마추어에 의존한다는 비판을 받는다. 또한 시민참여가 미진한 개발도상국에 적용하기 어렵다.
③ 관료들의 가치지향적 행동을 지나치게 강조하면 관료권의 비대화를 초래하거나 정치적 불안을 야기할 수 있다.
④ 실제 행정분야에서 비계층제조직이나 비관료제적 구조로의 개혁이 현실적으로 가능한 것인가에 대한 의문이 있다.
⑤ 수익자집단 내지 고객이 행정에 적극 참여하여 특수이익을 추구하는 경우 공익이나 행정목표와 대립하게 되면 그 해결이 어렵고 역차별문제가 발생한다.

(2) 평가
① 신행정론은 기존의 모든 행정이론을 전면 부정하는 하나의 확립된 이론체계라기보다는 기존이론과 상호보완의 관계에서 전통적 행정이론의 단점을 지적해 주는 하나의 안티테제(antithese, 反定立)이며 행정이론이 추구해야 할 방향을 제시하였다고 볼 수 있다.
② 신행정론은 80년대 등장한 비판행정학·행동이론과 연계하여 가치중립보다는 규범성을, 기술성보다는 처방성을 중시하고, 제도지향적이기보다는 고객지향적이며, 행정의 능동적 정책결정기능을 주장하지만 행정의 관료주의화를 경계하여 새로운 이념으로서 사회적 형평성과 대응성, 그리고 시민의 적극적인 참여를 강조하고 있다.

개념체크 ○ ×
• 신행정론은 정책지향적 행정론을 추구한다. ○ ×
• 신행정론은 계층적 조직 구조를 강조한다. ○ ×
○, ×

4 발전행정론과 신행정론

(1) 공통점
① 대두배경 – 사회변혁기
② 정치 · 행정일원론
③ 사회문제 처방성 및 적실성
④ 학제적 성격
⑤ 변화지향성 중시
⑥ 행정인의 적극적 역할
⑦ 과학성 부족

(2) 차이점

발전행정론	신행정론
1960년대	1970년대
개발도상국에 적용	선진국에 적용
거시적 · 체제적 접근	현상학적 접근
기관형성 중시	기관형성 비판
성장 · 발전 강조	분배 · 윤리 강조
전문관료 위주의 행정	참여(고객) 위주의 행정
거시적 접근 방법	미시적 접근 방법

> **개념체크** ○ ×
> • 발전행정론은 개발도상국에 적용되고 신행정론은 선진국에 적용된다. ○ ×
> • 발전행정론은 효과성의 가치를 중시하고 신행정론은 형평성의 가치를 강조한다. ○ ×
> ○, ○

09 현상학적 접근방법

1 개 요

(1) 의 의
① 현상학에서는 현상에 대한 개개인의 지각으로부터 그의 행태가 나온다고 주장한다.
② 현상학적 접근방법은 인간의 의도된 행위와 표출된 행위를 구별하고, 중요한 것은 내면세계의 의도된 행위라는 것이며, 행정이론은 인간이 자기 주위의 세계, 가치 있는 인간 행위의 의미에 대한 이해와 해석에 관심을 기울여야 한다고 주장한다.
③ 현상학적 접근방법은 행정학 연구를 행정가의 일상적인 실제적 측면을 강조하는 미시적 관점으로의 방향 전환을 시도하는 것이며, 많은 거시적인 문제들은 인간의 상호작용과 이해를 통해 해결될 수 있다는 것이다.

(2) 배 경

① 현상학적 접근방법은 행정학의 주류 접근방법인 실증주의·행태주의·객관주의·합리주의를 비판하는 주관주의에 입각한 철학적 접근방법이다.
② 일반철학운동으로 후설(E. Husserl)이 전개한 것을 하몬(M. Harmon) 등이 '행동이론' 또는 '조직행위이론'을 통해 행정학에 도입하였다.

2 주요 내용

① 현상학적 접근방법에서 사회적 현상 또는 사회적 실재는 사회적 행위자인 인간의 의식·생각·언어·관념 등을 통하여 인식되고, 그들의 상호주관적인 경험으로 이룩되는 것이기 때문에 사회과학에서 형성하는 사유대상은 자연과학의 그것과는 본질적으로 다르게 된다.
② 인간은 의식과 의도성을 가진 능동적 존재로서 파악되고, 인간의 외면적 행태만을 연구하는 것은 의미가 없으며, 인간행동의 의미와 동기를 연구하여야 한다.
③ 인간의 행위는 기본적으로 개개인의 지각을 바탕으로 의도적으로 행해지는 것이므로 개인의 자율과 책임이 강조된다.
④ 조직은 상호연결되어 살아가며 행동하는 다양한 개인들에 의하여 공유되는 집합이다. 따라서 인간을 고립된 개체로 보지 않고 자유로운 의사소통을 통한 상호인식 작용과 인간의 내면 세계(간주관성)를 중시한다.
⑤ 조직은 그 규모가 커지고 복잡화·전문화·비인간화됨에 따라 물화(物化)되고 인간의 주관적 의미·내적가치·목적성 등을 객체화시킴으로써 인간상실을 유도하게 된다. 현상학은 조직의 탈물화(脫物化)를 강조한다.

개념체크 ○ ×

- 현상학적 접근은 하나의 조직을 객관적으로 존재하는 구조로 보지 않고, 개개인들의 상호주관적인 주체와 객체 간의 상호작용 과정을 통한 공유경험의 산물로 보고, 감정이입을 통한 상호작용을 중시한다.

3 현상학적 접근방법의 공헌과 비판

(1) 공 헌

① 인간의 주관적 관념·의식·동기 등의 의미를 보다 더 적절하게 다루고 이해할 가능성을 제시하였다.
② 사회현상을 보는 관점에 폭넓은 철학적 사고의 틀을 제공한다.

(2) 비 판
  ① 주장이 지나치게 사변적이고 철학적이다.
  ② 인간행동의 많은 부분이 무의식이나 집단규범 또는 외적 환경의 산물이라는 점을 간과하였다.
  ③ 개별적인 인간행동과 상호작용의 해석에 역점을 두어 지나치게 미시적이다.

4 행태론과 현상학의 비교

구 분	행태론	현상학
관 점	객관적, 외면적	주관적, 내면적
존 재	실재론(객관적 사실 중시)	유명론(인간의 의식과 믿음 중시)
인 식	실증주의(과학적)	반실증주의(철학적)
인 간	결정론(외부환경에 피동적 대응)	자발론(외부환경에 능동적 대응)
방 법	일반법칙적	개별 사례 · 문제중심

> **개념체크** ○ ×
> • 현상학적 접근방법은 지나치게 사변적이고 철학적이기 때문에 주관적인 철학의 범주를 벗어나기 어렵다는 비판을 받는다. ○ ×
> • 현상학적 접근방법은 인간행위에서의 무의식, 집단규범, 외적 환경의 작용을 경시하는 문제점이 지적되기도 한다. ○ ×
> ○, ○

10 공공선택이론

1 의 의

(1) 개 념
  ① 공공선택이론은 행정을 공공재의 공급과 소비 관계로 인식하고 공공부문에 경제학적 관점을 도입하려는 접근법으로, 집단적 · 사회적 의사결정에서 경제적 합리성에 대한 인식이 어떻게 운영되는지 연구한다.
  ② 공공선택이론은 일반적으로 정치적 · 행정적 결정 등 비시장적인 의사결정에 관한 경제학적인 연구이론으로 정부의 의사결정 방법을 연구하는 경제이론이며, 정치학에 경제학을 응용하는 정치경제학적인 접근방법이라 할 수 있다.
  ③ 공공선택이론에서는 정부를 공공재의 공급자, 시민을 공공재의 소비자로 보고, 공공부문의 시장경제화를 통해 비용의 절감과 편익의 극대화를 이룰 수 있다고 본다.

(2) 성립배경

① 공공재를 독점 공급하는 전통적인 관료제하에서는 시민 개개인의 요구에 민첩하게 대응하지 못하였는데, 공공선택론자들은 시민 개개인의 선호를 존중하고 서비스의 공급에 경쟁원리를 도입함으로써 행정의 대응성을 높일 수 있다고 보았다.

② 공공선택이론은 공리주의 철학을 기원으로 1930년대 파레토 최적 이론 등에서 제시되었다가, 점차적으로 제임스 뷰캐넌(J.M. Buchanan)과 고든 털럭(G. Tullock) 등의 정치경제학자들에 의하여 관심을 가졌고, 행정학에는 1970년대 초부터 오스트롬(E. Ostrom) 부부에 의하여 본격적으로 논의되기 시작하였다.

2 공공선택방법의 주요 특징

(1) 방법론적 개인주의(Methodological Individualism)
공공선택론은 구조·사회 단위로 하는 유기체적 접근이 아니라, 개인의 행동을 중시하여 개인의 행동을 기본 분석단위로 한다.

(2) 합리적·이기적인 경제인 가정
개인은 이기적인 인간인 동시에 합리적 경제인으로 가정되어 자기 선호에 비추어 최고의 순이익을 가져올 대안을 선택하는 극대화 전략을 채택할 것으로 가정한다.

(3) 정책의 파급효과 중시
어느 한 부분이라 할지라도 공공정책은 사회의 모든 부문에 직·간접으로 영향을 미치는 정책의 파급효과를 중시하며, 아울러 이를 분석하는 정책분석기능을 중시한다.

(4) 다양한 조직 및 제도적 장치의 활용
민주행정을 위한 공공선택론은 다양한 공공재와 공공서비스를 제공하는데, 이러한 다양성에 대응할 수 있도록 다양한 규모의 중첩적이고 분권적인 조직과 제도적 장치가 필요하다고 본다.

개념더하기

공공선택이론의 기본 가정
- 방법론적 대체주의에 입각하여 분석의 기본단위는 개인이다.
- 각 개인은 합리적 경제인으로 자기이익을 추구한다.
- 유권자는 투표를 통하여 시장에서처럼 자신의 수요를 표출한다.

개념체크 O X
- 공공선택이론은 전체주의적 접근방법에 해당한다. ⬚O⬚X
- 공공선택이론은 행정기능을 공공재화와 공공서비스의 공급으로 파악한다. ⬚O⬚X

×, O

3 공공선택이론의 내용

(1) 다운스(A. Downs)의 정책결정의 공공선택이론
다운스(A. Downs)에 의하면 정당은 선거에서의 승리를 통한 목표의 최대화를 추구하고, 시민은 효용극대화를 추구하여 선거에서는 자신의 이익추구에 가장 부합하는 정당에 투표한다고 한다. 그런데 정당은 자신에게 인적·물적 자원을 제공할 수 있는 생산자적 소비자(기업 등)를 위한 정책을 만들려는 속성이 있으므로 일반 국민의 이익에 반하는 정책들이 만들어져 정책실패가 된다는 것이다.

(2) 니스카넨(W.A. Niskanen)의 관료예산 극대화가설
니스카넨(W.A. Niskanen) 등은 정책결정의 주요행위자에 관료를 포함시켜, 관료들이 정책결정에서 자신의 이익을 극대화하기 위하여 예산획득의 최대화, 자신들을 둘러싸고 있는 사회적 환경에서 발생하는 불평이나 비판의 최소화, 그리고 그들 자신의 자유재량 범위의 최대화 등의 행태를 보이며, 그 결과 정부의 산출물이 과잉 생산된다고 주장한다.

> **개념더하기**
>
> **니스카넨(W.A. Niskanen)의 관료제 모형**
> - 예산극대화를 추구하는 관료 상정
> - 관료는 제1급의 차별적 독점자와 같은 독점력을 갖는다고 봄
> - 관료는 과잉생산의 경향을 보임
> - 관료는 사회적 잉여가 극대화되는 수준보다 더 높은 생산수준을 선택함

(3) 오스트롬(E. Ostrom)의 민주행정 패러다임

① 고전적 패러다임의 비판

오스트롬(E. Ostrom)은 윌슨(W. Wilson)의 행정이론을 비판하면서, 윌슨이 능률적 조직구조라 생각한 계층적 조직, 명령의 통일, 권력의 집중과 통합, 전문화 등은 구조적으로 공공재의 효율적 생산을 저해하고 있다고 비판했다. 단일의 권력중추에 귀속하는 계층제적 구조는 시민의 다양한 요구와 변화하는 환경조건에 민첩하게 부응하지 못하고, 대규모 행정체제의 능력을 감소시키며, 전문화 및 정치기능을 경시하게 되고, 서비스의 형평을 고려하지 못하여 정부실패의 원인이 된다고 한다.

② 민주행정 모형의 제시

급변하는 상황 속에서 시민의 복지를 증진시킬 수 있도록 하기 위해서는 다양한 권력중추들 사이에 정부의 각 수준에 적합한 다양한 규모의 분권적인 제도적 장치를 마련하여 권한을 분산시키는 것은 물론, 다양한 규모의 다수의 관할권을 중첩시키는 것이 필요하다는 것이다. 이렇게 하면 각 권력기관은 경쟁을 통하여 고객에 대한 서비스를 만족시킴으로써 자신의 관할권을 유지하려고 할 것이라는 주장이다.

(4) 뷰캐넌(J.M. Buchanan)과 털럭(G. Tullock)의 적정참여자수 모형

뷰캐넌(J.M. Buchanan) 등은 정책결정에 있어서 동의의 극대화를 위해 참여자를 늘릴 경우 정책결정비용이 늘어나므로 비용을 최소화하면서 필요한 적정 수준의 참여자를 확보하기 위한 규범적 모형을 제시하였다.

(5) 투표정치이론

투표를 통한 공공서비스의 선택이 최선의 사회적 선택이 될 수 없다는 정부실패이론을 설명한 이론이다.

① 애로우(K.J. Arrow)의 불가능성 정리

애로우 등은 '투표의 역설'을 통해 투표행위가 그 역설적 현상으로 인해 바람직한 사회적 선택을 확보해 주지 못하며, 결국 어떤 집단적 의사결정도 민주적인 동시에 효율적일 수는 없다고 주장하였다.

애로우(K.J. Arrow)의 불가능성 정리

합리성의 원리	파레토의 원리	모두가 A < B라면 투표에 의한 사회적 선택도 A < B라야 한다.
	이행성의 원리	A > B이고 B > C라면 A > C라야 한다.
	독립성의 원리	A와 B를 비교할 때 이들과 무관한 대안(C)의 존재는 이들의 비교에 아무런 영향을 주지 말아야 한다.
민주성의 원리	비독재성의 원리	인간은 모두 이기적이므로 한 사람에 의한 독재적 의사결정은 안 된다.
	선호 비제한성의 원리	자신의 선호가 제한 없이 표출될 수 있는 자유가 있어야 한다.

② 중위투표자 정리(Median Voter Theorem)

양당체제하에서 주민의 선호가 다른 다수의 대안이 존재하는 경우, 각 당은 더 많은 유권자를 포섭하기 위하여 극단적인 성향의 대안보다는 중도적인 성향의 색채를 띠는 경향이 있다. 그 결과 양당의 성향은 중도적인 것으로 수렴하게 되고, 극단적인 성향의 유권자들은 자신의 선호에 맞는 정당이 없어 기권하게 된다.

③ 투표의 거래(Logrolling)

투표의 거래(교환)는 담합에 의하여 자신의 선호와 무관한 대안에 투표하는 집단적 의사결정행태를 말한다. 예를 들어 3명의 유권자가 있는데 그 중 A는 환경보호 법안을 통과시키려 하고, B는 감세법안을 통과시키려 하는데, C는 양 법안을 반대한다면 A와 B가 담합하여 환경보호법안과 감세법안에 찬성함으로써 이를 통과시키는 것이다.

④ 티부가설(Tiebout Hypothesis)

여러 개의 소규모 지방정부가 다양한 형태의 서비스 공급과 조세 정책을 펼 수 있고, 또 주민들이 지방정부가 제공하는 공공재의 질과 가격에

개념체크 ○ ×

- 애로우(K.J. Arrow)의 불가능성 정리에 따르면, 어느 누구도 집합적인 선택의 과정에 대해서 결정적인 영향력을 행사해서는 안 된다. ○/×
- 애로우(K.J. Arrow)의 불가능성 정리에 따르면, 두 대안에 대한 개개인의 선호 순위는 두 대안뿐 아니라 다른 제3의 대안도 고려하여 결정되어야 한다. ○/×

○, ×

따라 거주지를 선택할 수 있다면, 주민들은 자신의 선호에 부합하는 지역으로 이동할 것이고 지방정부는 더 나은 서비스의 제공을 위해 노력할 것이므로 공공부분의 효율성이 제고된다는 가설이다. 이동에 의해 투표와 같은 효과를 가진다는 점에서 '발로하는 투표(voting with feet)'라는 용어로 많이 알려져 있다.

4 공공선택이론의 유용성과 한계

(1) 유용성

① 정부실패의 원인분석
합리모형이 갖는 정책의 경직성과 비인간성을 비판하고 정부실패의 원인을 분석하였다.

② 행정학의 과학성 제고
행정학의 연구방법론을 제고하고, 연역적 설명을 가능하게 하며, 행정학 고유의 영역으로 이해되던 정책결정과 집행을 시장체제의 관점에서 이해하고 설명하는 계기를 마련하였다.

③ 민주행정 패러다임 제공
분권적·다원적인 고객지향적 전달체제를 갖는 행정체제를 중시하고 시민들의 다양한 요구와 선호에 민감하게 대응할 수 있는 제도적 장치의 마련을 위해 노력하였다.

(2) 문제점

① 방법론적 개인주의와 인간관에 대한 비판
정치적 의사결정을 개인의 이익충족이라는 관점에서만 논의되는 것은 지나치게 편협하다. 또한 개인의 가치관 등 경제적 선택 이외의 요소를 도외시하고 있으며, 인간행위의 사회적 성격이나 사회적 상호작용의 영향을 충분히 고려하지 않고 있다.

② 정부역할의 지나친 경시
정부는 시장의 불완전성을 교정하고 사회적 형평성을 확보하는 데 일정한 역할을 담당하고 있는데 이러한 정부의 기능과 역할을 경시하고, 자유의 극대화를 지나치게 강조하고 있다.

③ 시장실패의 가능성
공공서비스의 민간화는 부패의 확산과 빈부격차의 심화를 초래할 수 있고 공공서비스의 윤리성을 저해할 우려가 있는 등 시장실패라는 태생적 한계를 안고 있다.

> **개념체크** ○ ×
>
> • 공공선택이론은 분권적·다원적인 고객지향적 전달체제를 갖는 행정체제를 중시하였다. ○|×
>
> • 공공선택이론은 정부의 시장의 불완전성 교정 역할을 경시하고, 자유의 극대화를 지나치게 강조하고 있다. ○|×
>
> ○, ○

11 신제도론적 접근법

1 의 의

(1) 신제도주의(New Institutionalism)의 개념

① 행태주의는 제도적인 측면보다 인간의 행태를 주요 연구대상으로 하여 행정현상을 분석하고자 하였다. 신제도주의는 이러한 행태주의의 한계를 극복하기 위하여 1980년대 발전한 패러다임으로 제도가 인간의 행동에 미치는 영향을 연구하는 이론적 사조이다.

② 신제도주의는 제도를 인간이 만들지만 아울러 거시적인 제도가 인간의 미시적인 행동을 제약한다고 본다. 따라서 거시이론과 미시이론이 연계되며, 제도는 종속변수이자 독립변수로서 간주된다.

(2) 전통적 제도주의와 신제도주의

① 전통적인 구(舊)제도주의(Old Institutionalism)

전통적인 구(舊)제도주의적 연구는 법규나 정부구조 등 국가기관의 공식적·법적 측면이나 공식적 정치·사회제도에 대한 기술적(記述的)인 연구에 초점이 있으며, 행태주의 이전에 연구된 것이다. 이는 공식적인 정치·사회제도에 치우쳐 제도가 인간행태에 미치는 영향에 대하여는 무관심하였다.

② 신제도주의(New Institutionalism)

제도와 인간행태 간의 관계에 초점이 있으며, 인간이 제도를 어떻게 만들고 제도가 인간행태를 어떻게 제약하는지를 중시한다.

구제도주의와 신제도주의의 비교

구 분	구제도주의	신제도주의
제도의 개념	공식적인 법규나 기관	상호관계의 질서를 확보하기 위해 공유하는 규범
제도의 형성	일방적 결정	제도와 행위자 간 상호작용으로 형성
제도의 특성	공식적, 정태적	비공식적, 동태적
시장에 대한 관점	시장실패 중시	정부실패 중시

(3) 제도의 의미

제도란 인간의 상호관계를 규제하는 공식적·비공식적인 사회적 제약을 의미하며, 대체로 균형점·규범·규칙 등으로 이해된다.

① 균형점(Equilibrium)

합리적인 인간의 상호작용과정에서 안정성에 이르는 상태, 자신들의 행동변경이 더 이상의 추가적인 이익을 가져오지 못하는 상태를 말한다.

개념체크 ○×

• 구제도주의는 제도의 공식적·구조적 측면만 강조할 뿐 인간의 행위를 설명하지 못한다. ○×

• 신제도주의는 정치체제를 둘러싼 도덕적·규범적 원칙을 논의한다. ○×

○, ×

② 규범

일정한 상황에서 어떤 행동이 적절한가에 대한 공동체 구성원 간의 공유된 인식을 의미한다.

③ 규칙

정해진 대로 행동하지 않을 경우 일정한 제재를 받는다는 공통된 이해라고 본다.

(4) 공유재이론

① 신제도론적 접근방법은 공유자원을 어떻게 관리하면 가장 좋은 결과를 낼 수 있는가를 연구하는 데 유용하게 적용될 수 있다.
② 공유재는 공공재와 민간재의 중간형태로 산림, 어장, 도로, 목초지 등을 의미한다.
③ 임업자원이나 물고기 같은 공유자원은 공동체 모두가 사용해야 하는 것이지만 이를 시장원리에 맡겨 버리면 자원이 고갈될 우려가 있다.
④ 따라서 이러한 시장실패를 막으려면 당사자 간의 협의를 통해 일정한 규칙을 정하고 이를 준수하여 공유재원을 보호해야 한다는 것이다.

> **개념체크 ○×**
> · 신제도주의에서는 제도의 개념을 법률로 규정된 공식적 정부로 한정한다. ○ⓧ
> · 신제도주의에서는 제도를 중심개념으로 정책현상 등 다른 변수들과의 관계 분석도 추구한다. ○ⓧ
>
> ×, ○

2 신제도주의의 유파

(1) 합리적 선택 신제도주의

① 합리적 선택 신제도주의에서는 경제적 인간, 목적 지향적·합리적 인간을 전제하며 개인은 주어진 제약 속에서 목적과 수단을 연계하여 최적의 행동을 계산하여 이를 행동한다고 보는데 이를 산술적 접근(Calculus Approach)이라고 한다.
② 따라서 분석의 기본단위는 개인이며, 개인이 자신의 이익을 극대화하기 위한 전략적 상호작용에 의하여 제도가 형성된다고 본다.
③ 합리적 선택 신제도주의 입장의 이론으로는 거래비용접근법, 주인·대리인이론, 공유재이론, 공공선택이론 등이 있다.

(2) 역사적 신제도주의

① 역사학적 신제도주의에서는 제도를 국가와 사회의 공식적 규칙·순응절차·표준화된 운영관행 등으로 이해한다.
② 개인(행위자)의 선호나 이익은 역사적으로 형성된 제도적인 맥락 속에서 형성된다고 본다. 즉, 역사적으로 형성되는 국가와 사회의 거시적이고 제도적인 구조가 개인과 집단의 이익과 선택을 제약한다는 것이다. 동일한 정책이라도 국가의 역사적인 특수성에 따라서 그 결과가 달라진다고 본다.

③ 역사적 신제도주의에서는 개인의 행위는 제도의 역사적 배경과 맥락에 대한 이해 없이는 설명될 수 없다고 보며 독립변수로서의 제도를 중시하지만 개인·집단의 선택(행위)에 의해 제도가 변화한다고 보므로 제도를 아울러 종속변수로도 본다.

④ 역사적으로 형성된 제도는 지속성과 경로의존성(Path Dependence)을 띤다. 한 번 형성된 제도는 사회적 환경의 변화와 새로운 기능적 요구 제기에도 불구하고 그 자체가 지속성을 띠며 미래의 선택과 변화방향을 제약한다. 즉, 기존제도가 새로운 제도가 취할 모습을 제약한다는 '경로의존성'을 강조한다.

(3) 사회학적 신제도주의

① 사회학적 신제도주의에서는 인간의 행위는 사회문화적 규범이나 제도적 환경에 따라 결정된다고 보며, 인간행동은 사회문화적인 제약 때문에 합리적인 선택에 제약을 받는다고 본다.

② 사회학적 신제도주의에서는 제도의 범주에 공식적인 법규나 절차뿐만 아니라 사회문화나 도덕규범 등을 포함하며, 이러한 사회문화적인 제도가 인간행위의 인지적 기초를 제공함으로써 인간의 의식이나 행태에 영향을 끼치는 측면에 주목하였다.

③ 사회학적 신제도주의의 연구방법은 현상학, 형이상학적 신비주의, 민속학 등에 기초를 둔다.

개념체크 ○ ×

- 합리적 선택 신제도주의에서는 제도의 형성 과정에서 개인의 합리적이고 전략적인 선택을 중시한다. ○×
- 역사적 신제도주의는 제도의 지속성과 경로의존성을 강조한다. ○×
- 사회학적 신제도주의는 제도의 형성과 변화 과정에서 공식적인 과정을 중시하였다. ○×

○, ○, ×

---

12 신공공관리론

1 의 의

(1) 개 념

① 신공공관리는 신자유주의를 바탕으로 시장주의적 경쟁원리의 도입과 관리의 자율성 강화로 기업가적 정부운영을 시도하는 것을 말한다.

② 신공공관리론은 명령·통제하는 권력적 행정작용을 극복하고 주민에게 효율적으로 공공서비스를 제공하는 작고 효율적인 정부로 가기 위한 행정개혁 경향을 설명하기 위한 이론이다.

③ 신공공관리론은 '관리주의'에 근거한다. 관리주의란 지나친 내부통제를 감축시켜 성과위주의 행정을 운영하는 것으로 민간부문의 관리기법을 행정에 받아들임으로써 행정관리의 합리화를 실현시키는 것이다.

개념더하기

신공공관리론 특징

구 분	내 용
합리성	기술적·경제적 합리성
관료역할	기업가
공 익	개인들의 총이익
대 상	고 객
정부역할	방향잡기
조 직	민간·비영리기구
책 임	시장지향적
구 조	분권적 조직

④ 신자유주의적 관점은 경제적인 신자유주의를 의미하고, 국가의 무리한 개입은 시장을 비능률적·비효과적으로 만들며, 개인의 선택과 자유를 박탈할 수 있기 때문에 정부의 역할을 축소하자는 것이다.

(2) 등장배경

1980년대 들어 공산주의와의 체제경쟁에서 자본주의 시장경제체제의 우월성이 입증된 듯한 분위기와 극심한 재정적자를 해소하고 경제를 살리기 위해 추진된 작은 정부운동이 신공공관리론을 불러들이게 되었다.

2 신공공관리론의 특징

(1) 시장지향성

신공공관리론은 공공서비스의 시장지향성을 강조하는데, 이는 정부가 책임져야 하는 분야 또는 서비스라고 해서 정부가 직접 공급해야 하는 것은 아니라는 것으로 정부의 책임과 공급을 구별한 것이다. 이는 공공부문의 시장화라고도 하는 것으로, 구체적으로 공기업이나 공공서비스의 민영화의 형태로 실현된다.

(2) 신축성의 제고

신공공관리론은 조직관리, 인사관리, 재무관리 등의 분야에 있어서 내부규제를 완화하고 관리자에게 보다 많은 신축성을 부여해야 한다고 말한다.

(3) 정부기능의 조정과 감축

피라미드형 계층제 구조의 경직성을 탈피하여 조직을 통폐합하거나 감축하고, 조직구조에 신축성을 부여하며, 책임경영형태로 운영되도록 하는 한편, 조직 간 경쟁의 원리를 도입하도록 한다.

(4) 정치적 성격의 강조

공공부문 관리자들의 가치중립적인 행정이 불가능하다는 것을 인정하고, 행정의 정치적 성격을 인식해야 한다는 것이다.

(5) 성과의 중시

신공공관리론은 성과관리를 중요시하며, 성과지향적 정부를 강조한다.

개념체크 ○ ×

- 신공공관리론은 경력직 공무원의 확대를 주장한다. ○ ×
- 신공공관리론은 공공부문의 시장화를 요구한다. ○ ×

×, ○

3 신공공관리론의 내용

(1) 고객중심적 행정관리
① 고객인 국민에게 고품질의 행정서비스를 제공하여 최대한 만족할 수 있도록 하는 행정을 말한다. 이는 행정편의주의와 상호 대비되는 행정집행 및 관리방식에 해당된다.
② 소비자 주권이념을 행정영역에 도입하여 행정서비스의 이용자에 대한 인식을 적극적인 고객으로 재정립하고 그들의 요구와 기대에 부응하려는 노력을 통하여 공공조직과 서비스 전달방식을 개선해 나가야 한다.

(2) 민간관리기법의 수용
① 능률적이고 효과적인 운영방법을 모색하여 입증된 민간관리기법을 공공조직에 적용하도록 강조하는 것을 말한다.
② 종래 정부의 모습이 법과 규칙에 집착한 과정 중심적이라면, 여기서 말하는 민간관리기법의 수용에서는 정부의 생산성의 극대화 등의 결과를 중시하는 것을 말한다.

(3) 총체적 품질관리(TQM)
① 총체적 품질관리(TQM)는 민간 경영조직에서 사용하는 관리방식으로, 생산라인에서의 품질통제와 품질보장의 개념과 서비스 차원에서 고객만족과 고객지향의 개념을 합한 것이다.
② 총체적 품질관리(TQM)는 품질관리를 위해 관리과정에 중점을 두고 사업성과 같은 계량적 지표를 사용하여 효과성을 측정하는 것까지 포함한다.

(4) 벤치마킹 시스템
① 벤치마킹 시스템은 미국의 제록스사가 처음으로 시도하여 성공한 것으로, 유사한 기능을 지닌 선도업체를 기준으로 목표수준이나 성과 또는 기준을 정하여 그 회사의 상품제조기술이나 조직, 그리고 경영기법 등을 적극적으로 받아들여 자기 회사의 생산과 경영에 응용하여 경쟁기업을 능가하고자 하는 경영기법이다.
② 행정에서의 벤치마킹이란 국내의 우수기업이나 국외의 우수조직들에서 성공을 거둔 합리적인 경영방식 등을 수용하여 행정에서 채택하는 방식을 말한다.

(5) 다운사이징
① 다운사이징은 전통적인 입장에서 볼 때 정부가 너무 비대하므로 감량이 필요하다는 시각이다.

개념더하기

총체적 품질관리(TQM)의 특징
- 서비스 질의 제1차적 목표는 고객만족
- 조직구성원의 광범위한 참여 하에 조직의 과정, 절차, 태도를 지속적으로 개선
- 장기적이고 전략적인 품질관리
- 과학적 근거에 의한 의사결정 중시
- 조직의 분권화 강조

② 이는 작은 정부를 구축하는 데 있어서 사용되는 방법으로, 정부의 인력과 기구 및 기능의 감축을 의미하며 그러한 방법으로 일선으로의 권한 위임, 즉 분산처리를 강조한다.

4 신공공관리론과 정부혁신

신공공관리론은 공공부문과 민간부문의 관리가 본질적으로 다를 것이 없으나, 민간부분의 관리기법이 공공부분보다 우월하다는 전제하에 다음과 같은 정부혁신전략을 주장한다.
① 규정과 규제의 완화, 분권화 및 관료의 재량권 확대를 통한 관리의 탈규제화
② 성과에 대한 명시적인 기준과 측정에 의한 투입 통제 및 관료제적 절차의 대체
③ 계약제, 외부 계약 등을 통한 공공부문에의 경쟁과 경합 가능성의 도입
④ 공공부문의 대규모 관료제의 준자율적 단위로의 분리, 정책결정과 정책 집행기능의 분리
⑤ 민간기업 형태의 관리기법 도입
⑥ 자원배분과 보상을 측정된 성과와 연계하는 금전적인 유인체제에 의한 비금전적 유인체제의 대체
⑦ 비용절감, 효율성 및 인원감축 강조 등

5 신공공관리론의 한계

① 공공부문은 법의 지배, 헌법적 제한, 정치적 통제 등의 측면에서 민간의 운영과는 근본적인 차이가 있으므로 민간부문의 관리기법을 공공부문에 적용하는 것은 일정한 한계가 있다.
② 신공공관리론은 정책과 집행의 분리를 전제로 하는데, 이는 현실적으로 어려우며 정책의 환류기능을 차단하여 행정의 개선여지를 차단할 수 있다.
③ 내부시장, 성과측정, 감축관리 등이 공무원의 사기저하를 유발할 수 있으며, 지나친 경쟁이 목표의 하향조정이나 조직의 긴장감을 유발하여 생산성을 저하시킬 우려도 있다.
④ 신공공관리론의 '고객중심의 논리'가 국민의 권리만 강조하고 의무적 측면은 경시할 수 있다.
⑤ 민주적 책임성과 기업가적 자율성 및 재량권 간의 갈등으로 정부관료제의 효율성이 퇴색될 수 있다.

개념체크 ㅇ×

• 신공공관리론은 공공부문과 민간부문 사이의 근본적인 환경 차이를 도외시한다는 비판을 받는다. ㅇ×
• 신공공관리론은 민영화로 인한 행정의 공공성·책임성 문제가 제기될 수 있다는 비판을 받는다. ㅇ×

ㅇ, ㅇ

13 뉴거버넌스

1 의의

(1) 개념

① 뉴거버넌스(New Governance)란 공공행정의 새로운 패러다임으로서 종래의 관 주도적 통제에 의한 일방적 통치를 비판하면서, 시민들의 반관료적, 반정부적, 탈기관적 요구에 부응하기 위한 새로운 정부 운영방식, 최소한의 정부, 새로운 공공관리를 설명하기 위하여 등장한 개념이다.
② 거버넌스 이론에서는 분권화와 민영화, 시장화 등에 의하여 정부와 국민을 동반자적 관계로 보고 국민의 복지증진, 질서유지 등을 정부의 주된 역할로 인식하는 것이다.
③ 거버넌스 이론은 사회과학 분야의 다양한 이론적 토대를 기반으로 새롭게 형성되고 있는 이론이다. 이 때문에 개념 자체가 다접근성과 다차원성으로 인한 복합성을 지닌다.
④ 거버넌스는 영역에 따라 글로벌 거버넌스(국가 간), 내셔널 거버넌스(국가적), 로컬 거버넌스(지역), 사이버 거버넌스(가상적 공간) 등을 들 수 있다.

(2) 성립배경

① 세계화와 이에 따른 신자유주의의 확산은 국민국가의 활동영역을 축소하고 그 기능을 약화시켰다. 반면에 그 역할을 시민사회나 시장 및 국제체제가 분담하게 되었다.
② 정보화는 국가, 사회, 기업 등 국가운영 주체 간의 관계를 변화시켜 산업사회의 공동체 운영 틀의 기본을 바꾸는 중요한 변수가 되었다. 계급대립 대신에 NGO를 중심으로 한 시민사회의 역할을 증대시키고, 정치적인 대리인에 의한 간접민주주의인 대의민주주의 체제의 약화를 가져왔으며, 정부기술의 지원을 받는 네트워크와 사이버를 통해 국민들의 직접 참여 욕구를 충족시킬 수 있게 하였다.
③ 정보화와 세계화는 국내외의 정치·경제·사회의 조건을 변화시키고 국가의 통치능력을 약화시키면서 국가, 시장, 시민사회, 국제체제 등 공동체 운영 주체 사이에 과거의 배타적인 국민국가의 지배적인 체제 대신에 새로운 형태의 네트워크 체제나 행위 주체 간의 파트너십을 형성하게 하였다.

개념더하기

뉴거버넌스의 의미(협의의 의미)
거버넌스(Governance)가 광의의 국정관리의 개념이라면, 뉴거버넌스(New Governance, 신국정관리)는 협의의 개념인 '서비스 연계망을 관리하는 정부의 활동'을 의미한다.

개념더하기

신공공관리론과 뉴거버넌스의 등장배경 차이점
신공공관리론은 정부조직에 기업가적 마인드, 전략, 기법을 도입해 정부조직의 효율성을 향상시키려는 것으로 정부실패 때문에 등장한 것이며, 뉴거버넌스는 정부, 기업, 시민사회가 연계망을 구축하여 공공서비스를 협조적으로 공급하자는 것이다.

개념체크 O ×

• 뉴거버넌스는 세계화와 정보화가 급속하게 진행되는 과정에서 등장하였다. O X
• 뉴거버넌스는 자유민주주의국가의 대의정치체제를 더욱 공고히 하기 위하여 등장하였다. O X

O, X

2 뉴거버넌스의 이론적 기초

① 뉴거버넌스의 가장 중요한 특징은 중앙정부, 지방정부, 정치적·사회적 단체, NGO, 민간조직 등의 다양한 구성원들로 이루어진 네트워크를 강조한다는 사실이다.
② 다양한 참여자로 구성된 네트워크 상황은 참여자들이 상호독립적이라는 것을 의미한다. 그러나 모든 구성원들이 상호독립적이라는 것이 모든 참여자가 동등하다는 것을 의미하는 것은 아니다.
③ 특히 정부는 전통적 정부처럼 우월한 것도 아니고, 항상 동등한 입장도 아니다. 즉, 정부는 기본적으로 동등한 입장에서 전체 네트워크를 관리하는 조정자의 입장에 있다고 해야 할 것이다.
④ 사회의 자기조정 능력이 강조되는 등 전통적인 정부와 사회의 역할분담 관계가 재조정되고 있다.

3 뉴거버넌스의 특징

① **다양한 정부 및 비정부조직(NGO)에 의한 공공서비스 제공**
1980년대 이후 신공공관리에 의해 비정부조직이 대거 등장함으로써 서비스 전달뿐 아니라 정책결정 및 평가활동에 많은 영향을 미치기 시작했다.
② **정부, 비정부조직(NGO), 개인들 간의 서비스 연계망**
가장 핵심적인 요소로서 정부, 비정부조직, 개인 간의 사회적·사이버네틱적 체제에 의한 '연계망(Network)'이 공공서비스 공급을 담당한다. 연계망의 구체적인 형태는 정책공동체, 인지공동체 등이며, 이들은 수직적 명령복종관계가 아닌 수평적 협력관계를 유지한다.
③ **신뢰를 기반으로 하는 상호작용**
연계망의 활동상 특징으로 '신뢰'를 기반으로 하는 조직단위 간 상호적응이 이루어지고 이들은 국가로부터 상당한 자율성을 가진다. 신뢰의 연결고리는 일차적으로 규범과 규칙이며, 구성원의 생각을 교환할 수 있는 기회가 이차적 연결고리이다.

개념체크 ○×

- 뉴거버넌스는 공공부문과 민간부분을 명확하게 구분한다. ○|×
- 뉴거버넌스는 조직 간의 문제 및 과정 통제에 관심을 갖는다. ○|×

×, ○

개념더하기

인지공동체란?
신국정관리에서 중시하는 서비스 연계망이며, 일종의 정책공동체로서 종전의 이슈공동체에 비하여 구성원 간 상호신뢰 및 책임감이 높고, 이해와 인식을 공유하는 전문가집단이다.

개념체크 ○×

- 뉴거버넌스에서 중시하는 고객을 중심으로 한 행정서비스의 연계망(Network)에는 비정부조직(NGO)만 참여해야 한다. ○|×
- 뉴거버넌스에서 연계망을 구성하는 조직들은 서로 신뢰의 기반 위에서 협조하는 관계를 유지한다. ○|×

×, ○

개념체크 ○ ×

- 신공공관리론은 경쟁의 원리를 강조하지만, 뉴거버넌스론은 신뢰를 기반으로 조정과 협조를 중시한다. ○×
- 신공공관리론은 시민을 공공서비스의 주체인 주인으로 보지만, 뉴거버넌스론은 공공서비스의 객체인 고객으로 본다. ○×

○, ×

④ 신공공관리론과 뉴거버넌스는 때로는 동의어로 인식되기도 하지만, 근본적으로 상이한 개념이다. 뉴거버넌스가 정부와 사회 간의 새로운 상호작용을 의미하는 반면, 신공공관리론은 정부관료제를 조직하는 새로운 방법을 의미한다.

신공공관리론과 뉴거버넌스의 비교

구 분	신공공관리론	뉴거버넌스
서비스 공급	시장	서비스연계망
인식론	신자유주의, 신공공관리	공동체주의
관리 방식	고객지향적	임무중심적
작동 원리	시장 메커니즘	참여 메커니즘
관료의 역할	공공기업가	조정자

4 국정관리(Governance)의 주요모형

(1) 시장적 정부 모형
시장지향적 모형은 사적부문의 시장지향적 메커니즘이 공공부문의 전통적 행정모형보다 본질적으로 우월하다는 전제하에, 공공부문에 시장적 메커니즘을 도입하여 저비용과 고효율을 이루고, 전통적 관료제의 문제점을 해결할 수 있다고 본다.

(2) 참여적 정부 모형
① 시장 모형이 정부 독점을 가장 중요한 저해요인으로 지적하는 반면, 참여 모형은 관료제의 계층제적이고 하향적인 관리체계가 구성원들이 자신들의 일에 참여하는 것을 방해한다고 본다.
② 참여 모형에서는 적극적인 대중들의 참여 없이는 정부가 정부활동을 정당화하기 어렵다고 보고, 정책의 직접적 수혜자뿐만 아니라 일반대중의 참여도 확대될 수 있도록 구조화되어야 한다고 주장한다.
③ 참여 모형은 정부 내에서 기업가적인 성격을 가지는 고위 관리층보다는 하급관료와 고객에 초점을 둔다.

(3) 신축적 정부 모형
① 신축성이란 새로운 변화에 관행적으로 단순하게 반응하기보다는 오히려 환경의 변화에 반응하여 적합한 정책을 만들려는 정부와 그 기관의 능력을 의미한다.

② 관료들은 정책을 효과적으로 수행하는 것보다 그들 조직의 직무와 예산 규모를 유지하는 데에 더 많은 관심을 가진다. 이런 점을 감안할 때 가장 효율적이고 강력한 개혁은 정책을 형성하고 집행하는 조직을 대폭 개편하는 것이다.

③ 신축 모형에서는 정부라는 거대한 기업의 피고용인인 관료들이 언제든지 교체될 수 있다고 보며, 조직의 가치와 공직윤리에 큰 의미를 두지 않는다.

(4) 탈내부규제 정부 모형

공무원의 자율과 창의성을 이끌어내기 위해 정부에 대한 통제를 축소함으로써 보다 효율적으로 업무를 수행할 수 있다고 본다.

5 뉴거버넌스의 문제점과 대응방안

(1) 문제점

① 서비스 공급을 여러 조직과 기관들이 관여하여 추진하기 때문에 집행에 대한 통제를 상실하여 행정의 혼선이 나타날 수 있다.

② 연계망이 지나치게 복잡하여 정부가 조타(Steering)하는 것이 곤란하게 될 수 있고, 책임소재를 밝히기 어렵게 된다.

(2) 대응방안

① 정책집행에 대한 순응을 확보하기 위한 집행설계를 합리적으로 하고, 구성단위의 자발적 협조를 얻기 위해서 자원배분을 유인책으로 잘 활용해야 하며, 게임의 규칙과 규범을 서비스의 효율적 제공에 적합하도록 만들어야 한다.

② 이를 위해서는 구성원의 권리뿐 아니라 의무 등을 분명히 하고 덕성 있는 시민들의 시민정신과 이타심을 적극 활용하는 방법을 강구하는 것이 필요하다.

개념체크 ○×

- 피터스(B. Guy Peters)가 제시한 네 가지 정부 모형 중 시장적 정부 모형은 정부관료제의 비효율성과 시장의 효율성에 대한 신뢰를 전제로 하고 있다. ○×
- 참여적 정부 모형은 전통적인 계층제 모형에서 소외되었던 집단들의 참여를 중시하는 모형이다. ○×

○, ○

개념체크 ○×

- 뉴거버넌스는 집행에 대한 통제를 상실할 수 있다. ○×
- 뉴거버넌스는 정부역할에 있어서 노젓기(Rowing)보다는 방향잡기(Steering) 역할을 강조한다. ○×

○, ○

CHAPTER 03 | 기출분석문제

01 다음 중 과학적 관리론에 대한 설명으로 옳지 않은 것은?

부산도시공사

① 시간 및 동작 연구를 통해 과업표준을 설정한다.
② 성과는 생산량을 기준으로 하는 성과급제를 주장한다.
③ 기계적 또는 경제적 인간관을 보여준다.
④ 과업관리는 근본적으로 관리와 작업을 통합시키는 것이다.

[해설] 과업관리는 근본적으로 관리와 작업의 분리를 실현하는 것이다.

02 행정학의 과학화가 근본적으로 어려운 이유는?

① 가치판단의 문제
② 전문학자의 부족
③ 공익의 구현
④ 정치·행정이원론의 입장

[해설] 행정학의 과학화가 근본적으로 어려운 이유는 기계적 조직관으로 인한 인간의 기계화를 초래하여 가치판단의 문제가 제기되기 때문이다.

03 다음 중 인간관계론의 설명으로 옳지 않은 것은?

한국에너지공단

① 조직 내에서의 비공식적 소집단의 역할에 대한 중요성을 인식한다.
② 조직구성원의 사회적·심리적 욕구와 의사소통의 중요성을 발견한다.
③ 조직 내 갈등의 순기능을 인정하며 조직과 환경의 관계에 주목한다.
④ 궁극적으로는 능률과 생산성의 향상에 그 목적이 있다.

[해설] 인간관계론은 능률과 생산성 향상에 주 목적을 갖고 연구된 것이 사실이며, 조직 내 갈등의 순기능적 측면이 강조된 것은 크로지에(M. Crozier), 폴레(M.P. Follett)와 같은 현대 조직이론가들에 의해서이다.

정답 01 ④ 02 ① 03 ③

04 과학적 관리론과 인간관계론에 대한 설명으로 옳지 않은 것은?
한국철도시설공단

① 메이요(E. Mayo)의 호손실험은 인간관계론의 형성에 영향을 주었다.
② 인간관계론은 작업환경이나 물리적 조건보다 조직구성원의 사회심리적 요인을 중시한다.
③ 과학적 관리론은 비공식적 집단의 역할을 중시하지만, 인간관계론은 공식적 조직의 역할을 강조한다.
④ 과학적 관리론과 인간관계론은 생산성 향상을 궁극적 목표로 한다.

해설 과학적 관리론은 공식적 집단의 역할을 강조하지만, 인간관계론은 비공식적 조직의 역할을 중시한다.

05 환경의 개념을 도입하여 행정현상을 설명하고자 했던 생태론에 대한 설명으로 옳지 않은 것은?

① 환경과 행정의 상호관계를 중시하여 미시적 행정이론 형성에 기여하였다.
② 환경의 영향을 받는 행정이라는 관점에서 행정의 수동적 특성이 강조되었다.
③ 행정환경을 강조하여 비교행정론 형성에 기여하였다.
④ 행정을 종속변수로 인식하여 행정의 독자성을 경시하였다.

해설 환경과 행정 등 거시적 변수에 중점을 두어 거시적 행정이론 형성에 기여하였다.

06 샤칸스키(I. Sharkansky)의 행정체제론에 대한 다음 설명으로 옳지 않은 것은?

① 환경 – 체제에 대한 요구나 지지를 발생시키는 체제 밖의 모든 영역
② 투입 – 국민의 지지나 반대 등의 요구
③ 전환 – 목표를 설정하고 필요한 정책을 결정하는 과정
④ 환류 – 전환과정을 거쳐 다시 환경에 응답하는 결과물

해설 산출에 대한 설명이다. 환류는 산출결과를 반영하여 다시 정치체제에 대한 새로운 투입이 발생하는 과정을 말한다.

07 체제모형에 따를 때 투입에 해당하는 것은?
남양주도시공사

① 국민의 요구와 지지
② 정책결정
③ 재화와 서비스
④ 정책

해설 국민의 요구와 지지는 투입에 해당한다. 정책결정은 전환에 해당하며, 재화와 서비스, 정책은 산출에 해당한다.

정답 04 ③ 05 ① 06 ④ 07 ①

08 다음 보기에 제시된 비판들은 행정학의 접근방법 중 어떤 접근방법에 대한 비판인가?

- 행정과 환경의 교호작용을 강조하지만 개발도상국과 같이 변화하는 행정 현상을 연구하는 데 한계를 지닌다.
- 거시적인 접근방법을 취함으로써 구체적인 운영의 측면을 다루지 못한다.
- 행정의 가치문제를 고려하지 못한다.
- 현상유지적 성향으로 인해 정치·사회적 변화를 설명하지 못한다.

① 생태론적 접근방법
② 행태론적 접근방법
③ 현상론적 접근방법
④ 체제론적 접근방법

해설 위 보기 내용은 체제론적 접근방법에 대한 비판 내용이다. 체제론적 접근방법은 환경으로부터의 요구와 지지를 받아 산출로 전환하고, 환경으로 내보내진 환류를 통해 체제로 다시 환류되는 계속적인 순환과정을 행정 현상에 적용한 것이다.

09 비교행정론에 대한 다음 설명 중 옳지 않은 것은?

① 비교행정은 여러 국가의 행정체제와 행태를 연구함으로써 보편성 있는 일반 이론을 정립하고 행정개선에 필요한 지식기반을 구축하는 것을 목적으로 한다.
② 과학성보다는 기술성과 규범성을 강조하며, 행정체제를 발전시켜 다른 하위체제의 발전을 유도하는 불균형 전략을 선호한다.
③ 환경을 지나치게 강조한 나머지 후진국의 발전에 비관적이다.
④ 행정형태를 사회문화적 관점에서 파악한다는 특징이 있으나 행정을 종속변수로 취급한 문제가 있다.

해설 ②는 발전행정론에 대한 설명이며 발전행정의 특징은 다음과 같다.
- 행정을 국가발전목표의 달성을 위한 정책의 수립과 집행과정으로 보면서 행정우위론적인 정치·행정일원론의 입장을 취하고, 행정인의 정책결정능력을 강조한다.
- 과학성보다는 기술성·규범성을 강조한다.
- 발전사업의 목표달성을 위한 행정이념으로 효과성을 중시한다.
- 독립된 행정변수로 발전행정인의 역할을 중시한다.
- 행정체제를 발전시켜 다른 하위체제의 발전을 유도하는 불균형 전략을 선호하며, 발전행정의 전략으로 기관형성 전략을 중요시한다.

10 행정의 과학화를 강조한 이론들을 짝지은 것으로 옳은 것은?

① 행태론 – 신행정론
② 비교행정론 – 발전행정론
③ 행태론 – 비교행정론
④ 비교행정론 – 신행정론

해설 신행정론, 발전행정론, 정책과학, 사회지표론 등은 기술성, 실천성 및 처방성을 강조한다.

11 왈도(D. Waldo) 등이 주장한 신행정학에 대한 설명으로 옳지 않은 것은?

① 신행정학은 다양한 관점을 보이지만 대체로 규범이론, 철학, 사회적 타당성, 행동주의로 특징지을 수 있다.
② 고객인 국민의 요구를 중시하는 행정을 강조하고 시민참여의 확대를 주장하였다.
③ 기업식 정부 운영을 중시하며 신자유주의적 개혁에 앞장섰다.
④ 행정의 가치를 적극 추구하고 정책을 지향해야 한다는 정치·행정일원론에 해당한다.

해설 신공공관리론은 기업식 정부 운영을 중시하며 신자유주의적 개혁에 앞장섰다.

12 다음 보기에서 신행정학에 대한 사항으로 옳은 것으로만 짝지어진 것은? 한국석유공사

가. 계층적 조직의 강조	나. 사회적 형평성의 구현
다. 실증주의에의 관심	라. 신공공관리론에 대한 비판
마. 정치행정새일원론	바. 고객지향적 행정

① 가, 나, 다
② 나, 다, 마
③ 나, 마, 바
④ 다, 라, 바

해설 '나, 마, 바'만 옳은 설명이다.
가. 신행정학은 계층제의 타파로 민주적·동태적·도덕적·분권적·다원적인 후기관료제모형을 주장하였다.
다. 행태론의 논리실증주의를 비판하고 대신 현상학의 도입을 주장하였다.
라. 신공공관리론(1980년대)은 신행정론(1970년대) 이후에 등장하였으며, 오히려 신공공관리론은 시장지향주의로서 정부주도적인 신행정론의 복지정책을 비판하였다.

13 신행정학(NPA)과 신공공관리론(NPM)이 강조한 내용 중 유사한 점들을 비교한 아래 항목에서 옳지 않은 것은? 공무원연금공단

① 관료제 능력에 의문 제기 – 정부 실패에 대한 대응 필요
② 사회적 형평성의 제고 – 소외계층에 대한 배려와 복지 강화
③ 시민들에 대한 관심 제고 – 고객 주권주의
④ 참여와 민주화 촉진 – 분권화와 참여의 활성화

해설 신행정학(NPA)은 복지의 확대를 강조한 반면(복지국가론), 신공공관리론(NPM)은 복지정책의 축소를 강조한다(복지위기론).

정답 11 ③ 12 ③ 13 ②

14 행정학의 접근방법 중 현상학적 접근방법과 관계가 깊은 개념은?

① 경험적 검증 가능성
② 능동적 자아
③ 가치중립성
④ 일반법칙성

해설 현상학적 접근방법은 행태론과 마찬가지로 인간에 대한 관점을 중시한다는 점에서 미시이론에 속하지만 행태론은 인간을 수동적·원자적 자아로 보는 반면, 현상학은 능동적·사회적 자아로 본다는 점에서 행태론과 구별된다.

15 현상학적 접근방법에 대한 설명으로 옳지 않은 것은? 한국지역난방공사

① 현상학적 접근방법은 인간의 의도된 행위와 표출된 행위를 구별한다.
② 현상학적 접근방법은 행정학의 주류 접근방법인 실증주의, 행태주의, 객관주의, 합리주의를 비판하는 주관주의에 입각한 철학적 접근방법이다.
③ 현상학적 접근방법은 인간의 능동성을 강조하고, 실증주의 전통을 계승하였다.
④ 주장이 지나치게 사변적이고 너무 거시적 관점의 이론이다.

해설 〈현상학적 접근방법의 공헌〉
• 인간의 주관적 관념·의식·동기 등의 의미를 보다 더 적절하게 다루고 이해할 가능성을 제시하였다.
• 사회현상을 보는 관점에 폭넓은 철학적 사고의 틀을 제공한다.

16 공공선택이론의 접근방법에 대한 설명으로 옳지 않은 것은? 인천시설관리공단

① 방법론적 개인주의에 입각하고 있으며, 인간은 철저하게 자기이익을 추구한다고 가정한다.
② 인간은 모든 대안들에 대하여 등급을 매길 수 있는 합리적인 존재라고 가정한다.
③ 정당 및 관료는 공공재의 소비자이고, 시민 및 이익집단은 공공재의 생산자로 가정한다.
④ 시민의 편익을 극대화할 수 있는 서비스의 공급과 생산은 공공 부문의 시장경제화를 통해 가능하다.

해설 공공선택이론은 공공부문에 경제학적 관점을 도입하려는 접근법으로, 정당 및 관료는 공공재의 공급자이고 시민 및 이익집단은 공공재의 소비자로 가정한다.

14 ② 15 ③ 16 ③

17 공공선택이론에 대한 평가로 옳지 않은 것은?

① 공공선택이론은 지나치게 공평한 재원의 배분만 강조한 나머지 행정의 효율성은 무시한다.
② 현실 세계가 효용극대화를 추구하고 있으며 합리적인 개인들로 구성되어 있다고 가정하는데, 이는 현실적이지 못하다.
③ 자유경쟁시장의 논리를 공공부문에 도입하고자 하는데, 그 논리 자체가 현상유지와 균형이론에 집착하는 것이며 시장실패라는 고유한 한계 또한 가지고 있다.
④ 공공선택이론에서는 공공서비스를 독점 공급하는 전통적인 정부관료제가 시민의 요구에 민감하다.

해설 공공선택이론은 지나치게 행정의 효율성만 강조한 나머지 공평한 재원의 배분을 무시한다.

18 신제도주의적 연구에 대한 설명으로 옳지 않은 것은?

한국산업인력공단

① 신제도주의는 제도가 개인의 행동에 미치는 영향을 연구한다는 면에서 인간행동을 무시하고 제도 자체만 연구하는 구제도주의와 다르다.
② 정부활동의 결과는 그 활동에 따라 달라지지 않으며, 일정 행위의 유형을 따른다.
③ 신제도주의는 구제도주의 및 행태주의의 한계를 극복하기 위하여 1980년대 초 구미학계에서 발전한 것이다.
④ 제도론자들은 행정학자들이 관심을 가져야 하는 것은 정부활동에서 가장 높은 성과를 가져올 수 있는 제도적 장치를 마련하는 것이라고 본다.

해설 정부활동의 결과는 그 활동에 참여하는 사람들의 상호작용의 유형에 따라 달라진다.

19 신제도주의 행정학에 대한 설명으로 옳지 않은 것은?

① 역사적 신제도주의는 장기간의 역사적 과정과 경로의존성을 중시한다.
② 역사적 신제도주의에서 개인의 선호는 내생적으로, 즉 정치체제가 개인의 선호를 형성하고 제약한다.
③ 사회학적 신제도주의는 사회적 동형화를 중시한다.
④ 사회학적 신제도주의에서의 접근법은 방법론적 전체주의와 연역적 접근법이 사용된다.

해설 사회적 신제도주의에서의 접근법은 귀납적 접근법(경험적, 민속학적, 현상학적, 형이상학적 신비주의 등)이 사용된다.

정답 17 ① 18 ② 19 ④

20 다음 중 신공공관리론에 대한 설명으로 옳지 않은 것은?　　　　　　　　　　　　　　　　　　인천국제공항공사

① 민영화 내지 시장화를 통해 공공부문을 축소하고자 한다.
② 시민으로서의 권리와 의무를 중시하여 시민재창조를 주장한다.
③ 공공부문과 시장의 차이를 도외시함으로써 형평성 등을 고려하지 못한다는 지적을 받았다.
④ 최근 영미 주요 선진국의 행정개혁은 신공공관리론에 입각한 개혁으로 책임성과 효율성을 동시에 강조한다.

[해설] 시민재창조는 신공공관리론에 대한 반발로 등장한 뉴거버넌스(공동체주의)와 관련된 설명이다.

21 신공공관리론에서 주장하고 있는 내용과 거리가 먼 것은?

① 공공서비스의 공급체계를 구성하는 다원적 조직체계의 상호작용 중요시
② 정치·행정일원론적 입장을 고수
③ 정책의 집행과 공공기관 임무의 비당파적 추진
④ 행정인의 궁극적 책임확보에 초점

[해설] 서비스 공급에 중앙의 정치적 개입을 줄이고 일선기관에 재량권을 준다는 측면에서 볼 때 신공공관리론은 정치·행정이원론에 가깝다.

22 정부가 다양한 사회적 행위자들과 수평적 네트워크를 통해 협력적으로 사회문제를 해결해 나가는 방식을 지칭하는 개념은 무엇인가?

① 행정책임
② 지대추구
③ 독임제
④ 거버넌스

[해설] 정부가 민간부문의 다양한 기관들과 상호 협력적인 네트워크 속에서 사회문제 해결을 시도하는 방식을 거버넌스라 한다.

23 뉴거버넌스(New Governance) 이론에 대한 설명으로 옳은 것은?

한국수력원자력

① 뉴거버넌스는 부문 간 협력에 중점을 두고 있다.
② 뉴거버넌스는 신자유주의 이념에 기초하고 있다.
③ 뉴거버넌스는 정부주도의 공공문제 해결방식을 강조한다.
④ 뉴거버넌스는 과정보다는 결과에 초점을 주고 있다.

해설 뉴거버넌스는 경쟁과 갈등이 아닌 부문 간 협력을 중시하는 서비스 연계망(협력적 네트워크)이다.
② 뉴거버넌스는 참여주의와 공동체주의에 근거한다(신공공관리론은 신자유주의에 근거).
③ 뉴거버넌스는 정부주도의 공공문제 해결방식인 Government(Old Governance)와 구별된다.
④ 뉴거버넌스는 협력적 통치가 이루어지는 과정에 초점을 둔다(신공공관리론은 결과와 성과에 초점).

24 신공공관리론과 뉴거버넌스론에 대한 다음의 설명 중 옳지 않은 것은?

국민연금공단

① 뉴거버넌스론은 정부와 민간부분 간의 협력적 네트워크를 적극 활용할 것을 주장한다.
② 신공공관리론은 수익자 부담원칙의 강조, 민간부문 상호 간의 경쟁원리를 활용한 공공서비스 제공을 강조한다.
③ 신공공관리론은 민간위탁, 민영화의 확대, 정부부문 내 경쟁원리의 확대, 규제완화 등을 행정개혁의 방향으로 제시한다.
④ 신공공관리론은 참여, 형평성, 적실성 등 사회적 문제에 대한 정부의 공적 역할을 중시한다.

해설 신공공관리론은 기업형 정부에 의해 복지정책 축소, 규제완화, 민영화, 수익자 부담주의 등을 추구하므로 시장원리만을 강조한 나머지 국민의 참여나 소외계층에 대한 배려 등이 곤란하여 국가 본연의 가치인 형평성, 책임성, 민주성, 적실성 등을 저해할 우려가 있다. 특히 정부에 대한 지나친 불신과 시장에 대한 신뢰에 편향되어 시장에 대한 정부의 공적 개입이나 역할에 대해 지나치게 부정적이라는 비판을 받는다.
반면 뉴거버넌스론은 지나친 시장원리에 치우치기보다는 네트워크를 통한 참여와 협력을 중시한다.

무언가를 위해 목숨을 버릴 각오가 되어 있지 않는 한
그것이 삶의 목표라는 어떤 확신도 가질 수 없다.

— 체 게바라 —

02

정책론

CHAPTER 01	정책의 기초이론
CHAPTER 02	정책의제의 형성과정
CHAPTER 03	정책결정론
CHAPTER 04	정책분석론
CHAPTER 05	정책집행론
CHAPTER 06	정책평가론
CHAPTER 07	기획론

Chapter 01
정책의 기초이론

기출복원문제

키워드 정책 유형

로위(T.J. Lowi)의 정책 유형의 분류로 옳은 것은? SH공사

① 추출정책, 규제정책, 분배정책, 상징정책
② 추출정책, 규제정책, 분배정책, 구성정책
③ 분배정책, 재분배정책, 규제정책, 구성정책
④ 분배정책, 재분배정책, 추출정책, 상징정책

해설 로위(T.J. Lowi)는 정책 유형으로 분배정책, 재분배정책, 규제정책, 구성정책을 제시하였다.

정답 ③

기출 키워드	중요도
☑ 정책의 개념 및 속성	★★
☑ 앨먼드와 파월(Almond & Powell)의 정책 유형	★★
☑ 로위(T.J. Lowi)의 정책 유형	★★★
☑ 리플리 & 프랭클린(Ripley & Franklin)의 정책 분류	★
☑ 정책 유형별 특징	★★

PART 2 정책론

정책의 기초이론

01 정책학의 의의와 발달

1 정책의 개념

정책이란 용어는 매우 포괄적이면서도 다의적(多義的)이지만 정부의 정책을 한정하여 지칭할 때 공공정책이라고 부르게 되며, 행정학에서 정의하는 정책은 '바람직한 사회상태를 이룩하려는 정책목표와 이를 달성하기 위해 필요한 정책수단에 대하여 권위 있는 공공기관이 공식적으로 결정한 기본계획 또는 행동방침'을 가리킨다.

① 정책결정과 집행의 주체는 '정부'이다. 이때 정부란 단순히 행정부만을 가리키는 것이 아니라, 국정관리와 관련하여 국민들로부터 어떠한 형태로든 권위를 부여받은 모든 국가기관을 말한다.

② 정책은 '권위 있는 결정'의 산물이다. 이 권위는 법 또는 투표에 의해 아니면 묵시적 승인에 의해 부여되는 것으로서, 이러한 권위는 개인이나 민간조직에서는 갖지 못한 합법적 강제력을 수반한다.

③ 정책은 '행동방침'이다. 이것을 정책내용이라고도 하는데 현실적으로는 정책, 사업, 사업계획, 정부방침, 정책지침과 같이 여러 가지로 표현된다. 이 행동방침은 정부가 '어떤 일을 하겠다(行爲)' 또는 '하지 않겠다(不作爲)'는 의사표명이다.

④ 정책은 '공공문제의 해결이나 목표 달성'과 관련이 있다. 정부의 중요한 역할은 개인이나 집단 수준에서는 해결하기 곤란한 문제들을 해결하는 것이다.

⑤ 정책은 '미래지향성'을 띤다. 즉, 앞으로 취할 정부의 행동방침으로서 어떤 대상에 대해 의도적 변화를 추구하는 것이다.

개념더하기

정책의 개념적 속성
- 규범성
- 추상성
- 공공성
- 합목적성

2 정책의 특성

① 목표지향적 · 규범적 성격
② 행동지향적 성격
③ 정부의 공식적 결정
④ 정책대상집단의 존재
⑤ 문제해결지향성
⑥ 권위적 · 정치적 성격
⑦ 대응성 · 반응성

02 정책의 유형

1 앨먼드와 파월(Almond & Powell)의 정책 유형

(1) 추출정책

병역, 조세 등 국민으로부터 인적 · 물적 자원을 추출하는 정책(공무원 채용, 국세징수, 병사모집)

(2) 규제정책

① 보호적 규제정책

사적 행위에 제약을 가함으로써 일반 공중을 보호하려는 정책(공정거래법, 근로기준법, 식품위생법)

② 경쟁적 규제정책

다수의 경쟁자 중에서 특정개인이나 집단에게 일정한 재화나 서비스를 공급할 수 있도록 제한하려는 정책(분배정책과 보호적 규제정책의 혼합적 성격 – 유선방송허가, 약의사 면허)

(3) 분배정책

재화, 서비스, 신분, 기회 등을 제공하는 정책(국립공원 설치, 고속도로 건설, 지방자치단체에 자본보조)

(4) 상징정책

국민에게 상징적으로 호소하려는 정책(국경일, 공휴일)

개념체크 ○×

- 앨먼드와 파월(Almond & Powell)의 정책 유형 중 정부체제를 유지하기 위해, 국가정책적 목표에 의해 일반 국민들에게 인적 · 물적 자원을 부담시키는 것은 추출정책이다. ○×

- 앨먼드와 파월(Almond & Powell)의 정책 유형 중 특정한 개인, 기업체, 조직에 제재나 통제 및 제한을 가하는 것은 분배정책이다. ○×

○, ×

2 로위(T.J. Lowi)의 정책 유형

(1) 분배정책
재화나 서비스의 제공에 관련되는 정책(도로나 저수지의 건설, 기업에 대한 수출보조금 지원, 농어촌 소득증대사업 지원, 교육서비스의 제공 등)

(2) 재분배정책
복지, 누진세, 빈부격차 해소를 위한 소득재분배정책으로 이념논쟁과 사회계층 간의 정책갈등이 가장 심한 정책 유형(누진세 등)

분배정책과 재분배정책의 비교

유 형	분배정책	재분배정책
개 념	행정서비스의 제공이나 이득·기회의 배분과 관련된 정책	고소득층으로부터 저소득층으로의 소득이전을 목적으로 하는 정책
예 시	사회간접자본구축 등	누진세 등 사회보장정책
재 원	공적재원	가진 자의 부(富)
추 진	용이(정합게임)	곤란(영합게임)
영향을 주는 요인	이해관계(포크배럴 등)	이데올로기(진보 대 보수)

(3) 규제정책
국민의 생활과 활동을 규제하는 사법·경찰에 관련된 정책(기업 간의 불공정 경쟁이나 독과점 규제, 환경오염 규제, 공공요금 규제 등)

(4) 구성정책
정부조직 내부에 관련되는 정책(기구개편, 행정개혁, 인원감축, 감축관리 등 선거구 조정, 정부조직기구의 통폐합)

개념체크 ○×
- 로위(T.J. Lowi)가 제시한 정책 유형 중 정부기구의 신설, 선거구의 조정과 같은 정책은 구성정책에 해당한다. ○×
- 로위(T.J. Lowi)가 제시한 정책 유형 중 도로나 저수지의 건설, 농어촌 소득증대사업 지원 등의 정책은 규제정책에 해당한다. ○×

○, ×

---

3 솔즈베리(R.H. Salisbury)의 정책 분류(요구·결정패턴 기준)

(1) 분배정책
분산적 요구패턴, 분산적 결정패턴으로 모든 사람에게 혜택이 돌아간다.

(2) 재분배정책
통합적 요구패턴, 통합적 결정패턴으로 한쪽에서 거두어서 다른 쪽으로 재화 등을 이전한다.

(3) 규제정책

정책의 불응자에게 강제력을 행사하며, 원칙적으로 국민의 권리·자유와 관련되므로 법률의 형태를 취한다.

(4) 자율규제정책

규제대상이 되는 개인이나 집단에게 규제를 위한 기준을 설정할 권한을 부여하고 집행을 위임한다. 자율규제정책은 피규제집단 자체의 이익의 보호·촉진수단으로서 요구되고 지지된다는 점에서 규제정책과 차이가 있고, 주로 전문가 집단과 관련되는 정책이다.

4 리플리 & 프랭클린(Ripley & Franklin)의 정책 분류 (사회적 목표 기준)

(1) 분배정책

국민들에게 재화나 서비스, 권리, 이익을 배분하는 내용과 관련된 정책으로, 사회간접자본 시설의 구축, 수출보조금이나 융자금 지원, 보건 진료서비스, 공교육 서비스 등이 여기에 해당한다.

(2) 재분배정책

부와 소득, 정치적 권리 또는 인권을 사회적 계층과 인종에 조작적으로 배분하고자 하는 것으로, 각종 공적부조 프로그램이 이에 해당한다.

(3) 경쟁적 규제정책

다수의 경쟁자 중에서 특정한 개인이나 단체에게 일정한 재화나 서비스, 권리 등을 공급할 수 있도록 하면서 이들에게 특별한 규제 장치를 부여하는 정책으로, 규제정책과 분배정책의 혼합형과 같은 것이다. 노선허가, 방송국 설립인가, 한국이동통신 사업자 선정 등을 둘러싼 정책들이 여기에 해당한다.

(4) 보호적 규제정책

사적 행위에 제약을 가하는 조건을 설정함으로써 일반 공중을 보호하려는 정책이며, 식품 및 의약품의 허가, 근로기준 설정, 최저임금제, 공공요금 등이 이에 해당한다.

> **개념체크** ○ ×
> - 솔즈베리(R.H. Salisbury)는 정책을 분배정책, 재분배정책, 규제정책, 상징정책으로 분류하였다. ○×
> - 리플리 & 프랭클린(Ripley & Franklin)의 경쟁적 규제정책은 분배정책과 보호적 규제정책의 양면성을 지닌다. ○×
>
> ×, ○

CHAPTER 01 | 기출분석문제

01 정책에 대한 설명으로 옳지 않은 것은?

① 사회 내의 문제에 대한 정부의 대응책
② 실증적 접근에 의한 능률성 중시
③ 정부의 사업계획, 정부방침, 정부의 대응책
④ 정부가 많은 사람들에게 영향을 미치기 위하여 의도적으로 한 것

[해설] 정책이란 공공문제를 해결하거나 목적 달성을 위해서 정부에 의해 결정된 행동방침으로, 정부에 의한 권위 있는 결정이며 미래지향적이고 목표지향적이다.

02 다음의 정책분류 가운데 앨먼드(Almond)와 파월(Powell)이 사용한 분류는?   한국도로공사

① 분배정책, 규제정책, 재분배정책
② 분배정책, 규제정책, 재분배정책, 구성정책
③ 분배정책, 규제정책, 추출정책, 상징정책
④ 분배정책, 규제정책, 재분배정책, 자율규제정책

[해설] 앨먼드(Almond)와 파월(Powell)은 정책 유형으로 추출정책, 분배정책, 규제정책, 상징정책을 제시하였다.

03 앨먼드(Almond)와 파월(Powell)이 주장한 정책 유형 중 추출정책에 대한 설명에 해당하는 것은?

① 정부가 개인이나 집단에게 가치를 배분하는 산출활동과 관련된다.
② 국내·외적 환경으로부터 인적·물적 자원을 확보하는 것과 관련된다.
③ 개인과 집단의 행동에 대하여 정부가 가하는 통제와 관련된다.
④ 정부가 어떤 목적을 달성하기 위해 평등·자유·일체감 등과 같은 이념적 가치에 호소하는 정책이다.

[해설] 추출정책이란 공무원 채용, 국세징수, 병사모집 등과 같이 정부가 국민으로부터 인적·물적 자원을 추출하는 정책을 말하며, ①은 분배정책, ③은 규제정책, ④는 상징정책에 해당한다.

04 로위(T.J. Lowi)의 정책 유형 분류에 의하면 고소득층으로부터 저소득층으로의 소득이전을 목적으로 하는 정책을 무엇이라 하는가?
　　　　　　　　　　　　　　　　　　　　　　　　　　　　한국보훈복지의료공단
① 분배정책
② 재분배정책
③ 규제정책
④ 복지정책

해설　로위(T.J. Lowi)의 정책 유형 분류에 의하면 고소득층으로부터 저소득층으로의 소득이전을 목적으로 하는 것은 재분배정책이다.

05 로위(T.J. Lowi)의 정책 분류 중 분배정책과 가장 거리가 먼 것은?
① 수출 특혜금융
② 지방자치단체에 대한 국가 보조금 지급
③ 임대주택의 건설
④ 주택자금의 대출

해설　분배정책은 자원을 배분하는 정책이다. 택지분양이나 일반주택 건설은 분배정책에 해당하지만 임대주택의 건설은 저소득층을 위한 정책이므로 재분배정책에 해당한다.

06 분배정책과 재분배정책에 대한 설명으로 옳지 않은 것은?
　　　　　　　　　　　　　　　　　　　　　　　　　　　　한국전력공사
① 분배정책에는 누진세·사회보장정책·사회간접자본정책 등이 포함된다.
② 재분배정책은 이해당사자 간 제로섬 게임이 벌어지고 갈등이 발생될 가능성이 규제정책에 비해 상대적으로 더 크다.
③ 분배정책에서는 로그롤링(Log Rolling)이나 포크배럴(Pork Barrel)과 같은 정치적 현상이 나타나기도 한다.
④ 재분배정책은 부나 권리 편중의 해소를 위하여 정부가 가진 자와 못 가진 자의 분포를 인위적으로 변화시키려는 정책이다.

해설　누진세와 사회보장정책은 재분배정책이지만, 사회간접자본정책은 분배정책에 해당한다.

정답　04 ② 05 ③ 06 ①

Chapter 02
정책의제의 형성과정

기출복원문제

키워드 정책의제설정모형

정책의제설정모형에 대한 설명 중 동원형에 해당하는 것은?   국민체육진흥공단

① 정부 지도자들이 대중의 지지를 확보하기 위해 공공관계 캠페인을 벌인다.
② 정책확장이 정책과 관련된 주제에 대하여 특별한 지식이나 관심을 가진 집단들에 한정하여 이루어진다.
③ 심볼(Symbol) 활용이나 매스미디어 등을 통해 쟁점이 확산된다.
④ 정책결정자들이 정치 과정을 통하여 사회적 이슈를 공식적 정책의제로 채택하는 전략적 과정을 설명하는 논리이다.

해설
② 내부접근형에 대한 설명에 해당한다.
③ 외부주도형에 대한 설명이다.
④ 동원형은 사회문제가 정치지도자의 지시에 따라 먼저 정부의제로 채택되고, 정부의 의도적인 노력(공공관계 캠페인 등)에 의해 공중의제로 확산된다.

정답 ①

기출 키워드	중요도
☑ 정책의제의 개념	★
☑ 정책의제 형성과정	★
☑ 정책의제설정모형	★★★
☑ 무의사결정론	★★★

정책의제의 형성과정

PART 2 정책론

01 의 의

1 정책의제의 의의

(1) 정책의제
① 정책의제란, '정책결정자가 해결하기로 또는 적어도 다루기로 결정한 정책문제들 또는 정책 이슈들의 일부'라고 할 수 있다.
② 정책의제는 사회문제로부터 생겨나며, 사회문제는 개인문제로부터 시작한다.

(2) 문제와 정책의제
① 문제란 사람에게 해결 욕구를 일으키는 불만족스러운 상태나 조건으로서, 우리는 개인적으로나 집단적으로나 수많은 문제에 직면하면서 살아간다. 그런데 이러한 문제들 중에서 어떤 문제는 개인이 책임을 져야 하고 또 어떤 문제는 사회 일반 불특정 다수의 문제가 되어 사회적으로 심각한 문제가 된다.
② 이때 개인문제가 사회문제화되어 수많은 사회문제가 존재할 때, 이들 문제 중 극히 일부 문제만이 공적으로 취급되어 정부에서 해결을 위하여 노력하게 된다. 이때 정부에서 해결하기 위하여 공식적으로 채택한 문제를 정부의제(Agenda)라고 한다.
③ 따라서 정책의제의 설정과정은 일반적으로 개인문제로부터 출발하여 사회문제로, 다시 쟁점(Issue)으로 변화되고, 언론의제(Press Agenda)나 공중의제(Public Agenda)를 거쳐 정부의제로 채택된다.

> **개념더하기**
> **정책의제로 채택될 가능성이 높은 정책문제**
> • 정책문제의 해결가능성이 높은 경우
> • 선례가 있어 관례화된 경우
> • 정책의제화를 요구하는 집단의 규모가 큰 경우

2 정책의제 채택의 중요성

정책의제 채택(이론)은 정책과정에 있어서 매우 중요한 의미를 갖는데 이는 정책의제 형성과정이 가지는 다음과 같은 성격 때문이다.

(1) 정치 세력의 연관성
① 정책의제 형성과정은 정책과정에 작용하는 정치세력들이 처음으로 등장하는 국면이다.

② 따라서 자기가 원하는 사안을 정부기관에 투입시키는 데 실패하면 자신의 이익확대를 위한 기회는 끝나게 된다.

(2) 민주적 정치참여과정
① 정책의제 형성과정은 민주적 정치참여과정의 핵심적 성격을 띠고 있다.
② 민주정치의 중요한 특징은 정책의제 형성에 국민의 참여·개입이 높은 비율을 차지한다는 것이며, 이러한 과정을 통하여 정부의 조치가 요구되는 문제들이 밝혀지게 된다.

(3) 정책문제의 우선순위 결정
① 정책의제는 정부의 정책결정 체제에 의해 특정화된 정책문제이며, 따라서 정책의제 형성은 정책문제의 우선순위(Priority)를 결정하는 성격을 지니고 있다.
② 정부에 의해 검토·해결을 필요로 하는 많은 정책문제들이 상호 간 대립·갈등과 경쟁관계에 있으므로 이를 다루는 데는 우선순위가 정해져야 한다.

(4) 정책대안 제시
① 정책의제 형성단계에서는 다음 단계인 정책결정단계에서 찾아내어야 할 정책대안들이 제시되는 경우가 있다.
② 특정한 사회문제가 아무리 심각한 피해를 주고 있다고 하더라도 그 문제를 해결할 수 있는 대안이 없을 때는 그 문제는 정책의제로 채택되기 어렵다.
③ 따라서 어떤 문제를 정책의제로 채택해 주기를 바라는 집단은 그 문제해결방법을 생각하기 마련이다.

(5) 후속정책과정에 영향
① 정책의제 형성단계는 정책의제화의 양상에 따라 후속정책과정에 커다란 영향을 미친다.
② 의제 형성단계에서의 찬성집단과 반대집단은 후속되는 정책과정의 전 과정을 통해 경쟁과 투쟁을 계속하게 된다.
③ 이처럼 의제 형성단계에서 경쟁·대립하는 집단들 간에 원만한 타협을 볼 수 있느냐 하는 것은 물론 문제를 주도한 집단들이 누구냐에 따라서 또는 의제채택의 방법 등에 따라 정책결정단계는 물론 집행의 효율성과 그 정책의 평가에까지 큰 영향을 미치게 되는 것이다.

개념체크 ○ ×
- 정책의제 형성은 정책문제의 우선순위(Priority)를 결정하는 성격을 지니고 있다. ○ ×
- 정책의제 형성단계는 정책의제화의 양상에 따라 후속정책과정에 커다란 영향을 미친다. ○ ×

○, ○

02 정책의제 형성

1 정책의제설정모형

정책의제설정모형이란 정책의제가 설정되는 과정의 종류를 의미하는 것으로 서, 콥(R. Cobb)은 의제설정의 주도집단을 기준으로 다음과 같이 세 가지 형태 로 구분하고 있다.

(1) 외부주도형(사회문제 → 공중의제 → 정부의제)

① 이 유형은 정책담당자가 아닌 정부기관 외부 사람들의 주도에 의해 정책문제의 정부 귀속화가 이루어지는 경우로, 물론 외부에서 이슈를 제기하였다고 해서 모두 다 정책문제로 채택되는 것은 아니다.

② 문제의 당사자로 구성되거나 문제를 겪는 사람들을 대변하는 외부주도 집단의 활동으로 문제를 제기한 후 구체화시키고, 구체화된 문제를 관심집단에게 제공함으로써 문제인식을 사회 전체적으로 확산시켜서 공중의 관심을 이끌어내어 정부가 이에 반응하게 되는 수순을 밟아가게 된다.

③ 이 유형은 국민의 소리에 민감하고 여론을 존중하는 선진 민주주의 사회에 가장 잘 적용되며, 구체적인 예로는 임대차보호법의 제정, 대구의 페놀사건 이후 환경규제의 강화, 6·29선언 등을 들 수 있다.

④ 이 유형은 주민의 욕구에 민감하고 민의를 존중한다는 면에서 큰 장점이 있으나 선동가에 의하여 중우정치로 흐를 위험성도 높다. 또한 사회적 강자에 의하여 여론이 주도되어 말없는 다수의 의견이 소외당할 가능성도 있다.

(2) 동원형(사회문제 → 정부의제 → 공중의제)

① 이 유형은 일반 국민들이 문제를 제기하지 않더라도 정책담당자들이 스스로 정책의제화하는 경우이다.

② 정부 내에서 먼저 문제를 제기하고 구체화시킨 후 매스컴 등을 통한 홍보활동을 전개하여 사회적인 공감대를 형성한 후 다시 정책의제로 설정되게 하는 과정으로 국민의 관심을 유도하는 의미를 부각시켜 '동원형 의제설정'이라고 부른다.

③ 이 유형의 특징은 문제가 정부의제로 먼저 채택되고 정부의 의도적인 노력에 의해서 공중의제로 확산된다는 점이다.

④ 이 유형은 관존민비 사상이 강하거나 정치권력이 집중되어 있는 후진국에 잘 적용되는 유형으로써, 우리나라의 경부 및 호남고속철도, 가족계획, 새마을운동, 경차우대정책 등이 그 대표적 예이다.

개념체크 ○ ×

- 외부주도형의 과정은 사회문제-정부의제-공중의제 순서로 진행된다. ○×
- 내부접근형의 경우 행정PR이 중요하다. ○×

×, ×

(3) 내부접근형(사회문제 → 정부의제)

① 이 유형은 정부 내부의 주도에 의해 발의되고 구체화되어 바로 정책의제로 선정되는 경우를 말하는데, 동원형과 유사하지만 공중의제로의 확산과정을 거치지 않는다는 점에서 다르다.
② 국민이 사전에 알면 곤란한 문제를 다루거나 시간이 급박할 때, 의도적으로 국민을 무시하는 정부에서 나타날 수 있다.
③ 일반적으로 부와 권력이 집중된 나라에서 흔히 나타나는 유형이며, 주로 외교·국방정책의 경우에 비교적 많이 나타난다.
④ 내부접근형은 '국익수호'와 '국민의 알권리'를 어떻게 조화시키느냐 하는 것이 커다란 쟁점으로 부각된다.

2 무의사결정론

(1) 의의

① 무의사결정이란 정책의제 설정에서 지배 엘리트의 이해관계와 일치하는 사회문제만 정책의제화된다는 이론으로서, 의사결정자들이 기존의 가치나 자신들의 이익에 대한 잠재적인 도전을 억압하기로 하는 결정을 말한다. 이는 사회의 모든 문제가 정책의제화하지는 못한다는 현상을 설명하고자 하는 이론이기도 하다.
② 다시 말하면 사회적 강자들의 요구에 배치되는 문제는 그것이 거론되지 못하도록 질식시켜 버리거나 정책결정의 장(場)에 도달되기도 전에 무력화시키든지, 이 방법이 성공하지 못하면 정책결정·집행단계에서 이를 파괴·좌절시키는 수단이 되는 것이 무의사결정이다.

(2) 무의사결정 발생이유

① 지배적인 가치나 신념체계, 즉 정치문화가 제기된 정책문제의 채택에 부정적일 때
② 사회 내 지배계급이 제기되는 정책적 이슈에 대해 두려움을 느낄 때
③ 지배엘리트들이 제기되는 이슈를 좋아하지 않을 것이라고 정치 입후보자들이나 행정가들이 생각할 때
④ 정치체제가 특정문제들에 대해서 편견을 가지고 있을 때

(3) 무의사결정 수단

① 폭력의 행사
 엘리트들의 기득권에 도전하는 정치적 이슈가 제기되지 못하도록 테러행위를 하는 방법이다.

개념더하기

무의사결정 (Non-decision Making)
바라츠(Baratz)는 1962년 「권력의 두 얼굴」에서 무의사결정이란 '의사결정자의 가치나 이익에 대한 잠재적 도전을 억압하거나 방해하는 결과를 초래하는 결정'이라고 정의하고 있는데, 이것은 정치권력의 양면성, 즉 정치권력은 정치문제를 해결하기 위하여 정책결정에서 영향력을 행사하기도 하지만, 정치권력은 자신들에게 유리한 이슈만을 논의하고 불리한 문제는 그것이 현재적·잠재적인가의 여부를 떠나 사전에 봉쇄해 버린다는 것이다. 무의사결정은 현실적 요구의 사회문제에 대해 권력 엘리트들이 고의로 정책문제 채택을 회피하는 의사결정이다.

> **개념체크** ○ ×
>
> - 무의사결정은 사회문제가 정책의제로서 채택되지 못하는 현상이다. ☐○☐×
> - 무의사결정은 정책결정자의 무관심으로 나타나는 현상이다. ☐○☐×
>
> ○, ×

② 권력의 행사

상대편을 위협하는 것에서부터 새로운 이익으로 매수하는 것 등 다양한 형태가 있다.

③ 편견의 동원

엘리트들의 기득권을 위협하는 요구에 대해서는 반사회적, 비애국적, 비도덕적이라는 이유를 들어 이를 억압하거나 눌러 버리는 것이다.

④ 편견의 강화 · 수정

기존의 규범이나 규칙, 절차 등을 수정하거나 보완 · 강화하여 새로운 요구를 봉쇄하는 방법이다.

CHAPTER 02 | 기출분석문제

01 정책의제설정의 영향요인과 가장 거리가 먼 것은? 한국수자원공사

① 영향력이 있는 집단이 크고 중요할 때 의제화 가능성이 크다.
② 관례화·일상화된 정책문제일수록 의제화 가능성이 크다.
③ 정책담당자의 이해가 쉽고 해결책이 용이할수록 의제화 가능성이 높다.
④ 관련집단 간의 첨예하게 대립된 쟁점일수록 의제화 가능성은 높다.

해설 첨예하게 대립되는 문제는 그 파장이 어떻게 진행되는지를 관망해 보고 사태가 분명해질 때 의제화하며, 사태의 모호성이 지속되면 의제화를 지연시킨다.

02 정책의제설정모형 중 동원형에 대한 설명으로 옳지 않은 것은?

① 민간의 지지가 높을 때 정부가 민간의 힘을 동원하는 모형이다.
② 이익집단이 아닌 전문가의 영향력이 크다.
③ 정부의 힘이 강하고 민간부문의 힘이 취약한 후진국에서 많이 나타난다.
④ 정책담당자들이 공식적 의제로부터 대중들의 지지를 확보하기 위해 공공관계 캠페인을 벌인다.

해설 동원형은 일반 국민들이 문제를 제기하지 않더라도 정책담당자들이 스스로 정책의제화하는 경우이다.

03 정책의제설정에 대한 설명으로 옳지 않은 것은? 한국가스공사

① 정부의제는 어떤 사회문제가 사회적으로 이슈화되어 정부의 정책적 고려의 대상이 되어야 할 단계에 이른 문제를 의미한다.
② 정책의제설정은 외부주도형, 동원형, 내부접근형 등의 유형이 있다.
③ 정책의제설정은 다양한 사회문제 중 특정한 문제가 정부의 정책에 의해 해결되기 위해 하나의 의제로 채택되는 과정이다.
④ 공중의제는 일반공중이 실제로 정책대응을 위한 구체적인 논의의 대상으로 표명하고 있는 사회문제를 말한다.

해설 공중의제에 대한 설명이다. 정부의제는 공식적인 권한을 가진 정부 당국이 신중하게 적극적으로 검토하기로 결정한 문제를 의미한다.

정답 01 ④ 02 ① 03 ①

04 무의사결정론에 대한 설명으로 옳지 않은 것은?

① 무의사결정은 특정 사회적 쟁점이 공식적 정책과정에 진입하지 못하도록 막는 엘리트집단의 행동이다.
② 무의사결정은 정책의제설정 단계뿐만 아니라 정책결정이나 집행단계에서도 나타날 수 있다.
③ 가치의 재배분을 추구하는 사람들에게 유리하게 작용한다.
④ 정치체제 내의 지배적인 규범이나 절차를 강조하여 변화를 위한 주장을 억압하는 것은 무의사결정의 한 방법이다.

해설 무의사결정론은 '권력의 두 얼굴' 모형을 이용하여 엘리트들이 특정 사회적 쟁점이 정책과정에 진입되지 못하도록 방해하는 의도적 무결정 내지는 기각·방치 행위를 말한다. 가치의 재분배를 추구하는 사람들이란 빈곤계층이나 소외계층인데, 무의사결정론은 사회적 약자보다는 엘리트의 이익을 우선시하므로 사회적 약자들에게 불리하게 작용한다.

05 무의사결정의 발생요인이 아닌 것은?

① 관료의 이익과 합치될 경우
② 정권과 배치되는 가치체계를 지닌 경우
③ 관료의 과잉 충성
④ 기득권 옹호를 위한 경우

해설 관료의 이익과 상충될 때 나타난다.

06 무의사결정론의 방법 중 가장 직접적이고 강도가 높은 수단은?

① 편견의 동원
② 권력의 행사
③ 폭력의 행사
④ 편견의 수정

해설 무의사결정론의 방법에서 강도의 순서는 폭력의 행사 > 권력의 행사 > 편견의 동원 > 편견의 수정·보완 순이다. 폭력의 행사는 가장 직접적이고 강도가 높은 수단으로서, 기존 질서의 변화를 주장하는 요구가 정치적 이슈가 되지 못하도록 테러 행위를 자행하는 방법이다.

교육은 우리 자신의 무지를 점차 발견해 가는 과정이다.

— 윌 듀란트 —

Chapter 03
정책결정론

기출복원문제

키워드 정책결정모형

정책결정모형에 대한 설명으로 옳지 않은 것은? 한국철도시설공단

① 만족모형은 정책결정자나 정책분석가가 절대적 합리성을 가지고 있고 주어진 상황하에서 목표의 달성을 극대화할 수 있는 최선의 정책대안을 찾아낼 수 있다고 본다.
② 쓰레기통 모형은 '조직화된 무정부상태' 속에서 나타나는 몇 가지 흐름에 의하여 정책결정이 우연히 이루어진다고 보는 정책모형이다.
③ 최적모형은 정책결정을 체계론적 시각에서 파악하고 정책성과를 최적화하려는 정책결정모형이다.
④ 혼합모형은 합리모형의 이상주의적 특성에서 나오는 단점과 점증모형의 지나친 보수성이라는 약점을 극복할 수 있는 전략으로 제시된 모형이다.

해설 ①은 합리모형에 대한 설명이다. 만족모형은 인간의 인지능력에 한계가 있어 의사결정이 제한된 합리성에 머무른다고 가정한다.

정답 ①

기출 키워드	중요도
☑ 정책결정의 개념 및 성격	★
☑ 정책결정의 유형	★
☑ 합리모형, 만족모형	★★
☑ 점증모형, 혼합모형, 최적모형	★★
☑ 쓰레기통 모형	★★★
☑ 공식적·비공식적 참여자	★

CHAPTER 03 정책결정론

PART 2 정책론

01 정책결정의 개념

1 정책결정의 의의

① 정책결정이란 설정된 목표를 달성하기 위하여 복잡하고 동태적인 과정을 거쳐 바람직한 정부의 미래대안을 작성·선택하는 과정이다.
② 정책결정은 정치·행정일원론이나 발전행정론에서 중시하는 부분으로, 많은 이질적인 이해관계의 대립을 조정하고 타협시켜 나가면서 정부가 당면한 공공의 문제를 합리적으로 해결하려는 일련의 노력으로 이루어진다.

> **개념더하기**
> **정책결정과 의사결정**
> 정책결정의 개념은 의사결정과 흔히 동일시 취급되는데, 의사결정이 개인적 차원까지 포함하는 일반적 형태라면, 정책결정은 정부 차원에서만 고려되는 특수한 형태라는 점에서 구분된다.

2 정책결정의 성격

(1) 정책목표와 정책수단을 개발하는 과정
정책결정은 사회문제를 해결하여 바람직한 사회상태를 구현하기 위한 정책목표와 이러한 목표를 달성할 수 있는 정책수단을 개발하는 과정이다.

(2) 행동지향성
정책결정은 정책문제를 해결하기 위한 여러 가지 대안들을 마련하고 이의 집행을 통해서 사회에 영향을 미치려는 행동의지가 담겨 있다.

(3) 미래지향성
정책결정은 현실적으로 직접적인 행동을 취하여 사회에 영향을 미치는 것보다는 장래의 집행을 위하여 사전에 행동노선을 마련하는 것이기 때문에 항상 불확실성을 내포하게 되며, 정책결정에서 사용되는 용어도 애매모호하고 추상적이기 쉽다.

(4) 동태적 과정
정책결정과정에는 정치행위자, 정치체제, 체제와 환경 등 다양한 요소들이 상호 관련되어 작용하는 복잡하고 동태적인 과정이다.

(5) 정치적 성격과 분석적 성격의 통합

정책결정은 수많은 참여자들 간의 이질적인 이해관계의 대립을 조정하고 타협시켜 나가면서, 정부가 당면한 공공의 문제를 합리적으로 해결하려는 일련의 노력으로 이루어진다.

> **개념체크** ○×
> - 정책결정은 행동지향적, 미래지향적 성격을 갖는다. ○×
> - 정책결정은 정태적 성격을 갖는다. ○×
>
> ○, ×

3 정책결정의 유형

(1) 정형적 결정과 비정형적 결정

정책결정은 선례나 프로그램의 유무에 따라 기계적·반복적으로 결정하는 정형적 결정과 기존에 선례나 프로그램이 없었던 비정형적 결정으로 나뉜다.

(2) 전략적 결정과 전술적 결정

전략적 결정은 보다 중요한 전략적인 문제해결방안을 채택·결정하는 것인데 반해, 전술적 결정은 일상적인 업무처리방안을 선택·결정하는 것을 말한다.

(3) 개인적 결정과 집단적 결정

개인적 결정은 주로 독임형 조직에서 관리자 개인의 독자적 판단에 의하여 대안을 선택하는 것을 말한다. 집단적 결정은 위원회와 같은 합의제 조직에서 관계자·전문가의 합의안에 대한 분석·검토를 거치거나 목표관리(MBO)에 의한 의사결정을 말하는데 고도의 기술성·전문성이나 신중성·민주성이 요구되는 경우에 행해진다.

> **개념체크** ○×
> - 정책결정 유형 중 전략적 결정은 일상적인 업무처리방안을 선택·결정하는 것을 말한다. ○×
> - 목표관리(MBO)에 의한 의사결정은 정책결정 유형 중 개인적 결정에 해당한다. ○×
>
> ×, ×

02 정책결정의 이론모형

1 합리모형

(1) 의의

① 합리모형은 정책결정자가 고도의 이성과 합리성에 근거하여 결정하고 행동한다고 보며, 목표달성을 위해 합리적 대안을 탐색·선택한다고 보는 이상적·규범적 접근방법이다.

② 대안선택의 기준이 정해져 있고, 인적·물적 자원이 충분하며, 의사결정자가 대안결과를 알 수 있는 예측 능력과 비용편익을 계산할 수 있는 능력을 가지고 최선의 대안을 선택한다고 전제하고 있다.

(2) 평 가

① 합리모형은 보다 나은 정책결정에 기여하며, 합리성에 대한 저해 요인을 밝혀줌으로써 정책분석에 매우 유용하다.

② 그러나 인간능력의 한계가 있는 점을 간과했고, 실제로 추구하는 합리성이 기술적 혹은 경제적 합리성에 국한되었다. 또한 오늘날 행정문제의 가변성과 복잡성으로 정책목표 간에도 갈등의 소지가 있다는 점을 감안하지 못하며, 정책결정자가 보유할 수 있는 정보에 한계가 있다는 사실을 감안하지 못하고 있다.

③ 합리모형은 완전성·종합성을 강조하기 때문에 분석과정에서 비용이 많이 든다.

> **개념체크** ○ ×
> • 합리모형은 정책목표 달성을 위한 최선의 대안을 모색할 수 있다고 본다. ○Ⓧ
> • 합리모형은 인간능력의 한계를 충분히 고려한 이론모형이다. ○Ⓧ
> ○, ×

2 만족모형

(1) 의 의

① 사이먼(H.A. Simon)과 마치(J.G. March)에 의해 사회·심리적으로 접근된 이론으로서, 실제 의사결정과정을 보면 인간의 인지능력, 시간, 비용, 정보의 부족 등으로 합리모형이 가정하는 포괄적 합리성이 제약을 받는 이른바 제한된 합리성을 확보할 수밖에 없다는 것이다.

② 최선의 대안보다는 현실적으로 만족할 만한 대안을 선택한다.

③ 개인의 심리적 제약요인을 고려하고 있다는 점에서 개인적·행태론적 의사결정모형 또는 인지모형이며, 현실적·실증적 모형이라 할 수 있다.

(2) 평 가

① 만족모형은 의사결정에 있어서 비용의 중요성을 지적한 공헌이 있다.

② 만족에 대한 객관적 기준이 없고, 외적 환경을 무시한 점, 그리고 현상유지적·보수주의적인 성격이 짙다는 점에서 비판을 받고 있다.

3 점증모형

(1) 의 의

① 린드블룸(C.E. Lindblom)은 합리모형의 비현실성을 비판하며 '실제의 정책결정과정은 점증적일 뿐만 아니라 점증적이어야 바람직하다'라고 하면서, 다원주의적 사회 배경 하에서 시민과 정치인의 현실적 지지를 얻을 수 있는 정치적·사회적 합리성을 바탕으로 하는 점증주의를 제시했다.

② 점증주의는 기존의 정책이나 결정을 일단 인정하고 그보다 약간 향상된 대안에 대해서만 부분적이며 순차적으로 채택해야 한다는 것으로, 기존 정책을 첫 대안으로 하여 정치적 합리성을 추구하고 현실적으로 한계점을 감안하여 제한된 합리성을 전제로 실현가능한 범위 내에서 최적대안을 탐색하자는 이론이다.

(2) 평 가
① 점증주의는 현존정책에 약간의 수정만을 가해 오류를 방지하고, 정치적 실현가능성과 정책의 안정성을 도모하며, 정치적 갈등을 감소시켜 주는 데 기여하였다.
② 다원적이고 안정적인 사회에서는 적용가능성이 높지만, 개발도상국과 같이 급격한 변동을 경험하고 있는 불안정한 사회에 적용하는 데는 한계가 있다는 비판이 있다.
③ 기존정책이 정치적 강자에 의한 사회적 약자를 억압하는 이념적 무기로 악용될 수 있다는 비판도 있다.

> **개념체크** ○ ×
> • 합리모형은 다원주의와 가장 관계가 밀접하다. ○×
> • 점증모형은 정치적·사회적 합리성을 중시한다. ○×
> ×, ○

4 혼합주사모형

(1) 의 의
① 에치오니(A. Etzioni)가 주장한 혼합주사모형은 정책의 기본방향 설정을 목적으로 하는 근본적 결정은 합리모형을 적용하고, 특정문제에 대한 세부적이고 현실적인 결정은 점증모형을 적용하여 합리모형의 비현실성과 점증주의의 보수성을 탈피하여 양자의 장점을 결합시키고자 한 이론이다.
② 에치오니(A. Etzioni)는 합리모형은 전체사회체제에, 점증모형은 민주사회체제에, 그리고 혼합주사모형은 능동적(자율적) 사회에 적용되어야 한다고 보고 있다.

(2) 평 가
① 혼합주사모형은 합리모형과 점증모형의 장점을 결합하여 정책가치나 정책목표달성을 위한 합리적이고 현실적인 대안적 접근방법을 제시하여 융통성 있는 결정을 할 수 있으며, 단기적인 변화에 대처하면서 동시에 장기적인 안목을 가질 수 있는 장점이 있다.
② 그러나 이론적인 독자성이 결여되어 있을 뿐만 아니라, 합리모형과 점증모형을 신축성 있게 전환시키면서 결정하는 것이 곤란하다는 비판이 있다.

5 최적모형

(1) 의 의
① 최적모형은 드로어(Y. Dror)가 제시한 것으로, 경제적 합리성과 직관, 통찰, 판단력, 창의력과 같은 요인을 중심으로 한 초합리성을 고려한 규범적 · 처방적 모형이다.
② 경제적 합리성과 직관 · 창의 · 판단과 같은 초합리적인 요소가 정책결정과정에 개입되어야 한다고 보면서 정책과정이 계속해 환류하면서 최적의 대안이 도출된다고 보고 있다.

(2) 평 가
① 최적모형은 정책결정을 포괄적으로 체계화하고, 인간의 노력에 의해 정책결정의 질을 높일 수 있다는 가능성을 제시하여 혁신적 정책결정을 거시적으로 정당화시킬 수 있는 이론적 근거를 제시하였다.
② 기본적으로 합리모형에 가깝기 때문에 지나치게 이상주의적 · 신비주의적이며, 정책결정에 있어서 사회적 과정에 대한 고찰이 불충분하다.

6 연합모형(회사모형)

(1) 의 의
① 사이어트(R. Cyert)와 마치(J. March)가 제시한 모형으로서 만족모형을 더 발전시켜 조직에 있어서의 의사결정에 적용시킨 모형이며, 회사라는 조직의 형태를 조직의 구조 · 목표의 변동이나 기대의 형성과 선택의 관점에서 파악하려고 하므로 회사모형(Firm Model)이라고도 한다.
② 각 단위 사업부서별로 준독립적인 운영이 이루어지는 경우가 많은 조직에서는 다른 부서 상황을 고려하면서 조직 전체의 목적을 극대화하는 결정을 해야 하는데, 조직이 최고관리층에 의해 조정 · 통제되기보다 상이한 목표를 가진 하위단위로 이루어진다고 파악하며, 목표가 서로 대립하여 상호갈등적 관계에 놓여있는 하위단위 간의 갈등 해결이 의사결정이라고 본다.

개념체크 ○ ×
- 혼합모형은 정책결정을 위한 대안탐색에 합리모형과 점증모형의 결합을 주장하였다. ○×
- 최적모형은 합리성과 초합리성을 동시에 고려한다. ○×

○, ○

(2) 평 가
① 민간부문 회사조직을 대상으로 하므로, 공공부문의 의사결정에 적용하는 데 한계가 있다.
② 급격한 변동상황에서는 적합하지 않다.
③ 권한이 광범하게 위임되어 있고 자율성이 강한 조직을 전제로 하므로, 권위주의적 조직의 의사결정에는 그 적용에 한계가 있다.

7 기타의 모형

(1) 사이버네틱스(Cybernetics) 모형
① 관습적 의사결정에 대한 설명이론으로, 합리모형의 한계를 보완하여 불확실한 상황하에서 시행착오를 거치고, 정보를 지속적으로 제어하며, 환류하는 가운데 점진적인 적응을 해나간다고 본다.
② 적응적 의사결정, 불확실성의 통제, 집단적 의사결정에의 도입, 도구적 학습이 특징이다.

(2) 쓰레기통 모형
① 조직화된 무질서 상태에서 응집성이 매우 약한 조직이 어떤 의사결정행태를 나타내는가에 분석 초점을 둔 코헨(M. Cohen), 마치(J. March), 올슨(J. Olsen) 등이 제시한 모형으로서, 대학조직을 그 예로 들고 있다.
② 정책문제, 해결책, 선택기회, 참여자의 네 요소가 독자적으로 흘러 다니다가 어떤 계기로 교차하여 만나게 될 때 결정이 이루어진다고 한다.
③ 참여자들은 자기 스스로도 명확하고 항상성을 지닌 선호를 갖지 못하고, 해결책도 확실한 인과관계를 토대로 한 것이 아닌 경우가 많다.
④ 조직화된 무정부 상태의 특성

속 성	특 징
문제성 있는 선호	• 의사결정에 참여하는 구성원 간에 무엇을 선택하는 것이 바람직한지에 대한 합의가 없음 • 참여자 개인은 자신이 무엇을 선호하는지도 모르고 의사결정에 참여함
불명확한 기술	• 목표와 수단 간의 인과관계가 불분명함 • 어떤 목표를 달성하기 위해 무엇을 수단으로 선택해야 할지 모름
유동적 참여	문제에 따라 참여자가 다르며, 참여도 간헐적 · 일회적임

> **개념체크** ○ ×
> • 대학조직에서의 정책결정과정을 설명하는 대표적 모형에는 사이버네틱스 모형이 있다. ○×
> • 조직화된 무정부 상태는 문제성 있는 선호, 불명확한 기술, 유동적 참여자를 속성으로 하고 있다. ○×
> ×, ○

(3) 흐름·창 모형

① 킹던(Kingdon)이 제창한 모형으로서, 의사결정에 관한 쓰레기통 모형을 다소 변형시켜 서로 연관이 없으면서도 정책의제 설정과정과 정책결정 과정을 구성하는 세 가지 흐름인 문제·정치·정책 흐름을 현실에 바탕을 두고 분석한 모형이다.
② 정책의제 설정과 정책대안의 구체화 과정에 능동적으로 관여하는 참여자와 정책의제 내지 정책대안이 논의되는 과정을 중요시하며, 세 가지 흐름이 합류되면 창이 열리고 새로운 정책이 이루어질 수 있다고 한다.

정책의 창이 열리는 계기	정권교체, 의회의 변동, 국민감정의 변화, 시급한 공공문제의 대두, 돌발적인 큰 사건의 발생 등
정책의 창이 닫히는 계기	정부행동 유도 불능, 사건의 퇴조, 고위직의 인사이동, 대안의 부재 등

03 정책결정의 참여자

1 공식적 참여자

① 정책결정 과정에서의 공식적 참여자는 법적·제도적으로 정책을 결정할 권한을 부여받은 집단을 말한다.
② 과거에는 대개 의회에 의해 정책이 결정되었으나, 오늘날에는 행정부 스스로가 정책을 결정하는 경우가 대부분이므로 과거와 달리 여러 기관이 공식적 권한을 보유하여 정책결정을 행하고 있다고 볼 수 있다.
③ 대통령, 국회, 행정관료, 사법부 등

2 비공식적 참여자

정책결정 과정에는 공식적 권한을 부여받지는 못하였지만 크게 영향력을 행사하여 자신들의 주장에 부합하는 정책결정을 유도하려는 집단이 있는데, 이러한 집단의 예로는 정당, 이익단체, 언론기관, 일반시민, 그리고 관·산·학·연 등에 의한 정책공동체 등 다양한 것들이 있다.

개념체크 O X

- 정당, 이익단체, 언론은 정책결정 과정에서의 비공식적 참여자에 해당한다. O X
- 대통령, 국회는 정책결정 과정에서의 공식적 참여자에 해당한다. O X

O, O

CHAPTER 03 | 기출분석문제

01 인간의 전지전능함을 전제로 하는 정책결정의 이론모형은?

① 합리모형
② 만족모형
③ 최적모형
④ 점증모형

해설　인간의 전능성을 전제로 한 모형은 합리모형에서 인식하는 인간에 대한 가정이다.

02 정책결정모형 중 최적모형에 대한 설명으로 옳지 않은 것은? 　　　　　　　　　　　　　　　한국남부발전

① 경제적 합리성과 직관, 통찰, 판단력, 창의력과 같은 요인을 중심으로 한 초합리성을 고려한 모형이다.
② 만족모형을 더 발전시켜 조직에 있어서의 의사결정에 적용시킨 모형으로서, 회사라는 조직의 형태를 조직의 구조·목표의 변동이나 기대의 형성과 선택의 관점에서 파악하려고 하므로 회사모형이라고도 한다.
③ 드로어(Y. Dror)가 제시하였다.
④ 합리모형과 유사하기 때문에 지나치게 이상주의적이며, 정책결정에 있어서 사회적 과정에 대한 고찰이 불충분하다.

해설　②는 연합모형에 대한 설명이다.

정답　01 ①　02 ②

03 연합모형(회사모형)에 대한 설명으로 옳지 않은 것은? _{한국마사회}

① 만족모형으로부터 더 발전시킨 모형으로 사이어트(Cyert)와 마치(March)가 제시하였다.
② 목표가 서로 대립하여 상호갈등적 관계에 놓여있는 하위단위 간의 갈등해결이 의사결정이라고 본다.
③ 공공부문 의사결정에 적용하는 데는 한계가 있으며, 급격한 변동상황에서는 적합하지 않다.
④ 기존의 정책이나 결정을 일단 인정하고, 그보다 약간 향상된 대안에 대해서만 부분적이며 순차적으로 채택한다.

[해설] ④는 점증모형에 대한 설명이다. 점증주의는 현존정책에 약간의 수정만을 가해 오류를 방지하고, 정치적 실현가능성과 정책의 안정성을 도모하며, 정치적 갈등을 감소시켜 주는 데 기여하였다.

04 쓰레기통 모형과 관련된 요인이 아닌 것은? _{한국수력원자력}

① 조직화된 무정부상태
② 문제의 상호연관성
③ 불명확한 기술
④ 문제성 있는 선호

[해설] 쓰레기통 모형에서 말하는 조직화된 무정부상태의 특성은 문제성 있는 선호, 불명확한 기술, 일시적 참여자이다.

05 쓰레기통 모형에 대한 설명으로 옳지 않은 것은?

① 조직화된 무정부상태에서 이루어지는 의사결정을 말한다.
② 최종 의사결정은 간과 또는 탈피보다는 문제해결에 의해 이루어진다.
③ 쓰레기통 모형의 정책결정 유형으로 진빼기 결정과 날치기 통과 등을 들 수 있다.
④ 의사결정의 네 가지 요소인 정책문제, 해결방안, 참여자, 선택기회가 초기부터 서로 강한 상호작용을 하여 나타나는 의사결정이다.

[해설] 쓰레기통 모형은 계층관계가 분명하지 않은 조직화된 혼란상태하에서의 의사결정을 설명하는 모형으로 의사결정에 필요한 네 가지 요소인 정책문제, 해결방안, 참여자, 선택기회가 서로 연관성 없이 독자적으로 쓰레기통 안에서 흘러다니다가 우연히 서로 만나 의사결정이 이루어지는 모형이다.

06 정책결정모형에 대한 다음의 설명 중 옳지 않은 것은? 한국보훈복지의료공단

① 합리모형에서는 인간의 합리성은 제한되어 있다고 전제하므로 모든 대안들 간의 비교분석을 통해 최적의 대안이 선택된다고 본다.
② 만족모형에서는 정책결정과정에서 단지 몇 개의 대안만이 무작위적이고 순차적으로 탐색·비교된다고 본다.
③ 점진주의 모형은 기존의 정책에 부분적인 수정이 이루어지는 식으로 정책이 결정된다고 본다.
④ 쓰레기통 모형에서는 문제, 해결책, 선택 기회, 참여자의 네 가지 요소가 늘 혼재되어 있다가 어떤 계기로 합류되면서 정책이 결정된다고 본다.

[해설] 합리모형에서는 완전한 합리성을 전제로 하며, 제한된 합리성을 전제하는 것은 만족모형이다.

07 다음 중 공식적인 정책결정 참여자가 아닌 것은?

① 대통령
② 국회 상임위원회
③ 행정부처
④ 여 당

[해설] 정당(여당, 야당)은 정책결정의 공식적 참여자가 아니라 비공식적 참여자이다.

정답 06 ① 07 ④

Chapter 04
정책분석론

기출복원문제

키워드 비용편익분석

비용편익분석에 대한 다음 설명 중 옳지 않은 것은? 서울시설공단

① 경쟁적인 공공투자 기회의 긍정적인 효과와 이에 수반되는 비용을 체계적으로 평가하고 가능한 한 이들을 계량화하며 대안의 비교 평가를 통해 가장 경제적이고 합리적인 대안선택을 하는 기법이다.
② 비용편익분석에서 내부수익률은 높을수록 바람직하다.
③ 순현재가치법은 편익의 현재가치에서 비용의 현재가치를 차감한 값이 0보다 작으면 그 사업은 타당성이 있는 사업이라 하여 채택할 수 있다.
④ 내부수익률은 편익이 클수록 커진다.

해설 〈순현재가치법〉
- 순현재가치(NPV) = 편익의 현재가치 − 비용의 현재가치
- 순현재가치가 0보다 크면 그 사업은 타당성 있는 사업이라 하여 채택할 수 있다.
- 복수의 사업인 경우 순현재가치가 가장 큰 사업을 선택한다.

정답 ③

기출 키워드	중요도
☑ 정책분석 과정	★★
☑ 선형계획, 회귀분석	★
☑ 비용편익분석	★★★
☑ 델파이기법, 브레인스토밍	★★★
☑ 불확실성의 대처방안	★

PART 2 정책론

정책분석론

01 정책분석의 의의

1 정책분석의 의의

① 정책분석이란 '정책대안의 체계적인 탐색·평가와 분석' 또는 '정책결정에 필요한 지식과 정보를 창출·제공하는 합리적·체계적 방법과 기술'이라고 정의할 수 있다.
② 정책분석은 정책대안을 질과 양적인 것을 포함한 포괄적·가치적인 측면에서 체계적으로 탐색하며, 그 장단점을 비교·분석·평가하고 그 결과를 사전에 예측·탐색하여 가장 정치적 실현가능성이 큰 대안을 선택하는 활동을 말한다.
③ 정책과정 전체를 포괄하기도 하기에 정책평가와 동일한 개념으로 운용되나 정책분석은 사전적 및 전 과정인데 대하여 정책평가는 사후적이라는 데 차이가 있다.
④ 주어진 최종의 목표를 달성하기 위한 수단적인 합리성을 연구대상으로 하여 최선의 대안을 설계하고 선택하는 데 도움을 주는 접근방법이다.

2 목 적

① 정책분석은 동태적이고 급변하는 복잡한 사회문제를 파악하여 정책결정을 개선하려는 정책과학의 주요 처방으로서 정책결정자의 판단의 질을 높여 정책결정의 합리성을 제고하려는 것이다.
② 정책분석의 기본목적은 정책문제를 인지하고 목표를 명확히 한 다음, 목표를 달성할 수 있는 대안을 탐색하고, 보다 나은 정책대안의 선택을 위한 자기발견적 방법을 제공하는 데 있다고 할 수 있다.

개념체크 ○ ×
- 정책분석은 인간의 이성과 증거를 토대로 대안의 결과를 예측하고 비교·평가하는 활동이다. ○×
- 정책분석은 정치적 협상과 타협 또는 권력적 관계를 중시한다. ○×

○, ×

02 정책분석의 과정

정책분석의 기본적인 절차를 따를 경우 정책수립과정에서 불필요한 노력의 낭비나 혼선을 막을 수 있고, 체계적이고 알기 쉽게 타인을 설득할 수 있다는 장점이 있다. 정책분석의 절차는 다음과 같다.

(1) 정책문제의 파악과 정책목표의 설정
정책분석이 다루어야 할 문제는 무엇이며, 이러한 문제점을 해결하기 위해 추구해야 할 목표나 가치는 무엇인지를 파악한다.

(2) 정책대안의 탐색·개발
목표달성과 관련 있는 중요한 대안이나 방법 등을 탐색·개발하고, 문제의 해결을 위하여 보다 많은 정보를 입수할 가능성은 없는지를 모색한다.

(3) 정책대안의 결과예측
정책대안을 추진하였을 경우에 나타날 각 대안들의 결과(정책효과와 정책비용)를 미리 예측한다.

(4) 정책대안의 비교·평가
여러 가지 대안의 상대적 가치를 비교·평가한다. 각 대안의 우선순위를 비교·평가하기 위해서는 일정한 기준이 있어야 하는데, 대안의 평가기준으로는 일반적으로 소망성 기준과 실현가능성 기준이 있다. 전자에는 효과성, 능률성, 공평성 등이 있고, 후자에는 기술적, 재정적, 행정적, 법적, 윤리적, 정치적 실행가능성 등이 있다.

(5) 최선의 대안선택과 건의
정책분석가는 각 대안을 종합적으로 비교하여 설정된 목표달성에 가장 잘 부합되면서도 합리적인 대안을 선택하여 정책결정자에게 건의한다.

> **개념체크** ○ ×
> - 정책분석 과정의 첫 단계는 정책문제의 파악과 정책목표의 설정이다. ○×
> - 정책분석 과정에서 정책대안의 비교·평가 후, 정책대안의 결과를 미리 예측한다. ○×
>
> ○, ×

03 정책분석의 기법

예측을 도와주는 분석적인 틀을 의미하는데, 이러한 기법들은 그 자체가 중요한 것이 아니라 정책분석의 전체적인 구조 속에서 각 부문을 결정하는 수단들로 이해되고 활용되어야 한다. 정책분석의 주요한 기법들은 다음과 같다.

1 관리과학(OR ; Operations Research)

(1) 의 의
조직전체와 관련해서 문제해결의 최선방법을 규명하려는 기술을 말하며, 의사결정의 택일적인 방법을 추구함에 있어서 기초 과학적 지식뿐만 아니라 계량적, 수리적 모형을 사용한다.

> **개념더하기**
> **분석 기법의 활용**
> 관리과학(OR), 체제분석(SA) 등의 분석 기법이 가장 많이 사용되는 과정은 정책분석 과정의 4단계인 정책대안의 비교·평가 단계이다.

(2) 기 법
① PERT(계획의 평가조사기법), CPM(경로망 관리기법)
  ㉠ 최단경로·시간으로 비정형과제를 해결하는 시간 및 경로·공정·관리·통제기법이다.
  ㉡ 즉, 비반복적·비정형적인 대규모 사업의 일정이나 경로를 단축시켜 이를 성공적으로 수행하기 위한 경로망 관리기법이다.

> **PERT의 기본원칙**
> - 공정원칙 : 모든 계획공정은 반드시 완성되어야 한다.
> - 단계의 원칙 : 모든 활동은 선행활동과 후행활동을 가진다.
> - 활동의 원칙 : 선행단계가 성립한 후 다음 단계에 착수한다.
> - 연결의 원칙 : 앞 단계로 되돌아갈 수 없다는 일방 통행의 원칙이다.

② 선형계획(LP ; Liner Programming)
  ㉠ 선형계획은 한정된 자원을 여러 가지 활동이나 목적에 최적으로 배분하는 데 도움을 주는 기법의 하나이다.
  ㉡ 선형이란 이 모형에 사용되는 모든 수리적 함수가 일차함수임을 의미하며, 계획이란 기획과 같은 뜻을 내포한다.
  ㉢ 따라서 선형계획이란 가능한 모든 일차함수의 대안들 가운데서 최적의 결과를 얻기 위한 활동계획이라고 말할 수 있다.

③ 의사결정분석(Decision-making Analysis)
의사결정분석은 정책결정자가 여러 가지 가능한 정책 대안을 가지고 있을 뿐만 아니라 여러 가지 가능한 불확정적인 미래상황에 직면해 있을 때 자료와 정보를 수집·분석하고 그 의미를 해석함으로써 정책결정자 개개인들의 선호에 따라 예상되는 정책결과에 대한 가치판단을 내릴 수 있게 하는 분석기법이다.

④ 게임이론(Game Theory)
  ㉠ 게임이란 둘 이상의 경합자(기업·국가 간 등)들 사이에 벌어지는 경쟁적 혹은 상충적 상황을 말하는데, 이러한 경쟁적 상황에서 경쟁당사자가 상대방에 대해 어떻게 행동할 것인가를 논하는 것을 게임이론이라 한다.

ⓒ 게임이론은 각 경쟁자들이 선택할 수 있는 전략들과 그 결과는 알고 있으나, 상대방이 어떠한 전략을 사용할지를 모르는 상황에서 바람직한 행동대안의 선택지침을 제공하는 기법이다.

⑤ 시뮬레이션(Simulation)
시뮬레이션은 복잡한 사회문제를 풀기 위하여 그 사회현상과 유사한 모형을 만들고 그 모형을 조작함으로써 적절한 해답을 얻고자 하는 방법으로서 모의실험이라고도 한다.

⑥ 대기행렬이론(Queuing Theory)
대기이론은 고객이 도래하는 수가 시간마다 일정하지 않을 때 가장 적절한 서비스시설을 결정하기 위해 대기행렬을 관리하고자 하는 이론을 말한다.

⑦ 회귀분석
회귀분석은 통계적 관계를 이용하여 독립변수와 종속변수 간의 함수적인 인과관계를 도출하여 미래를 예측하는 기법이다.

⑧ 시계열분석(투사법, 경향분석)
시계열분석은 시간적 변동추이를 분석하여 경향을 분석한 다음 그것을 토대로 미래를 투사·예측하는 기법이다.

2 체제분석(SA ; System Analysis)

(1) 의 의
① 체제분석은 정책분석의 주요한 수단으로서, 정책결정자가 문제해결을 위한 대안을 선택하는 데 도움을 주기 위한 체계적·과학적 접근방법을 의미한다.
② 체제분석은 체제 전체적인 관점에서 정책결정자가 당면하고 있는 문제를 파악하고, 문제해결을 위한 여러 대안을 탐색하며, 대안의 결과를 비교하여 정책결정자의 전문적 판단과 직관을 도와주는 방법이다.

(2) 체제분석의 수단
① 비용편익분석(CBA)은 편익을 화폐가치로 표현하고 경제적 합리성에 중점을 두며, 기회비용도 순편익에 의하여 계산하고 정책건의를 총체적인 사회복지와 연결시키기 어려운 반면, 비용효과분석(CEA)은 효과를 물건·서비스단위 등으로 나타내고 기술적 합리성에 치중하며, 질적 분석에 보다 적합하다.
② 체제분석에서는 가능한 한 계량적·미시적 분석 방법들이 활용된다.

개념체크 ○ ×

• 관리과학 기법 중 한정된 자원을 여러 가지 활동이나 목적에 최적으로 배분하는 데 도움을 주는 기법은 선형계획(LP)이다. ○|×

• 회귀분석은 통계적 관계를 이용하여 독립변수와 종속변수 간의 함수적인 인과관계를 도출하여 미래를 예측하는 기법이다. ○|×

○, ○

3 비용편익분석

(1) 의의
① 체제분석의 주요 기법 중의 하나이기도 한 비용편익분석이란, 경쟁적인 공공투자 기회의 긍정적인 효과와 이에 수반되는 비용을 체계적으로 평가하고 가능한 한 이들을 계량화하며 대안의 비교·평가를 통해 가장 경제적이고 합리적인 대안 선택을 기하는 기법이다.
② 비용편익분석은 일반적으로 화폐단위로 공공투자사업의 비용과 편익을 측정하려고 하며, 여기서 편익이 비금전적 가치로 표현될 때는 비용효과분석이라고 한다.

(2) 절차
① 실현가능하고 상호배타적인 대안의 식별
② 사업수명의 결정
③ 각 대안의 편익과 비용의 추정
④ 할인율 결정
⑤ 측정방법의 구체화
⑥ 대안의 비교 분석

(3) 구성요소
① 편익
   ㉠ 소비자잉여 개념을 사용한다.
   ㉡ 주된 효과와 부수적 효과, 긍정적 효과와 부정적 효과, 외부적 효과와 내부적 효과가 있다.
   ㉢ 금전적 편익이나 비용이 아니라 실질적 편익과 비용을 측정하여야 한다.
② 비용
   ㉠ 기회비용 개념을 사용하며, 매몰비용은 무시한다.
   ㉡ 기회비용 산정 시에는 잠재가격 또는 그림자 가격이 사용되는 경우도 있다.

(4) 평가기준
① 순현재가치(NPV) : 편익의 현재가치 – 비용의 현재가치
   ㉠ 0보다 크면 그 사업은 타당성 있는 사업이라 하여 채택할 수 있다.
   ㉡ 복수의 사업인 경우 순현재가치가 가장 큰 사업을 선택한다.

개념체크 ○×
- 비용편익분석이 평가하고자 하는 가치는 경제적 합리성(능률성)이다. ○×
- 비용편익분석에서 편익이 비금전적 가치로 표현될 때 비용효과분석이라고 한다. ○×

○, ○

② **편익비용비(B/C Ratio)** : 편익의 현재가치/비용의 현재가치
　㉠ 1보다 크면 투자의 타당성이 있다고 본다.
　㉡ 할인율이란 장래 투입될 비용이나 장래 발생할 편익을 현재가치로 표시하기 위한 교환비율을 의미한다.
　㉢ 공공부문의 할인율은 민간할인율(시중금리)보다 대체로 낮으며, 할인율이 낮을 경우 장기투자가, 높을 경우는 단기투자가 유리하다.
　㉣ 예산제약이 있는 경우 보조적인 선택기준이 된다.
③ **내부수익률(IRR)** : NPV가 0이 되도록 하는 할인율이 큰 대안을 선택
　㉠ 할인율을 몰라 현재가치를 계산할 수 없을 때 쓰이는 기법으로 내부수익률은 고정되어 있지 않고 사업의 성격이나 당시 경제 여건 등을 감안하여 그때그때 결정한다.
　㉡ 내부수익률이 일정판정수익률을 상회할 때 투자한다.
　㉢ 내부수익률은 일종의 투자수익률로서 '편익과 비용의 차(순현재가치 ; NPV)를 0으로 만들어 주는 할인율'을 말하며, 결국 편익비용비(B/C Ratio)를 1로 만들어 주는 할인율이다.
　㉣ 내부수익률은 편익이 클수록 커지며, IRR의 값이 크다는 것은 할인율을 크게 했음에도 불구하고 결국 B/C Ratio가 1이 되었음을 의미하는 것이므로 그만큼 투자수익률이 높게 되고, IRR이 큰 사업일수록 훌륭한 사업이 되어 투자의 가치가 높게 된다.

> **개념체크** ○ ×
> - 비용편익분석에서 내부수익률이 낮아야 경제적 타당성이 있는 것이다. ○×
> - 비용편익분석에서 비용 대비 편익비가 1보다 크면 경제성이 있다. ○×
> 　　　　　　　　×, ○

4 미래예측

(1) 의 의
미래에 정책분석이 어떤 결과를 가져올지 예측하고 미래에 나타날 것으로 예상되는 자연상태나 사회상태에 관한 사실적 정보를 산출하는 절차를 말한다.

(2) 미래예측의 목적
① 자연적으로 발생한 미래상태뿐만 아니라 정책적 조치, 통제에 의해 기대할 수 있는 미래상태에 대한 정보를 산출하여 제공하는 것이다.
② 과거에 선행한 정책이나 그 과거 정책에 의해 나타난 결과를 바탕으로 미래를 바람직한 방향으로 유도하고 통제하는 것이다.
③ 미래 사회에 적합한 가치를 모색한다.

(3) 질적 미래예측기법

① 델파이(Delphi) 기법
  ㉠ 델파이 기법은 1948년 미국 랜드연구소(Rand Corporation)에서 개발한 기법이다.
  ㉡ 전문가의 경험적 지식을 통한 주관적·질적 분석 기법으로 전문가 합의법이라고도 한다.
  ㉢ 인공 두뇌학적 조정(Cybernetic Arbitration) 과정을 이용하여 전문가의 의견을 수렴함으로써 중·단기 기획을 돕는 방법이다.
  ㉣ 응답자의 익명성 보장으로 공적으로 거론하기 미묘한 사안에 대한 솔직한 의견을 들을 수 있고, 소수의 힘 있는 전문가의 부당한 영향력을 줄일 수 있는 방법이다.
  ㉤ 행정학 분야에서 행정을 둘러싼 사회적 분위기나 경제적 여건의 변화 등에 따른 새로운 경향을 예측하는 데 주로 활용되는 기법이다.
  ㉥ 전통적 델파이와 정책 델파이의 비교

전통적 델파이	정책 델파이
• 주로 미래예측과 관련됨 • 같은 분야의 전문가 선발 • 전문가를 따로 분산함 • 통산 2~3회의 설문지 작성 • 전체적으로 익명성을 보장하여 비밀로 함	• 주로 정책개발과 관련됨 • 다른 분야의 이해관계자를 선발하여 따로 분산함 • 컴퓨터를 통한 화상회의 중심 • 전통적 델파이에 비해 신속결정 용이 • 초기엔 익명성 보장, 마지막에 공개함 • 갈등을 유발하고 창의성을 조성

② 브레인스토밍
  ㉠ 오스본(A. Osborn)에 의해 제안된 것으로, 다수의 전문가들의 토론을 통해 미래예측하는 자유토론 혹은 집단토론이라고 부르는 기법이다.
  ㉡ 자유스런 분위기 속에서 사소한 의견이라도 제시하게 하여 미래를 예측하는 방법이다.
  ㉢ 다른 사람의 아이디어에 자기 의견을 첨가해 새로운 아이디어를 도출하기도 한다.

(4) 미래 유형(by W. Dunn)의 구분

① 규범적 미래 : 바람직한 미래 상황의 실현가능성을 목표시한 미래(목표의 구체화)
  ㉠ 선례가 없는 극히 불확실한 미래에 대해 창의적으로 예측하려 한다.
  ㉡ 새로운 가치를 탐색하고 개혁을 이루고자 할 때 유용하다.
  ㉢ 논리적이거나 경험적인 근거가 희박한 경우 주관적 판단으로 예측한다.
  ㉣ 판단하는 사람에 따라 다르기 때문에 예측 결과에 대해 논란이 많다.

개념더하기

정책분석 기법의 구분
정책분석 기법은 질적 분석과 양적 분석으로 분류할 수 있는데, 델파이 기법과 브레인스토밍은 질적 분석 기법에 속하고, 시계열분석, 시뮬레이션, 회귀분석 등은 양적 분석 기법에 속한다.

② 개연적 미래 : 정책결정자가 사건들의 진로를 바꾸려고 관여하지 않으면 자연이나 사회의 인과관계에 관한 가정들에 기초하여 생기게 되리라고 믿어지는 미래
　㉠ 과학적, 체계적 이론과 인과 모형을 적용해서 확률적으로 예측한다.
　㉡ 미래상태에 대해 구체적인 자료를 산출한다.
　㉢ 예측 결과의 확률적 타당성으로 예측의 타당성에 대한 정보를 제공한다.
　㉣ 모형에 정책과 관련된 변수를 반영시키면 정책효과를 예측할 수 있다.
　㉤ 현재 입장에서 전개하기 때문에 보수적인 성격을 갖는다.

③ 잠재적 미래 : 실제로 나타나는 사회상태와 구별하여 나타날 수도 있는 미래로 가능성 있는 여러 경우의 미래 중 가장 좋은 미래
　㉠ 과거 추세가 변함없이 진행되는 경우 미래상태를 대략적으로 추정한다.
　㉡ 과거 추세가 지속되므로 미래의 환경적 변수를 무시하거나 통제하는 가운데 정책 효과 추정 가능하다.
　㉢ 과거 추세를 정당하게 받아들이므로 더욱 보수적 성격을 갖는다.
　㉣ 단순한 모형에 의해 간편하게 예측한다.

규범적 미래, 개연적 미래, 잠재적 미래의 비교

미래 유형	규범적 미래	개연적 미래	잠재적 미래
기 법	• 전통적 델파이 • 정책 델파이 • 교차 영향분석 • 실현가능성 평가	• 이론지도 작성 • 인과 모형화 • 회귀분석 • 구간(점) 추정 • 상관 분석	• 전통적 시계열 분석 • 선형 경향 추정 • 지수 가중 • 자료 변환 • 각변 방법론
접근방법	판단적 예측	추 측	이론적 예측
산출물	예 측	연장적 예측	투 사

(5) 미래의 불확실성에 대한 대처 방안

① 불확실성의 개념
　불확실성은 올바른 의사결정을 위하여 알아야 할 것과 실제로 알고 있는 것과의 차이 또는 정책대안의 성공에 영향을 미치는 요소들에 대한 예측불가능성을 말한다.

② 불확실성의 유형
　㉠ 가치에 대한 불확실성 : 정책목표로서 바람직한 것이 무엇인지 모르는 경우
　㉡ 사실에 대한 불확실성
　　• 정책대안이 가져올 결과가 어떻게 될 것인지 모르는 경우
　　• 정책문제의 내용이나 원인을 확실히 모르는 경우
　　• 정책대안의 종류에 어떤 것이 있는지 모르는 경우

개념체크 ○ ×

• 정책 델파이 기법은 객관적인 판단을 근거로 한 예측기법이다.
　○ ×

• 정책 델파이에서는 의견 차이를 부각시키는 통계처리와 의도적인 갈등의 조성을 중시한다.
　○ ×

×, ○

ⓒ 가치에 대한 불확실성 : 정책대안의 비교·평가기준으로서 바람직한 것이 무엇인지 모르는 경우
③ 불확실성의 대처방안
㉠ 적극적인 불확실성 극복방안
- 이론이나 모형의 개발로써 정책대안과 결과의 관계를 명확히 하고, 이들이 현실에 적용될 때 개입되는 여러 가지 조건이나 상황변수들에 대한 정보를 획득하여 정책대안이 가져올 결과를 확실하게 예측하도록 하는 방법
- 불확실성을 발생시키는 상황자체를 통제하는 방법
㉡ 소극적인 불확실성 극복방안
불확실성이 주어진 것으로 보고, 불확실한 상태하에서 정책대안의 결과 예측이나 정책결정을 진행
- 보수적인 접근방법 : 최악의 경우가 나타나리라는 전제하의 분석
- 중복성(Redundancy)의 확보방안 : 위험발생의 경우에 대비하여 추가안전장치를 확보하는 방법
- 민감도 분석 : 모형에서 파라미터가 취하리라고 생각되는 가능한 값들을 모두 고려하여 그 값들에 따른 정책대안의 결과를 분석하는 방법
- 분기점 분석(Break-even Analysis) 또는 악조건 분석(A Fortiori Analysis) : 불확실성하에서 발생할 위험을 감안하면서 최선의 정책대안을 선택하기 위하여 정책대안의 결과예측을 행하는 방법

개념체크 ○ ×

- 미래에 대한 불확실성을 주어진 조건으로 보고 그 안에서 결과를 예측하는 방법으로, 미래에 발생할 수 있는 최악의 상황을 전제하고 정책대안의 결과를 예측하는 방법은 보수적 접근법이다. ○×
- 위험발생의 경우에 대비하여 추가안전장치를 확보하는 방법은 중복성(Redundancy)의 확보방안이다. ○×

○, ○

04 정책분석의 제한과 극복

1 정책분석의 제한

(1) 정책문제의 특성에서 오는 제한
① 정책문제의 정의는 확실히 분명한 것이 아니다. 정책문제의 정의는 주관적 판단을 요구하므로 항상 판단상의 갈등을 일으킨다.
② 하나의 정책문제는 대단히 넓은 연관성을 가진다. 그러므로 그 정책문제와 관련된 모든 관련 변수들을 빠짐없이 분석한다는 것은 거의 불가능하다.

③ 정책문제는 상황의 변화에 따라 그 본질이 달라진다. 문제시되는 상황에 대한 규범적 판단이 달라져도 역시 정책문제의 내용은 달라진다. 그러므로 정책문제의 정의는 한 번으로 끝나는 것이 아니라 계속적으로 재정의되어야 한다. 그러나 문제상황의 변화를 상시 추적하고 이에 규범판단을 적용시켜 계속적으로 문제를 분석하여 정의·재정의하는 작업이 완벽하게 이루어지기는 어렵다.
④ 정책문제는 가치의 사회적 배분에 관련된 문제이다. 그러므로 정책문제의 정의는 항상 사회적 갈등을 일으킨다.
⑤ 정책문제는 분석과정에 의해서만이 아니라 정치과정을 통하여 정의되고 해결되는 문제이다. 그러므로 정책문제의 정의와 이에 대한 해결방안의 선택이 정책분석에 의해서 완전히 이루어질 수는 없다.

(2) 정책상황의 불명확성에서 오는 제한
① 정책상황은 계속해서 변화한다. 그것은 한 번도 반복되지 않는 것으로 항상 독특하다. 이러한 특성을 지닌 정책상황을 완전하게 분석한다는 것은 거의 불가능하다.
② 분석적으로 접근할 수 있는 정책상황은 단순화된 상황이다. 그것은 항상 실제의 상황과 다르고 허구성을 지닌다. 그러므로 불완전하게 분석된 허구의 정책상황을 토대로 이루어진 여타의 분석도 당연히 한계를 지닐 수밖에 없다.

2 정책분석 제한의 극복

① 취급해야 할 정책문제의 내용과 성격에 따라 그것에 가장 적합한 분석방법을 개발하고 활용하는 것이 필요하다.
② 어떤 분석기법을 사용하기 전에 반드시 그것의 적용가능성과 한계성을 면밀히 검토하고 그것의 적절한 적용범위와 한계를 설정한다.
③ 실제의 정책결정과정은 항상 분석적 과정과 정치적 과정의 혼합과정으로 이루어진다는 사실을 이해하고 분석활동에서 이를 고려한다.

개념더하기

합리적 정책결정의 제약요인
- 인간적 요인 : 선입관의 작용, 인지의 차이, 무사안일주의, 결정자의 독자적인 가치관·신념·개성·태도 등으로 합리적인 정책결정이 곤란해진다.
- 구조적 요인 : 정보 및 자료의 제약, 행정선례와 표준운영절차의 존중, 정책결정권의 집중 등으로 합리적 정책결정이 어려워진다.
- 환경적 요인 : 매몰비용(이미 투입해버린 비용)의 존재, 목표의 다양성, 정치·사회적 불안 등으로 합리적 정책결정이 어려워진다.

CHAPTER 04 | 기출분석문제

01 다음 중 정책분석의 특징으로 볼 수 없는 것은?

① 현실적 문제를 해결할 수 있는 처방적 정보를 산출한다.
② 전통적인 학문분야(경제학, 사회학, 심리학 등)의 여러 관점을 통합한다.
③ 사실문제와 가치문제를 분리하여 분석한다.
④ 정책결정에 관한 지식과 정책결정과정에 필요한 지식을 창출하는 활동이다.

[해설] 정책분석은 사실문제와 가치문제를 모두 포함한 종합적 분석이다.

02 다음 중 정책대안의 실현가능성의 기준이 아닌 것은?

① 기술적 실현가능성
② 관리적 실현가능성
③ 행정적 실현가능성
④ 정치적 실현가능성

[해설] 정책대안의 평가기준이 크게 소망성 기준과 실현가능성 기준으로 나누어지는데, 이 중 실현가능성 기준으로 기술적·경제적(재정적)·법적·윤리적·정치적·행정적 실현가능성이 있다.

03 정책대안을 비교·평가하는 기준 중 시행에 필요한 조직 및 인력을 충분히 갖추었는지 고려하는 것을 무엇이라 하는가?
　　　　　　　　　　　　　　　　　　　　　　　　한국보훈복지의료공단

① 효과성
② 대응성
③ 정치적 실현가능성
④ 행정적 실현가능성

[해설] 정책대안을 평가하는 기준 중에서 행정적 실현가능성이란 그 정책대안을 시행하는 데 소요되는 조직 및 인력 자원이 충분한 정도를 말한다.

04 비용편익분석방법에 대한 설명으로 옳지 않은 것은? 서울시설공단

① NPV는 편익의 총현재가치에서 비용의 총현재가치를 차감한 값이다.
② IRR이 사회적 할인율보다 적다면 일단 경제성이 있다고 본다.
③ IRR은 NPV가 0이 되거나 B/C가 1이 되는 할인율을 말한다.
④ NPV가 0보다 크거나, B/C가 1 이상이면 일단 경제성이 있다고 판단한다.

[해설] 내부수익률(IRR)이 기준할인율(시중금리)보다 커야 사업의 경제적 타당성이 있다.

05 비용편익분석에서 간접적으로 측정할 수 있는 것에 대해 간접비용을 비용에 포함할 것인지, 또는 편익의 증가에 포함할 것인지에 따라 달라질 수 있는 것은?

① 순현재가치(NPV)
② 편익비용비(B/C)
③ 한계순현재가치(MNPV)
④ 내부수익률(IRR)

[해설] 편익비용비(B/C)는 분모와 분자 값이 달라지면 그 가치가 달라지므로 간접비용을 비용에 포함시키는 경우와 편익에 포함시키는 경우 그 값이 달라진다.

06 A 대안과 B 대안의 비용편익분석 결과가 다음과 같았다. 이 결과에 비추어 올바른 설명은 무엇인가?(단, A, B 두 대안은 모두 2년에 걸친 사업이다) 서울시 9급

대안 구분	A		B	
	비용	편익	비용	편익
20×8년	10억 원	50억 원	10억 원	70억 원
20×9년	50억 원	70억 원	50억 원	50억 원

① A가 B에 비해 더욱 능률적인 대안이다.
② B가 A에 비해 더욱 능률적인 대안이다.
③ A와 B 모두 바람직한 대안이며, 능률성의 정도도 동일하다.
④ A와 B 모두 바람직한 대안이 아니다.

[해설] 총비용과 총사업기간이 동일하고 편익의 수치상 합계도 동일한 경우, 초기 편익이 높은 사업이 현재가치로 환산 시 더 높은 편익을 발생시킨다.

07 다음은 정책대안이 가져올 미래를 예측하는 기법들이다. 그 성격이 다른 하나는 무엇인가? 　　국민연금공단

① 회귀분석
② 델파이 기법
③ 상관관계분석
④ 투입-산출분석

해설　델파이 기법은 주관적·질적 미래예측기법이며, 나머지는 과학적·이론적 미래예측기법이다.

08 델파이 기법에 대한 설명으로 옳은 것은? 　　한국서부발전

① 다른 사람의 아이디어에 자기 의견을 첨가해 새로운 아이디어를 도출한다.
② 익명성이 유지되는 사람들이 각각 독자적으로 형성한 판단을 종합·정리한다.
③ 개인들이 개별적으로 해결방안을 구상하고 집단토론을 거쳐 해결방안에 대해 표결하는 방법이다.
④ 두 집단으로 나누어 토론을 하기 때문에 특정 대안의 장점과 단점이 최대한 노출될 수 있다.

해설　델파이 기법은 응답자의 익명성 보장으로 공적으로 거론하기 미묘한 사안에 대한 솔직한 의견을 들을 수 있고, 소수의 힘 있는 전문가의 부당한 영향력을 줄일 수 있다.
① 브레인스토밍에 해당한다.
③ 명목집단 기법에 해당한다.
④ 변증법적 토론에 해당한다.

09 오스본(A. Osborn)에 의해 제안된 것으로, 다수의 전문가들의 토론을 통해 미래예측하는 자유토론 혹은 집단토론이라고 부르는 기법은 무엇인가? 　　한국산업인력공단

① 시계열분석
② 브레인스토밍
③ 델파이 기법
④ 회귀분석

해설　브레인스토밍에 대한 설명이다.
① 시계열분석 : 시간적 변동추이를 분석하여 경향을 분석한 다음 그것을 토대로 미래를 투사·예측하는 기법이다.
③ 델파이 기법 : 전문가의 경험적 지식을 통한 주관적·질적 미래예측기법으로 전문가 합의법이라고도 한다.
④ 회귀분석 : 통계적 관계를 이용하여 독립변수와 종속변수 간의 함수적인 인과관계를 도출하여 미래를 예측하는 기법이다.

10 정책결정과정에서 정책분석이 갖는 한계가 아닌 것은?

① 정책목표나 기준 등 가치에 대한 갈등해결 곤란
② 인간의 제한된 인지능력
③ 오랜 시간과 상당한 비용 요구
④ 컴퓨터의 발달과 정보화 진전

해설   컴퓨터가 발달하고 정보화가 진행되면 오히려 정책분석의 한계를 극복하게 도와준다.

정답   10 ④

Chapter 05
정책집행론

기출복원문제

키워드 나카무라와 스몰우드(Nakamura and Smallwood), 정책집행의 유형

나카무라와 스몰우드(Nakamura and Smallwood)의 정책집행 유형 중 정책집행자가 정책결정자의 결정권을 장악하고 정책 과정 전반을 완전히 통제하는 유형은?

한국농어촌공사

① 재량적 실험가형
② 지시적 위임자형
③ 관료적 기업가형
④ 고전적 기술관료형

해설 정책집행 유형 중에서 가장 정책집행자의 결정권이 강한 것은 관료적 기업가형이다. 관료적 기업가형은 정책집행자가 정책결정권을 장악하고 정책 과정 전반을 완전히 통제하는 유형이다.

정답 ③

기출 키워드	중요도
☑ 정책집행	★
☑ 정책집행의 특징	★
☑ 나카무라와 스몰우드(Nakamura and Smallwood) 정책집행의 유형	★★★
☑ 하향적 접근방법과 상향적 접근방법	★★
☑ 정책집행에 영향을 미치는 요인	★

PART 2 정책론

CHAPTER 05 정책집행론

01 정책집행의 의의

1 정책집행 개념

① 정책집행이란 정책 내용 또는 정책 수단을 실현시키는 과정을 의미한다.
② 정책집행을 프레스만(Pressman)과 윌다브스키(Wildavsky)는 '목표 설정 활동과 목표 달성 활동 간의 상호작용', 존스(Jones)는 '사업계획의 실시를 지향하는 행위들'이라고 정의하였다.

2 정책집행 활동

① 정책결정이 이루어지고 나면 우선 결정내용을 공식화한다. 공식화하기 위해서 법과 시행령을 마련하여 관보(官報)나 언론매체를 통해 국민과 관계기관에 공표하거나 법률 형태를 띠지 않은 것은 정부 공문서로 만들어 관계기관에 배포한다.
② 집행을 담당할 기관 및 사람을 정한다. 이때는 기존의 기관 및 사람을 이용하기도 하지만, 새로운 정책일 경우는 따로 기관을 창설하여 사람을 충원하기도 한다. 쓸 수 있는 예산의 배정은 아울러 필수적이다.
③ 집행기관에서는 업무의 시행세칙을 마련하고 업무 개시일을 정해 국민에게 알린다. 또한 내부 공무원들의 근무 규율을 정하고 이에 따라 업무를 수행한다.
④ 특히 결재권자가 관심을 크게 가지고 있는 정책의 경우엔 시정방침, 대통령 지시사항, 업무수행 지침, 시행세칙 등으로 정해져 하부 집행기관에 시달된다.
⑤ 법이나 시행령, 시행세칙들은 대강만 정해 놓은 경우가 대부분이다. 그래서 구체적인 해석은 집행담당자들에게 맡겨져 있다.
⑥ 정책집행은 가치의 구체화 과정이다. 목표로 정한 가치의 실현은 결정만으론 달성될 수 없다. 반드시 집행과정을 거쳐야만 실현될 수 있다. 조직 상층부의 결정권자로부터 일선기관 공무원에게 정책내용이 전달되면서 목표가 구체화되고 실현된다.

개념체크 ○×

• 정책결정은 정책 내용 또는 정책 수단을 실현하는 과정이다.
 ○×
• 정책결정 후 반드시 집행과정을 거쳐야만 가치를 구체화하고 실현할 수 있다. ○×
 ×, ○

3 정책집행의 특징

① 정책집행은 정책결정(정책형성)이나 정책평가 등 정책의 여타과정에서 서로 영향을 주고받는 복합적·순환과정이다.
② 정책집행은 정책의 다른 어떤 과정보다도 정책갈등이나 집단갈등이 심한 과정이다.
  ㉠ 정책결정이나 정책평가 과정 등에서도 집단갈등이나 정책갈등이 나타나지만, 특히 정책집행 과정에서 이러한 갈등이 더욱 심각하고 치열하게 발생하는 경향이 있다.
  ㉡ 특히 후진국에서 더욱 심하게 나타나는데 그 이유는 정책집행 단계에서 그 이전에 알지 못했던 여러 가지 정책내용들이 주민이나 국민에게 알려지게 되기 때문이다. 언론이나 매스컴, 신문, 심지어 소문이나 풍문 등을 통하여 어떤 정책의 내용을 주민들이 알게 되는 단계가 보통 정책집행 단계이다.
  ㉢ 주민이나 국민이 정책의 내용을 접하게 되면 그들의 이해득실에 따라 다양한 갈등 집단이 발생하고 자신이 속한 집단의 이익을 위하여 치열한 경쟁이나 투쟁 또는 갈등이 발생하게 된다.
③ 정책집행 단계에서도 정책은 계속 수정되거나 보완된다. 정책진행 과정은 결정된 정책을 단순히 집행만 하는 것이 아니라 경우에 따라서는 기존의 정책을 수정·보완하면서 새로운 정책을 만들어 나가는 일련의 연속적 과정이다.
④ 행정(정부)과 주민이 직접 접촉하는 단계이기 때문에 주민의 반응이 매우 민감하게 나타나는 과정이다.
⑤ 집행 과정에서는 다양한 개인이나 집단들이 자기의 이익을 추구하는 정치적 관계기관의 성격도 가진다.

4 정책결정과 정책집행의 관계

(1) 양자의 공통점
① 정책집행 활동은 실질적으로 정책의 내용을 확정함으로써 정책결정과 같은 기능을 수행한다.
② 둘 다 의사결정 활동이다.
③ 정치적인 성격을 지닌다.
④ 담당주체라는 면에서 실질적인 두 가지 활동을 행정부가 담당한다.

개념체크 O ×

- 정책집행 단계에서 정책은 수정되거나 보완되어서는 안 된다. ⎡O⎤⎡X⎤
- 정책결정과 정책집행은 행정부가 담당한다. ⎡O⎤⎡X⎤

×, O

(2) 양자의 차이점
① 정책결정은 정책의 기본적이고 전체적인 부분에 영향을 미치나, 정책집행상의 결정은 부분적인 결정이다.
② 정책집행은 정책결정보다 기술적, 기계적, 전문적인 결정을 특징으로 한다.
③ 정책결정은 행정부처의 상위계층에서 담당하나, 정책집행은 하위계층에서 담당한다.

02 정책집행의 유형(Nakamura & Smallwood)

1 고전적 기술관료형

① 정책결정자가 구체적인 목표를 수립하고, 정책결정자가 이러한 목표의 달성을 위하여 기술적 문제에 관한 권한을 정책집행자에게 위임한다.
② 정책집행자는 정책결정자가 수립한 목표를 그대로 받아들인다. 그러므로 이 유형에서는 정책결정자가 집행과정에 강력한 통제를 행사하고 정책집행자는 약간의 기술적인 재량권만 가질 뿐이다.

2 지시적 위임형

① 고전적 기술관료형보다 정책집행자가 상당한 수준의 재량권을 행사한다.
② 정책결정자가 명확한 목표를 설정하고 정책집행자들이 이러한 목표의 필요성에 합의한다.
③ 정책결정자는 집행 집단의 정책집행자들에게 목표 달성을 지시하고 광범위한 행정적 권한을 부여한다.
③ 정책집행자는 목표 달성에 필요한 기술·행정·협상 능력을 보유한다.

개념더하기

나카무라와 스몰우드의 정책집행 유형
정책결정자와 정책집행자 간의 연계 관계를 중심으로 정책집행의 유형을 고전적 기술관료형, 지시적 위임형, 협상자형, 재량적 실험가형, 관료적 기업가형으로 분류하였다. 다섯 번째 유형으로 갈수록 공식적인 정책집행자가 정책결정 권한을 실질적으로 행사한다.

3 협상자형

① 정책결정자가 목표를 수립할 때 정책집행자와 목표나 그 목표를 달성하기 위한 수단에 대한 합의가 반드시 이루어지는 것은 아니다.
② 목표 달성을 위한 수단에 관하여 정책집행자와 정책결정자가 협상이 이루어진다. 정책결정자와 정책집행자 간의 누구의 힘이 더 강한가에 따라 협상의 결과는 달라진다.

4 재량적 실험가형

① 정책결정자가 구체적인 정책을 결정할 수가 없어서 정책집행자에게 광범위한 재량권을 위임하는 경우이다.
② 공식적 정책결정자는 추상적 목표를 가지고 있으나 지식·정보의 부족으로 구체적인 목표를 제시하지 못하여, 정책집행자가 목표를 구체화하고 목표 달성을 위한 수단을 개발한다.
③ 이 유형은 정책결정자에서 정책집행자에게로 권력이 이전되는 것으로서 위험률이 높으나 불확실성이 높은 분야에 있어서는 쇄신적인 집행방법이 될 수도 있다.

5 관료적 기업가형

① 정책집행자가 정책결정자의 권력을 장악하고 정책과정을 지배하는 경우이다.
② 정책집행자는 자신들의 정책목표를 설정하고 정책결정자로 하여금 이 목표를 받아들이도록 설득한다.
③ 정책집행자는 자신들의 목표 달성에 필요한 수단들은 정책결정자와 협상을 통해서 확보한다. 또한 정책집행자는 이러한 목표를 성실하게 달성하려고 한다.

> **개념체크** ○ ×
> • 재량적 실험가형은 정책결정자가 구체적인 목표를 수립하며, 정책집행자는 그 목표를 충실히 따른다. ○ ×
> • 관료적 기업가형은 정책집행자들이 많은 권한을 보유하고, 전체적인 정책 과정을 좌지우지하는 유형이다. ○ ×
> ×, ○

03 하향식 접근방법과 상향식 접근방법

1 하향식 접근방법

(1) 의 의
① 최고 정책결정자가 일선관료에게 상의하달식으로 내려보내는 방식으로, 집행의 재량행위가 축소된다.
② 상의에 순응하는 것을 이상적인 것으로 보며, 결정권자의 리더십을 핵심요소로 본다.
③ 정책결정과 집행을 분리한 정치행정이원론의 특징을 가지고 있다.

(2) 특 징
① 주로 성공적인 정책집행에 대한 연구를 목적으로 하는 접근방법이다.
② 연구의 출발을 정책결정에서부터 파악한다.
③ 정책목표나 영향에 미치는 요인을 연구한다.
④ 목표달성도를 파악한다.
⑤ 집행자의 정책내용에 대한 순응의 정도를 파악한다.

(3) 장 점
① 성공적인 집행을 위해 정책내용이 집행가능성을 고려해야 함을 밝힌다.
② 정책집행의 성공요인을 체계적으로 밝힌다.

(4) 단 점
① 집행 성공요인으로 제시하고 있는 것들의 실증적인 연구가 결여되었다.
② 집행자의 입장에서만 정책을 보기 때문에 이에 반대하는 사람들의 입장을 무시한다.
③ 다양한 정책이 동시에 집행되고 있는 사실을 고려하지 못한다.

2 상향식 접근방법

(1) 의 의
① 상향식 접근방법은 현지 적응에 적합하도록 일선관료에게 재량권을 부여하는 방식이다(재량행위의 확대, 주민참여).
② 집행과정에서 실질적인 정책결정이 이루어진다고 보고, 집행자의 재량권을 필수요소로 본다.

개념더하기

순 응
순응이란 특정행동 규정에 일치하는 행위자의 행동을 말한다. 정책집행에 있어서 순응이란 정책결정자가 결정한 정책의 내용 및 지침과 일치하는 정책집행 과정의 참여자, 즉 정책집행자 및 정책대상집단의 행태를 의미한다.

정책집행의 순응 요인
정책목표의 명확성, 보상과 편익의 제공, 의식적 설득과 유인, 제재수단의 제공, 결정자의 리더십, 의사전달의 활성화, 정책의 정통성과 권위에 대한 신뢰 등

(2) 특 징
① 일선집행요원의 행동과 행태에서 출발하여 상위의 정책결정으로 연구를 행한다.
② 수혜자 중심의 서비스 제공 정책 등에 유용하다.

(3) 장 점
① 집행자에 대한 연구에 적합하다.
② 다양한 정책이 집행되는 현장에서의 복잡한 상황 이해가 용이하다.
③ 집행과정에서 나타나는 부차적인 효과나 의도하지 않은 효과 파악이 용이하다.
④ 정책 반대세력의 행태를 장기적으로 파악하기가 용이하다.

(4) 단 점
① 집행의 성공을 좌우하는 정책내용과 관련된 요인들을 경시한다.
② 현장에서 인지하지 못하는 요인을 등한시하기 쉽다.

개념체크 ○×
- 상향적 접근방법은 일선관료가 전문성을 발휘하도록 재량권을 부여하는 것을 중요시한다. ○×
- 하향적 접근방법은 집행자들의 전문적인 경험을 정책목표에 반영한다. ○×

○, ×

하향식 접근과 상향식 접근의 비교

구 분	하향식 접근방법	상향식 접근방법
정책 상황	안정적 · 구조화된 상황	유동적 · 동태적 상황
주요행위자	의사결정권자	일선관료
정책목표의 수정	목표가 명확하여 수정이 적음	목표가 불명확해 수정이 많음
관리자의 참여	참여의 제한	다원적인 참여가 필요
집행자의 재량	불인정	인 정
평가 기준	목표달성도	현장의 적응력과 문제해결력

04 정책집행에 영향을 미치는 요인

1 정책의 유형

① 분배정책의 경우는 대상 집단이 주로 수혜자들이고 집행과 관련된 집단 간의 갈등이나 반대가 비교적 낮으며 안정된 집행 관행을 마련할 수 있어 정책집행의 성공 가능성이 높다.
② 규제정책에서는 정부가 정책으로부터 혜택을 보는 자와 피해를 보는 자를 선택하는 과정에서 많은 갈등이 발생한다.
③ 재분배정책은 빈부 간의 계급대립적 성격이 강하고 비용부담집단이 특정되어 있어 비용부담집단의 저항이 심하며, 정책집행이 어렵다.

개념더하기

정책집행에 영향을 미치는 요인
- 정책의 유형
- 사업계획의 성격
- 집행주체
- 정책대상집단
- 환경적 요인

2 사업계획의 성격

(1) 명확성
사업의 목표와 그것을 달성하기 위한 수단이 상호 모순되거나 대립되지 않고 명확해야 한다는 것을 말한다.

그러나 사업계획이 ① 정책결정자들이 관련 문제에 대해 전문지식이 부족하거나 계획수립에 필요한 충분한 시간적인 여유를 갖지 못했을 경우, ② 문제 상황이 복잡하거나 동태적이어서 사업계획의 구체적인 내용을 확정할 수 없는 경우, ③ 정책결정과정에 관여하는 결정자들 간의 관점의 차이로 인해 구체적인 사업계획의 내용에 관한 합의를 얻지 못할 경우 내용이 애매하게 되는 경우가 많다.

(2) 일관성
정책의 목표와 수단 간의 우선순위가 분명하고 이러한 우선순위가 시간의 경과에도 크게 변하지 않는 것을 말한다.

(3) 소망성
① 집행과정에 관여하는 사람들이 사업계획의 내용을 바람직하게 인식하는 정도를 말한다.
② 소망성에 대한 판단은 다수의 입장에서 객관적으로 보아 정책의 실질적인 내용이 바람직해야 하고, 절차적으로 보아 결정과정이 개방되어 민주적이어야 한다.

3 집행주체

(1) 조직과 재원
정책집행 담당조직의 활동은 그 조직이 갖는 구조적 특징(집행구조, 조직의 분위기, 관료적 규범)과 집행 절차 및 재원에 크게 좌우된다.

(2) 집행담당자
① 집행담당 공무원이 자신의 업무에 대해 열성을 가지고 적극적인 태도로 임할 때 정책이 성공적으로 집행될 수 있다.
② 문제해결 능력이 부족한 경우 집행의 성과가 상당히 제약된다.
③ 집행자의 능력은 전문성과 판단력, 리더십으로 구분된다.

개념체크 ○ ×
- 사업의 목표와 수단은 상호 모순되거나 대립하지 않고 명확해야 한다. ○ ×
- 소망성은 집행과정에 관여하는 사람들이 사업계획의 내용을 바람직하게 인식하는 정도를 의미한다. ○ ×

○, ○

④ 리더십은 집행조직 내의 관리층에게 요구되며, 관리적·정치적인 능력으로 구분된다.
　㉠ 관리적인 능력 : 적절한 통제방법을 고안하여 예산집행의 효율을 높이고 공무원들의 사기를 앙양하며 내부의 반대자들을 침묵시키는 능력
　㉡ 정치적인 능력 : 필요한 자원을 확보하고 상급기관의 지원을 얻어내며 관련 단체의 도움을 받아내고 정책에 관여하는 여러 이익집단과의 협상과 조정을 수행하며 대상집단의 저항을 무마할 수 있는 능력

4 정책대상집단

정책에 대한 정책대상집단의 활동은 선진국의 경우 정책과정의 투입 단계인 정책결정 단계에서 중심적으로 이루어지고, 개발도상국의 경우에는 산출 단계인 정책집행 단계에서 중심적으로 이루어진다.

(1) 대상집단의 대응 행태
대상집단의 규모, 조직화 정도, 리더십, 요구되는 행태 변화의 정도, 대상집단이 가진 사회적·교육적 배경과 그들이 가진 유사한 경험의 존재 여부에 따라 달라진다.

(2) 집행주체의 협상 전략
집행주체는 상황에 맞는 효과적인 협상 방법을 개발하여 집행 과정상의 난관을 극복해야 한다.

5 환경적 요인

① 경제적·정치적 여건의 변화
② 대중매체의 관심과 여론의 반응
③ 정책결정기관의 지지

개념체크 ○×

• 선진국의 경우 산출 단계인 정책집행 단계에서 정책대상집단 활동이 주로 이루어진다.　○×
• 집행주체는 상황에 맞는 효과적인 협상 전략을 제시하여야 한다.　○×

×, ○

CHAPTER 05 | 기출분석문제

01 다음 중 정책집행에 대한 설명으로 옳지 않은 것은?

① 일반적·추상적으로 결정된 정책이 집행과정을 통해 보다 실질적이고 구체적인 내용을 갖게 된다.
② 정책집행이 일단 이루어졌으면 의도한 정책목표가 달성되지 않더라도 정책집행이 실패했다고 볼 수는 없다.
③ 정책대상집단의 비협조가 빈번하면 성공적인 정책집행을 기대하기 어렵다.
④ 정책집행 과정에서 사실상 정책내용이 결정된다는 점에서 일선 행정관료의 역할이 커진다.

[해설] 정책집행 자체는 성공적으로 되었더라도 정책목표를 달성하지 못하였다면 이는 성공적 집행이라 할 수 없다.

02 나카무라와 스몰우드(Nakamura and Smallwood)가 제시한 정책집행의 여러 가지 유형에 대한 설명 중 옳지 않은 것은? 대구공공시설관리공단

① 고전적 기술관료형은 정책결정자가 집행과정을 통제한다.
② 지시적 위임형은 정책결정자가 정책목표 형성에 대해 통제권을 행사하지만 수단 선택에 있어서는 집행자들의 권한을 인정해 준다.
③ 협상형은 정책결정자와 집행자의 협상과정을 통해 정책목표와 수단이 설정된다.
④ 재량적 실험형은 정책결정자가 자유재량으로 실험적 정책을 제안하고 집행자는 이를 충실히 시행에 옮긴다.

[해설] 재량적 실험형에서 정책결정자는 추상적인 목표를 제시할 뿐 집행자들에게 광범위한 재량권을 위임한다.

03 정책집행의 여러 가지 유형 가운데서 고전적 기술관료형(고전적 기술자형)에 대한 설명으로 옳지 않은 것은? 한국토지주택공사

① 정책결정자는 정책의 집행과정에서 예외적 사항에 대하여만 통제한다.
② 정치행정이원론과 유사하다.
③ 정책집행자는 목표 달성을 위한 기술적 방안을 강구한다.
④ 정책집행의 합리성이 제약을 받지 않는다고 본다.

[해설] 정책집행에 있어서 고전적 기술관료형의 경우 정책결정자는 ①처럼 예외적 사항만 통제하고 집행자에게 폭넓은 재량권을 주는 것이 아니라, 계층제적인 명령체계를 구축하고 집행자를 통제하며, 정책집행자에게 정책목표 달성을 위하여 필요한 조치(정책수단의 마련 등)를 강구할 수 있는 기술적 권위(Technical Authority)만을 위임한다. 이러한 한정된 범위 내에서 집행자는 합법적인 정책수단을 마련하여 집행할 능력을 가지고 있다고 본다.

04 현대적·상향적 정책집행의 특징에 대한 설명으로 옳은 것은? 　　　　　　　　　　　한국도로공사

① 정치와 행정을 분리하여 접근한다.
② 정책집행과정은 정치적·동태적이다.
③ 정책결정권자의 리더십이 성공적 집행의 요건이다.
④ 정책집행과정을 정책목표의 달성 과정이라고 보는 하향적 관점을 취한다.

해설　현대적·상향적 정책집행과정은 유동적이며 동태적인 특징을 갖으며, 고전적·하향적 정책집행과정은 안정적이며 구조화된 특징을 갖는다.
①, ③, ④는 고전적·하향적 정책집행의 특징에 해당한다.

05 정책집행연구에 있어서 하향적 접근방법에 대한 설명으로 옳지 않은 것은?

① 집행과정에서 나타나는 다양한 요인들을 연역적으로 도출한다.
② 명확한 정책목표와 그 실현을 위한 정책수단을 가지고 있다는 가정을 한다.
③ 집행을 주도하는 집단이 없거나, 집행이 다양한 기관에 의해 주도되는 경우를 설명하는 데 유용하다.
④ 집행의 비정치적이고 기술적인 성격을 강조하는 입장이다.

해설　집행 현장 상황에 따라 적응적·귀납적으로 대응하는 상향적 집행의 특징에 해당한다.

06 정책집행에 대한 설명으로 옳지 않은 것은?

① 정책의 희생집단보다 수혜집단의 조직화가 더 강하면 정책집행이 곤란하다.
② 집행은 명확하고 일관되게 이루어져야 한다.
③ 정책집행 유형은 집행자와 결정자와의 관계에 따라 달라진다.
④ 정책집행에는 환경적 요인도 작용한다.

해설　정책의 희생집단보다 수혜집단의 조직화가 더 강하면 정책집행은 용이하다.

정답　04 ② 05 ③ 06 ①

07 정책집행의 성공에 영향을 미치는 요인으로 가장 부적합한 것은?

① 정책과정에 대한 평가의 합리성과 적절성
② 정책집행 수단과 자원의 확보와 적절성
③ 절차의 합법성과 합리성
④ 정책내용의 명확성과 일관성

해설 정책과정에 대한 평가의 합리성과 적절성은 정책평가 단계에서 고려할 요인에 해당한다. 정책과정은 정책의제설정 → 정책결정 → 정책집행 → 정책평가 → 정책종결 및 환류로 이루어지며, 성공적인 정책집행은 정책평가 단계와는 직접적인 관련이 없다. 즉, 정책과정에 대한 평가의 합리성과 적절성은 정책집행의 성공에 영향을 미치는 요인으로 보기 힘들다.

08 정책집행에 영향을 미치는 요인들에 대한 설명으로 옳지 않은 것은?

① 정책집행자의 전문성, 사기, 정책에 대한 인식 등이 집행효율성에 상당한 영향을 미친다.
② 정책결정자의 관심과 지도력은 정책집행의 성과에 큰 영향을 미친다.
③ 정책집행은 대상집단의 범위가 광범위하고 활동이 다양한 경우 더욱 용이하다.
④ 소망성은 집행과정에 관여하는 사람들이 사업계획의 내용을 바람직하게 인식하는 정도이며, 소망성이 높을수록 정책집행이 성공할 가능성이 높다.

해설 대상집단의 범위나 행태가 광범위하거나 다양하고 복잡할수록 정책집행이 곤란하다.

교육이란 사람이 학교에서 배운 것을
잊어버린 후에 남은 것을 말한다.

― 알버트 아인슈타인 ―

Chapter 06
정책평가론

기출복원문제

키워드 정책평가, 평가의 타당성

정책평가의 타당성에 대한 설명으로 옳지 않은 것은? 한국남부발전

① 외적 타당성은 조사연구의 결론을 다른 모집단, 상황 및 시점에 어느 정도까지 일반화시킬 수 있는지의 정도를 나타낸다.
② 구성적 타당성은 연구설계를 정밀하게 구성하여 평가과정에서 제1종 및 제2종 오류가 발생하지 않는 정도를 나타낸다.
③ 내적 타당성은 추정된 원인과 그 결과 사이에 존재하는 인과적 추론의 정확성에 관한 것이다.
④ 통계적 결론의 타당성은 추정된 원인과 추정된 결과 사이에 관련이 있는지에 관한 통계적인 의사결정의 타당성을 말한다.

해설 ②는 통계적 결론의 타당성에 대한 설명이다. 구성적 타당성이란 처리, 결과, 모집단 및 상황들에 대한 이론적 구성 요소들이 성공적으로 조작화된 정도를 의미한다.

정답 ②

기출 키워드	중요도
☑ 정책평가의 목적	★
☑ 형성평가, 총괄평가, 과정평가	★★★
☑ 평가의 타당성	★★★
☑ 실험적 설계와 비실험적 설계	★★
☑ 정책평가의 기준	★
☑ 정책변동	★

PART 2 정책론

CHAPTER 06 정책평가론

01 정책평가론의 의의

1 정책평가의 의의

① 정책내용과 집행 및 그 영향을 추정하거나 평정하는 것을 말한다.
② 목적지향적이며, 범학문적인 경향을 갖는 것이 특징이다.
③ 정책평가는 평가자의 소속에 따라 자체평가·내부평가·외부평가로 분류되기도 하고, 평가목적에 따라 노력평가·성과평가·성과의 적정성 평가·능률성평가·과정평가 등으로 분류되기도 한다.

협의의 의의	정책내용이나 집행 및 영향을 정책목표와 관련해서 객관적이고 체계적으로 재검토하는 과정을 말한다.
광의의 의의	정책결과가 바람직한가(효과성, 능률성, 공평성)를 평가하는 사후평가 외에 정책이 제대로 집행되고 있는가를 평가하는 과정평가(형성평가)나 정책결정 단계에서 평가를 의미하는 정책분석도 포함한다.

2 정책평가의 목적과 기능

(1) 정책결정과 집행에 필요한 정보제공
① 정책의 추진 여부
② 정책의 내용수정이나 보완
③ 보다 효율적인 집행전략 수립

(2) 집행과정상의 책임성 확보
집행활동이 법규나 회계상으로 문제가 없는지, 관리자가 능률적·효과적으로 집행 업무를 하였는지, 정책담당자가 정치적인 책임을 졌는지 등을 확인한다.

(3) 이론구축에 의한 학문적 기여
정책수단에서부터 정책과정에 이르는 경로를 검토, 확인, 검증하여 이론을 구축할 수 있다.

개념체크 ○ ×

• 광의의 정책평가는 정책집행의 결과로 나타난 정책목표의 달성 정도를 분석하고 판단하는 것이다. ○※
• 정책평가의 목적은 정책결정과 집행에 필요한 정보제공 및 정책과정의 책임성 확보에 있다. ○※

※, ○

3 정책평가의 중요성

① 목표가 얼마나 잘 충족되었는가를 알려 준다.
② 성공과 실패의 원인을 구체적으로 제시해 준다.
③ 프로그램의 성공을 위한 원칙을 발견해 준다.
④ 효과성을 증진시키기 위해 여러 기법을 사용하는 실험과정으로 유도해 준다.
⑤ 대안적인 기법들의 상대적인 성공을 위한 근거에서 더 향상된 연구를 위한 기초를 마련해 준다.
⑥ 목표 달성을 위해 사용된 수단을 재규정해 주고 심지어 하위목표들도 재규정해 준다.

02 정책평가의 유형

1 형성평가(도중평가, 진행평가)

① 정책집행 과정에서 수행되는 평가로서 과정평가·도중평가·진행평가 등으로 불린다.
② 정책이 집행되는 과정이 적절한지를 확인하고 정책수단에서 최종목표까지 연계되는 인과관계가 적절한지 등 정책집행 과정에서 발생하는 문제점을 해결하려는 목적으로 수행되는 평가이다.
③ 정책프로그램에 대한 피드백을 위해 주로 내·외부 평가자에게 자문하여 평가를 진행하며, 그 결과는 정책집행에 환류된다.

2 총괄평가(사후평가)

① 집행이 완료된 후 정책이 사회에 미친 영향이나 충격 등 그 효과를 평가하는 것이다.
② 정책수단과 정책효과 간의 인과관계를 추정하는 것으로 기준에 따라 효과성 평가, 능률성 평가, 정책 영향 평가, 공평성 평가, 적합성 평가 등으로 나뉜다.

개념체크 ○×

• 형성평가는 정책집행이 되고 난 후에 인과관계의 경로를 검증하기 위한 것이다. ○×
• 총괄평가는 정책이 사회에 미친 영향이나 충격 등 그 효과를 평가하는 것이다. ○×

×, ○

효과성 평가	정책목표의 달성 정도에 대한 평가
능률성 평가	효과나 편익이 투입된 비용에 비춰 정당한가를 평가
정책 영향 평가	• 정책 실시에 따른 충격·영향을 평가 • 정책 영향 = 정책효과 + 정책비용
공평성(형평성) 평가	정책비용의 사회집단 간·지역 간 배분 등이 공정한가 여부
적합성 평가	• 목표가 주어진 사회적 상황에 바람직한가를 평가 • 수단·전략보다는 목표의 가치 자체를 평가

③ 총괄평가는 평가 결과에서 산출된 정보를 정책결정과정에 환류하여 현재의 평가대상정책의 지속추진 여부를 결정하고 정책내용의 수정에 필요한 정보제공을 목적으로 한다.

3 과정평가

① 정책집행과정을 대상으로 하여 분석하는 활동이다.
② 보다 효율적인 집행전략을 수립하고, 정책내용을 수정·변경하며, 정책의 추진여부의 결정에 필요한 정보를 제공하고, 정책효과의 발생 경로를 밝혀 총괄평가를 보조하는 기능을 수행한다.
③ 평가의 내용과 목적에 따라 집행과정평가와 협의의 과정평가로 나누어진다.

집행과정평가 (형성평가· 집행분석)	• 원래의 집행계획이나 집행설계에 따라 의도한 대로 정책집행이 이루어졌는지 확인·점검하는 집행분석을 의미하는데, 평가가 집행 중에 이루어지므로 형성평가라고도 한다. • 계속적인 점검을 통해 평가하는데, 모니터링이란 하나의 사업을 집행하는 과정에서 발생하는 사건들에 대한 구체적 정보의 수집과 관리를 위해 활용한다.
협의의 과정평가 (사후적 과정평가, 인과관계경로평가)	• 총괄평가의 완성을 위한 보완적 수단으로 정책효과가 어떤 경로를 통해 발생하였는지 그렇지 않을 경우 어떤 경로에서 문제가 있었는지 등을 밝히는 것으로 사후적 과정평가라고도 한다. • 정책실패의 중요한 원인 중 하나인 인과경로의 잘못을 밝힌다.

개념더하기

기타 정책평가

• 평가성 검토(평가성 사정)
  본격적 평가가 실시되기 이전에 평가의 유용성과 실행가능성, 평가가 정책성과 향상에 공헌할 수 있는지 등을 검토하는 사전적 평가이다.
• 메타평가
  - 기존 평가들의 방법·절차·결과 등이 제대로 되었는가를 검토하고 종합적으로 평가한다.
  - 주로 총괄평가에 적용한다.
• 착수직전분석(사전분석)
  - 새로운 프로그램의 평가를 기획하기 위해 착수직전에 수행하는 평가 작업을 말한다.
  - 평가기획과 유사하며 맥락분석 또는 조망적 평가분석에 해당한다.

03 정책평가의 방법

1 평가의 타당성

정책평가의 타당성은 정책평가가 정책의 효과를 얼마나 진실에 가깝게 추정해 내고 있느냐 하는 정도를 나타내는 개념이다. 정책평가에서 타당성의 문제는 다음과 같이 네 가지로 구분된다(Cook & Campbell).

내적 타당성	조작화된 결과에 대하여 찾아낸 효과가 다른 경쟁적인 원인들에 의해서라기보다는 조작화된 처리에 기인된 것이라고 볼 수 있는 정도를 말한다.
외적 타당성	조작화된 구성 요소들 가운데에서 관찰된 효과들이 당초의 연구가설에 구체화된 그것들 이외에 다른 이론적 구성 요소들까지도 일반화될 수 있는 정도를 의미한다.
구성적 타당성	처리, 결과, 모집단 및 상황들에 대한 이론적 구성 요소들이 성공적으로 조작화된 정도를 의미한다.
통계적 결론의 타당성	정책의 결과가 존재하고 이것이 제대로 조작되었다고 할 때 이에 대한 효과를 찾아낼 만큼 충분히 정밀하고 강력하게 연구설계가 이루어진 정도를 말한다.

(1) 내적 타당성

처치와 결과 간의 관찰된 관계로부터 도달하게 된 인과적 결론의 적합성 정도를 나타낸다. 이를 저해하는 요소들은 평가연구 수행에 대하여 외재적인 요소들과 평가연구를 수행하는 과정에서 결과에 스며들어가는 내재적 요소들로 구분된다.

① 외재적인 내적 타당성 저해 요소
  ㉠ 처치집단과 비교집단을 구성할 때 두 집단에 서로 다른 개인들을 선발하여 할당함으로써 오게 될지도 모르는 가능한 편견을 말하며, 선발 요소라고 하기도 한다.
  ㉡ 만일 서로 다른 대상들이 처치집단과 비교집단에 배정되고 비무작위적 배정의 규칙이 사용된다면 처치효과가 없는 경우에도 결론의 측정에서 두 집단 간에 차이가 관찰될 것이다.

② 내적적인 내적 타당성 저해 요소
  내재적인 요소 처치를 하는 동안에 일어나는 변화를 말한다.
  ㉠ 역사적 요소(History) : 연구기간 동안에 일어나는 사건이 개인이나 집단에 영향을 미쳐 대상 변수에 영향을 미치는 경우이다.
  ㉡ 성숙 효과(Maturation) : 평가에 동원된 집단 구성원들이 정책 효과와는 관계없이 스스로 성장함으로써 나타날 수 있는 효과이다.

개념더하기

타당도 저해요인
- 내적 타당도 저해요인
  - 외재적인 요소 : 선발 요인(선정 요인)
  - 내재적인 요소 : 역사적 요소, 성숙 효과, 피실험자 상실, 테스트와 측정 요소, 통계적 회귀(회귀인공 요소), 측정도구의 변화, 모방효과, 선발과 성숙의 상호작용, 누출효과
- 외적 타당도 저해요인
  - 호손효과
  - 다수적 처리에 의한 간섭
  - 표본의 대표성 부족
  - 실험조작과 측정의 상호작용
  - 크리밍 효과

ⓒ 상실요소(Experimental Mortality) : 연구대상들이 연구기간 동안에 이사, 전보 등으로 변화를 보였을 때 나타난다. 이것이 처치집단과 비교집단에서 서로 다른 성격과 비율로 탈락한다면 이들 두 집단의 구성을 처음과 다르게 함으로써 결과에 대한 잠재적 편견의 원천이 된다.

ⓔ 측정요소(Testing) : 측정 그 자체가 연구되고 있는 현상에 영향을 줄 수 있다.

ⓜ 회귀인공요소(Regression Artifact) : 실험 직전의 측정 결과를 토대로 집단을 구성할 때, 평소와는 달리 유별나게 좋거나 나쁜 결과를 얻은 사람들이 선발되는 경우, 이들이 실험진행 동안 자신의 원래 위치로 돌아가게 되면 측정결과에 대한 해석이 제대로 될 수 없다.

ⓗ 측정도구의 변화(Instrumentation) : 정책효과의 측정방법이 시간적으로 달라지는 경우이다.

ⓢ 선발과 성숙의 상호작용 : 실험집단과 비교집단에 선발된 개인들이 최초에도 다를 뿐만 아니라 그들 두 집단의 성장 또는 성숙의 비율이 다를 수도 있다.

ⓞ 처치와 상실의 상호작용 : 실험집단과 비교집단에 무작위 배정이 이루어진 경우라 할지라도 이들 집단들에 서로 다른 처치로 인하여 두 집단으로부터 처치기간 동안에 서로 다른 성질의 구성원들이 상실될 수 있다.

(2) 외적 타당성

① 어떤 특정한 상황에서 내적 타당성을 확보한 정책평가가 다른 상황에도 그대로 적용될 수 있는 정도를 말한다.

② 외적 타당성 저해 요인

ⓐ 호손효과 : 실험집단이 실험집단임을 자각하고 평상시와는 다른 행동을 보임으로서 등장하는 왜곡을 말한다.

ⓑ 피험자선택과 실험적 변수 간의 상호작용 효과 : 이미 피험자 선택에 어떤 편견이 개입되어 있을 뿐만 아니라 또 실험적 변수를 작용시킴으로써 거기서 일어나는 상호작용 때문에 예상치 않았던 효과가 발생할 수 있으므로 여기에서의 결과를 일반적인 모집단에 대하여 일반화할 수 있을까가 문제가 된다.

개념체크 ○ ×

- 성숙 효과는 외적 타당성을 저해하는 요인이다. ○ ×
- 크리밍 효과, 호손효과는 외적 타당성을 저해하는 요인에 해당한다. ○ ×

×, ○

(3) 구성적 타당성

모집단 및 상황, 평가요소 등에 대한 이론적 구성 요소들이 성공적으로 조작화된 정도를 말한다. 예를 들어 공무원 시험의 타당도를 특정하는 경우, 공직자로서의 자질을 확인하는 항목이 제대로 포함되어 있는가 하는 것이다.

(4) 통계적 결론의 타당성

정책의 결과가 존재하고 이것이 제대로 조작화되었다고 할 때, 이에 대한 정확한 효과를 찾아낼 만큼의 정밀하고 강력한 연구설계가 구성되었는가 하는 정도를 의미한다.

2 실험적 설계

(1) 진실험적 방법

① 의 의
  ㉠ 실험집단과 통제집단의 동질성을 확보하여 행하는 사회실험 방법이다.
  ㉡ 실험대상을 무작위로 두 집단에 배정하여 두 집단 간에 동질성을 확보하고 한 집단은 비교를 위해 사용하며(통제집단), 다른 집단(실험집단)에는 일정한 처치(Treatment)를 가하여 일정한 시간 후에 두 집단이 결과변수상에서 나타내는 차이를 처치의 효과로 추정하는 실험방법이다.

② 장 점
특정 정책의 순수한 영향인 순효과를 파악하는 데 중점을 두며, 정책이나 프로그램의 효과와 사회상황의 변화와 인과관계에 관해 신뢰할 수 있는 증거를 제공하여, 실험집단의 비동질성으로 인한 내적 타당성의 여러 문제를 극복하게 한다.

③ 단 점
  ㉠ 통제집단이 실험집단의 태도를 모방하는 효과(확산효과 또는 오염)가 나타난다.
  ㉡ 평가의 성과가 밝혀지는 데는 많은 시간과 비용이 소요된다.
  ㉢ 대상자들이 실험대상으로 관찰되고 있다는 사실을 알게 되면 평소와 다른 행동을 하게 되는 호손효과가 나타나게 되어 외적 타당성의 문제와 실행 가능성의 문제가 심각하다.

> **개념체크** ○ ×
> • 진실험은 무작위로 배정해서 동질성을 확보하는 실험이다. ○ ×
> • 진실험은 외적 타당도가 높은 실험이다. ○ ×
> ○, ×

(2) 준실험적 방법

① 진실험적 방법이 갖는 정치적·기술적 문제를 완화하기 위한 방법으로서, 실험집단과 통제집단의 동질성을 확보하기 어려운 경우, 즉 무작위 배정에 의한 통제에 의해 평가를 하기 어려운 경우에 준실험적 방법에 의한 정책평가를 하게 된다.
② 두 집단이 비동질적일지라도 모든 잠재적인 혼란변수나 허위변수의 측면에서 가능한 한 유사한 실험집단과 통제집단을 구성하려고 노력한다.
③ 구체적인 준실험적 평가방법에는 시계열분석, 다중시계열분석, 이질통제집단분석 등이 있다.
④ 준실험적 방법은 외적 타당도 및 실행가능성은 높으나 내적 타당도는 낮은 편이다.

3 비실험적 설계

① 의 의
통제집단과 실험집단의 구분 없이 실험집단에만 정책처리를 하는 실험으로, 비교집단이 최초 실험설계 시 없다.
② 장 점
외적 타당도 및 실행가능성은 높으나 내적 타당도는 매우 낮다.
③ 단 점
성숙효과 및 사건효과 등의 방지가 곤란하다.

04 정책평가의 기준

1 능률성

① 적은 투입·비용으로 산출의 극대화를 달성했는지 여부를 파악하는 것이다.
② 비용과 관련시켜 성과의 질과 양을 파악하려는 것이며, 투입과 수단의 극대화에 중점을 둔다.

개념더하기

정책평가의 기준
능률성, 효과성, 대응성, 주민만족도, 체제 유지도 등

2 목표 달성도(효과성)

① 정책이 의도한 본래 목표를 어느 정도 달성했는지 여부를 파악하는 것이다.
② 결과에 초점을 두고 목표의 명확성이 요구되는 기준이며, 측정단위는 정책이 산출한 서비스의 양이다.

3 수익자 대응성

수익자에 대한 정책혜택이 수익자의 욕구를 어느 정도 충족시켰는지 여부를 파악하는 것이다.

4 주민만족도

주민의 지지기반 확보 정도를 파악하는 것이다.

5 체제 유지도

정당화를 추구하면서 체제를 유지하려는 속성이 어느 정도인지의 여부를 파악하는 것으로, 가장 포괄적인 기준이다.

> **개념체크** ○×
> • 준실험적 방법은 내적 타당도는 높으나 외적 타당도와 실행 가능성이 낮은 실험이다. ○×
> • 비실험적 설계는 비교집단이 최초 설계 시 없다. ○×
> ×, ○

05 정책변동

1 정책변동의 의의

① 정책과정의 전체단계에 걸쳐 얻게 되는 정보·지식을 서로 다른 단계로 환류시켜 정책목표·정책수단·정책대상집단 등과 관련되는 정책내용과 정책집행 담당조직·정책집행 절차와 관련되는 정책집행 방법에 변화를 가져오는 것을 의미한다.
② 정책을 독립변수로서 파악하고 정책순환의 최종단계를 중시하면서 단일정책의 점증적 변동이 아닌 다수정책의 동태적 변동에 초점을 둔다.

2 정책변동의 유형(Hogwood & Peters, 정책역학론)

(1) 정책혁신
정부가 과거에 관여하지 않았던 분야에 개입하기 위해 새로운 정책을 결정하는 것이다.

(2) 정책승계
① 문제가 변질되거나 정책목표는 변동되지 않으나 현존정책의 근본적(기본적 성격) 수정이나 세부적 정책수단 변화 또는 완전히 새로운 정책으로 대체하는 것이다.
② 정책공간의 과밀화로 완전히 새로운 정책의 등장은 거의 불가능하다는 점에서 그 중요성이 강조된다.

(3) 정책유지
본래의 정책목표를 달성하기 위해 정책의 기본적 특성을 그대로 유지하면서 상황의 변화에 능동적으로 적응하는 것을 말한다.

(4) 정책종결
정책을 비롯하여 정책 관련 조직과 예산이 소멸되고 다른 정책으로 대체되지 않는 것을 의미하며 정책당국의 개입은 전면적으로 중단된다. 그 유형에는 폭발형, 점감형, 혼합형이 있다.

3 정책변동의 원인

(1) 문제소멸(Problem Depletion)
기존정책의 효과로 정부가 해결해야 할 문제가 해결되었거나 문제의 중요성이 없어지면 문제소멸로 정책이 종결된다. 이는 정책의 정당성 상실의 원인이 된다.

(2) 환경적 기반의 약화
경제·재정 등 환경적 기반이 약화되면 정책의 축소·폐지가 불가피하다. 공공조직의 활동을 현재수준으로 뒷받침할 환경의 능력이 쇠퇴하면 조직의 해체·소멸을 초래할 환경적 엔트로피(Environmental Entropy)가 나타나게 된다.

개념체크 ○ ×
- 정책혁신은 현존 정책수단이 없는 '無'에서 새로운 정책을 만드는 것이다. ○ ×
- 정책승계는 현존정책의 기본적인 성격은 유지한 채 정책수단인 사업이나 담당조직을 바꾼다. ○ ×

○, ×

(3) 정책내용의 오류

정책의 내용에 잘못이 있는 경우 정책은 집행과정에서 수정·보완되지만 정책환경의 대변동이 일어나면 정책변동이 불가피하다.

(4) 조직의 정치적 취약성(Political Vulnerability)

조직 내의 갈등·알력·지도력의 약화, 대외적 이미지의 악화 등은 정책변동을 초래한다.

(5) 조직의 위축(Organizational Atrophy)

정부조직은 역할 혼동, 통합이 없는 조직분화, 규칙과다, 책임전가 등 일련의 역기능적 요인으로 빚어지는 조직위축으로 정책변동이 일어난다.

4 정책변동에 대한 저항과 그 해소 방안

(1) 정책종결에 대한 저항 원인
① 정책담당조직의 저항(동태적 보수주의 추구)
② 정책수혜자집단의 저항
③ 정치적 부담의 기피

(2) 저항의 해소 방안
① 관련정보의 누설방지
② 동조세력의 확대와 외부인사의 참여
③ 기존정책의 폐해와 새로운 정책도입의 홍보
④ 부담의 보상
⑤ 제도적 장치의 확립(ZBB, 일몰법)

개념체크 ○×

- 정책유지는 기본 특성은 그대로 유지한 채 정책을 구성하는 사업 내용이나 절차가 바뀌는 것이다. ○×
- 정책 및 조직의 항구성은 정책변동을 유발하는 주요 요인이다. ○×

○, ×

CHAPTER 06 | 기출분석문제

01 정책평가의 목적과 거리가 먼 것은?

① 정책의 효과성 증진
② 사업담당자의 책임성 확보
③ 성공과 실패의 원인 규명
④ 사업책임자의 자율성 확보

[해설] 평가를 강화하면 책임은 강조되고 자율성은 위축된다.

02 정책평가에 대한 설명으로 옳지 않은 것은?

한국교직원공제회

① 정책결정과 집행에 필요한 정보제공과 집행과정상의 책임성 확보를 위해 정책평가를 진행한다.
② 정책평가는 목표 달성을 위해 사용된 수단을 재규정해 주고, 하위목표들도 재규정할 수 있다.
③ 정책평가의 방법 중 실험적 설계란 실험집단과 통제집단의 동질성을 확보하여 행하는 사회 실험방법이다.
④ 외적 타당성이 내적 타당성에 비해 우선한다.

[해설] 외적 타당성은 어떤 특정한 상황에서 내적 타당성을 확보한 정책평가가 다른 상황에도 적용될 수 있는 정도를 의미한다.

03 정책평가의 목적이 아닌 것은?

① 목표가 얼마나 잘 충족되었는지 파악할 수 있다.
② 정책의 성공과 실패 원인을 구체적으로 제시할 수 있다.
③ 목표 달성을 위해 사용된 수단과 하위 목표들을 재확인할 수 있다.
④ 정책대안의 예측 결과에 대해 비교하고 평가할 수 있다.

[해설] 정책대안의 예측 결과를 비교·평가하는 것은 정책평가라기보다는 정책대안의 우선순위를 알아보기 위한 정책분석 개념에 해당한다.

01 ④ 02 ④ 03 ④ [정답]

04 정책평가에 있어서 내적 타당도와 외적 타당도에 대한 설명으로 옳지 않은 것은?   서울교통공사

① 실험설계는 내적 타당도보다는 외적 타당도를 중시한다.
② 가능하면 내적 타당도와 외적 타당도를 모두 고려해야 한다.
③ 외적 타당도는 주어진 상황이 아닌 다른 상황에도 결과의 적용이 가능한지를 말해준다.
④ 주어진 상황 외에서의 타당도를 외적 타당도라 한다.

[해설] 정책평가가 타당성이 있다고 하려면 기본적으로 내적 타당도를 말한다.

05 정책영향의 평가에 대한 타당성의 4가지 측면에 대한 설명으로 옳지 않은 것은?   한국수자원공사

① 구성적 타당성은 처리, 결과, 모집단 및 상황들에 대한 이론적 구성 요소들이 성공적으로 조작된 정도를 말한다.
② 결론의 타당성은 만일 정책의 결과가 존재하고 이것이 제대로 조작화되었다고 할 때 우리가 이에 대한 효과를 찾아낸 만큼 충분히 정밀하고 강력하게 연구설계가 되어진 정도를 말한다.
③ 내용적 타당성이란 조작화된 변수들 간의 실질적 내용이 일치하는 정도를 말한다.
④ 내적 타당성이란 조직화된 결과에 대하여 찾아낸 효과가 다른 경쟁적 원인들에 의해서가 아니라 조작화된 처리에 의한 것이라는 추정의 정도를 말한다.

[해설] 내용적 타당성은 쿡과 캠벨(Cook & Campbell)이 제시한 일반적인 4가지 정책평가의 타당도 요소에 포함되지 않는다. 정책평가의 타당성에는 내적 타당성, 외적 타당성, 구성적 타당성, 통계적 결론의 타당성 등이 있다. 내용적 타당성은 정책평가의 타당성과는 관련이 없다.

06 정책평가의 일반적 기준이 아닌 것은?

① 수익자 대응성
② 평가자의 전문성
③ 목표 달성도
④ 능률성

[해설] 정책평가의 기준으로 나카무라와 스몰우드(Nakamura & Smallwood)는 효과성·능률성·주민 만족도·수혜자 대응성·체제유지 정도를 들기도 하고, 던(W. Dunn)은 효과성·능률성·적절성·적합성·고객대응성·형평성 등을 들기는 하지만, 평가자의 전문성은 일반적 평가기준이 아니다.

[정답] 04 ①   05 ③   06 ②

07 정책평가 시의 일반적 기준에 대한 설명으로 옳지 않은 것은?

① 시민에 대한 통제가능의 정도인 통제성도 중요한 기준이다.
② 목표 달성도인 효과성도 중요한 평가의 기준이 된다.
③ 집단 간에 편익이 평등하게 배분된 형평성도 기준이 된다.
④ 정책성과 특정집단의 욕구를 만족시킨 반응성도 기준이 된다.

해설 정책평가에서 시민의 만족도가 평가의 기준으로 적용되기는 하지만, 시민에 대한 통제가능의 정도는 민주행정에서 있을 수 없는 기준이다.

08 정책평가의 논리와 방법에 대한 설명으로 옳지 않은 것은?

① 내적 타당성이란 다른 요인들이 작용한 효과를 제외하고 오로지 정책 때문에 발생한 순수한 효과를 정확히 추출해 내는 것과 관련되는 개념이다.
② 내적 타당성을 위협하는 성숙요인이란 순전히 시간의 경과 때문에 발생하는 조사대상집단의 특성변화를 말한다.
③ 진실험설계의 주요 형태 중 하나인 단일집단 사전사후측정설계는 동일한 정책대상집단에 대한 사전측정과 사후측정을 통해 정책효과를 추정하는 방식이다.
④ 결과변수에 영향을 미친다고 생각되는 제3변수들을 식별하여 통계분석모형에 포함시킨 후 정책효과를 추정하는 것은 비실험적 설계의 한 예이다.

해설 통제집단과 실험집단의 구분 없이 실험집단에만 사전측정과 사후측정 결과를 비교하여 정책효과를 추정하는 방식은 비실험적 설계방법에 해당한다.

우리 인생의 가장 큰 영광은
결코 넘어지지 않는 데 있는 것이 아니라
넘어질 때마다 일어서는 데 있다
- 넬슨 만델라 -

Chapter 07
기획론

기출복원문제

키워드 기획의 제약요인, 그레샴의 법칙

기획을 집행하는 데 저해가 되는 행정적 요인에 해당되지 않는 것은? 방송통신심의위원회
① 기획기구의 문제점
② 번잡한 행정절차
③ 기획의 그레샴의 법칙
④ 조정의 결여

해설 기획의 그레샴의 법칙은 기획수립상의 제약요인에 해당한다.

정답 ③

기출 키워드	중요도
☑ 행정 기획	★
☑ 기획의 특성	★
☑ 기획의 원칙	★
☑ 기획의 제약요인	★★

CHAPTER 07 기획론

1 기획의 개념

① 기획(Planning)은 조직의 목적을 달성하기 위한 사전 준비 수단으로써 정책을 수립한 후 이를 실현하기 위하여 구체적 절차와 방법을 개발해 나가는 과정이다.
② 기획은 특정 목표를 달성하기 위하여 누가, 언제, 어떠한 방법으로, 어느 정도의 예산으로 어떤 활동을 하는가를 결정하는 것을 말한다.

2 기획의 특성

① 지향하는 명확한 목표를 전제로 해야 하는 목표지향성이 있다.
② 장래에 대한 대비 수단, 즉 미래지향적이어야 한다.
③ 행동 전의 사고 과정이다.
④ 사회적 가치를 반영하는 수단이다.
⑤ 하나의 의사결정과정이다.

3 기획의 기능

① 행정의 목표를 명확히 하여 행정의 방향과 활동 지침을 제공해 주고 구성원의 주의와 노력을 집중하게 할 수 있다.
② 사전 조정을 기하는 준거가 된다. 조직 단위 활동의 상호충돌과 마찰을 저지하고 통일적 활동으로부터 이탈을 방지한다.
③ 경비와 인력을 절약할 수 있다. 기획을 통해 방향 착오와 방향 전환으로 인한 손실을 막을 수 있으며, 인력과 물자의 효율적 사용을 도모할 수 있다.
④ 행정통제의 기준이 되며, 업적의 사후평가 기준이 된다.
⑤ 조직의 전체적인 운영 상황을 파악하여 환경변동에 대응할 수 있다.

개념더하기

기획의 본질적 특성
- 목표지향성
- 미래지향성
- 합리성
- 의사결정과정
- 계속적 준비과정
- 변화지향성
- 행동지향성
- 정치성
- 통제성
- 효율성

4 기획의 원칙

① **목적의 구체성** : 목적은 반드시 구체적으로 명시되어야 한다. 모호한 목적에 따라 작성된 계획으로 인해 비능률과 낭비를 초래할 수 있다. 또한 가능한 한 계량적으로 표시되는 것이 바람직하다.
② **단순성** : 계획은 간소화되어 정책결정자나 일반 국민의 이해와 협조를 쉽게 얻을 수 있어야 한다.
③ **표준화** : 재화와 용역, 작업 방법, 수속 절차 등을 표준화하여 기획을 용이하게 하고 장래의 기획에도 이용하도록 경제성을 기할 수 있다.
④ **신축성** : 사회, 정치, 경제적인 여러 상황의 변화에 대응할 수 있도록 계획의 집행에 영향을 주는 특수 상황들을 고려하여 작성되어야 한다.
⑤ **안정성** : 계획은 신축성(Flexibility)을 가져야 하지만 지나친 계획의 수정은 삼가야 한다. 따라서 신축성과 안정성을 어떻게 조화시키느냐 하는 어려운 문제가 생긴다. 안정성을 확보하기 위해 보다 정확한 정보의 수집과 예측이 필요하다.
⑥ **경제성** : 가능한 한 현재 이용할 수 있는 인적·물적 자원을 최대한으로 이용할 수 있도록 작성하여야 한다.
⑦ **예측성** : 주관성과 선입관의 배제, 과학적 조사방법에 입각한 자료의 분석 및 평가, 그리고 부하직원의 의견을 동원하여 장래에 대한 보다 정확한 예측에 기초를 두고 계획을 작성하여야 한다.
⑧ **계층화** : 계획은 반드시 조직의 하위계층으로 내려감에 따라 구체적이고 세분된 계획으로 분류되어 조직 단위별로 배분되어야 한다. 계획의 계층화는 하향식이 일반적이나 계획의 작성이 상향식으로 되어 최고층에서 정책으로 통합될 수 있다.

> **개념더하기**
> **기획과정**
> 목표 설정 → 상황 분석 → 기획 전제의 설정 → 대안 탐색 및 평가 → 최적안의 선택

> **개념체크** ○ ×
> • 기획은 가능한 한 현재 이용할 수 있는 자원을 최소한으로 하여 작성하여야 한다. ○×
> • 계획은 조직의 하위계층으로 내려갈수록 구체적이고 세분된 계획으로 분류되어야 한다. ○×
> ×, ○

5 기획의 제약요인

(1) 기획수립상의 요인
① 기획목표 설정상 갈등이 있을 수 있고 계량화가 곤란하다.
② 인간능력의 한계로 정확한 미래예측이 곤란하다.
③ 기획보다 집행 업무가 중시되는 현상으로 인해 개인적인 창의성이 위축된다(Gresham's Law).
④ 전문성을 지닌 문제일수록 시간·비용이 과다 소요된다.
⑤ 행정정보체계가 확립되지 않을 경우 자료·정보가 부족하다.

(2) 기획집행상의 요인

① 반복적 이용이 곤란하다.
② 즉흥적 결정에 의해 빈번하게 수정될 경우 일관성이 결여된다.
③ 부처 이기주의로 자원배분이 비효율적이다.

(3) 행정적(정치적) 제약요인

① 정치적 불안정과 정치적 개입
② 자원(예산)의 부족
③ 회계제도의 미발달

6 기획의 유형

구 분	유 형	특 징
기간별	장기 계획	10 ~ 20년
	중기 계획	3 ~ 7년 또는 5년
	단기 계획	1년
계층별	정책계획 (입법계획)	기본적 · 종합적 계획(국회의결을 요함)
	운영계획 (행정계획)	구체적 · 세부적 계획(국회의결이 필요 없음)
이용 빈도별	단용 계획	1회에 한하여 사용(비정형적 계획)
	상용 계획	반복적으로 사용(정형적 계획)
기간의 고정성 유무	고정 계획	기간이 고정된 계획(비현실적)
	연동 계획	중심년도를 기준으로 매년 기간이 변동
구속성의 유무	지시계획 (유도기획)	구속성 · 강제성이 없음(프랑스의 모네기획)
팔루디(Faludi)	• 청사진 중심의 기획 ⇔ 과정 중심적 기획 • 합리적 · 포괄적 기획 ⇔ 단편적 · 점증적 기획 • 규범적 · 목표적 접근 ⇔ 기능적 · 수단적 접근	
허드슨(Hudson)	총괄적 기획 · 점증적 기획 · 교류적 기획 · 창도적 기획 · 급진적 기획 등 기획에 의한 접근법(SITAR)	

개념체크 ○ ×

- 그레샴 법칙은 집행상의 제약 요인이다. ○×
- 연동 계획은 기간이 고정된 계획이다. ○×

×, ×

CHAPTER 07 | 기출분석문제

01 기획의 특성에 해당하는 것이 아닌 것은?

① 규범성
② 통제지향성
③ 목표지향성
④ 미래지향성

해설   일반적으로 기획은 목표를 달성하기 위한 수단을 선택하는 과정으로 규범성보다는 합리성을 지향한다.

02 기획에 대한 설명으로 옳지 않은 것은?   한국수자원공사

① 기획도 정책결정처럼 기획의제 설정, 기획결정, 기획집행, 기획평가 등의 과정을 거친다.
② 기획전제는 미래전망을 위해 현실여건을 고려하는 과정이다.
③ 기획은 목표 설정 → 상황 분석 → 기획전제의 설정 → 대안 탐색 및 평가 → 최적안의 선택 순으로 진행된다.
④ 일상적인 집행업무를 중시할 경우 기획의 그레샴의 법칙이 나타난다.

해설   기획전제는 통제가 불가능한 외생변수의 변화 등 미래에 대한 전망과 가정을 하는 것이다. 현실여건을 고려하는 것은 정보의 수집분석(상황분석)에 대한 내용이다.

03 기획의 효용에 대한 설명으로 옳지 않은 것은?

① 목표 달성이 핵심이 되는 전략적 요인에 관심을 집중시켜 목표를 더욱 명확히 한다.
② 기획은 한정된 자원을 최대한 효율적으로 이용하여 행정수요를 충족시킨다.
③ 여러 대안 중에서 최적 대안을 선택함으로써 경비를 절약할 수 있다.
④ 기획은 장래의 상태를 정확하게 예측하여 확실한 가정에서 계획을 작성할 수 있다.

해설   기획은 미래의 바람직한 활동계획을 준비하는 예측과정이므로 불확실성이 지배한다.

정답   01 ①   02 ②   03 ④

04 다음 기획의 제약요건 중 기획수립상의 제약요건이 아닌 것은?
① 정보와 자료의 부정확성
② 시간·비용상의 제약
③ 수정의 곤란성
④ 미래예측의 곤란성

해설 수정의 곤란성은 기획집행상의 제약요인이다.

05 다음 중 연동 계획에 대한 설명으로 옳지 못한 것은?
① 계획의 이상과 현실을 조화시키려는 것이다.
② 장기계획과 단기계획을 결합시키는 데 이점이 있다.
③ 집권당의 선거공약을 제시하는 데 효과적이다.
④ 방대한 인적 자원과 물적 자원이 요구된다.

해설 연동 계획은 기획기간이 유동적이므로 국민에 대한 호소력이 약해 정치인들이 선거공약 등을 제시하는 데 불리하므로, 정치가가 선호하지 않는 기획유형이다.

03

조직론

CHAPTER 01	조직의 기초이론
CHAPTER 02	조직의 구조
CHAPTER 03	조직과 환경
CHAPTER 04	조직행태론
CHAPTER 05	조직관리론

Chapter 01
조직의 기초이론

기출복원문제

키워드 파킨슨의 법칙

파킨슨의 법칙에 대한 설명으로 옳지 않은 것은? 소상공인시장진흥공단

① 부하가 증가하면 종전에 없었던 지시·보고·감독 등의 파생적 업무가 생겨난다.
② 행태론적 접근방법을 사용하여 정부 규모 증가를 설명한 것이다.
③ 공무원 수는 업무량과 상관없이 일정 비율로 증가한다.
④ 상관(上官)은 보다 많은 부하를 거느리기를 원한다.

해설 파킨슨의 법칙은 행태론이 아니라 생태론적 접근방법에 기초한 것이다.

정답 ②

기출 키워드	중요도
☑ 조직의 유형	★★★
☑ 파킨슨의 법칙	★★★
☑ 고전적 조직이론과 신고전적 조직이론	★★
☑ 현대조직이론	★
☑ 조직의 원리	★★★
☑ 애드호크라시(Adhocracy)	★★★

PART 3 조직론

조직의 기초이론

01 조직의 본질과 유형

1 조직의 개념

① 행정조직의 개념에 대해 다양한 견해가 제시되고 있으나 일반적으로 '일정한 행정목표를 달성하기 위해 형성된 분업과 통합의 활동체계를 갖춘 사회적 단위'라고 할 수 있다.
② 여기서 조직의 개념적 특성으로는 목표지향적, 분업과 통합의 합리적 활동체계, 사회적 단위, 구조와 과정을 포함, 일정한 경계가 있어 환경과 상호작용 등을 들 수 있다.

2 조직의 유형

(1) 파슨스(T. Parsons)의 유형

파슨스(T. Parsons)는 조직을 사회적 필요성에 따라 조직체제의 기능이 달라진다는 관점에서 분류하였다. 그는 사회체제가 수행하는 기능(AGIL)을 적응(Adaptation) 기능, 목표 달성(Goal Attainment) 기능, 통합(Integration) 기능, 유형유지(Latent Pattern Maintenance) 기능으로 분류하고 조직도 사회체제와 같은 기능을 수행한다고 한다.

① 경제적 생산 조직
  사회의 적응 기능을 수행하는 경제적 생산과 분배에 종사하는 조직으로, 영리를 목적으로 하는 회사·공기업 등의 기업체 조직이 여기에 해당한다.
② 정치 조직
  사회자원을 동원하여 사회적 목적과 가치를 창조하는 조직으로 공공행정기관이나 정당이 여기에 해당한다.

개념더하기

학자별 조직의 유형
- 에치오니(A. Etzioni) : 강압적 조직, 공리적 조직, 규범적 조직
- 민츠버그(H. Mintzberg) : 단순구조, 기계적 관료제, 전문적 관료제, 할거적 구조, 임시체제
- 블라우와 스코트(Blau & Scott) : 호혜조직, 기업조직, 봉사조직, 공익조직
- 콕스(Cox. Jr.) : 획일적 조직, 다원적 조직, 다문화적 조직
- 카츠와 칸(Katz & Kahn) : 적응 조직, 경제적·생산적 조직, 정치적·관리적 조직, 현상유지 조직

③ 통합(질서유지) 조직

사회의 안정을 유지하고 사회적 갈등의 조정과 일탈방지에 종사하는 조직으로서 정치조직이 목표를 설정하는 조직이라면 질서유지 조직은 목표성취를 위한 수단적 조직이라 할 수 있다. 사법기관·경찰·정신병원 등이 여기에 해당한다.

④ 유형유지 조직

사회체제의 독특한 문화와 가치를 보존하고, 문화 형태의 전승이나 교육적 기능을 수행하는 조직으로서 학교·교회·문화단체 등이 여기에 해당한다.

(2) 블라우와 스코트(Blau & Scott)의 유형

블라우와 스코트(Blau & Scott)는 조직과 관계를 가지는 사람들을 일반적인 구성원, 조직의 소유자 또는 관리자, 고객, 일반대중의 네 가지 범주로 나누고 주요 수혜자를 기준으로 하여 조직을 분류하였다.

① 호혜 조직
  ㉠ 조직의 주된 수혜자가 조직의 일반구성원이 되는 조직이다.
  ㉡ 정당, 노동조합, 공제회, 재향군인회, 전문직업인회, 종파 등이 여기에 해당된다.

② 기업 조직
  ㉠ 조직의 주된 수혜자가 조직의 관리자나 소유자가 되는 조직이다.
  ㉡ 회사, 통신판매소, 도매 및 소매상, 은행, 보험회사 등의 개인기업체들이 여기에 해당된다.

③ 봉사 조직
  ㉠ 조직의 주된 수혜자가 조직과 직접 접촉하고 있는 일반대중이 되는 조직으로서 이 조직의 기본적인 기능은 고객에 대한 서비스이다.
  ㉡ 사회사업기관, 병원, 학교, 법률상담소, 정신병원 등이 여기에 해당된다.

④ 공익 조직
  ㉠ 조직의 주된 수혜자가 대중전체가 되는 조직이다.
  ㉡ 각종 정부기관, 군대, 경찰, 소방서, 대학의 연구기관 등이 여기에 해당된다.

개념체크 ○×

- 파슨스(T. Parsons)는 조직의 수혜자에 따라 호혜 조직, 기업 조직, 봉사 조직, 공익 조직으로 분류하였다. ○×
- 파슨스(T. Parsons)의 조직유형 중 정치 조직은 조직 체제의 목표 설정과 관련이 있다. ○×

×, ○

(3) 민츠버그(H. Mintzberg)의 유형

민츠버그(H. Mintzberg)는 조직을 의도적으로 설계된 실체로 파악하고, 조직구조와 환경의 관계를 중시하면서 조직의 특징 그 자체를 기준으로 조직을 분류하였다.

① 단순구조 조직

상대적으로 소규모 조직이지만 조직환경이 매우 동태적이며, 조직기술은 정교하지 않다. 예를 들면 엄격한 통제가 요구되는 신생 조직, 독재 조직, 위기에 처한 조직 등이다.

② 기계적 관료제 조직

조직규모가 크고 조직환경이 안정되어 있으며, 표준화된 절차에 의하여 업무가 수행되는 은행, 우체국, 대량생산제조업체, 항공회사 등이다.

③ 전문적 관료제 조직

전문적·기술적 훈련을 받은 조직 구성원에 의하여 표준화된 업무가 수행되고, 전문가 중심의 분권화된 조직이다. 조직환경이 상대적으로 안정되고, 외부통제가 없는 대학, 종합병원, 사회복지기관, 컨설팅회사 등이 해당된다.

④ 분립구조·사업부제 조직

독자적 구조를 가진 분립적 조직이며, 중간관리층이 핵심적 역할을 한다. 대기업, 대학분교, 지역병원을 가진 병원조직 등이 해당된다.

⑤ 애드호크라시(Adhocracy) 조직

고정된 계층구조를 갖지 않고 공식화된 규칙이나 표준적 운영절차가 없는 조직이며, 조직구조가 매우 유동적이고 환경도 동태적이다. 첨단기술연구소, 우주센터 등이 해당된다.

> **개념체크** ○ ×
> - 블라우와 스코트(Blau & Scott) 조직의 기능에 따라 호혜 조직, 기업 조직, 봉사 조직, 공익 조직으로 분류하였다. ○ ×
> - 민츠버그(H. Mintzberg)는 조직의 특징 그 자체를 기준으로 조직을 분류하였다. ○ ×
>
> ×, ○

02 조직이론

1 의 의

① 조직은 인간의 사회적 목표를 달성하기 위한 하나의 수단으로 각 시대마다 사회의 목표가 변화함에 따라 조직의 형태도 다양하게 나타난다.
② 조직이론은 다양한 조직의 편제·관리에 적용되는 일반원칙을 말한다.
③ 조직이론의 발달은 여러 학자들에 의해 다르게 분류되고 있는데 여기서는 왈도(D. Waldo)의 분류에 따라 고전적 조직이론, 신고전적 조직이론, 현대적 조직이론으로 나누어 살펴보기로 한다.

2 고전적 조직이론

(1) 내용
① 고전 이론은 산업혁명 이후 민간부문의 공업생산구조가 확대되고 대규모의 근대적 산업조직들이 급속히 팽창되어 가는 이른바 조직혁명의 출발과 그 때를 같이한다.
② 산업화의 물결 속에 1900년대 초과학적 관리론의 영향 아래 성립·발전되어 1930년대에 완성된 이론이다.

(2) 특징
고전 이론에 대한 기술적 견해는 기계모형, 폐쇄모형, 자연과학적 모형, 합리적 모형을 들 수 있으며 일반적 특성은 다음과 같다.
① 능률제고를 유일한 가치기준으로 삼았기 때문에 조직의 생산활동에 관련된 공식적 구조와 과정적 변수에 주로 관심을 두었다.
② 공식적 구조와 기능을 관심의 초점으로 삼았기 때문에 조직활동의 합리적 계획을 강조하였다.
③ 연구대상인 조직을 환경과의 상호작용이 없는 폐쇄체제로 다루었다.
④ 인간본질에 대한 근본가정은 합리적·경제적 인간 모형이다.
⑤ 과학성을 추구하여 여러 가지 원리·원칙을 이끌어 내는 데 주력하였으나 많은 조직의 원리가 비조직적이며 비경험적인 과거의 경험과 직관에 의해 발전된 것이다.

3 신고전적 조직이론

(1) 내용
① 신고전적 조직이론은 기계적·합리적·구조적인 고전적 조직이론의 결함을 수정·보완하고자 하는 이론으로 1920년대 메이요(E. Mayo)의 호손실험을 계기로 성립하게 된 인간관계론이 핵심을 이루고 있다.
② 고전 이론의 비인간적 합리성, 기계적 인간관에 반발하고 인간의 개성이나 잠재성을 중시한 이론이라고 할 수 있다.

개념더하기

고전적 이론과 신고전적 이론의 비교

구분	고전적 이론 (과학적 관리론)	신고전적 이론 (인간관계론)
공통점	인간의 피동성, 동기부여의 외재성, 개인목표와 조직목표의 양립(교환모형), 폐쇄적 조직관	
인간관	X 이론 (합리적·경제적 인간)	Y 이론 (사회적 인간)
이념	기계적능률성 (능률성)	사회적 능률성 (민주성)
조직구조	공식적·기계적 구조	비공식적 구조
주요변수	구조	인간

(2) 특 징

① 조직 내의 비공식적 관계와 조직참여자의 사회적·심리적 측면을 중요시하여 사회적 능률을 새로운 가치 기준으로 삼았다.
② 조직참여자인 인간의 기계적 측면이 아니라 사회적·정서적·심리적 측면을 중요시하였으며 대인관계와 인간집단의 비공식 관계, 조직의 불확실한 요인 등을 중요시하게 되었다.
③ 조직과 환경의 상호관계를 중요시하여 환경관계론적 입장을 취하였다.
④ 인간의 사회적·비공식적·비합리적 측면을 중요시하여 인간을 사회적 인간 모형에 입각하여 연구하였다.
⑤ 고전이론의 허구적인 과학성을 공격하고 경험주의를 제창하였다.

> **개념체크** ○ ×
> • 고전적 조직이론은 과학적 관리론과 밀접한 관련이 있다.
>   ○ ×
> • 신고전적 조직이론은 공식적인 조직구조에 의존한다.
>   ○ ×
>   ○, ×

4 현대적 조직이론

(1) 내용 및 특징

① 1950년대 이후 등장한 현대적 조직이론은 다양한 분야에서 다양한 접근방법으로 연구되어 왔으며, 하나의 모형으로 일반화하는 데 어려움이 많다.
② 그 중에서도 공통적 특징으로 가치기준의 인정, 조직현상의 다양성과 그 속의 보편적 요인 포착 등을 들 수 있다.

(2) 주요 이론

① 의사결정모형
  ㉠ 의사결정모형은 사이먼(H.A. Simon)와 마치(J.G. March)가 제시한 모형으로 행정과정을 하나의 의사결정과정으로 파악하고 이것을 행정행태의 기본적인 개념도식으로 사용하고 있다.
  ㉡ 합리적 행동, 개인의 심리, 조직적 사고는 물론 철학적 사항, 관심 등 모든 것이 이와 같은 개념도식에 입각하여 이해된다.
② 체계모형
  ㉠ 체계모형이란 조직을 하나의 체계로 보고 체계의 유지·변화에 주목하여 투입과 산출, 내부화 과정 등에 대한 이론을 전개하는 것이다.
  ㉡ 현대적 이론에서는 조직이 환경과 상호작용하면서 존재한다는 개방체제적 관점에 입각하고 있다.

③ 관료제모형

막스 베버(Max Weber)가 제시한 관료제모형은 모든 조직은 관료제로서 보편성을 지닌다고 보는 모형이다. 관료제모형은 조직 외부에서 고찰하여 사회적인 문제의 해결을 위한 도구로서 고안된 관점에서 조직의 이념형으로 이념성, 보편성, 합리성을 특징으로 한다.

④ 사회체계모형

사회학자 파슨스(T. Parsons)가 주장하는 사회체계모형은 조직을 하나의 체계로서 보지만 그것은 어디까지나 전체 사회 내에서 가능하며 그것과 관련된 사회체계로서 파악하는 것이다. 즉 조직은 저마다 소규모의 사회인 동시에 대규모의 체계, 즉 사회의 부분을 이루며 그것과 관련되어 있는 것이다.

> **개념체크** ○ ×
>
> • 현대적 조직이론에서는 조직과 환경 간의 관계를 간과하는 폐쇄적 관점에 입각하고 있다. ○×
>
> • 관료제모형은 모든 조직은 관료제로서 보편성을 지닌다고 보는 모형이다. ○×
>
> ×, ○

조직이론의 비교

구 분	고전적 조직이론	신고전적 조직이론	현대적 조직이론
기초이론	과학적 관리론	인간관계론	체제이론
인간관	합리적 경제인관	사회인관	복잡인관, 자기실현인관
추구하는 가치	기계적 능률, 구조·기술행정개혁, 수단 중시	사회적 능률, 실증·인간주의	다원적 가치, 조직발전, 동태적 조직, 상황 적응적 요인
주 연구대상	공식적 구조	비공식적 구조	계층적 구조
환 경	폐쇄형	폐쇄형	개방형
연구방법	원리접근법	경험적 접근법	복합적 접근법
입 장	정치·행정이원론 (공·사행정일원론)	정치·행정이원론적 성격 강함	정치·행정일원론 (공·사행정이원론)

03 조직의 원리

1 계층제의 원리

(1) 개 념

① 계층제(Hierarchy)란 조직 구성원 각자의 권한과 책임의 정도에 따라 직무를 등급화함으로써 상하 조직단위 사이에 직무상 지휘·감독관계를 설정하는 것을 말한다.
② 대규모 조직은 대개 그 전체의 구조가 피라미드형의 계층제를 형성하게 된다.
③ 조직에 있어서 계층제는 기능상의 차이에 의한 구분이 아니라 권한과 책임의 정도에 의한 구분으로서 직무를 몇 등급으로 구분하는 통제체제의 수립을 의미하는 것이다.
④ 이러한 계층제는 조직의 구조를 수직적인 관점에서 보았을 때 최고관리층·중간관리층·하부관리층의 구분과 그 관점을 같이하는 것이다.
⑤ 계층제의 성립 요건에는 리더십의 존재, 권한의 위임, 직무의 결정 등이 있다.

> **개념더하기**
>
> **조직의 원리**
> 계층제의 원리, 통솔범위의 원리, 분업의 원리, 조정의 원리

(2) 계층제의 순기능과 역기능

순기능	역기능
• 지휘명령의 통로	• 인간의 개성 상실
• 상하연결의 의사전달 경로	• 동태적 인간관계 형성 저해
• 업무배분 통로	• 조직 구성원의 귀속감 감소
• 권한과 책임의 한계 명확	• 조직의 경직화
• 내부통제의 경로	• 의사소통의 왜곡
• 조직 내의 분쟁조절 수단	• 할거주의
• 조직의 통일성 및 질서유지	• 새로운 지식, 기술도입의 신속성 곤란

2 통솔범위의 원리

(1) 원 리

① 조직에 있어서 한 사람의 상관이 그 부하를 효과적으로 통솔할 수 있도록 부하의 수를 일정한 한도로 제한할 필요가 있다.
② 통솔범위란 이러한 효과적인 통솔이 가능한 부하의 수의 한도를 말한다.
③ 통솔범위의 원리(Principle of Span of Control)는 인간의 능력에 한계가 있기 때문에 상관은 일정한 수의 부하를 통솔하여야 한다는 원리이다.

④ 통솔의 범위를 어느 정도로 해야 하느냐에 대해서는 다양한 의견이 제시되고 있다.

(2) 통솔범위에 관한 이론

① 영국의 홀데인위원회(Haldane Committee)에 따르면, 통솔범위는 10명이 이상적이며 12명을 초과해서는 안 된다.
② 페이욜(H. Fayol)에 따르면, 상위층은 5~6명, 하위층은 20~30명이 적정하다.
③ 어웍(L. Urwick)에 따르면, 상위책임자의 경우 4명, 하위층은 8~12명이 적정하다.
④ 그레이쿠나스(V.A. Graicunas)에 따르면, 계층제의 상층부의 경우에는 5~6명, 말단의 경우는 20명이 적정하다.

> **통솔범위에 관한 수학적인 공식**
> 그레이쿠나스는 통솔범위를 결정하는 데 고려할 상관과 부하 간의 관계의 수를 다음과 같은 수학적 공식으로 제시하였다.
> $N = n(2^{n-1} + n - 1)$
> N은 상관과 부하 간의 관계의 수를 의미하여 n은 부하직원의 수를 의미하는 이 공식에 따르면, 부하의 수가 증가함에 따라 감독자가 고려해야 할 관계의 수는 기하급수적으로 증가한다.

(3) 통솔범위의 원리에 대한 평가

① 통솔범위에 대한 이러한 연구들은 모든 조직에 보편적으로 타당한 원리가 존재한다고 믿는 과학적 행정이론에 입각하고 있다.
② 그러나 통솔범위는 그 조직의 여러 가지 조건에 따라 일정하지 않다. 즉 통솔범위는 ㉠ 감독자의 역량과 피감독자의 질, ㉡ 직무의 성질, ㉢ 지리적 분산의 정도, ㉣ 계층의 위치, ㉤ 조직의 전통, ㉥ 막료제도의 발달 정도와 관리기술의 수준 등의 요소에 따라 달라질 수 있다.
③ 또한 통솔범위는 계층제의 원리와 상호 상반관계에 있으므로 적정 규모의 선정에 있어 특히 주의하여야 한다.
④ 계층제의 원리는 직접적 계층의 수를 얼마나 둘 것이냐 하는 조직의 '깊이'에 관한 원리이고, 통솔범위의 원리는 수평적 부하의 수를 얼마나 둘 것이냐 하는 조직의 '넓이'(폭)에 관한 원리이다.
⑤ 통솔범위가 확대될수록 계층의 수는 축소되므로 양자를 동시에 어떻게 조화시킬 것이냐 하는 것도 문제가 된다. 따라서 통솔의 범위는 구체적인 행정상황에 따라 신축성 있게 설정하여야 할 성질의 것이며, 어떠한 객관적인 원칙을 정하여 보편적으로 적용하는 것은 위험한 일이다.

개념체크 ○×

• 계층제는 외부환경의 변화에 탄력적으로 대응하기 쉽다.
　　　　　　　　　　○×
• 통솔범위는 효과적인 통솔이 가능한 부하의 수의 한도를 말한다.
　　　　　　　　　　○×
　　　　　×, ○

> **파킨슨의 법칙(Parkinson's law)**
> - 의의
>   - 정부의 적정 규모와 관련하여 행정의 주요 논점으로 대두하는 것이 적정 공무원의 수이다. 행정수요의 증대에 따라 공무원의 수는 증가하기 마련이나, 공무원 스스로의 이익을 위해 공무원 수가 증가하는 현상도 발생한다. 파킨슨의 법칙, 니스카넨의 예산극대화 모형 등이 이를 설명하는 이론이다.
>   - 파킨슨은 1914년부터 28년 동안 영국의 행정조직을 관찰한 결과, 1차 대전 이후 선박 수는 감소하였지만, 해운성의 공무원 수는 증가하였으며, 윌슨의 민족자결주의 이후 영국의 식민지는 감소하지만, 식민지에서의 공무원 수는 증가함을 발견하였다.
> - 내용
>   - 공무원 수는 해야 할 업무의 경중이나 그 유무에 관계없이 일정비율로 증가한다.
>   - 부하배증의 법칙 : 공무원이 과중한 업무에 시달리게 될 때 그는 자기의 동료를 보충받아 그 업무를 나누기를 원치 않고 그를 보조해 줄 부하를 보충받기를 원한다.
>   - 업무배증의 법칙 : 신설된 직위에 새로운 업무가 의도적으로 창조되는 현상을 말한다. 부하가 배증되면 지시, 보고, 승인, 감독 등의 파생적 업무가 창조되어 본질적 업무의 증가 없이 업무량이 증가한다. 그리고 배증된 업무량 때문에 다시 부하배증 현상이 나타나고 이는 다시 업무배증 현상이 창조되는 순환과정을 거침으로써 정부 규모가 커져간다.

개념체크 O X
- 계층의 수가 많아지면 통솔범위가 확대된다. O X
- 파킨슨의 법칙에 의하면 공무원의 수는 업무량의 증감과 관련이 있다. O X

× , ×

3 분업(전문화)의 원리

(1) 분업의 원리의 의의

① 분업(Division of Labour) 또는 전문화(Specialization)란 사무를 그 종류와 성질별로 나누어 조직 구성원에게 가능한 한 가지의 주된 업무를 분담시킴으로써 조직관리상의 능률을 향상시키려는 것을 말한다.

② 다수인으로 구성되는 행정조직의 업무는 매우 복잡한 것이기 때문에 조직의 업무는 여러 가지 기준에 의하여 여러 부분으로 나누어 각 구성원에게 분담케 함으로써 전문화를 기해 주어야 한다. 분업과 동시에 전문화가 발생한다.

③ 분업의 방법으로는 귤릭(L.H. Gulick)의 POSDCoRB처럼 그 기능에 따라 분업화하는 것도 있을 수 있고, 업무처리의 과정별로 분업화할 수도 있다.

④ 분업화는 종적·횡적으로도 이루어질 수 있다.

　㉠ 종적 분업 : 업무가 상급기관과 하급기관 간, 상급계층과 하급계층 간, 혹은 중앙계층과 일선기관 간에 배분되는 것이다.

　㉡ 횡적 분업 : 업무가 각 부처별·국별·과별로 분담되는 것을 말한다.

(2) 분업의 원리에 대한 평가

① 장 점
  ㉠ 사회적 분화에 따른 조직에 대한 전문성의 요구에 부응할 수 있도록 하여 작업능률을 향상시킬 수 있다.
  ㉡ 도구 및 기계의 발달을 기할 수 있다.
  ㉢ 개인능력의 한계 이상으로 조직을 확대할 수 있다.

② 단 점
  ㉠ 분업이 과도하게 진행되면, 단순한 업무의 반복으로 업무에 대한 흥미를 상실하고 창조적인 정신을 상실하게 되어 개인의 자아실현욕구를 저해한다.
  ㉡ 개인은 분담된 업무만을 수행하게 되므로 인간의 기계화 현상을 낳게 되며 시야의 협소화를 초래하여 소위 '훈련된 무능력'을 나타내게 된다.
  ㉢ 분업을 세분화하면 할수록 업무의 중복·책임 회피가 가능하여 조직 내 각 단위의 조정을 어렵게 한다.
  ㉣ 따라서 분업화에 비례하여 조직의 효율성을 높이려면 그만큼 조정과 통합력이 향상되어야만 한다.

> **개념체크** ○ ×
> · 분업을 통해 업무를 분담하여 조직관리상의 능률을 향상시킬 수 있다. ○ ×
> · 분업의 원리에서 분업은 업무를 부처별·국별·과별로 분담하는 횡적 분업만을 의미한다. ○ ×
>
> ○, ×

4 조정의 원리

(1) 조정의 의의

① 조직이 대규모화하고 복잡하면 할수록 그 목표의 효율적인 달성을 위해서 조직의 각 단위의 기능은 분업의 원리에 입각하여 분화되고 전문화된다.
② 그러나 이와 같이 조직에 기계적 원리를 도입하여 업무를 세분화하고 전문화하면 할수록 각 단위가 전체적인 안목을 상실하고 부분품화되는 폐단을 초래하기 쉽다.
③ 따라서 조직체의 각 부분이 공통된 목표를 달성하기 위하여 행동의 통일을 이룩하도록 집단적 노력을 질서 있게 배열하는 조정이 필요하다.
④ 현대사회에서 최대 규모의 조직인 행정체제는 '여러 상이한 단위가 사회적으로 원하는 성과를 이룰 수 있도록 효과적인 관계를 형성케 하려는 의도적인 과정'이라고 파악한다면, 조정은 행정의 목표를 달성하는 데 있어서 필수 불가결한 것이라고 할 수 있다.
⑤ 그러므로 무니(J. Mooney)는 조정의 원리가 조직의 원리 중 제1의 원리이며, 나머지 원리들은 결국 수단적 원리라고 하였다.

(2) 조정의 방법

① 목표의 명확화
② 권한과 책임의 명확화
③ 의사소통의 촉진
④ 의회 및 위원회제의 활용
⑤ 조정기구의 설치
⑥ 계층제원리의 도입
⑦ 동기부여나 일체감조성 등

(3) 조정의 저해요인

① 행정조직의 구성원들이 여러 가지 정치세력과 관련된 파벌성을 띠는 경우나 행정에 대한 정치적 영향력이 복잡하게 미칠 때
② 행정조직이 확산될 때
③ 행정기능이 고도로 전문화할 때
④ 조직의 목표와 구성원의 목표 간에 갭이 생길 때
⑤ 조직에 할거주의적 성향이 생길 때
⑥ 관리자의 리더십이 모자랄 때 등

개념체크 ○ ×

- 조정의 원리는 공동목표 달성을 위하여 구성원의 행동을 통일하는 원리이다. ○ ×
- 행정기능이 고도로 전문화할 때 조직의 조정이 잘 이루어진다. ○ ×

○, ×

04 조직의 동태화

1 애드호크라시(Adhocracy)의 개념

① 애드호크라시(Adhocracy)는 관료제의 반대개념에 가깝다. 이것은 베니스(W.G. Bennis)가 만들어낸 것으로서 기계적이고 정태적이며, 일상적인 관료제에 비하여 유기성·동태성·비일상성을 강조하는 조직구조 개념이다.
② 베니스(W.G. Bennis)는 애드호크라시를 '다양한 전문기술을 가진 비교적 이질적인 전문가들이 프로젝트를 중심으로 집단을 구성하여 문제를 해결하는, 변화가 빠르고, 적응적이며, 일시적인 체계'로 정의하고 있다.
③ 관료제와는 달리 유연성(Flexibility)·적응성(Adaptability)·대응성(Responsiveness)·혁신성(Innovation)이 높다는 점에서 유기적 조직구조에 속한다.

2 애드호크라시의 구조적 특성

(1) 낮은 수준의 복잡성
① 애드호크라시는 고도의 전문성을 가진 전문가들로 구성되어 있어 전문성에 따른 수평적 분화 정도는 아주 높지만 관료제와 같이 위계(계층)가 많은 조직구조를 가지고 있지 않아 복잡성 정도가 낮다.
② 다계층의 위계관리 구조를 가지지 않은 이유는, 애드호크라시는 유연성이 필요한데 계층이 많으면 유연한 적응능력을 잃게 되며, 전문요원들이 대부분 위에서 원하는 행동규범을 내면화하고 있어 감독의 필요성이 거의 없기 때문이다.

(2) 낮은 수준의 공식화
① 애드호크라시의 구성원들은 그때그때의 전문적 지식에 따라 자율적으로 대응하므로 구태여 표준화되거나 공식화된 규칙이 필요 없게 된다.
② 규칙이 있다 하더라도 느슨하거나 불문율인 경우가 많다.
③ 대개의 경우 애드호크라시는 새로운 방법으로 문제를 해결하려고 하기 때문에 행위의 일률성을 보장하는 공식화나 표준화는 별 의미가 없다.

(3) 분권적 의사결정
① 애드호크라시는 신속한 결정과 유연성을 필요하며, 분권화 정도가 높다.
② 애드호크라시는 최고관리층이 의사결정을 내리는 데 필요한 전문성을 가지고 있지 않기 때문에 의사결정에는 전문가들로 구성된 분권화된 팀에 의존한다.
③ 의사결정은 관료제의 지위에 따른 계층적 의사결정과는 대조적으로 전문성에 근거하여 민주적 의사결정을 한다.

개념더하기

애드호크라시의 특징
• 단순한 조직구조이며, 수평적 분화가 발달함
• 형식주의나 공식성에 얽매이지 않음
• 전문성이 강하고 운영에 융통성을 발휘함
• 의사결정권이 전문가로 구성된 팀에 분화됨

개념체크 ○×

• 애드호크라시는 관료제에 비해 수직적 분화가 높은 조직이다. ○×
• 애드호크라시 조직에서는 업무가 표준화되거나 공식화된 규칙이 필요 없다. ○×

×, ○

3 애드호크라시의 조직형태

(1) 매트릭스 조직(Matrix Organization)
① 매트릭스 조직은 조직활동을 기능별로 전문화시키면서 전문화된 부문들을 프로젝트로 통합시키는 조직형태이다.
② 매트릭스 조직은 기능 조직에다 프로젝트 조직을 결합시킨 이중의 지휘체계(Dual Hierarchy)를 갖는 조직구조이다.

(2) 태스크 포스(Task Force)
① 태스크 포스(Task Force)는 어떤 문제를 해결하기 위하여 여러 부서로부터 파견된 사람들로 구성된 임시조직이다.
② 태스크 포스(Task Force)는 일시적인(Temporary) 문제를 해결하는 데 있어 수평적 협조를 획득하는 데 아주 효과적인 조직 형태이다.
③ 이러한 조직 형태는 그들의 임무(과업)가 달성되고 나면 그 조직 자체도 해체된다.

(3) 공동관리구조(동료조직 ; Collegial Structure)
① 공동관리구조는 대학교, 연구소 등 고도의 전문직 조직에서 널리 사용되고 있는 애드호크라시의 한 형태이다.
② 주요 결정에 모든 성원이 참여하는 완전 민주주의(Full Democracy)라는 점에서 대표제를 택하고 있는 태스크 포스(Task Force)나 위원회조직과 다르다.
③ 공동관리구조는 최고도의 분권화를 가지고 있다. 최소한도의 지침만 허용하고 자유재량의 폭을 넓게 가진다.

(4) 위원회 구조(Committee Structure)
① 위원회는 일시적일 수도 있고 영구적일 수도 있다.
② 일시적 위원회는 위에서 설명한 태스크 포스(Task Force)와 동일하다.
③ 영구적 위원회가 조직의 최상층에 설치될 때에 복수의 집행부가 구성된다고 한다. 이러한 위원회는 최상층의 정책결정에 다양한 철학과 과정을 도입시킨다.

4 애드호크라시가 요구되는 상황

(1) 비일상적 기술
① 애드호크라시는 일상성이 아니라 비일상성에 맞는 조직모형이다.
② 비일상성은 공식화를 거의 포함하고 있지 않으며, 변화에 대응하기 위해 전문가들의 재능에 의존하도록 만든다.
③ 세분되고 이질적인 기술에 대한 조정과 통합이 요청된다.

개념체크 ○ ×

• 태스크 포스(Task Force)는 어떤 문제를 해결하기 위하여 구성된 임시조직이다. ○×
• 공동관리구조는 고도화로 분권화된 조직으로 업무 수행함에 있어 제약이 많다. ○×

○, ×

(2) 동태적이고 복잡한 환경

① 혁신은 예측하기 어려워 동태적 환경과 연관되고, 혁신작업은 정교한 것이어서 복잡한 환경과 연결되어 있다.

② 동태적 환경은 유기적 구조를 요구하고 복잡한 환경은 분권화된 구조를 요구하므로 애드호크라시도 유기적이며 분권적인 구조에 적합하다.

③ 애드호크라시는 바로 동태적이고 복잡한 환경에 대응하기 위해 제시된 조직모형이다.

(3) 신생조직

① 애드호크라시, 특히 운용적 애드호크라시의 경우 조직수명 주기 가운데 초기단계에 적합하다.

② 초기에는 생존을 위한 투쟁을 해야 하므로 기술혁신이 최고조로 필요하고, 선례도 없을 뿐만 아니라 확립된 기준도 없어 새롭고 다양한 접근이 요구된다.

③ 애드호크라시가 비교적 연륜이 짧은 조직에서 찾아볼 수 있는 것은 이 때문이다.

(4) 정교하고 자동화된 기술체계

① 조직의 기술체계가 정교화되면 이를 설계·변경·유지하기 위해 고도의 훈련된 지원스태프가 필요하고 이들에게 상당한 정도의 기술에 관련된 의사결정권이 이양된다.

② 지원스태프가 조직의 핵심부분으로 자리를 잡으면서 이 조직은 애드호크라시 형태를 띠게 된다.

③ 또한 조직의 기술체계가 자동화되면 작업자들에 대한 통제의 필요가 감소되므로 라인관리자 및 기술진의 영향력이 적어지고 지원스태프의 영향력이 커진다.

④ 기술체계의 자동화가 때로 애드호크라시를 탄생시키는 것은 이 때문이다.

(5) 이질적인 요소가 병존하는 환경

기업의 경우를 예로 들어보면, 어느 한 기업이 다수의 제품과 시장을 가지고 있을 때 제품을 중심으로 사업부제(Divisional structure)를 실시하면 시장의 연관성이 상실되고, 시장을 중심으로 사업부제를 실시하면 제품의 연관성이 상실될 경우, 제품과 시장이라는 두 이질적 요소를 고려하여 매트릭스 조직을 형성하면 이러한 문제를 해결할 수 있다.

> **개념체크** ○ ×
> - 위원회 구조는 기계적 능률의 측면에서 효과적이다. ○×
> - 위원회 구조는 창의성을 확보할 수 있다. ○×
> - 애드호크라시는 복잡한 환경에 대응하기 위해 제시된 조직모형이다. ○×
>
> ×, ○, ○

CHAPTER 01 | 기출분석문제

01 스콧(W. Scott)의 조직이론 체계와 발달에서 이론이 전개된 시대적 순서로 올바른 것은?   한국농어촌공사

① 폐쇄합리적 이론 → 폐쇄자연적 이론 → 개방합리적 이론 → 개방자연적 이론
② 폐쇄자연적 이론 → 폐쇄합리적 이론 → 개방자연적 이론 → 개방합리적 이론
③ 개방합리적 이론 → 개방자연적 이론 → 폐쇄합리적 이론 → 폐쇄자연적 이론
④ 개방자연적 이론 → 개방합리적 이론 → 폐쇄자연적 이론 → 폐쇄합리적 이론

해설   스콧(W. Scott)은 조직이론 중 고전 이론을 폐쇄–합리모형(1900~1930), 신고전 이론을 폐쇄–자연모형(1930~1960), 현대이론을 개방–합리모형(1960~1970)과 개방–자연모형(1970~)으로 파악하고 있다.

02 민츠버그(H. Mintzberg)의 조직유형에 대한 설명으로 옳지 않은 것은?   한국도로공사

① 단순구조는 유기적이고 융통성 있는 구조이다.
② 기계적 관료제는 낮은 분화·전문화 수준을 가진다.
③ 전문적 관료제의 주된 조정방법은 기술의 표준화이다.
④ 임시체제의 사업단위는 기능 또는 시장에 따라 구성된다.

해설   기계적 관료제는 높은 분화·전문화 수준을 가진다.

03 애드호크라시(행렬조직, 프로젝트팀)에 대한 설명으로 옳지 않은 것은?

① 공식성 수준이 낮다.
② 기술적, 비정형적 과업에 유리하다.
③ 조직 구성원 간의 갈등을 조정·완화한다.
④ 계층적 전문화와 규모의 경제 실현이 어렵다.

해설   애드호크라시는 이질적인 배경을 가진 사람과 전문가들이 모여, 조정과 통합이 곤란하고 책임과 한계가 분명하지 않다.

정답   01 ①   02 ②   03 ③

04 조직이론에 대한 설명으로 옳지 않은 것은?

① 고전적 조직이론에서는 조직 내부의 효율성과 합리성이 중요한 논의 대상이었다.
② 신고전적 조직이론은 인간에 대한 관심을 가져왔고 조직행태론 연구의 출발점이 되었다.
③ 신고전적 조직이론은 인간의 조직 내 사회적 관계와 더불어 조직과 환경의 관계를 중점적으로 다루었다.
④ 현대적 조직이론은 동태적이고 유기체적인 조직을 상정하며 조직발전(OD)을 중시해 왔다.

[해설] 신고전적 조직이론은 조직 내 환경에는 관심을 가졌지만, 조직을 둘러싸고 있는 외부환경과의 관계는 간과함으로, 폐쇄체제적인 조직관에 입각하고 있다.

05 정보화 사회의 대두에 따라 최근 피라미드형 조직에서 네트워크형 조직으로 이전하는 경향이 있다. 다음 중 네트워크형 조직의 특징은?

① 조직의 수명이 비교적 길다.
② 조직의 경계가 고정적이다.
③ 조직 구성단위의 자율성이 높다.
④ 조직 구성단위 간의 관계가 수직적이다.

[해설] 조직의 수명이 짧고 경계가 가변적이며 조직 간 계층관계가 약하다.

06 계층제에 대한 설명으로 옳지 않은 것은?

① 조직의 수직적 분화가 많이 이루어졌을 때 고층구조라 하고, 수직적 분화가 적을 때 저층구조라 한다.
② 조직 내의 책임과 권한 및 의무의 정도가 상하계층에 따라 달라지도록 조직을 설계하는 것을 말한다.
③ 조직에서 지휘명령 등 의사소통, 특히 상의하달의 통로가 확보되는 순기능이 있다.
④ 엄격한 명령계통에 따라 상명하복의 관계를 유지하기 위해서는 통솔범위를 넓게 설정한다.

[해설] 조직의 수직적 분화가 많이 이루어진 고층구조에서 엄격한 명령계통에 따라 상명하복의 관계가 유지되기 때문에 조직의 수직적 분화가 많이 이루어진 고층구조는 통솔범위를 좁게 설정해야 한다.

07 오늘날까지도 계층제가 유지될 수 있는 가장 중요한 이유는?

① 하위조직 간 타협 · 조정
② 통일성의 확보
③ 의사전달의 민주화
④ 자아실현의 무대

해설 계층제의 기본 정신은 지배 · 복종을 중심으로 지휘계통을 확립하는 것으로서 계층제는 궁극적인 권한과 책임이 최고 정점에 있는 1인에게 수렴한다. 그래서 조직의 통일성 · 안정성 · 질서유지 및 조정을 촉진할 수 있다.

08 조직의 원리에 대한 설명으로 옳지 않은 것은? 　　　　　　　서울교통공사

① 계층제의 원리란 직무를 권한과 책임의 정도에 따라 수직적으로 등급화하고 상하 간에 명령복종관계를 확립하는 것을 말한다.
② 통솔범위의 원리란 한 사람의 상급자가 효과적으로 통솔할 수 있는 적정한 부하의 수에 관한 원리를 말한다.
③ 전문화(분업)의 원리란 행정행위는 문서화해야 한다는 원리를 말한다.
④ 명령일원화의 원리란 한 사람에게만 보고하고 지시를 받아야 한다는 원리를 말한다.

해설 전문화(분업)의 원리란 직무를 성질과 종류별로 나누어 구성원에게 가급적 한 가지의 주된 업무를 분담시킴으로써 조직의 능률을 향상시키려는 원리를 말한다.

09 조직의 원리 중 조정의 원리와 관련하여 Task Force, Project Team 등 애드호크라시 조직이 갖는 조정기제로서의 의미나 성격이 틀린 것은?

① Task Force, Project Team은 부서 간 통합을 위한 수평적 조정기제이다.
② Task Force, Project Team은 모두 환경변화에 대응하기 위한 유기적 구조의 일종이다.
③ Task Force가 Project Team보다 더 장기간에 걸쳐 강력한 협동을 요구할 때 사용되는 수평적 조정기제이다.
④ 조정이란 조직의 전체목표를 달성하기 위한 부서간 협력과 통합의 질을 말한다.

해설 Task Force(임시작업단)보다 Project Team이 더 장기간에 걸쳐 강력한 협동을 요구할 때 사용되는 수평적 조정기제이다.

10 애드호크라시(Adhocracy)에 대한 설명으로 옳지 않은 것은?   한국광광공사

① 환경의 변화에 신속하게 대응할 수 있고 다양한 전문가들의 조정이 중시된다.
② 수평적 조직형태를 갖추고 있기 때문에 권한과 책임을 둘러싼 갈등은 발생하지 않는다.
③ 다각화 전략, 변화 전략, 위험부담이 높은 차별화 전략을 선택할 때 적합한 조직구조이다.
④ 업무가 특수하고 비정형적이며 기술이 비일상적이고 환경이 역동적으로 변하는 상황에서 유효한 조직유형이다.

해설 애드호크라시(Adhocracy)는 계층제 형태를 띠지 않기 때문에 오히려 권한과 책임이 모호하여 조직 내 갈등이 발생할 가능성이 높고, 효율성도 낮은 조직이다.

Chapter 02
조직의 구조

기출복원문제

키워드 대표관료제

대표관료제에 대한 설명으로 옳지 않은 것은?　　　　　　　　　　　　　　　　　　　　　부산교통공사

① 대표관료제는 실적주의의 폐단과 직업공무원제의 한계를 극복하고 사회적 약자를 보호하기 위하여 등장하였다.
② 대표관료제의 기본 전제인 적극적 대표성은 그 나라의 사회, 경제적 인구구성의 특징이 관료제의 구성에 그대로 반영되는 것을 의미한다.
③ 대표성을 지닌 관료집단 사이의 견제와 균형을 통해 국민의 의사를 균형있게 대변하여 관료제 내부 통제를 강화할 수 있기 때문에 도입 필요성이 인정된다.
④ 대표관료제는 관료제 인적 구성비율을 사회의 각 집단에 비례하도록 구성하여 정부관료제의 민주성을 확보하고자 한다.

해설 대표관료제의 기본 전제인 소극적 대표성은 그 나라의 사회, 경제적 인구구성의 특징이 관료제의 구성에 그대로 반영되는 것을 의미한다.

정답 ②

기출 키워드	중요도
☑ 관료제	★★★
☑ 대표관료제	★★★
☑ 탈관료제	★★
☑ 공식조직과 비공식조직	★★
☑ 계선과 막료	★★★
☑ 위원회	★★
☑ 공기업	★★
☑ 공기업의 민영화	★★
☑ 책임운영기관제도	★★
☑ 준정부조직	★

조직의 구조

PART 3 조직론

01 조직의 구조

1 의 의

① 조직의 구조란 조직 구성원들의 '유형화된 상호작용(Patterned Interaction)'이라고 할 수 있는데, 조직 구성원들은 조직 속에서 조직 목표를 달성하기 위하여 서로 협동하면서 끊임없이 상호작용을 계속해 나간다.
② 이러한 상호작용 과정에서 일정한 질서 또는 유형이 생기는데 이것이 바로 조직의 구조이며, 이러한 구조에는 공식적인 측면과 비공식적인 측면이 있다.

2 조직구조의 요인

① 조직의 구조는 일련의 요인들이 상호작용하는 가운데 엮어진다.
② 구조를 엮어내는 요인들이란 조직 구성원들의 행동을 유형화하는 데 작용하는 요인들을 말한다.
③ 조직구조의 요인 가운데서 가장 기초적인 것은 역할과 지위, 권력과 권한을 들 수 있다.

(1) 역할(Role)

① 조직구조의 기본단위를 형성하는 원료는 인간의 행동이다. 이러한 행동을 한정하고 유형화하여 구조적 단위의 기초를 마련하는 것은 역할이다.
② 역할은 사회적인 관계에서 어떤 위치를 차지하는 사람들이 해야 할 것으로 기대되는 행동이나 행위의 범주로서 역할은 조직 내에서 일, 직무, 업무, 임무 및 기능이라고 표현되기도 한다.
③ 역할을 구성하는 행동은 다른 사람들의 기대에 결부된 것이며, 다소간에 반복적이고 예측가능한 결과를 수반하는 것이다.

> **개념더하기**
>
> **조직의 상황적 요인과 구조적 특성의 관계**
> - 조직의 규모가 커지면 조직의 분권화가 촉진됨
> - 조직의 규모가 커지면 복잡성이 증가됨
> - 조직의 규모가 커지면 공식화 수준은 높아짐

(2) 지위(Status)
① 지위는 어떤 사회적 체제 속에서 개인이 차지하는 위치의 비교적인 가치(Relative Worth) 또는 존중도를 의미한다.
② 지위는 계층화된 지위체제 내에서의 등급 또는 계급이라고 말할 수 있다.
③ 지위의 차이는 차등적인 보수와 편익, 권한과 책임 등을 기초로 하고 있으며, 차등적인 지위에는 각각 크기에 상응한 상징(Status Symbol)이 부여된다.

(3) 권력(Power)과 권한(Authority)
① 권한이나 권력은 조직 구성원들이 유형화된 상호작용을 하기 위해 필요한 지배구조의 요소이다.
② 권한은 조직의 규범에 의하여 그 정당성이 승인된 권력이고, 권력은 개인 또는 조직단위의 행태를 좌우할 수 있는 능력이라고 할 수 있다.
③ 권력은 행동주체(개인, 집단, 조직 등) 사이의 관계를 설정해 주는 요인이다.
④ 개인이나 집단이 권력을 고립적으로 행사할 수는 없으며, 반드시 다른 사람 또는 집단과의 관계 속에서만 행사할 수 있다. 따라서 권력은 일종의 관계변수(Relational Variable)라고 불린다.

> **개념체크** ○ ×
> • 조직구조 요인에는 역할, 지위, 규모 등이 있다. ○ ×
> • 역할은 담당자들이 달라지더라도 일정한 속성을 가지며 예측가능성을 갖는다. ○ ×
> ×, ○

02 관료제

1 의의
① 관료제란 한마디로 정의하기 어려운 개념이다. 다만 일반적으로 관료제란 계층제 형태를 띠고, 합법적이며, 합리적인 지배가 제도화되고 있는 복잡한 대규모 조직의 구조적 특징이 있는 것으로 파악되고 있다.
② 일찍이 마르크스(K. Marx)는 관료제란 용어를 ㉠ 조직의 구조, ㉡ 조직의 만성적 병리, ㉢ 현대 정부의 성격 혹은 반민주적 제도를 의미한다고 보았다.

개념더하기

베버(M. Weber)의 권위유형

카리스마적 권위	특정 인물이 소유하고 있는 비범한 자질에 대한 믿음 때문에 그로부터의 명령이 정당화되는 경우
전통적 권위	전통이나 관습에 의하여 명령이 정당화되어 왔기 때문에 이에 복종하게 되는 경우
합법적 권위	법규에 규정되어 있어 명령에 복종하는 경우로, 베버는 이를 관료제라고 봄

2 베버(M. Weber)의 관료제

(1) 지배의 3유형과 근대관료제
① 베버(M. Weber)는 지배의 유형을 전통적 지배, 합법·합리적 지배, 카리스마적 지배로 나누고, 근대관료제는 합법·합리적 지배라는 이념형에 입각한다고 하였다.
② 즉, 전통적인 권위나 카리스마적 인물에 의한 지배가 아닌 합법성·합리성에 의한 지배의 전형적 형태를 관료제라고 파악한 것이다.

(2) 근대관료제의 발전요인
베버(M. Weber)에 의하면 근대관료제의 발전 요인은 ① 화폐경제의 발달, ② 행정사무의 양적 증대, ③ 행정사무의 질적 변화, ④ 관료제 조직의 기술적 이점, ⑤ 행정수단의 집중화, ⑥ 사회적 차별의 평균화라고 지적하였다.

(3) 근대관료제의 특징
① 조직의 목적달성을 위한 정규의 활동은 일정한 방법에 따른 공식상의 직무로서 배분된다.
② 직무의 조직은 관료제의 원칙을 따른다.
③ 직무의 수행은 문서에 의한다.
④ 직원은 비정서적·합법적인 방법으로 일을 수행한다.
⑤ 관료는 전문적인 지식 여부에 의해서 채용된다.
⑥ 관료제적 조직은 기술적인 면에서 최고의 능률을 확보할 수 있다.

(4) 평가
① 베버(M. Weber)의 관료제가 추구하는 이상과 장점은 탁월한 능률성, 질서와 안정, 예측가능성, 계속성에 있다.
② 이상과 장점의 추구는 합법성과 합리성, 즉 비인간적인 공식적 규칙과 기준에 입각한 조직의 운영 속에서 가능한 것이고, 그러한 이상을 현실화하는 데 많은 공헌을 하였다.

3 베버(M. Weber) 이론의 수정과 비판

(1) 1930년대의 수정이론

1930년대에 이르러 베버(M. Weber) 이론의 탐구를 계속한 미국의 사회학자들은 베버의 이론이 본질적으로 독일의 비민주적 정치사회를 대상으로 한 것이었다고 지적하며, 베버가 합법적인 근대 관료제의 장점을 너무 강조한 나머지 다음과 같은 점을 간과했다고 주장하고 있다.

① 베버의 이론은 공식적인 면만 강조하고 비공식적인 면을 도외시했다.
② 합리적인 면만 강조하고, 비합리적인 면을 등한시하였다.
③ 관료제의 순기능만 강조하고, 역기능 내지 병리를 경시했다.
④ 관료제를 환경과의 관련하에서 보지 않고, 그 내부의 문제만 한정해서 보았다.

(2) 1960년대의 수정이론

1930년대의 이론이 베버(M. Weber) 이론을 보완적으로 수정한 것이라면, 1960년대의 수정이론은 전면적·부정적 수정이라 할 수 있다.

① 고전적 관료제이론은 관청의 권한을 법령으로써 규정하고 있는데, 법령으로 행정의 융통성을 묶어 두는 것은 발전의 입장에서는 장애가 된다는 것이다.
② 베버의 이론에서는 좁은 분야의 전문지식이 아니라 사회 전반에 대한 넓은 분업체제로써 고려해야 한다.
③ 관료에게 좁은 분야의 전문지식이 아니라 사회 전반에 대한 넓은 이해력과 발전지향성이 요구된다.
④ 법령에 따라 합법적인 행정이 요구됨은 말할 것도 없지만 그보다는 발전 목적에 일치하는 합목적성과 효과성이 요구된다.

개념체크 ○ ×

- 관료제에서는 조직의 기능은 일정한 규칙에 의해 제한한다. ○ ×
- 이상적인 관료제는 정치적 전문성에 의해 충원되는 제도를 갖는다. ○ ×

○, ×

4 관료제의 병리 및 역기능

(1) 병리 및 역기능에 대한 연구모형
① 머튼(Merton)의 모형
  ㉠ 관료제의 역기능은 관리자의 관료에 대한 통제요구에서 발생한다고 본다.
  ㉡ 관리자는 관료들의 행태를 개선하기 위해 규칙을 마련하는데, 그와 같은 규칙의 준수는 행태의 경직성을 초래하고, 그로 인하여 고객과의 갈등을 초래하며, 고객의 불만감을 증가시킨다.
  ㉢ 규칙으로 인해 목표를 망각하고, 규칙의 준수만을 강조하는 악순환 속에 빠지게 된다.
② 셀즈닉(Selznick)의 모형
  ㉠ 역기능은 권한위임 및 전문화에서 발생한다고 본다.
  ㉡ 권한위임과 전문화는 관료의 전문적인 능력을 향상시키지만, 하위단위의 이해관계를 분립을 초래한다.
  ㉢ 하위단위들이 조직의 전체적 목표보다는 각기의 하위목표만을 강조하는 부문주의를 초래하며, 조직단위 간의 갈등을 증가시킨다.
③ 굴드너(Gouldner)의 모형
  ㉠ 역기능은 최고관리층이 조직 구성원을 통제하기 위하여 일반적이고 비인간적인 규칙을 제정하여 적용하는 데 있다고 본다.
  ㉡ 규칙의 적용은 조직 내의 권력관계를 분명히 하므로 조직 내의 긴장을 완화시킨다고 생각하지만, 반면에 조직 구성원은 규칙의 범위 내에서 그들에게 요구되는 최소한의 행태를 파악하고 거기에만 그들의 행태를 맞추기 때문에 조직의 목표와 개인들이 달성한 실적 간에 차질을 초래하게 된다.

(2) 병리 및 역기능 현상
① 일반적인 규칙과 표준적인 절차를 강요하게 되어 형식주의와 문서주의를 야기하게 된다.
② 관료는 자신의 권한을 최대한 축적하려고 한다.
③ 정해진 규정 속에서 관료는 책임을 회피하고 분산하려는 행태를 취한다.
④ 관료들은 자신들에게 불리한 어떤 정책이나 행위에 대해 정보제공의 거부 및 번문욕례 등의 활용으로 방해하게 된다.
⑤ 관료들은 자신이 속한 기관·부서 등을 중시하여 할거주의가 초래된다.
⑥ 관료제는 수단으로 강조된 규칙에 지나치게 집착하여 목적을 망각하는 동조과잉 현상을 낳는다.

개념체크 O X

- 관료제에서는 엄격한 규칙과 절차를 준수함으로써 조직의 목적을 효율적으로 달성할 수 있다.   O X
- 관료제에서는 부서 내의 이익에만 집착하게 되어 조직 전체의 목적을 망각할 수 있다.   O X

X, O

⑦ 관료제는 기본적으로 보수성을 지니므로 변화에 대해 저항을 하게 된다.
⑧ 아울러 관료제는 무사안일주의, 복지부동, 권력에 대한 지나친 욕구 등을 야기한다.

03 대표관료제

1 의의

① 대표관료제란 인종, 성별, 직업, 신분, 계층, 지역 등 여러 기준에 의하여 분리되는 모든 사회집단들이 한 나라의 인구 전체 안에서 차지하는 수적비율에 맞게 관료조직의 지위를 차지하는 원리가 적용되는 관료제를 말한다.
② 오늘날 관료제가 직면한 본질적 문제 가운데 하나는 능력이나 능률성의 담보가 아니라, 관료제의 책임성의 확보라고 보고, 이러한 책임성의 확보와 연계되어 흔히 제안되고 있는 것이 관료제의 인적 구성을 그 사회의 주요한 사회적, 경제적, 인구학적, 그리고 여타의 집단들을 반영하는 것으로 구성하자는 것이다.
③ 이러한 사고의 밑바탕에는 관료제 내에 사회의 모든 주요한 가치, 이해, 관점 등이 반영되어 있다면, 이는 특정 계급이나 분야 혹은 집단의 이해와 요구가 아니라, 모든 국민의 이해와 요구에 봉사한다는 의미에서 관료제가 책임성을 갖게 된다는 것이다.

2 발달과정

① 대표관료제라는 용어가 처음 사용되기 시작한 것은 킹슬리(J.D. Kingsley)가 1944년에 발표한 「대표관료제 ; 영국관료제의 해석」에서였다.
② 대표관료제라는 용어는 애초에 모든 사회집단이 그들의 통치기관에 참여할 권리를 가졌다는 의미로 사용되었다.
③ 최근에는 모든 사회집단이 전체 국민에서 차지하는 비율에 상응하여 관직을 보유해야 한다는 규범적 성격에까지 발전하였다.

개념체크 ○ ×
- 관료제에서 엄격한 규칙의 준수는 달성하려는 목표보다는 수단을 오히려 중시하게 된다. ○ ×
- 대표관료제는 외부의 다양한 계층에서 채용하므로 전문성이 제고된다. ○ ×

○, ×

④ 대표관료제는 관료가 사회의 어떠한 노력과 고립 무연한 존재라 보지 않고 일상적으로 국민과 접촉하는 의회의 의원과도 비슷하며, 행정을 통하여 국민의 반감을 관찰하고 이에 따라 정치적 지식을 획득하고 있다고 한다.

3 기능

① 정부관료제에 다양한 집단을 참여시킴으로써 정부관료제의 민주화에 기여한다.
② 국민의 다양한 요구에 대한 정부의 대응성을 향상시키고 기회균등의 원칙을 보장함으로써 국민의 대표성과 사회적 형평성의 제고라는 민주적 이념을 실현한다.
③ 정부가 민주적 정책결정을 하도록 도와줄 뿐만 아니라 정부정책에 대한 관료의 책임성을 제고시켜 정부가 좀더 합리적인 정책을 선택할 수 있도록 도와준다.
④ 소외집단을 정부에 참여시키고 활용함으로써 국가적인 견지에서 인적자원을 효율적으로 관리하도록 도와줄 뿐만 아니라 소외집단의 요구에 대한 정부정책의 대응성을 높임으로써, 정부정책에 대한 국민의 신뢰감을 높이고 정책의 집행을 용이하게 하며 정부 활동의 능률성을 향상시킨다.
⑤ 전통적으로 차별을 받거나 소외된 집단의 사회, 경제적 지위를 향상시킴으로써 소외집단의 구성원들에 의한 반사회적 행위를 감소시킨다.

4 구현 방안

(1) 고용평등조치(Equal Employment Opportunity)
고용평등조치는 인종, 피부색, 성별, 종교, 연령, 과거의 국적 또는 합법적인 임용 기준으로는 될 수 없는 요인을 기초로 어떤 개인을 불리하게 취급하거나 임용 기회를 박탈하는 것을 방지하기 위한 일련의 인사정책, 절차, 운영 방법을 말한다.

(2) 적극적 시정조치(Affirmative Action)
적극적 시정조치는 인종, 성별 등에 의한 차별을 제거하려는 목적하에 소외집단의 구성원들을 적극적으로 채용·승진시키도록 하는 구체적 노력을 말한다.

개념체크 ○×

• 투표에 의해서 공무원을 선출하는 방식이 전형적인 대표관료제의 구현 방식이다. ○×
• 대표관료제는 집단 내의 견제와 균형을 통해서 사회집단 간의 이익을 균형있게 대변할 수 있다. ○×

×, ○

(3) 임용할당제(Employment Quota System)

임용할당제는 정부관료제 내의 모든 계층과 직업 분야에 대한 임용의 비례적 대표성을 강제하는 방식이다.

5 비 판

① 대표관료제의 원리는 개인보다 집단에 역점을 두어 자유주의에 어긋나며, 사회의 분열을 조장한다.
② 대표관료제는 능력·자격을 2차적인 가치로 삼기 때문에 행정의 전문성과 생산성을 저하시킨다.
③ 대표관료제는 정책결정 시 공무원의 행태가 공직취임 후에도 변화되지 않는다는 것을 전제로 하고 있으나 조직 내의 사회화과정, 조직 내 준거집단의 영향 등으로 변화되기 마련이다.
④ 정부관료제가 정책입안의 주된 출처라고는 하지만 공무원들이 출신집단별로 집단이기주의를 표출해서는 안 되므로 대표관료제의 논거가 빈약하다.
⑤ 대표관료제의 실현에는 여러 가지 기술적 어려움이 따른다. 즉, 직원의 끊임없는 내부이동으로 인한 인구비례의 정태적 균형 유지의 곤란성, 사회집단별 인구구조가 일정하지 않으므로 사회집단별 공무원 할당 수의 통계학적 산정이 곤란한 것이다.

> **개념체크** ○×
> · 대표관료제는 한 국가 내에서 차지하는 각 사회집단의 구성 비율에 맞추어 정부관료제를 구성하는 것이다. ○|×
> · 대표관료제는 자유주의 원칙에 부합하여 집단보다는 개인의 능력에 역점을 두어 사회통합에 기여한다. ○|×
>
> ○, ×

04 공식조직과 비공식조직

1 의 의

법률에 의하여 인위적으로 이루어진 조직을 공식조직이라 하고, 공식조직 내에서 인간관계에 입각한 상호접촉·친분·감정 등에 의하여 자연발생적으로 성립된 조직을 비공식조직이라 한다.

2 공식조직과 비공식조직의 비교

① 공식조직은 외면적이고 가시적 조직인 데 반하여, 비공식조직은 내면적이고 불가시적 조직이다.
② 공식조직은 규제·규정·편람 등에 의하여 명문화된 제도적·인위적 조직인 데 반하여, 비공식조직은 자연발생적으로 생성된 성문화되지 않은 비제도적 조직이다.
③ 공식조직은 제도화된 계층구조를 중심으로 한 수직적 조직으로서 법적으로 권한의 배정이 이루어지며, 비공식조직은 그렇지 아니하다.
④ 공식조직은 능률성과 합리성이 전제된 행동으로 나타나지만, 비공식조직은 현실적인 인간관계에서 생기는 감정의 일치가 이루어질 때 비로소 나타나는 조직이다.
⑤ 공식조직은 하나로 일관된 전체질서를 요구하는 조직이고, 비공식조직은 공식조직 내에 여러 개가 존재할 수 있는 것으로서, 각각의 비공식조직은 서로 다른 부분적 질서를 요구하는 조직이다.
⑥ 공식조직은 하나의 목표를 추구하는 조직인 데 반하여, 비공식조직은 여러 목표를 추구하는 질서 조직이다.

3 비공식조직의 순기능과 역기능

조직에 있어서 비공식조직을 연구하는 목적은 비공식조직이 공식조직의 목표 달성에 있어서 어느 정도 기여할 수 있는가를 파악하여 활용하고자 하는 데 있다. 비공식조직이 조직의 목표 달성에 기여하는 기능을 순기능이라 하고, 이에 방해가 되는 기능을 역기능이라고 한다.

(1) 순기능
① 비공식적인 인간관계를 통해서 자유스러운 의사소통이 가능하기에 행정의 민주화에 기여할 수 있다.
② 정적인 조직에서 동적인 조직으로 변화하게 하여 능률만을 강조하는 기계적이고 비인격적인 합리주의적 조직에서 오는 모순과 폐단을 수정 또는 보완할 수 있다.
③ 능률은 물적 환경만으로 이루어지는 것이 아니라, 조직의 구성원이며 행정의 주체인 인간의 심리적·사회적 만족에서도 이루어지기 때문에 비공식조직은 능률적 수행의 새로운 기능으로 인정할 수 있다.
④ 조직 구성원이 귀속감·안정감을 받음으로써 사기가 높아지고 심리적 안정감을 갖게 되어 조직의 안정을 기할 수 있다.

개념더하기

비공식조직의 순기능과 역기능

순기능	• 심리적 안정감의 형성 및 욕구불만의 발산처 • 공유할 수 있는 행동 규범의 확립과 사회적 통제 • 공식지도자의 능력 보완과 업무의 능률적인 수행 • 공식조직의 경직성의 완화와 적응성의 증진 • 의사소통의 보완과 쇄신적 활동의 촉진
역기능	• 근거와 책임이 불분명하여 공식적 소통의 왜곡 및 마비 • 파벌 조성으로 공식조직의 응집력 약화 • 관리자의 소외 및 공식권위의 약화 • 개인적 불만의 집단으로의 확산 • 압력단체로서의 역할

⑤ 조직 구성원의 욕구불만에 대한 발산처로서의 역할을 하기 때문에 불만에서 만족을 얻어, 다시 새로운 의욕을 북돋아 주는 역할을 한다.
⑥ 비공식조직은 공식조직이 제도적인 규칙 및 절차 등에만 집착한 나머지 진부한 상태와 퇴보를 야기시킬 위험에서 조직에 활기를 넣어 주어 발전적인 생동감을 주는 역할을 한다.

(2) 역기능

① 비공식조직이 상층부의 요구를 거절하고 자기들 스스로가 수집한 직무수행 방법을 고집할 경우, 적대적인 태도를 취하게 되어 조직의 기능을 발휘할 수 없게 되고, 이와 같은 적대감정이 비공식조직을 지배할 경우 비공식조직의 응집력이 강화되어 역기능을 초래하게 된다.
② 비공식조직의 구성원은 비공식조직의 구성원이기 때문에 받을지도 모르는 승진의 제한, 면직 또는 좌천, 장래에 대한 공포 등으로 심리적 불안감을 갖게 되고, 개인의 불안과 개인의 의사를 조직 전체의 것인 양, 조직 전체의 불안으로 확대할 우려가 있다.
③ 비공식적 의사전달이 공식적인 의사전달을 왜곡하거나 혹은 그릇된 의사를 전달함으로써 조직의 활동을 잘못 유도할 수도 있다.
④ 정실주의가 만연될 가능성이 있다.
⑤ 계획이 사전에 누설되거나 직원 혹은 간부의 사생활이 유포되어 사기를 떨어뜨리고 불필요한 불안감을 가져올 염려가 있다.
⑥ 비공식적 접촉을 통하여 개인의 이해와 관련된 정치적인 활동을 하게 될 우려가 있어 행정의 정치적 중립성을 저해한다.
⑦ 비공식조직은 사집단화되어 압력단체적 역할을 할 우려가 있다.

공식적 의사전달과 비공식적 의사전달의 비교

구 분	공식적 의사전달	비공식적 의사전달
성 격	제도적	자생적
주요 전달 방법	서 면	구 두
정보흐름 방향	하향적, 상향적, 수평적	동태적
장 점	정확한 기록, 책임 소재 파악 용이	효율적, 여론 파악, 속도 빠름, 융통성, 인간적
단 점	시간·비용 과다 소요, 경직적, 편협성	공식적 권위관계 파괴, 조정 곤란, 통제 어려움

> **개념체크** ○ ×
> • 비공식집단은 품의제적 의사전달이 활성화하는 순기능을 한다. ○ ×
> • 비공식집단은 공식집단의 의사소통을 차단하거나 왜곡하여 비합리적인 의사결정을 할 수 있다. ○ ×
> ×, ○

(3) 비공식조직에 대한 통제

① 공식조직의 관리자는 조직 내 비공식조직의 구성기준, 목표, 기능 등의 실태를 파악하여 공식조직의 목표와 일치하게끔 설득하여야 한다.
② 공식조직의 관리자는 불만의 원인을 분석하여 이해와 설득으로써 불만을 제거하고, 관리자와 비공식조직의 구성원과의 대립과 알력을 해소하도록 노력하여야 하며, 그렇게 함으로써 불안감·긴장감을 제거시켜야 할 것이다.
③ 전술한 바의 수단으로 통제가 불가능한 것으로 인정될 때, 즉 공식조직의 목표 달성을 해치는 경우에는 직무절차 및 집행내용을 변경시켜 비공식조직의 관례를 약화시키거나, 비공식조직의 지도자의 유출, 구성원의 전직·격리·분산에 의하여 상호접촉을 제한하는 등의 강제적 방법을 동원할 수 있다.

> **개념체크** ○×
> - 비공식적 의사전달은 공식적 의사전달에 비해 융통성과 신축성이 낮지만 책임소재는 명확하다. ○×
> - 공식조직의 관리자는 비공식조직의 불만의 원인을 분석하여 이해와 설득을 하여야 한다. ○×
>
> ×, ○

05 계선과 막료

1 의의

(1) 계선기관

① 계선기관이란 명령통일의 원리 아래 조직의 목표 달성을 위하여 업무를 직접 수행하면서 권한과 명령권을 독점하고 그것을 체계적으로 행사하는 집행기관을 말한다.
② 계선기관은 상하명령 복종관계가 형성되어 명령과 감독이 위에서 아래로 이루어지는 계층제 또는 관료제까지 포함하는 포괄적인 개념이다.
③ 조직이론에 있어서 조직의 목표를 원활히 달성하고 효과적으로 조직을 운영하기 위한 논의는 지금까지 계속되어 오고 있다. 이 가운데 계선기관과 막료기관은 조직구조의 분업화에 따라 분류한 것이다.
④ 오늘날 행정의 기능이 다양·복잡해지고 조직체가 확대·발전됨에 따라 업무량이 증가하고 업무관계가 전문화·기술화되어 가며, 국민의 요구가 행정으로 하여금 보다 많은 정보와 지식에 의존하게 되었다. 이에 전통적으로 조직의 근간이 되어왔던 계선기관이 막료기관의 기능에 보다 많이 의존하게 되었다.

(2) 막료기관

① 막료기관이란 신고전학파와 행태론자에 의해 그 중요성이 강조된 기관으로서 계선기관이 그 기능을 원활히 수행할 수 있도록 조직 목표 달성에 간접적으로 공헌하는 기관을 일컫는다.
② 현대행정국가에 있어서 행정의 기능이 관리나 통제 기능 중심에서 기획과 정책결정 중심으로 그 비중이 옮겨짐에 따라 행정기관의 역할 면에서도 계선보다는 막료기관에 중점을 두고 있다.

2 특징 및 장·단점

(1) 특 징
① 계선기관은 행정의 목표 달성을 위하여 직접적으로 기여하는 반면, 막료기관은 간접적으로 보완기능을 수행한다.
② 계선기관은 구체적으로 집행능력이 있어 명령권을 행사하는 반면, 막료기관은 집행권이 없기 때문에 명령이나 지휘권을 행사할 수 없다.
③ 계선기관은 조직의 목표수행이 직접적으로 관여하므로 국민과 접촉을 하는 반면, 막료기관은 조직 내의 활동으로 대부분 제한된다.

(2) 장·단점 비교
① 계선기관은 피라미드 구조를 형성함으로써 권한과 책임의 한계가 명확하고, 결정의 신축성을 기할 수 있으며, 계선 간의 갈등을 강력한 통솔력으로 쉽게 해결할 수 있고, 조정이 용이하다.
② 계선기관은 일반행정가를 양성하기에 적합하다.
③ 막료기관은 일반적으로 명령·집행·결정권이 없기 때문에 정책형성이나 집행에 있어 보조적인 역할 밖에 못한다. 그러나 막료기관은 전문적 지식이나 경험이 풍부하므로 보다 합리적인 결정을 내릴 수 있으며, 조직활동의 조정이 상대적으로 비교적 용이하여 조직의 신축성을 기할 수 있다.
④ 막료기관은 전문행정가를 양성하기에 적합하다.

개념더하기

계선과 막료의 장·단점

구분	계 선	막료·참모
장점	• 권한과 책임의 명확화로 능률적 업무수행 • 신속한 결정으로 시간과 경비 절약 • 적은 운영 비용 • 강력한 통솔력 행사 • 소규모 조직에 적합	• 전문적 지식과 경험 활용을 통한 합리적·창의적 결정 • 계선기관장의 활동 영역과 통솔범위 확대 • 계선의 업무경감 • 계층제의 경직성 완화, 변화에 대한 신축성·적응성 증대 • 계선기간 간 수평적 업무조정
단점	• 전문가의 지식과 경험 활용곤란 • 대규모 조직에서는 최고 관리자의 과중한 업무 부담 • 계선의 업무량 증가 • 폐쇄성·보수성·경직성, 관료제의 병리 우려 • 최고관리자의 주관적·독단적·자의적 결정 우려	• 계선기관과의 대립·충돌 가능성 • 결정의 지연 가능성 • 참모기관에 소요되는 경비의 과다 • 막표의 계선권한 침해 가능성 • 조직규모의 확대 가능성

3 계선기관과 막료기관의 관계

(1) 상호보완 관계
① 스탈(O.G. Stahl)은 조직체의 직무를 수직적 사업계획, 수평적 지원활동체계가 서로 합쳐진 '망'으로서 파악하고 있다. 여기서 전자가 계선기관에 해당하며, 후자가 막료기관에 해당된다고 보았다. 따라서 계선기관과 막료기관은 서로 협력하는 상호보완 관계에 있다.
② 골렘비에프스키(Golembiewski)는 동료모형을 제시하여 계선과 막료기관의 기능상의 통합을 주장하였다. 양기관이 현대 대규모 조직에서 동시에 발견되는 사실에서 각기 두 기관이 기능면에서는 차이가 있으나 모두 행정기관 전체의 효과성을 제고시키고자 한다는 목적 면에서는 상호보완적이라 할 것이다.

(2) 갈등 관계
두 기관은 성격, 지위, 권한 등 여러 면에서 차이가 존재하기 때문에 빈번히 갈등 관계에 놓인다.
① 갈등 원인
  ㉠ 인간적인 면에서 계선기관은 현상유지적·보수적이며 교육수준이 막료에 비하여 높지 못한 반면, 막료기관은 개혁적·진보적이며 현실 타파적인 성향을 갖는다. 따라서 두 기관은 특정 문제를 보는 상태나 관점에서 갈등을 일으키게 된다.
  ㉡ 구조적인 면에서 계선은 계층제를 통한 강력한 권한을 행사할 수 있는 지위에 있는 반면, 막료는 합의제적 조직구조와 계선을 보조하는 소극적인 지위에 놓여 있기 때문에 실제적 권력을 행사하지 못한다.
  ㉢ 환경적인 면에서 오늘날의 계선기관 위주의 행정풍토는 막료기관의 기능수행을 저해한다.
② 갈등의 해결 방안
  ㉠ 인간적인 면에서 폭넓은 교육훈련을 통하여 막료의 좁은 시야를 확대시키고 적극적으로 인사교류와 상호접촉의 기회를 확대함으로써 갈등해소에 기여할 수 있다.
  ㉡ 구조적인 면에서 양기관의 권한적 불균형을 해소하여 불명확한 권한·책임의 한계를 명확히 하는 노력을 기울여야 할 것이다.
  ㉢ 환경적인 면에서 오늘날 막료기능이 강화되어 있음을 인식하여 계선기관의 독선적인 지배·권위의식을 버리고 막료의 역할을 인정하여 주는 적극적인 행정문화의 변화가 요구된다고 하겠다.

개념체크 O X
- 막료기관은 정책결정에 있어서 직접적 역할을 한다. O X
- 막료기관은 의사결정의 전문화와 합리화에 도움을 준다. O X

X, O

06 위원회

1 의의

① 위원회제도는 단독제조직에 대응되는 개념으로써 복수의 구성원으로 이루어지는 합의체 행정기관을 말한다.
② 위원회제도는 행정국가의 출현으로 인한 행정의 양적 기능 확대와 질적 변화에 대응하고 경제사회의 급격한 변동에 따르는 국제적 기능을 보다 합리적이고 민주적으로 해결하기 위하여 만든 제도이다.
③ 최초의 위원회제는 미국에서 발생하였다. 상이한 규범을 가지고 있는 각 주들 간의 통상거래를 규율하기 위해서 만든 주간통상위원회(Inter-State Commission)가 위원회제도의 시초였다. 이 위원회는 1887년에 만들어졌고 각주의 대표들로 구성되어 준입법, 준사법, 준행정의 기능을 담당하는 기구였다. 이런 기능은 현재 미국의 대표적인 위원회 형태인 독립규제위원회의 모체였다.

2 위원회제도와 단독제제도의 비교

(1) 결정의 신중성과 공정성
단독제는 사항을 결정할 때 개인적인 편견이 개입될 수 있으나 위원회는 다양한 의견과 전문지식을 반영시켜 그 결정이 신중하고 전문적이며 공정하다.

(2) 대중적인 지지
위원회는 여러 사람의 참여로써 보다 많은 사람의 지지를 얻을 수 있으나 단독제는 결정을 하는 사람이 다수가 아닌 혼자이므로 지지 확보가 어렵다.

(3) 행정의 안정성과 지속성
위원회 위원들의 부분적 교체나 강력한 신분보장으로 행정의 안정성과 지속성을 유지할 수 있으나 단독제는 정권이 바뀌면 제반 정책도 바뀔 우려가 있어 안정성이 결여된다.

(4) 결정의 신속성
단독제는 의사결정권자가 1인이므로 결정이 신속히 이루어지나 위원회는 토의와 심의가 지체되어 결정의 신속성을 기대하기 어렵다.

개념더하기

위원회의 장·단점

장점	단점
• 결정의 신중성 및 공정성 • 다수의 중지를 모아 합리적이고 창의적인 결정 • 이견의 조정과 통합 • 행정의 안정성과 계속성	• 기밀 누설 우려 • 경비·시간·노력의 낭비 • 타협적 결정 • 책임의 분산과 모호 및 사무기구의 우월화

개념체크 ○ ×

- 위원회는 행정의 중립성과 정책의 안정성·일관성·계속성을 유지할 수 있다. ○ ×
- 위원회는 신속하고 소신에 찬 의사 결정이 가능하다. ○ ×

○, ×

(5) 책임의 소재
단독제는 책임소재가 분명하나 위원회는 구성원이 복수이므로 책임 의식이 흐려 책임회피 경향이 있다.

(6) 비용
단독제는 안건 결정 시 적은 비용으로 가능하나 위원회 운영에는 많은 경비가 소모된다.

(7) 기밀성
단독제와는 달리 위원회는 구성원이 복수이므로 기밀이 누설되기 쉽다.

3 위원회의 유형

위원회의 유형은 그 기능에 따라 자문위원회, 조정위원회, 행정위원회 등으로 나누어 설명할 수 있고, 여기서는 세 가지 종류와 위원회 중 가장 대표적인 유형인 미국의 독립규제위원회에 대해서 살펴보기로 한다.

(1) 자문위원회
① 특정의 개인이나 조직 전체의 자문에 응답할 목적으로 설치되는 막료적 기능의 합의체이다. 우리나라 위원회는 대부분 여기에 속한다.
② 이러한 위원회는 자문적 기능만 수행할 뿐 그 결정은 실제적인 영향력을 제외하고는 법적 구속력을 가지지 못한다.

(2) 조정위원회
① 상이한 여러 의견이나 입장을 조정·통합하여 합의에 도달하는 목적의 합의체기관이다.
② 결의의 효과가 의사전달 정도의 효과밖에 없는 것과 함께 법적 구속력을 갖는 경우도 있다.
③ 동일한 수준에 있는 상이한 정부기관 내 업무를 조정하기 위해 설치되는 경우가 많다.

(3) 행정위원회
① 행정관청으로서의 성격을 가진 합의체기관이며, 그 결정은 법적 구속력을 가진다.
② 상설위원회와 상임위원이 있어 독립된 행정기관으로서의 성격을 가진다.
③ 미국의 독립규제위원회는 이의 전형적 형태이다.

(4) 독립규제위원회

① 19세기 말 미국을 중심으로 발달한 합의제 행정기관이다.
② 자본주의의 비약적인 발전에 따라 경제·사회적인 규제기능을 공정하게 수행하기 위하여 준입법적·준사법적 기능을 주로 수행하는 독립된 행정관청으로서 '머리없는 제4부'라고 불린다.
③ 최근 다른 행정기관과의 조정이 어렵고, 대통령의 강력한 정책추진을 저해하고 있다는 지적에 따라 그 기능이 양적·질적인 면에서 점점 감소되고 있다.
④ 우리나라에는 이와 비슷한 성격의 위원회로서 중앙선거관리위원회, 금융통화위원회, 공정거래위원회 등이 있으나 그 발생 시기나 동기, 규제대상이 미국의 그것과는 근본적으로 다르고, 우리나라는 특히 중앙정부의 권한이 대단히 강력하여 그 반대로 독립규제위원회의 권한은 낮은 편이다.

4 우리나라 위원회 제도의 문제점과 개선 방향

(1) 문제점

① 위원 구성의 비합리성
   위원의 선정이 정실이나 정치적 관계에 좌우되고, 이른바 거물급 인사가 많이 임명되어 위원회에 전념하지 못하였다. 따라서 위원회의 전문성이 결여되어 있다.
② 목적, 지위, 권한의 불분명
   유명무실한 위원회가 남설되어 왔으며, 권한과 지위가 분명치 않다.
③ 위원회의 독립성 미흡
   위원회는 직·간접적인 정치적 영향력을 피할 수 없어, 완전한 독립성이 없었다. 따라서 위원회가 주체성을 가지고 능률적으로 일을 수행할 수 없었다.

(2) 개선 방향

① 위에서 지적한 문제점들을 해결하기 위해서는 위원 구성 시 전문가와 각 계층을 대표할 수 있는 구성이 되도록 노력하고, 위원회 위원들의 지위, 권한 등을 명확히 해야 하며, 위원회 자체의 목적 또한 확실해야 한다.
② 또한 위원회가 본 업무를 능률적으로 수행할 수 있도록 독립성이 보장되어야 하며, 지속적인 감시와 평가도 계속해야 한다.

개념체크 ○×

- 행정위원회는 정부시책 조언 및 지지하는 기능을 수행한다. ○×
- 우리나라의 위원회는 지나치게 독립성을 가지고 있다. ○×
- 우리나라에서는 권한과 책임이 불분명한 형식적인 위원회들이 남설되어 왔다. ○×

×, ×, ○

07 공기업

1 의의

(1) 개념
① 국가 또는 지방자치단체가 수행하는 사업 중에서 기업적인 성격을 지닌 것을 공기업이라고 한다.
② 지배주체설에 의하면 국가 또는 지방자치단체가 소유하는 기업, 국가 또는 공공단체가 소유하며 경영하는 사업 등 국가나 지방자치단체가 자본금의 50% 이상을 출자한 공사혼합기업을 말한다.
③ 소유주체설에 의하면 국가 또는 지방자치단체가 '소유'하는 기업을 '공기업'이라 하며, 국가나 지방자치단체가 '지배의 주체'인 기업을 공기업이라 함으로써 공사혼합기업을 공기업에서 제외하고 있다.

(2) 공기업 효율성에 관한 이론적 배경
① 공기업은 명목상으로는 국민이 주인이지만 실제로는 주인이 없는 기업이어서 효율이 저하될 수밖에 없어 원래 목적이었던 공공의 이익에도 봉사하지 못하고 있다.
② 이에 공기업은 소유권 관계를 명확히 규정하는 '주인 있는 경영'의 논리로 기업활동의 자유가 전제되어야 하며, 그것은 정부규제로부터 탈피하여 시장의 자유를 누리는 것을 의미한다.
③ 또한 재산권이론에서 이야기하는 공기업의 효율성을 높이기 위해서는 경영 인센티브와 경영에 대한 감시를 효과적으로 해야 한다는 것이다. 즉, 사적 소유권에 기초한 이윤 동기가 경영 인센티브를 제공하고, 경영에 대한 감시도 효과적으로 이루어지게 함으로써 높은 생산효율이 달성된다는 것이다.

2 이념

공기업의 양대 이념으로 공공성과 능률성을 들 수 있는데, 어느 한쪽으로 치우치는 것은 바람직하지 않으며 양자가 조화되는 것이 바람직하다.

(1) 공공성(민주성, 공익성)
공기업은 공익을 고려하여 공공의 수요를 충족하는 것이 일차적인 목적이다.

개념더하기

공기업의 유형과 사례

시장형 공기업	• 자산규모가 2조 원이며, 총수입액 중 자체 수입액이 차지하는 비중이 100분의 85 이상인 공기업 예 인천국제공항공사, 한국가스공사, 한국석유공사 등
준시장형 공기업	• 시장형 공기업이 아닌 공기업 예 한국조폐공사, 한국철도공사, 한국도로공사 등

(2) 능률성(경영성, 수지적합성, 기업성, 독립채산제 적용)

공기업의 일차적인 목적은 공익에 봉사하는 것이지만, 공기업도 기업인만큼 경영 수지적인 측면을 고려하여 운영되어야 한다.

3 공기업의 설립요인(Friedmann의 견해)

① 제2차 세계대전 이후 1970년대까지 유행
② 민간자본의 부족
③ 독점적 서비스의 필요성
④ 방위·전략상의 요인
⑤ 정치적인 신조
⑥ 위기성이나 모험성을 띠는 사업
⑦ 공공성이 능률성보다 우선하는 경우
⑧ 경제·사회·재정 정책상의 요인

> **개념체크** ○×
> • 공기업의 주요 설립요인은 이윤 추구이다. ○×
> • 공기업 설립의 목적은 공공의 수요를 충족하기 위한 것이다. ○×
> ×, ○

4 공기업의 민영화

(1) 의 의

공기업의 민영화란 주식을 포함하는 자산이나 서비스 기능을 정부에서 민간부문으로 이전시키는 것을 의미한다. 따라서 공기업의 민영화란 공기업을 완전히 민간에 매각하는 경우뿐만 아니라 정부가 보유하는 주식의 일부를 민간에 매각하는 경우도 포함한다. 공기업의 민영화를 세분하면 다음과 같다.

① 협의의 공기업 민영화
 ㉠ 민영화는 흔히 공기업의 주식을 개인이나 민간기업에게 매각하는 것을 의미한다. 소유권의 이전과 함께 경영권의 이전도 동시에 일어남은 물론이다.
 ㉡ 좁은 의미의 공기업 민영화는 소유주체 또는 지배주체의 변화를 의미할 뿐, 경쟁에의 개방을 의미하는 자유화와는 명확히 구분된다.
 ㉢ 기업의 매각은 공기업 주식 가운데 최소한 51%를 민간부문으로 이전하는 것으로 정의하는 것이 적절하다. 그러나 완전한 민영화를 이루기 위해서는 공기업의 모든 주식과 재산이 민간에게 매각되어야 할 것이다.

② 광의의 공기업 민영화
  ㉠ 민영화를 보다 넓은 의미로 파악하는 자들은 공기업 지분의 매각을 탈국유화 또는 민유화라 하여 넓은 의미의 민영화의 한 방식에 불과한 것으로 본다.
  ㉡ 광의의 공기업 민영화란 이제까지 공공부문에 의해서 배타적으로 수행되던 공공서비스 공급 기능이 민간영역으로 이전되는 것을 지칭한다.

(2) 민영화의 배경
  ① 신보수주의 이념의 등장
    이른바 민영화의 연대로 알려진 1980년대에 영국의 대처 정권, 미국의 레이건 정권, 일본의 나카소네 정권 등에 의하여 민영화가 강력히 추진되었으며, 그 영향이 1990년대에도 공공부문에 계속 미치고 있다.
  ② 재정적자의 증가
    1973년에 시작된 중동 석유위기를 배경으로 각국이 저성장시대에 들어가면서 그 대응책으로서 민영화와 규제완화가 관심을 끌게 되었다.
  ③ 복지국가의 위기
    2차대전 이후 광범위한 국가개입을 받아들였던 서구 복지국가는 공공부문의 비대화, 비능률 재정위기, 민간부문의 상대적 위축 등으로 국가의 역할 재검토가 불가피하였다.
  ④ 기술혁신
    정보산업을 중심으로 급격한 기술혁신이 진행되면서 경제활동에 대한 정부의 규제가 비판받고 경제의 국제화와 더불어 각국의 산업규제 철폐의 필요성이 강조되었다.
  ⑤ 민주화
    민주화의 추세는 전통적인 경제자유주의에 따라 국가개입에 반대하는 정치적 운동이 아니라 공공부문과 민간부문의 역할분담과 관련되는 것이다.
  ⑥ 공기업의 적자운영
    공기업의 적자운영을 타파하여 재정부담을 경감하고 정부의 시장개입에 의한 기업의 내부적 비효율성의 극복이 절실하였다.

(3) 민영화의 문제점
  ① 국가의 주권기능은 민영화의 대상이 될 수 없으며, 민영화는 시민의 헌법상의 권리보호에 배치될 수 있다.
  ② 공공성의 보장을 어렵게 하며, 공사영역 간의 경계가 애매하므로 공공책임의 약화를 초래할 수 있다.

개념체크 ○×

• 공기업의 민영화는 공기업의 공공성과 기업성을 조화시키려는 의도이다. ○×
• 공기업의 민영화를 추진하는 이유는 능률성 증대에 있다. ○×

×, ○

③ 실업률 상승, 부패확산, 관리책임의 약화 등을 가져올 수 있다.
④ 국가의 안보나 국민의 안전을 침해할 우려가 있다.

(4) 방 식
① 프랜차이즈(Franchise) 기법
  ㉠ 정부가 시민에게 직접 서비스를 제공하는 것이 아니라, 특정집단·기업에게 허가권을 부여하여 기업으로 하여금 서비스를 제공하게 하는 방식
  ㉡ 수익자 부담원칙에 적합
  ㉢ 약자의 희생이 나타날 수 있음
② 바우처(Voucher) 방식(증서교부, 쿠폰증정)
  ㉠ 국가가 시민에게 증서를 교부하여 필요한 재화를 구매하는 방식
  ㉡ 식품 구입권, 경로우대증

08 책임운영기관제도

1 책임운영기관의 의의

① 책임운영기관은 서비스 전달 및 집행기능을 정책결정과 분리시켜 서비스 전달 및 집행기능을 띤 행정기관으로, 공공성을 유지하면서도 기관장에게 예산·인사·조직관리 등에 대폭의 자율적 권한을 부여하여 기관운영의 독립성과 성과에 따른 책임관리를 강조하는 기업형 관리방식의 정부기관을 말한다.
② 책임운영기관은 영국의 Next Steps의 책임집행기관(Executive Agency), 뉴질랜드의 독립사업기관(Crown Entities), 호주의 행정지원부(Department of Administrative Service), 캐나다의 특별운영기관(Special Operating Agencies), 미국의 책임성과기관(Performance Based Organization) 등이 대표적이다.

> **개념체크** ○ ×
> • 책임운영기관은 성과에 따른 책임관리를 강조한다. ○Ⓧ
> • 책임운영기관의 장에게 재정상의 자율성은 제약하지만 행정상의 자율성을 부여한다. ○Ⓧ
> ○, ×

2 책임운영기관의 특징

(1) 결정과 집행의 분리
① 정책결정기능과 직접 서비스를 전달 혹은 집행하는 기능으로 분리한다.
② 정책결정기능은 전통적 방식대로 중앙정부 부서가 담당하고, 정책집행 기능은 서비스 전달기관이 대폭적인 재량권을 가지면서 신축성 있게 전담하도록 하는 기관 운영방식이다.

(2) 민간기업형 경쟁의 도입
공공조직에 기업형 관리방식인 예산 및 회계제도를 도입하고, 기관장 충원은 공개모집으로 발탁하여 민간기업과 유사한 경쟁방식을 추구하는 특징을 지닌다.

(3) 기관장의 재량권부여
책임운영기관장은 공개경쟁을 통하여 3~5년 임기로 임명되며, 조직·인사·예산 운영에서의 대폭적인 재량권한을 부여받아 책임운영을 하게 된다.

(4) 성과에 대한 책임
종래 관료조직이 제공하였던 신분상의 안정성을 보장하기보다는 충분한 재량권을 부여하는 대신에 기관장으로 하여금 기관운영의 성과에 대한 책임을 지도록 유도하는 방식을 취한다.

책임운영기관의 일반적 특징

설립근거	별도의 책임운영기관법에 근거하여 설립된 독립기관
업무성격	집행성격의 공공서비스 제공
조직 구성원 신분	공무원(일부는 계약직)
기관장 임용	계약직으로 외부민간인 임용
성과평가	별도의 평가위원회 성과계약 강조
예산·인사의 자율성	기관장의 자율성 보장, 특별회계(기업회계 원칙)

> **개념체크** ○ ×
> - 책임운영기관은 정책집행 및 서비스 기능을 기획 내지 정책결정기능에서 분리시켜 집행의 효율성을 높였다. ○⨯
> - 책임운영기관은 정부 조직이며 구성원도 공무원이다. ○⨯
> ○, ○

3 적용대상 사무

① 공공성이 강하고 성과관리가 용이한 사무
② 재원의 전체 또는 일부의 자체 확보가 가능한 사무
③ 내부 시장화가 필요하고, 서비스의 통합이 필요한 사무

4 우리나라 책임운영기관의 추진

IMF금융위기 이후, 김대중 정부도 정부개혁의 일환으로서 정부조직개편과 함께 공공부문의 구조조정을 추진하는 과정에서 1999년 「책임운영기관의 설치·운영에 관한 법률」을 제정·공포하였다.

(1) 정의 규정

책임운영기관이란 정부가 수행하는 사무 중 공공성(公共性)을 유지하면서도 경쟁 원리에 따라 운영하는 것이 바람직하거나 전문성이 있어 성과관리를 강화할 필요가 있는 사무에 대하여 책임운영기관의 장에게 행정 및 재정상의 자율성을 부여하고 그 운영 성과에 대하여 책임을 지도록 하는 행정기관을 말한다(동법 제2조).

(2) 책임운영기관의 설치

① 현재 「책임운영기관의 설치·운영에 관한 법률」에 의하면 책임운영기관은 기관의 주된 사무가 사업적·집행적 성질의 행정 서비스를 제공하는 업무로서 성과 측정기준의 개발과 성과를 측정할 수 있는 사무의 경우, 기관 운영에 필요한 재정수입의 전부 또는 일부를 자체적으로 확보할 수 있는 사무의 경우 행정안전부장관은 기획재정부 및 해당 중앙행정기관의 장과 협의하여 책임운영기관을 설치할 수 있다(동법 제4조).

② 중앙행정기관의 장은 소관 사무 중 책임운영기관이 수행하는 것이 효율적이라고 인정되는 사무에 대하여는 경우에는 행정안전부장관에게 책임운영기관의 설치를 요청할 수 있도록 하고 있다(동법 제4조).

③ 따라서 우리나라 책임운영기관의 운영원리는 독립적 조직형태로 집행 가능한 기관을 대상으로 하는 독립성, 기관장 충원은 계약직 공개모집으로 채용하는 개방성, 기관장과 소속장관 간의 사업목표와 계획을 계약에 의해 합의하는 목표성, 조직·인사·예산상의 자율성, 사업성과에 따른 보상과 책임을 묻는 책임성을 기본으로 하고 있다.

(3) 운영 원칙

동법 제3조에 의하여 책임운영기관은 소속 중앙행정기관 또는 국무총리가 부여한 사업목표를 달성하는 데 필요한 기관 운영의 독립성과 자율성을 보장하고, 책임운영기관의 장은 당해 기관의 경영혁신을 위하여 필요한 조치를 하도록 하고 있다.

개념체크 ○×

- 행정안전부장관은 국무총리 및 해당 중앙행정기관의 장과 협의하여 책임운영기관을 설치할 수 있다. ○×
- 책임운영기관의 장은 기관 운용에 필요한 인사, 조직, 예산 등 행정 및 재정상 관리에 있어서 자율성을 가진다. ○×

×, ○

개념체크 ○×
- 책임운영기관의 장은 임기를 정하지 않고 임용한다. ○×
- 책임운영기관의 성과평가를 위해 소속 중앙행정기관의 장의 소속하에 책임운영기관운영위원회를 둔다. ○×

×, ×

(4) 기관장의 임용

소속중앙행정기관의 장은 공개모집 절차에 따라 행정이나 경영에 관한 지식·능력 또는 관련분야의 경험이 풍부한 자 중에서 임기제 공무원으로 임용한다(동법 제7조).

(5) 책임운영기관운영심의회

소속책임운영기관의 사업성과를 평가하고 운영에 관한 중요 사항을 심의하기 위하여 중앙행정기관의 장의 소속으로 책임운영기관운영심의회를 두고(동법 제12조), 기관장은 평가결과를 그 기관 운영의 개선에 반영하여야 한다(동법 제14조).

09 준정부조직(QUANGO)

1 준정부조직의 의의

(1) 개 념

① 준정부조직이란 법적으로는 민간부문의 조직형태를 취하면서도 공공부문에 해당하는 공적인 기능을 수행하는 기관을 의미한다.
② 본래 공공부문에 속하였던 활동의 일부를 공공부문에 대한 제약·속박에서 벗어나 공공성·공정성·효율성 등을 기하면서 자주적으로 수행하기 위해 민간부문의 조직들이 정부로부터 권한과 업무를 위탁받아 공공부문의 기능을 수행한다.
③ 공공부문과 민간부문이 혼재된 조직이다.
④ 현대사회에서 복잡하고 다양한 행정수요에 대응하기 위해 이러한 준정부조직이 행정수단으로 활용된다.
⑤ 이는 정부의 역할 수행이 직접행정에서 간접행정으로 변화함을 보여주는 것으로, 순수한 공공부문과 순수한 민간부문을 양극으로 하는 연속선상의 중간에 위치하고 있다.

(2) 유 형

① 준정부조직은 제3섹터, 준공공기관, 비영리조직, 경계영역조직, 그림자국가(Shadow State), 공유된 정부(Shared Government) 등으로 부르기도 한다.

② 우리나라에서는 각종의 공사, 공단, 협회, 기금, 정부출연기관, 정부보조기관이나 사업단 등이 이에 해당되며, 정부의 산하단체 · 외곽단체 · 관변단체로서 일컬어지기도 한다.

2 준정부조직의 대두 원인

준정부조직은 기능적 효율성과 관료적 이해관계의 연계로 인해 현대행정에서 발전하고 있다.

(1) 공공부문의 한계
① 다원화 · 다양화된 사회에서 행정기관에 의한 공공서비스의 효율적 배분에 제약 · 한계가 있다.
② 정부 활동의 비효율성과 정부 개입 · 정부 팽창의 한계 등으로 전문성과 혁신성을 도모할 수 있는 적응적 행정 양식으로서, 정부 활동을 보조하는 준정부조직의 활용이 필요하게 되었다.
③ 정부관료의 퇴직 후 자리보장과 같이 관료세력이 영향력을 확대하고 통제할 수 있는 자원의 증대를 추구하였다.

(2) 민간부문의 한계
시장과 자발적 부문의 경우 무임승차의 문제를 극복하지 못한다.

3 준정부조직의 특성

① 조직형태상 정부조직이 아니며, 법적인 측면에서 민간부문의 조직형태를 띠고 있다. 따라서 정부조직보다는 정치적 · 행정적 통제가 약하고, 조직원의 신분은 공무원이 아니다.
② 주된 목적은 사익이나 이윤 추구가 아니라 공공복지의 증진을 위한 공적 기능을 수행하는 데 있다.
③ 조직구조 · 명칭 · 법적 지위 · 자주성과 정부에 의한 통제 · 정부에 대한 자원의존도 등에 있어서 매우 다양한 모습을 지니지만, 일반적으로는 정부로부터 독립하여 자율적으로 운영되지 못하고 있으며, 기관장의 임면도 행정기관이 하거나 그 승인을 받도록 되어 있다.
④ 주로 특별법 · 민법 · 상법 등에 설립 근거를 둔다.

개념체크 ○ ×
- 준정부조직의 소속 직원들은 공무원 신분이다. ○×
- 준정부조직은 이윤 추구가 아니라 공공복지의 증진을 위한 공적 기능을 수행한다. ○×

×, ○

4 준정부조직의 유용성과 문제점

(1) 유용성
① 관료제의 경직성을 극복하고 자율성과 신축성을 도모할 수 있다.
② 국민에 대한 봉사기능을 제고한다.
③ 융자, 보조, 정보제공을 통해 권력적 행정에서 간접적 지원의 행정으로 전환하는 계기가 되고 있다.
④ 전문성의 활용이 가능하다.

(2) 문제점
① 정부의 과잉통제 · 감독으로 자율성이 제한된다.
② 낙하산 인사에 의한 조직운영의 폐단이 심하다.
③ 정부관료의 잠재적인 이해관계를 반영하여 정부 팽창의 수단이 된다. 그리하여 관계행정조직은 준정부조직의 보호 · 확대와 영향력 확산에 주력해 왔다.
④ 그 활동의 가시성이 낮기 때문에 행정책임의 귀속과 한계가 명확하지 않아 정치적 책임의 확보가 곤란하고 정부의 책임회피의 수단이 된다.
⑤ 관료제에 대한 사회적 통제가 어렵고, 국민이 이중적으로 행정개입을 받게 된다.

개념체크 ○ ×
- 준정부조직은 정부로부터 권한과 업무를 위탁받아 공공부문의 기능을 수행하며, 전문성의 활용이 가능하다. ○×
- 준정부조직은 역할과 책임의 범위가 명확하여 정치적 책임의 확보가 용이하다. ○×

○, ×

CHAPTER 02 | 기출분석문제

01 조직의 상황적 요인과 구조적 특성의 관계에 대한 설명으로 옳은 것은?

① 조직의 규모가 커짐에 따라 조직의 분권화가 촉진된다.
② 조직의 규모가 커짐에 따라 복잡성이 감소할 것이다.
③ 조직의 규모가 커짐에 따라 조직의 공식화 수준은 낮아질 것이다.
④ 일상적인 기술일수록 분화의 필요성이 높아져서 조직의 복잡성이 높아질 것이다.

해설 ② 조직의 규모가 커짐에 따라 복잡성이 증가한다.
③ 조직의 규모가 커짐에 따라 조직의 공식화 수준은 높아진다.
④ 일상적인 기술일수록 분화의 필요성이 낮아져서 조직의 복잡성이 낮아질 것이다.

02 관료제에 대한 설명으로 옳지 않은 것은?

① 근대관료제는 보편성과 합리성을 기반으로 한다.
② 전문화로 인한 무능은 관료제 병리현상이다.
③ 합법성과 능률성은 관료제를 통해 달성할 수 있다.
④ 대표관료제를 통해 민주성과 전문성이 확보될 수 있다.

해설 대표관료제의 실현은 행정의 민주성 달성에는 기여하지만, 실적주의적 관료제보다는 정치적 대응성을 강화하는 결과를 초래하기 때문에 전문성을 약화시킬 우려가 있다.

03 관료제 병리 현상 중에서 할거주의가 생길 수 있는 원인은?

① 규칙과 절차의 중시
② 전문화와 분업화
③ 관료제 외적 가치추구
④ 계층제적 권위의 존재

해설 할거주의란 관료들이 자기가 속하고 있는 부서만 중시하고 타부서에 대한 배려가 없어 횡적 협조가 곤란해지는 것을 의미한다.

정답 01 ① 02 ④ 03 ②

04 다음 중 탈관료제의 특징으로 옳은 것은?

① 능률성 및 효율성을 중시한다.
② 합리성 및 합법성을 강조한다.
③ 계층제적 통제를 통한 효율적 행정을 강조한다.
④ 팀워크 중심의 자발적 참여와 결과 지향적 산출을 강조한다.

해설 탈관료제란 유기적 구조를 말한다. ①, ②, ③은 고전적인 관료제의 특징에 해당한다.

05 계선기관의 특징에 대한 설명으로 옳은 것은? 　　　　　　서울교통공사

① 기관장과 빈번하게 교류한다.
② 수평적인 업무 조정이 용이하다.
③ 권한과 책임의 한계가 명확하다.
④ 정책을 결정하는 데 주로 조언의 권한을 가진다.

해설 계선기관은 계층제에 의하여 수직적 명령 복종관계가 명확하기 때문에 권한과 책임의 한계가 명확하다.

06 참모조직(막료조직)의 순기능에 대한 설명으로 옳지 않은 것은?

① 조직의 운영에 융통성을 부여한다.
② 계선의 통솔범위를 확대시켜 준다.
③ 합리적인 의사결정을 가능하게 한다.
④ 계층제와 연관되며, 조직의 중추적 기관이다.

해설 계선은 계층제와 연관되며, 조직의 중추적 기관이다.

07 다음 중 국무총리 소속기관이 아닌 것은? 　　　　　　대구교통공사

① 공정거래위원회
② 금융위원회
③ 방송통신위원회
④ 국민권익위원회

해설 방송통신위원회는 대통령 소속기관이다.

08 우리나라 공공기관의 유형과 그 사례가 잘못 연결된 것은?

① 시장형 공기업 – 한국마사회
② 준시장형 공기업 – 한국토지주택공사
③ 위탁집행형 준정부기관 – 한국농어촌공사
④ 기금관리형 준정부기관 – 국민연금공단

해설 한국마사회는 준시장형 공기업이다. 시장형 공기업은 현재 한국가스공사, 한국전력공사, 인천국제공항공사, 한국공항공사, 부산항만공사, 한국석유공사, 한국지역난방공사, 한국수력원자력 등이 있다.

09 공기업의 민영화 요인으로 볼 수 없는 것은?

① 시장경제의 활성화
② 인사적체의 해소
③ 능률성 제고
④ 재정적자의 축소

해설 이윤과 능률성의 논리를 앞세워 감원이 추진될 것이기 때문에 최소한 민영화를 통해서 인사적체가 해소될 가능성은 없고, 오히려 심화될 수 있다.

10 책임운영기관에 대한 설명으로 옳지 않은 것은? 부산시설공단

① 책임운영기관의 장이 독립적으로 운영하고 성과에 대한 책임을 진다.
② 중앙행정기관의 장은 책임집행기관의 설치를 행정안전부장관에게 요청할 수 있다.
③ 책임운영기관의 설치는 조례로 정한다.
④ 최종책임은 중앙행정기관의 장이진다.

해설 책임운영기관의 설치는 대통령령으로 한다(책임운영기관의 설치·운영에 관한 법률 제4조).

정답 08 ① 09 ② 10 ③

11 우리나라의 책임운영기관에 대한 설명으로 옳지 않은 것은? 　　　　　　　　　　　　　　　한국지역난방공사

① 결정과 집행을 분리시키는 제도이다.
② 소속 직원들은 공무원이며, 다른 부처와 인사 교류도 가능하다.
③ 직원의 임용권은 원칙적으로 책임운영기관의 장이 갖는다.
④ 특별회계의 예산 및 회계에 관하여 책임운영기관의 설치 운영에 관한 법에 규정된 것 외에는 정부기업예산법을 적용한다.

해설　우리나라는 중앙행정기관의 장이 소속책임운영기관 소속 공무원에 대한 일체의 임용권을 가지며 임용권의 일부를 기관장에게 위임할 수 있다(책임운영기관의 설치·운영에 관한 법률 제18조).

12 준정부기관에 대한 설명으로 옳지 않은 것은?

① 준정부기관은 내용과 형태의 측면에서 모두 일반행정기관에 속해 있다.
② 준정부기관은 영리추구가 아닌 공익실현의 목표를 가진다.
③ 준정부기관은 사안에 따라 정부의 대리인 역할을 수행하면서 면허나 인·허가, 검사 및 검정의 규제 업무를 수행하기도 한다.
④ 공기업은 자체수입액이 총수입액의 2분의 1 이상인 공공기관 중에서 지정하고 준정부기관은 공기업이 아닌 공공기관 중에서 지칭한다.

해설　준정부기관은 일반행정기관이 아니라 공공기관으로서 독립된 법인이다.

얼마나 많은 사람들이
책 한 권을 읽음으로써
인생에 새로운 전기를 맞이했던가.

― 헨리 데이비드 소로 ―

Chapter 03
조직과 환경

기출복원문제

키워드 에머리와 트리스트(Emery & Trist)의 이론, 환경유형, 조직환경.

에머리와 트리스트(Emery & Trist)의 조직환경 중 환경을 구성하는 요소가 일정하게 정해진 방법으로 결합을 시작하는 단계에 해당하는 것은?

서울교통공사

① 정적 · 임의적 환경
② 정적 · 집약적 환경
③ 교란 · 반응적 환경
④ 파동의 장

해설 조직환경의 단계별 변화의 모형 중 환경의 여러 요소는 정태적이며, 활동은 하지 않지만 일정하게 정해진 방식으로 결합을 시작하는 단계는 정적 · 집약적 환경에 해당한다.

정답 ②

기출 키워드	중요도
☑ 조직환경	★
☑ 조직환경의 유형	★
☑ 조직환경의 성격	★★
☑ 에머리와 트리스트(Emery & Trist)의 환경유형	★★

CHAPTER 03 조직과 환경

PART 3 조직론

01 조직환경의 의의

1 조직

① 조직은 의식적인 집단목적을 달성하기 위하여 이루어진 구조적 배열이자 관리의 도구로 조직은 각 시대의 모든 사회적 목적을 달성하기 위한 수단이었으며, 이는 이러한 사회적 목적의 변동에 따라 변모하여 왔다.
② 조직이란 그 내부의 욕구를 충족시키고 생존을 유지하기 위하여 그것을 둘러싸고 있는 내외의 환경의 변화를 부단히 관리하고, 그에 적응해야 하는 개방체제이다.

2 환경

① 조직의 환경이란 조직의 경계 밖에 존재하면서 조직 전체나 일부분에 영향을 미칠 가능성이 있는 모든 것을 말한다.
② 조직의 환경은 조직의 행위와 업적에 영향을 미치는 제도(혹은 기관)나 세력으로서 조직이 직접 통제할 수 없거나 통제하기 어려운 성격을 지니고 있다.

3 관계

① 조직과 환경은 투입과 산출을 통하여 상호 의존하는 관계를 갖는다.
② 조직과 환경은 상호 간에 자원의존관계를 갖는다.
③ 조직과 환경은 협력적인 호혜와 공생관계를 갖기도 하고, 경쟁적인 적대관계를 갖기도 한다.
④ 조직과 환경은 투입·산출을 통해서 경계교환관계를 갖는다.
⑤ 조직과 환경은 대등한 관계를 갖거나 지배 혹은 종속관계를 갖는다.

개념더하기

조직과 환경
- 고전적 조직
  - 환경과 무관
  - 정태적·기계적·패쇄적·미시적
- 현대적 조직
  - 환경과 유관
  - 동태적·유기적·개방적·거시적
  - 오늘날 조직은 환경과 상호작용하면서 환경에 영향을 미쳐 환경 변화를 유도하는 것으로 이해되고 있다.

02 조직환경의 유형과 성격

1 조직환경의 유형

조직환경은 그 차원에 따라 거시적·일반적 환경과 미시적·특정적 환경으로 구분할 수 있다.

(1) 거시적·일반적 환경

조직을 둘러싸고 있는 조직과 일반적으로 관계를 가지고 있는 정치·경제·사회 등을 말한다. 예컨대 힉스(J.R. Hicks)는 조직의 거시적 환경요인으로서 ㉠ 사람, ㉡ 물리적 자원 및 기후, ㉢ 경제 및 시장조건, ㉣ 태도, ㉤ 법을 들고 있으며, 홀(R.H. Hall)은 조직의 일반적 환경으로서 ㉠ 기술적 조건, ㉡ 법적 조건, ㉢ 정치적 조건, ㉣ 경제적 조건, ㉤ 인구학적 조건, ㉥ 생태학적 조건, ㉦ 문화적 조건 등 일곱 가지를 들고 있다.

① 기술적 환경
  ㉠ 조직이 속해 있는 사회의 기술수준과 그에 관한 정보전달체제는 조직의 구조와 과정에 결정적인 영향을 미친다.
  ㉡ 기술이란 자연과학적 기술뿐 아니라 관리상의 기술 내지 행정상의 기술도 포함한다.

② 정치적·법적 환경
  ㉠ 정치체계의 구조와 과정, 그리고 정치체제가 산출하는 법적 규범체계를 말한다.
  ㉡ 정치적·법적 환경은 조직의 공식적 정당성을 규정하고 활동의 한계를 설정한다.
  ㉢ 법적 규범을 산출하는 정치적 과정은 조직의 지위와 자원획득 능력에 직접 또는 간접의 영향을 미친다.

③ 경제적 환경
  ㉠ 경제체제의 상태를 말하는 것으로 조직이 소속되어 있는 사회의 경제적 조건은 조직의 목표와 규모, 사업 등에 많은 영향을 미친다.
  ㉡ 경제적 요건은 경우에 따라서 조직의 생성 또는 존속 자체를 좌우하는 결정적 요소로 작용할 수도 있다.

④ 인구학적 조건
  조직이 접촉해야 하는 인구집단의 규모, 성장률, 구성 및 분포에 변동이 일어나면 조직은 조만간 그에 적응하지 않을 수 없다.

개념체크 ○×

• 조직환경에서 기술이란 자연과학적 기술만을 의미한다. ○×
• 경제적 요건은 조직의 생성 또는 존속 자체를 좌우하는 결정적 요소이다. ○×

×, ○

⑤ 생태학적 조건

무생물적인 자연자원, 기후, 지형 등 물적 조건과 사람이 이용할 수 있는 식량과 기타 동식물 등 생물적 조건이 포함되며, 이러한 조건들이 조직에 영향을 미칠 것은 자명하다.

⑥ 문화적 조건

사회적 문화체제의 조건으로 문화적 조건은 조직참여자들의 가치기준과 행태에 영향을 미치고 결국은 조직의 구조와 과정에 영향을 미친다.

(2) 미시적 · 특정적 환경

① 조직의 목표 달성과 활동에 직접적으로 관계를 가지는 특정한 요인들을 말한다.
② 예컨대 카스트(F.E. Kast)의 견해에 의하면 개별조직의 의사결정과정에 직접적인 영향력을 발휘할 수 있는 환경으로 ㉠ 고객(주민), ㉡ 공급자, ㉢ 경쟁자, ㉣ 정치적 · 사회적 요소, ㉤ 기술적 요소를 들고 있으며, 이러한 환경을 과업환경이라고도 한다.

(3) 객관적 환경과 주관적 환경

① 객관적 환경
  ㉠ 객관주의적 관점에서는 조직환경을 존재론적 사실주의에 입각하여 물리적인 실체가 있는 것으로, 인식론적으로는 실증주의에 입각하여 실체를 경험에 의하여 지각할 수 있는 것으로 본다.
  ㉡ 이러한 관점에서 파악된 조직환경을 객관적 환경이라 한다.

② 주관적 환경
  ㉠ 주관주의적 관점에서는 조직환경을 명목주의에 입각하여 실체의 존재 여부와 관계없이 지각되어 설정된 것으로, 인식론적으로는 반실증주의에 입각하여 개인의 주관에 의하여 추론되고 해석되며 창조되는 것으로 본다.
  ㉡ 그러므로 동일한 환경도 사람에 따라 다르게 설정될 수 있는 것이다. 이와 같은 관점에서 주관적으로 구성된 환경을 설정된 환경이라고 한다.

개념체크 ○×

• 미시적 · 특정적 환경은 조직의 목표 달성과 관계 있는 특정한 요인들을 말한다. ○×
• 주관적 환경 관점에서는 조직환경을 존재론적 사실주의에 입각하여 실체가 있는 것으로 인식한다. ○×

○, ×

2 조직환경의 성격

조직환경의 성격은 여러 가지로 나눌 수 있다. 예를 들면 안정-불안정, 동질적-이질적, 단순-복잡, 정태적-동태적, 적대적-우호적, 확실-불확실 등과 같이 수많은 성격을 지닌 환경이 존재한다. 그러므로 그 특성들을 상세하게 분류하는 것은 어렵기 때문에 몇 개의 기본적 특성을 유형화하는 것이 바람직하다.

(1) 에머리(F.E. Emery)와 트리스트(E.L Trist)의 이론

에머리(F.E. Emery)와 트리스트(E.L. Trist)는 환경적 구성 요소 간의 관계에 착안하여 조직환경이 간단하고 안정된 단계로부터 복잡하고 급격한 단계로 이행함을 명백히 밝히고 각 단계별 변화의 모형을 다음과 같이 설명하고 있다.

① 제1단계 – 정적 · 임의적 환경
  ㉠ 환경을 구성하는 여러 요소 간의 변화가 적고 안정적으로 분산되어 있는 상태이다.
  ㉡ 이러한 환경에 대한 조직의 대응은 특별한 장기적인 전략이나 단기적인 전략이 없으며, 다른 문제와 관계없이 개별적으로 문제를 해결한다.

② 제2단계 – 정적 · 집약적 환경
  ㉠ 환경의 여러 요소는 정태적이며, 활동은 하지 않지만 일정하게 정해진 방식으로 결합을 시작한다.
  ㉡ 이 경우 조직은 자신이 처한 입장을 파악하여 대응하기 위해서 전략적 계획을 수립하고 자원을 배분하여 능력발전을 촉진시켜야 한다.

③ 제3단계 – 교란 · 반응적 환경
  ㉠ 동태적 환경이며, 복수의 체제가 상호작용하면서 경쟁하는 것이 특징이다.
  ㉡ 이에 대한 반응으로 조직체제에 다른 환경체제를 흡수해 버리거나 조직체제가 환경체제에 기생해 버리는 두 가지 전략이 있는데 조직의 존속과 능력 강화를 위해서는 환경체제를 적극적 · 능동적으로 조절하고 흡수하는 것이 바람직하다.

④ 제4단계 – 파동의 장
  ㉠ 매우 복잡하고 격변하는 소용돌이의 장으로서 고도의 복잡성 · 불확실성의 특징을 가진다.
  ㉡ 이 경우 조직은 경쟁자의 도전에 대응하기 위한 연구 · 개발의 필요성이 요구된다.

개념체크 ○ ×

- 에머리(F.E. Emery)와 트리스트(E.L Trist)의 환경유형 중 3단계 교란 · 반응적 환경은 동태적 환경으로 조직은 환경에 크게 영향을 받게 된다. ○×
- 에머리(F.E. Emery)와 트리스트(E.L Trist)의 환경유형 중 4단계 파동의 장 환경에서는 고도로 집권화된 구조가 필요하다. ○×

○, ×

ⓒ 따라서 조직은 환경의 영향에 따른 적응적 변화와 조직의 안정에 대한 위협을 피하기 위하여 외부환경으로부터 적응적 흡수 등의 전략이 요청된다.

(2) 카츠(Katz)와 칸(Kahn)의 이론

① 환경적 특성의 주요 국면을 네 가지로 나누고 각 특성을 이원화시킨 다음, 한 극단적 특성에서 그 반대의 특성에 연결되는 연속선상에 특정한 환경의 위치가 설정된다고 한다.
② 이 네 가지 국면은 안정성과 격동성, 다양성과 동질성, 집약성과 무작위성, 궁핍성과 풍족성의 대조적인 특성을 보인다.
  ㉠ 안정성과 격동성 : 환경 변화의 범위와 정도에 관한 것으로, 안정적 환경은 변화가 없는 환경을 의미하며, 격동적 환경은 예측이 어려운 변동을 겪고 있는 환경을 의미한다.
  ㉡ 다양성과 동질성 : 환경 요소의 다양성에 관한 것으로, 환경 요소들이 조직과 동질적일 때 조직의 생존과 성장이 용이한 반면, 환경 요소들이 조직과 이질적(적대적)일 때 조직의 생존과 성장이 곤란해진다.
  ㉢ 집약성과 무작위성 : 환경 요소의 조직화 정도를 의미하는 것으로, 집약적 환경은 환경요소들이 일정한 방식으로 결합되어 있는 환경을 의미하며, 무작위적 환경은 무질서한 환경을 의미한다.
  ㉣ 궁핍성과 풍족성 : 환경에 존재하는 자원의 풍족함의 정도에 관한 것으로, 풍족성은 조직이 필요로 하는 자원이 환경에 풍부한 경우이며, 궁핍성은 필요한 자원이 희소하여 환경에서 충분히 확보할 수 없는 경우를 의미한다.

개념체크 ○×

• 안정성과 격동성은 환경 변화의 범위와 정도를 의미한다.
  ○×
• 집약성과 무작위성은 환경 요소의 조직화 정도를 의미한다.
  ○×

○, ○

CHAPTER 03 | 기출분석문제

01 다음 보기에서 설명하는 개념은?

> 조직이 안정과 존속을 유지하고, 안정과 존속에 대한 위협을 회피하며, 조직의 발전을 도모하기 위하여 조직의 정책이나 리더십 및 의사결정기구에 환경의 새로운 요소를 흡수하여 적응하는 과정을 의미한다.

① 적응적 흡수(Co-optation)
② 연합(Coalition)
③ 기관형성(Institution Building)
④ 경쟁(Competition)

[해설] 적응적 흡수에 대한 설명이다. 적응적 흡수(Co-optation)는 조직이 그 안정과 존재에 대한 위협을 회피하기 위해 조직의 지도층과 정책결정지위에 외부의 위협적 요소를 흡수하는 것을 말한다.

02 에머리(F.E. Emery)와 트리스트(E.L Trist)의 조직환경 중에서 매우 복잡하고 격변하는 소용돌이의 장으로서 고도의 복잡성·불확실성의 특징을 갖는 단계는?

① 정적·임의적 환경
② 정적·집약적 환경
③ 교란·반응적 환경
④ 파동의 장

[해설] 파동의 장은 매우 복잡하고 급속하게 변동하는 환경으로, 조직의 예측능력 및 통제능력 수준을 초과하는 단계이다.

03 '행정조직의 엔트로피(Entropy) 현상'을 설명한 내용으로 옳은 것은?

① 조직과 환경 간의 유기적 관련성을 일컫는 말이다.
② 조직의 환경을 가리키는 말이다.
③ 조직이 환경을 관리해 나가는 것을 말한다.
④ 조직이 환경의 영향을 받아 해체, 소멸되는 현상이다.

[해설] 행정조직의 엔트로피 현상이란 조직이 환경의 영향을 받아 해체, 소멸되는 현상을 말한다.

[정답] 01 ① 02 ④ 03 ④

04 카츠(Katz)와 칸(Kahn)의 환경 유형에서 나타나는 특징이 다른 하나는? 서울시설공단

① 안정성
② 동질성
③ 집약성
④ 풍족성

해설 | 집약성은 현대적·불확실한 환경으로 구분되는 특징이다. ①,②,④는 고전적·안정적 환경으로 구분되는 특징이다.

유기적 구조	현대적·불확실한 환경	격동성, 다양성, 집약성, 궁핍성
기계적 구조	고전적·안정적 환경	안정성, 동질성, 무작위성, 풍족성

팀에는 내가 없지만 팀의 승리에는 내가 있다.
(Team이란 단어에는 I 자가 없지만 win이란 단어에는 있다.)
There is no "i" in team but there is in win

– 마이클 조던 –

Chapter 04
조직행태론

기출복원문제

키워드 동기이론, X이론, Y이론, ERG이론, 공정성이론, 욕구계층론

조직구성원들의 동기이론에 대한 설명으로 옳은 것은? 부산도시공사

① 맥그리거(D. McGregor)의 X이론은 매슬로우(A. Maslow)가 주장했던 욕구계층 중에서 주로 상위욕구를, Y이론은 주로 하위욕구를 중요시하였다.
② 앨더퍼(C. Alderfer)의 ERG이론은 욕구를 존재욕구, 관계욕구, 성장욕구로 구분한 후 상위욕구와 하위욕구 간에 '좌절-퇴행' 관계를 주장하였다.
③ 아담스(J. Adams)의 공정성이론에서는 자기의 노력과 그 결과로 얻어지는 보상을 준거인물과 비교하여 공정하다고 인식할 때 동기가 유발된다고 주장하였다.
④ 매슬로우(A.H. Maslow)에 따르면 자기실현 욕구는 사람마다 큰 차이가 없다.

해설 ① 맥그리거의 X이론은 매슬로우가 주장했던 욕구계층 중에서 주로 하위욕구를, Y이론은 주로 상위욕구를 중요시하였다.
③ 아담스의 공정성이론에서는 자기의 노력과 그 결과로 얻어지는 보상을 준거인물과 비교하여 불공정하다고 인식할 때 동기가 유발된다고 주장하였다.
④ 매슬로우에 따르면 자기실현 욕구는 추상적이므로 구체적인 형태는 사람마다 큰 차이가 있다.

정답 ②

기출 키워드	중요도
☑ X이론과 Y이론	★★
☑ Z이론	★
☑ 매슬로우(A.H. Maslow)의 욕구계층론	★★★
☑ 앨더퍼(C. Alderfer)의 ERG이론	★★
☑ 허즈버그(F. Herzberg)의 동기·위생요인론	★★★
☑ 브룸(V.H. Vroom)의 선호·기대이론	★★★
☑ 아담스(J.S. Adams)의 공정성이론	★★
☑ 조직발전	★
☑ 행정PR	★

PART 3 조직론

CHAPTER 04 조직행태론

01 조직과 개인

1 의의

① 조직과 개인은 상호 공동체이다. 조직은 개인을 통하여 목표를 실현하고, 개인은 조직을 통하여 자아를 실현한다. 그러나 이러한 공존체제를 조화 있게 유지한다는 것은 매우 어려운 일이다.
② 조직이론의 핵심은 조직과 개인의 마찰을 어떻게 하면 극복할 수 있는가, 어떻게 하면 조직과 개인의 공존관계를 보다 조화 있게 유지할 수 있는가에 대한 해답을 구하는 데 있다고 할 수 있다.

2 조직과 개인의 관계

(1) 사회화 과정

구성원이 조직의 목표에 기여하는 활동과정을 말하는데, 조직은 구성원에게 조직목표에 기여하는 합리화를 추구한다.

(2) 인간화 과정

개인의 자아실현에 기여하는 활동과정을 말하는 바, 개인은 자아실현을 위주로 활동하고 만족을 추구한다.

(3) 융합화 과정

인간화의 요구와 사회화의 요구가 융합되어 공식적·비공식적으로 개인은 조직의 목표를 달성케 하는 행위자가 되고 또한 자신의 욕구를 충족시키게 된다.

> **개념더하기**
>
> **조직과 개인의 상호작용**
> - 사회화 과정 : 개인이 조직에 동화
> - 인간화 과정 : 개인이 개성을 회복
> - 융합화 과정(상호조화) : 오늘날 보편적으로 이루어짐

3 개인의 조직에 대한 관여

에치오니(A. Etzioni)는 조직에 대한 개인의 관계를 권력과 관여의 기본변수를 기초로 하여 관여를 소외적 · 타산적 · 도덕적 관여로, 권력을 강제적 · 보수적 · 규범적 권력으로 나누면서 권력과 관여의 조합에 의하여 세 가지 유형으로 설명하고 있다.

그러나 권력의 유형과 관여의 유형을 대비시킨 이러한 유형이 순수하게 존재한다는 것은 현실적으로 드물 것이며, 세 가지 유형의 혼합형이 일반적 현상이다. 대개 보수적 · 규범적 관여가 보편적이다.

(1) 강제적 · 소외적 관계
조직은 개인을 강제하나 개인은 조직에 대하여 심리적으로 관여치 않으며, 그 구성원으로서의 지위를 감수하는 경우를 말한다(예 교도소와 죄인).

(2) 보수적 · 타산적 관계
조직은 개인에게 임금과 서비스를 제공하며, 개인은 관여 정도를 보수에 의거하는 경우이다(예 생산조직과 특약점의 운영자).

(3) 규범적 · 도덕적 관계
조직은 위신과 의례적 상징을 표시하고, 그러한 조직에 개인이 헌신적으로 관여하는 경우이다(예 종교단체와 그의 신도와의 관계).

> **개념더하기**
>
> **에치오니(A. Etzioni)의 권력 분류**
> - 강제적 권력 : 육체적 징벌이나 징벌의 위협, 행위의 제한을 통해 좌절감을 가지게 하거나, 음식 · 성 · 안일 등과 같은 욕망 충족을 강제적으로 규제하는 등 물리적 · 육체적 강압을 주요 통제 수단으로 함으로써 얻어지는 권력
> - 보수적 권력 : 물질적 자원과 보수를 통제 수단으로 함으로써 얻어지는 권력
> - 규범적 권력 : 위신 · 존경 · 애정 · 관용과 같은 사회적 상징을 조작 · 통제함으로써 얻어지는 권력

4 인간관과 관리전략

조직의 목표 달성에 기여할 수 있는 인간행동은 무엇인가에 대한 문제는 인간관의 문제에 귀착된다. 따라서 조직의 성원이 어떠한 욕구가 충족되고 어떠한 기대를 가질 수 있게 되면 행동에 대한 동기가 부여되느냐의 문제가 제기되는 것이다.

(1) 맥그리거(D. McGregor)의 X이론과 Y이론
① X이론
  ㉠ 1920년대 과학적 관리론, 고전적 조직이론에서 강조되었다.
  ㉡ 인간의 하급욕구에 착안하여 통제에 입각한 관리전략을 처방하는 전통적인 관점을 반영하는 것이다.
  ㉢ 경제적 보상이나 물질을 중시한다.
  ㉣ 인간은 선천적으로 게으르고, 일하기도 싫어하며, 남의 통제 · 지배 받기를 원한다고 본다(인간의 피동성을 강조).

> **개념체크 O X**
> - X이론은 조직 관리전략으로 경제적 보상이나 물질을 강조한다. ⟦O X⟧
> - 인간관계론, 신고전적 조직이론에서 X이론을 중시하였다. ⟦O X⟧
>
> O, X

⑩ 그러므로 X이론 하에서는 경제적 보상체계의 강화, 권위주의적 리더십의 강화, 엄격한 감독과 통제제도의 강화, 상부책임제도의 강화, 조직구조의 고층성을 중심으로 하는 관리전략이 필요하다(경제적·합리적 인간 중시, 기계적 능률성, 권위형).

② Y이론
㉠ 1930년대 인간관계론, 신고전적 조직이론에서 중시하였다.
㉡ 인간의 고급욕구에 착안하여 통합형의 관리전략을 처방하는 새로운 관점이다.
㉢ 인간이 작업에 신체적·정신적 노력을 기울이는 것은 극히 자연스러운 일이며, 대부분의 사람들은 문제해결에 필요한 창의성과 상상력을 갖고 있다고 본다.
㉣ 사회적 능률성(민주성)을 강조하고, 심리적·감정적·정서적 요인과 같은 비합리적·비경제적 측면을 중시한다.
㉤ 관리전략으로는 민주적 리더십의 확립, 분권화와 권한 위임, 목표에 대한 관리, 직무확장, 비공식조직의 활용, 조직구조의 수평화 등을 들 수 있다.

> **Z이론**
> Z이론은 맥그리거의 X·Y이론에 부합되지 않는 조직관리 상황을 지칭하는 것으로서, 여기에는 서로 다른 세 가지 종류가 있다. 런드스테드(S. Lundstedt)의 자유방임형 관리, 로리스(D. Lawless)의 상황적응적 관리, 오우치(W. Ouchi)의 일본식 경영 등의 연구가 바로 그것이다. 이들은 각각 자기가 연구한 조직관리 상황을 각각 Z이론이라고 부르고 있지만 Z이론이라는 이름만 같을 뿐 그 내용은 서로 상이하다.
>
> • 런드스테드(S. Lundstedt)
> 런드스테드의 Z이론은 맥그리거의 X·Y이론이 묘사하고 있지 아니한 조직의 한 측면을 추가하여 이를 보완하고 있다. X이론은 권위주의적 관리를 대변하고 Y이론은 민주적 관리를 대변한다면, Z이론은 자유방임형의 관리를 대변하고 있다.
> • 로리스(D. Lawless)
> 로리스는 고정적 획일적 관리전략의 유용성을 의심하는 것으로부터 출발하고 있다. 변동하는 환경 속에서 살아가는 조직을 관리함에 있어서 상황을 객관적으로 파악하여 이에 상응하는 관리전략을 세우고 변화시켜 나가야 한다는 다분히 상황적 접근방법이다.
> • 오우치(W. Ouchi)
> 오우치는 일본 기업이 미국 기업보다 생산성이 높다는 것을 전제하고 미국에서 운영되고 있는 일본식 경영을 Z이론이라고 하였다. Z이론(일본식 경영)의 주된 내용은 종신고용제, 조직 구성원에 대한 장기적이고 완만한 평가와 승진, 경력발전계통의 비전문화, 내재적이고 비공식적인 통제장치, 집단적 의사결정, 집단적 책임, 직원에 대한 전인격적 관심 등이 열거되고 있다.

개념체크 ○×
• Y이론은 조직구조의 계층성을 강조하여 책임과 역할이 분명하다. ○×
• Z이론은 맥그리거의 X·Y이론에 부합되지 않는 조직관리 상황을 말한다. ○×

×, ○

(2) 샤인(Schein)의 복잡한 인간관

샤인(Schein)은 조직에 있어서의 인간관을 시대적 변천에 따라 다음의 네 가지로 분류하고, 최근에 가장 적절한 인간관을 복잡한 인간관이라고 지적하고 있다.

① 합리적 경제인관
  ㉠ 인간을 경제적 유인에 의해 움직이는 피동적 존재로 보고, 인간의 개인적 목적과 조직의 목적은 서로 상충된다고 본다.
  ㉡ 관리자는 공식적인 권위를 통하여 운영의 능률을 기하기 위하여 관리수단으로 공식구조, 경제적 유인, 통제 등이 중요시된다.

② 사회적 인간관
  ㉠ 인간을 사회적 존재로서 파악하고, 사회적 욕구의 충족에 의하여 동기가 부여된다고 본다.
  ㉡ 관리자는 업무의 강요보다는 직원의 욕구에 관심을 가져야 하며, 소집단의 기능을 적극 활용하여야 한다.

③ 자아실현적 인간관
  ㉠ 인간은 자율적으로 자기통제를 할 수 있고, 스스로 동기부여를 할 수 있다고 보는 인간관이다.
  ㉡ 관리자는 외적·타율적 자극이나 통제에 의해서 인간을 수동적으로 움직이도록 하는 것보다는 스스로 조직의 목표를 인식하고 직무에 대한 만족을 통하여 동기가 부여되도록 해야 한다.

④ 복잡인관
  ㉠ 인간은 다양한 욕구와 잠재력을 가졌고, 매우 복잡한 존재이며, 그 복잡성의 유형도 사람마다 다르다고 본다.
  ㉡ 관리자는 구성원들의 변이성과 개인차를 인식하고 존중해야 하며, 이에 대해 융통성 있는 관리행태를 견지하도록 해야 한다.

(3) 매슬로우(A.H. Maslow)의 욕구계층론

① 매슬로우(A.H. Maslow)는 인간의 욕구를 5단계로 구분하고 있는데, 이는 다음과 같은 세 가지 전제 위에 성립한 것이다.
  ㉠ 사람은 뭔가 부족한 상태에 있는, 즉 욕구를 가진 동물이다. 그런데, 그러한 욕구는 결코 완전히 해결될 수는 없다.
  ㉡ 충족된 욕구는 인간에게 더 이상 동기부여의 기능을 하지 못한다.
  ㉢ 인간의 욕구는 그 중요성에 따라 계층을 이룬다.

개념체크 ○ ×

- 샤인(Schein)의 복잡한 인간관에서는 인간은 다양한 욕구와 잠재력을 지닌 복잡한 존재이다. ○ ×
- 샤인(Schein)의 조직관리에서는 구성원에 대한 지시와 통제보다는 개인과 조직의 목표를 통합할 수 있는 전략이 우선되어야 한다. ○ ×

○, ×

개념더하기

매슬로우(A.H. Maslow)의 욕구계층론

자기실현 욕구
존경의 욕구
사회적 욕구
안전의 욕구
생리적 욕구

② 5단계 욕구
　㉠ 자아실현의 욕구 : 가장 고차원적인 단계로, 자신의 잠재능력을 최대한 발휘하고자 한다(예 직무충실, 사회적 평가 제고).
　㉡ 존경의 욕구 : 타인으로부터 존경받기를 원하는 단계이다(예 교육훈련, 제안제도).
　㉢ 사회·애정의 욕구 : 이웃 사람과의 친밀한 인간관계를 느끼고 싶어 한다(예 의사전달의 원활).
　㉣ 안전의 욕구 : 외부 환경으로부터 생명의 안전·위협적인 요인을 제거하는 단계이다(예 고용안정, 신분보장).
　㉤ 생리적 욕구 : 의식주 등과 관련된 욕구로 가장 기본적이며 하위의 욕구이다(예 보수).
③ 매슬로우의 욕구계층론은 욕구계층의 고정성에 대한 예외, 욕구 충족의 상대성, 동기유발의 복합성과 관련된 약점을 지니고 있다.

(4) 앨더퍼(C. Alderfer)의 ERG이론
① ERG이론은 매슬로우의 기본전제인 욕구의 우선순위와 한 욕구가 어느 정도 충족되면 다음 욕구의 활성화를 유도한다는 만족-진행 접근가정을 배제한다.
② 고급욕구냐 하급욕구냐를 막론하고 어느 시점에서든 동기부여의 역할을 할 수 있고, 상위욕구가 충족되지 않거나 좌절되면 그보다 낮은 하위욕구의 중요성이 커진다는 좌절-퇴행 접근을 인정하고 있다.
③ ERG이론은 매슬로우의 경우보다 복합적이며 종합적인 욕구 개념을 수립하여 개인의 행동을 설명하고 있다는 점에서 차이를 발견할 수 있다.
④ 앨더퍼는 매슬로의 욕구계층론을 수정하여 인간의 기본욕구를 존재(Existence)욕구, 관계(Relatedness)욕구, 성장(Growth)욕구의 3단계 욕구로 구분하여 설명하고 있다.
　㉠ 존재욕구 : 허기, 갈증, 거처 등과 같은 모든 형태의 생리적 욕구와 안전에 대한 욕구를 포괄한다.
　㉡ 관계욕구 : 타인과의 대인관계와 관련된 모든 욕구로서, 매슬로우의 셋째 범주인 사회적 욕구와 넷째 범주의 일부인 타인으로부터의 존경욕구가 포함된다.
　㉢ 성장욕구 : 창조적·개인적 성장을 위한 자긍의 욕구와 자기실현의 욕구가 포함된다.

개념더하기

앨더퍼(C. Alderfer)의 ERG이론

성장(G)욕구
관계(R)욕구
존재(E)욕구

개념체크 ○ ×

- 매슬로우(A.H. Maslow)와 앨더퍼(C. Alderfer)는 욕구 좌절·퇴행의 요소를 포함하여 인간 욕구의 발로를 설명하였다. ○×
- 앨더퍼(C. Alderfer)는 매슬로우가 제시한 욕구계층이론의 문제점 및 한계점을 보완하였다. ○×
- 앨더퍼(C. Alderfer)는 욕구를 존재욕구, 관계욕구, 성장욕구 세 가지로 분류하였다. ○×

×, ○, ○

(5) 허즈버그(F. Herzberg)의 동기·위생요인론

① 허즈버그(F. Herzberg)는 일련의 연구를 통하여 사람들에게 직무만족을 주는 요인과 직무 불만족을 주는 요인이 별개의 군을 형성하고 있음을 알아냈다.

② 그는 연구를 통하여 사람들이 직무에 불만족을 느낄 때에는 직무의 환경이 문제가 되었으며, 반면에 직무에 관하여 만족을 느낄 때에는 이것은 직무의 내용과 관련을 갖고 있는 것임을 알아냈다.

③ 허즈버그(F. Herzberg)는 환경과 관련된 첫 번째 범주의 요인들을 위생요인이라고 불렀다. 이에 속하는 것으로는 회사의 정책과 관리, 감독, 작업조건, 개인 상호 간의 관계, 임금, 보수, 지위, 안전 등을 들고 있다.

④ 다음 직무 내용과 관련된 두 번째 범주의 요인들을 허즈버그(F. Herzberg)는 동기요인이라고 불렀다. 이에 속하는 것으로는 성취감, 안정감, 도전감, 책임감, 성장과 발전, 일 자체 등을 들 수 있다.

⑤ 동기요인의 특성은 이러한 요인이 충족되지 않아도 불만은 없지만 일단 충족되게 되면 만족에 적극적인 영향을 줄 수 있고 일에 대한 적극적인 태도를 유도할 수 있다는 것이다.

(6) 브룸(V.H. Vroom)의 선호·기대이론

① 브룸(V.H. Vroom)의 기대이론은 동기부여를 설명할 때, 개인의 선택행동을 주요 설명변수로 삼고 있다. 즉, 개인은 행동할 때 다수의 선택 가능한 대안을 평가하여, 자신에게 가장 득이 될 것으로 평가되는 행동 전략을 선택한다고 설명한다.

② 개인의 동기부여는 그 행동이 가져올 가능성이 있는 모든 결과에 부여하는 효용(가중치)과 자신들이 어떤 행동을 하면 어떤 결과가 수반될 것이라는 주관적 확률인 기대감(Expectancy)을 반영한 것이다.

③ 개인의 선택행동은 결과에 대한 선호뿐만 아니라 그러한 결과를 가져오는 것이 가능하다고 그가 어느 정도나 믿느냐에 의해서도 영향을 받는다는 것이다.

④ 또한 개인의 직무수행 수준은 동기유발과 능력을 곱한 것에 달려 있다고 본다.

⑤ 인간의 동기만이 어떤 행동완성을 보장하는 유일한 요인이 아니고 동기를 뒷받침할 능력이 있어야 한다는 점에 주의를 환기시키고 있다.

개념더하기

허즈버그(F. Herzberg)의 동기·위생요인

위생요인 (불만요인)	동기요인 (만족요인)
• 불만유발 또는 불만해소에 작용	• 만족 또는 직무수행 동기 유발에 작용
• 생산성 향상과 직접적 관계없음	• 생산성 향상과 직접적 관련됨
• 불만의 역은 불만이 없는 상태	• 만족의 역은 만족이 없는 상태
• 불만의 역이 만족은 아님	• 만족의 역이 불만족은 아님

개념더하기

브룸(V.H. Vroom)의 기대이론
일정한 노력을 기울이면 성과(목표달성)를 가져올 수 있는 주관적 믿음을 '기대감(Eexpectancy)'이라 표현하고, 성과와 보상과의 상관관계에 관한 인지도를 '수단성(Instrumentality)', 보상에 대한 개인의 선호를 '유인가(Valence)'로 표현하여 전체적인 동기부여는 '동기부여=Σ(기대감×수단성×유인가)'로 결정된다고 제시하였다.

(7) 포터와 롤러(Porter & Lawler Ⅲ)의 기대이론

① 포터(L.W. Porter)와 롤러(E.E. Lawler)는 노력, 보상, 성과, 만족 등의 변수들 간의 상호작용을 전제로 하여 그들의 이론을 전개시켜 나가고 있다.
② 만족이 직무성취 또는 업적을 직접적으로 가져오는 것이 아니라, 직무성취의 수준이 직무만족의 원인이 된다고 보고 있다.
③ 인간이 원하는 목표 또는 결과는 성취하려는 노력에 의하여 결정되며, 만족은 인간이 실제로 달성하는 결과에 의하여 결정될 수 있다는 것을 전제한다.
④ 또한 성과와 여기에 결부된 보상에 개인이 부여하는 가치와 노력이 보상을 수반하게 될 것이라는 기대감이 업무 수행능력을 좌우할 것이라고 주장하고 있다.
⑤ 포터(L.W. Porter)와 롤러(E.E. Lawler)의 이론은 다음과 같이 요약될 수 있다.
　㉠ 직무성취(업적)와 거기에 결부된 보상(Rewards)에 부여하는 가치, 그리고 어떤 노력이 보상을 가져다 줄 것이라는 기대가 직무수행 노력을 좌우한다.
　㉡ 노력에 의한 직무성취는 개인에게 만족을 줄 수 있는데 직무 성취가 만족을 주는 힘은 거기에 결부되는 내재적 및 외재적 보상에 의하여 강화된다.
　㉢ 이때 보상은 공평한 것이라고 인식되는 것이라야 한다. 즉, 내재적 및 외재적 보상이 있더라도 그것이 불공평하다고 인식되면 개인에게 만족을 줄 수 없다.

(8) 아담스(J.S. Adams)의 공정성이론(Equity Theory)

① 아담스(J.S. Adams)의 공정성이론에 의하면 개인의 행위는 타인과의 관계에서 공정성을 유지하는 방향으로 동기부여가 된다고 한다.
② 공정성이론에서의 공정성이란 개인의 투입과 산출과의 비율이 타인의 투입과 산출의 비율과의 비교와 관계된 개념이다.
③ 즉 개인이 인지하는 자신의 투입-산출의 비율이 타인의 투입-산출의 비율과 비교하여 두 비율 간의 대등함이 인지되면 공정성을 느끼고, 그 반대의 경우일 때 불공정성을 느끼게 된다는 것이다.
④ 이때 불공정성이 인식되면 개인은 이를 감소시키려는 노력을 하게 되고 그 노력의 강도는 불공정성의 인식 정도에 따라 결정된다고 한다.
⑤ 과소보상과 과다보상 모두 개인으로 하여금 불공정성을 느끼게 만든다.

개념체크 ○ ×

- 아담스(J.S. Adams)의 공정성 이론에서는 보상의 중요성을 강조하고 있으며, 과소보상보다는 과대보상을 할 것을 주장한다. ○×
- 아담스(J.S. Adams)의 공정성 이론은 업무에서 공정하게 취급받으려고 하는 욕망이 개인으로 하여금 동기를 갖게 한다고 가정한다. ○×

×, ○

02 조직발전론

1 조직발전(Organizational Development)의 개념

① 조직발전은 조직의 효과성을 추구하기 위하여 변화대상조직 내에 있는 개인과 집단 및 조직의 형태, 가치관, 신념, 태도와 문화를 변화시키기 위한 것이다.
② 그러므로 조직발전의 초점은 조직의 질적 변화를 달성시키는 데 있기 때문에 단순히 조직의 구조, 기능 혹은 기술의 개선에 중점을 두는 조직변화와는 차이가 있다.
③ 조직발전은 조직효과의 향상과 개선, 조직의 변화대응능력의 증진을 위한 의도적 계획적 활동과 그에 관련된 개념, 도구 및 기법들의 체계라고 할 수 있다.

개념더하기

조직발전(OD)
조직 구성원의 가치관이나 행태를 변화시킴으로써 조직의 미래를 바람직한 방향으로 변화시키려는 노력을 말한다. 조직발전은 인위적이고 계획적이며 장기적인 노력으로 행동과학의 전문지식을 활용한다. 또한 환경을 중요한 변수로 생각하며 인간관계적 접근법을 취한다. 조직발전의 궁극적인 목적은 조직 전체의 건전성과 문제해결능력, 대응성, 효과성을 제고하는 것이다.

2 조직발전의 목적과 가정(假定)

조직발전은 조직 내 인간적 가치를 향상시키면서 동시에 조직전체의 개혁도 이룩하려는 접근방법이다. 조직을 빙산에 비유하면 수면을 중심으로 상하를 각각 공식조직과 비공식조직으로 생각할 수 있다. 겉으로 드러나는 공식조직의 저변에는 훨씬 큰 비공식적인 조직이 있으므로 조직을 발전시키기 위해서 공식조직과 비공식조직을 잘 관리하여야 하며 기술, 구조 및 인간에 대한 문제를 잘 해결하여야 한다.

(1) 조직발전의 목적(조직의 효과성 증진)

① 집단 내의 문제나 집단 간의 문제를 회피 또는 은폐하지 않고 문제와 정면 대결하여 해결하는 능력을 기르는 것이다.
② 조직 구성원의 개인적 만족과 직무수행 의욕을 제고시키는 것이다.
③ 협동적 노력에 의해서 창의적인 문제해결 능력을 향상시키는 것이다.
④ 업무의 성격에 따라 구조가 자율 조정될 수 있도록 조직의 융통성을 제고시키기 위한 것이다.
⑤ 지속적인 개선장치를 조직 내에 내재시켜 조직의 효율성을 높이는 것이다.

(2) 조직발전의 가정

조직발전의 핵심은 조직의 목표 설정에 구성원이 참여할 경우 그들은 조직의 목표 달성에 보다 헌신적으로 된다는 가정에 입각하고 있으며, 조직발전은 근본적으로 성장이론에 기초를 두고 있다. 즉, 인간은 성장과 자기실현의 욕구를 지닌 존재이며 조직 구성원들은 협동적이고 건설적인 노력에 높은 가치를 부여한다고 가정한다. 조직발전의 가정은 다음과 같이 세 가지로 정립할 수 있다.

① 인간에 관한 가정
  ㉠ 대부분 인간은 개인적인 성장과 발전을 위해서 노력한다. 그리고 이와 같은 노력은 이를 지지하고 인정해 주는 환경 속에서보다 잘 실현된다.
  ㉡ 대부분 인간은 환경이 허용하는 것보다 더 많이 조직목표의 성취를 위해서 공헌하고 또 그렇게 할 능력을 보유하고 있다.

② 집단 속의 인간에 관한 가정
  ㉠ 조직 구성원들은 준거집단 내에서 인정을 받고 협조적으로 일하기를 원한다. 집단 내의 대인관계가 개방적이고 솔직하며 상호지원적이면 개인의 집단에 대한 기여는 크게 향상될 수 있다.
  ㉡ 사람에게 가장 강한 심리적인 연관집단은 동료와 상관을 가지고 있는 작업집단(직장 등)이다.
  ㉢ 대부분 인간은 그가 속해 있는 집단의 문제를 해결함으로써 자기의 효율성을 높이고 보다 효과적으로 집단 구성원과 어울리게 된다.
  ㉣ 효율성의 최적화라는 관점에서 볼 때, 집단의 공식적 리더는 모든 경우에 리더십을 발휘할 수 있는 것은 아니다. 집단의 구성원은 리더십과 구성원 상호 간의 도움으로 서로 협동해야 하는 것이다.

③ 조직 속의 인간에 관한 가정
  ㉠ 조직 속의 문화(혹은 분위기)는 대체로 다른 사람들에 대한 느낌이나 조직의 방향이 어떻게 되어야 한다고 하는 생각을 억제하는 경향이 있다. 이 억제된 감정은 조직의 문제해결, 개인의 성장, 업무의 만족에 영향을 준다.
  ㉡ 조직 속의 개인 간의 신뢰성, 지지, 협조의 수준은 대단히 낮다.
  ㉢ 사람과 집단 사이의 성패의 전략은 장기적으로 볼 때 조직의 문제해결을 위해서 적당한 것이 못 된다.
  ㉣ 감정은 조직에 대한 중요한 자료로서 간주되며, 이는 목표 설정, 리더십, 의사소통, 문제해결, 집단 간의 협조, 사기 등에 중요하게 작용한다.

개념체크 ○ ×

- 조직발전(OD)은 계획적인 조직개혁의 과정이다. ○×
- 조직발전(OD)은 조직개혁을 위한 구조적 접근법으로서 행정개혁의 중핵을 이룬다. ○×
- 조직발전(OD)은 조직 구성원의 행태변화를 추구하는 것이다. ○×

○, ×, ○

ⓜ 조직발전의 결과 이루어지는 향상된 업무의 성취는 적절한 인사제도에 의해 뒷받침되어야 한다. 즉, 근무 평가, 보수, 훈련, 전입 등에 반영되어야 한다.

3 조직발전의 과정(백하르트 모형)

(1) 제1단계(진단)
① 조직발전의 필요성과 조직의 상태를 파악하는 단계로서 조직의 상태를 정확하게 진단하기 위해서는 두 가지 측면, 즉 대상조직의 기본속성과 그 조직의 현재상태에 관한 정보를 충분히 가져야 한다.
② 일반적인 조사대상 요소로서는 조직풍토와 조직과정의 문제가 중심이 되고 있다.
③ 조사의 방법으로는 자료에 의한 사전조사, 현장 및 관찰조사, 관계자와의 면접조사 및 설문지에 의한 앙케이트 조사 등이 있다.

(2) 제2단계(전략계획의 수립)
① 조직발전의 실시대상, 실시순서, 매기활동의 내용, 조직발전 활동전개를 위한 계획수립 단계이다.
② 백하르트에 의하면 조직발전의 전략목표는 팀 효율의 향상, 각 부서관계의 개선, 각 구성원의 지식, 기술 및 능력개발을 목적으로 하는 교육훈련과정에 주어진다고 한다.

(3) 제3단계(교육)
조직발전을 위한 활동을 원활히 수행하기 위한 분위기조성 단계로서 행동지향적이라기보다는 조직발전전문가들의 지도에 의한 교육활동단계이다.

(4) 제4단계(상담 및 훈련)
① 전체조직 또는 하위조직들이 알고 있는 기존의 문제나 새로운 문제들을 해결해 나가는 데 직접적으로나 간접적으로 기여할 수 있도록 교정적 행동을 취하는 단계이다.
② 조직발전 기법들을 통하여 변화담당자가 직접적으로 문제해결에 임하든가, 아니면 대상조직 스스로가 문제해결을 할 수 있도록 조력하는 단계를 말한다.

개념더하기

조직발전(OD) 과정에서의 행동지향
조직발전에서의 행동지향은 자료수집, 조직의 진단에 이어 실행개입에서 진행된다. 실행개입은 실제로 변화를 집행하는 과정으로서 변화담당자의 개입하에 시스템의 구조적 변화는 물론, 교육훈련·팀구축·MBO(목표관리)·관리 Grid 등 여러가지 조직발전(OD) 기법이 적용된다.

(5) 제5단계(평가단계)

이 단계는 조직발전 프로그램의 효과를 분석·평가하는 것으로서 자료의 수집, 분석 및 평가를 통해 다음의 조직발전 프로그램이 더욱 합리적인 것이 되도록 하기 위한 환류단계이다.

03 행정PR(공공관계)

1 행정PR의 개념

① 개인 또는 조직의 정책이나 주장 또는 행위가 사람들의 신뢰를 획득하기에 충분한 가치가 있도록 노력한다는 것을 의미한다.
② 이 사실을 사람들에게 설명하여 이해시킴으로서 개인 또는 조직에게 유리한 상태, 즉 신뢰를 획득하려고 하는 행위를 말한다.

> **개념더하기**
>
> **현대행정에서 행정PR이 중요한 이유**
> • 권위주의적 관료행태 개선
> • 공개행정에 대한 국민의 요구 대응
> • 정부정책에 대한 국민의 이해와 지지 획득

2 행정PR의 영향과 방법

① 행정PR의 영향

적대감의 해소	올바른 행정PR을 통해 커뮤니케이션의 기회를 증대시킬 수 있고 적대감을 해소시킬 수 있음
무관심의 타파	일반 국민들의 무관심을 극복하는 수단인 행정PR을 통해 새로운 계획이 공중에게 구체적이고 실질적인 이익을 가져다 줄 수 있다는 것을 확신시킬 수 있음
편견의 극복	행정PR을 통해 공중이 가지고 있는 편견의 내용을 파악하고 그것이 형성된 원인을 찾아내어 정확한 커뮤니케이션을 통해 극복할 수 있음
이해, 조정, 통합의 역할	행정PR은 다양한 의사교환 과정을 통해 개인, 집단, 사회를 조정·이해·통합시키는 중요한 도구로서의 역할을 수행

② 행정PR의 방법

직접적 홍보	연설과 토론, 전시회, 시범활동, 시청각, 간행물, 광고 등
간접적 홍보	공무원의 대민 접촉, 주민과 공무원의 상호 협조, 언론기관과의 관계, 자치단체의 경진 대회 등

3 행정PR의 4순환 과정

① **정보투입 과정** : 공청 기능을 통하여 국민의 의견·태도·여론을 수렴하여 정보를 처리하고 행정 수요를 파악하는 과정이다.
② **전환 과정** : 정책결정 과정으로 행정 수요를 충족시키고 국민의 협조·지지를 얻을 수 있는 정책 계획을 수립하고 결정하는 과정이다.
③ **정보산출 과정** : 널리 알리는 공보 기능을 수행하는 과정으로서 국민의 지지와 이해, 신뢰와 협조를 구하는 과정이다.
④ **환류 과정** : 행정기관이 정책 사업 계획에 대한 국민의 반응을 살피고 정보의 투입·산출을 매개하는 과정으로 이 과정을 통하여 끊임없이 분석·평가함으로써 적절한 대응책을 강구하는 과정이다.

개념체크 ○×

- 행정PR 중 직접적 방법으로 주민과 상호 협조, 언론기관과의 관계, 자치단체의 경진 대회 등이 있다. ○×
- 행정PR은 '정보투입 → 전환 → 정보산출 → 환류'의 과정을 거친다. ○×

×, ○

CHAPTER 04 | 기출분석문제

01 동기부여이론에 대한 설명으로 옳지 않은 것은?

① 동기는 행동의 강도와 양태 및 질과 방향을 결정하는 데 영향을 미치는 과정이다.
② 신고전적 이론인 인간관계론에서는 경제적인 요인을 중시한다.
③ 동기이론 중 욕구이론은 인간의 행동은 욕구를 충족시키기 위한 수단으로 본다.
④ 동기는 직무수행이라는 목표에 지향된 동기로서 가변적인 현상이다.

해설 고전적 이론에서는 경제적인 동기를 중시하는 반면, 인간관계론에서는 비경제적인 동기를 중시한다.

02 맥그리거(D. McGregor)의 X이론 측면에서 조직의 관리전략에 대한 내용으로 옳지 않은 것은?

① 경제적 보상체계의 강화
② 권위주의적 리더십의 확립
③ 상부책임제도의 강화
④ 목표에 의한 관리체계의 구축

해설 목표관리(MBO)는 참여에 의한 관리로 Y이론에 토대를 두는 인본주의 관리전략이다.

03 맥그리거(D. McGregor)의 Y이론과 가장 거리가 먼 것은?

① 성선설
② 상호신뢰
③ 선진국형
④ 권위주의적 리더십

해설 권위주의적 리더십은 X이론의 관점에서 필요한 리더십 유형이다.

04 오우치(W. Ouchi)의 Z이론에 관한 내용으로 옳지 않은 것은? 한국가스공사

① 장기적인 고용관계를 유지한다.
② 공식적·계서적 통제를 비교적 선호한다.
③ 직원들의 직무상 전문화 수준은 낮은 편이다.
④ 직원의 승진속도는 비교적 완만하다.

해설 미국기업에 일본식 경영전략을 접목한 이론이 Z이론이다. Z이론의 특징은 ①, ③, ④ 외에 연공서열제, 집단주의, 품의제를 통한 통제 등이 있다.

05 브룸(V.H. Vroom)의 기대이론에 대한 설명으로 옳지 않은 것은? 한국관광공사

① 개인의 동기는 수단성(Instrumentality), 기대감(Expectancy), 유의성(Valence)에 의해 결정된다.
② 동기 유발에 대한 과정이론이다.
③ 유의성이란 어느 개인이 원하는 특정한 보상에 대한 선호의 강도이다.
④ 직원의 근무성과는 그 직원의 능력 이외에도, 특성(Traits), 역할인지(Role Perceptions)의 수준의 영향도 받는다.

해설 ④는 포터(L.W. Porter)와 롤러(E.E Lawler)의 기대이론(업적만족이론)에 대한 설명이다. 브룸은 근무성과에 영향을 미치는 요인으로 직원의 노력을 가장 중시하였으며, 노력 이외에도 직원의 능력과 기타 환경적 요인의 영향을 받는다고 하였다. 반면 포터와 롤러의 업적만족이론은 조직 구성원의 동기유발이 조직이 직원에게 부여할 수 있는 잠재적 보상의 가치(Value of the potential reward), 즉 보상의 유의성과 노력을 하면 보상이 있을 것이라는 기대감에 의해 결정된다고 본다. 그리고 그 직원의 노력의 결과로 달성되는 근무성과는 그 직원의 능력, 특성 및 역할인지의 수준에 의해 영향을 받는다고 본다.

06 동기부여이론에 대한 설명으로 옳지 않은 것은? 한국교직원공제회

① 브룸(V.H. Vroom)의 기대이론은 보상에 대한 매력성, 결과에 따른 보상, 그리고 결과발생에 대한 기대감에 의해 동기유발의 강도가 좌우된다고 본다.
② 포터(L.W. Porter)와 롤러(E.E. Lawler)는 인간의 동기유발요인으로 내재적 보상과 외재적 보상으로 나누었을 때, 내재적 보상이란 경제적 이익 및 승진 등과 같은 개인의 환경과 관련된 것을 지칭한다.
③ 샤인(E.H. Schein)은 인간은 다양한 욕구와 잠재력을 가진 복잡한 존재로서 개인별로 복잡성의 유형도 다르다고 보았다.
④ 허즈버그(F. Herzberg)는 '욕구충족요인 이원론'에서 위생요인의 제거 또는 감소는 동기부여의 소극적·단기적 효과에 그친다고 주장하였다.

해설 내재적 보상이란 성취감이나 직무에 대한 만족감 같은 것을 말하며, 이러한 내재적 보상이 이익 및 승진 등과 같은 외재적 보상보다 더 중요하다고 주장하였다.

07 동기이론 중 아담스(J.S. Adams)의 공정성이론(Equity Theory)에 대한 다음 설명 중 옳지 않은 것은?

① 투입의 변화로 자신의 생산을 감소시키거나 시간을 줄여서 타인의 비율과 균형을 맞추기 위해 노력한다.
② 산출을 변화시키는 방법으로 직무보상을 개선하기 위해 노력하는데 봉급인상이나 더 나은 직책을 요구한다.
③ 목표를 변경하는 방법으로 자신의 목표를 상향 또는 하향 조정하는데 자신이 설정한 목표량을 조절하여 준거인과의 비슷한 수준을 유지한다는 것이다.
④ 준거인물을 교체하는 방법으로 자신의 비교대상을 보다 현실성 있는 인물로 교체함으로써 불공정을 시정하고자 한다.

[해설] 아담스의 공정성이론에는 목표를 변경하는 방법에 대한 내용은 없다.

08 조직발전에 대한 설명으로 옳지 않은 것은?

① 행태과학의 지식과 기술을 응용한다.
② 문제해결역량을 개선하려는 지속적이고 장기적인 노력이다.
③ 과정지향적이며, 아래로부터의 자율적이고 자발적인 접근방법이다.
④ 조직 내·외부의 컨설턴트를 참여시켜 개혁추진자의 역할을 맡게 한다.

[해설] 조직발전이란 계획적인 행태변화로 조직전체의 효율성과 건전성을 제고시키려는 관리전략으로, 결과지향적이며, 최고관리층의 적극적인 지지하에 구성원들의 행태를 변화시키기 위하여 추진되는 하향적·계획적·의도적인 접근방법이다.

09 현대행정에서 행정PR이 중요시되는 이유로 가장 거리가 먼 것은?

① 관료주의화의 극복
② 행정의 능률성 추구
③ 공개행정의 요청
④ 국민의 이해와 지지획득

[해설] 행정PR은 정부와 국민과의 상호 개방적 의사소통을 통하여 정부정책에 대한 국민의 이해와 호의적 지지 및 신뢰획득을 위한 조직화된 노력이라고 할 수 있다. 이러한 행정PR은 권위주의적 관료행태를 개선하고 공개행정에 대한 국민의 요구에 대응하여, 정부정책에 대한 국민의 이해와 지지를 획득하기 위한 관점에서 현대행정에서 특히 강조되고 있다. 그러나 행정PR이 관리의 효율성이나 경제성을 확보하기 위한 활동으로 중요시되고 있는 것은 아니라고 할 때, 행정의 능률성 추구와 관련이 멀다.

지식에 대한 투자가 가장 이윤이 많이 남는 법이다.

— 벤자민 프랭클린 —

Chapter 05
조직관리론

기출복원문제
키워드 리더십, 변혁적 리더십

변혁적 리더십에 대한 설명으로 옳지 않은 것은? 　　　　　　　　　　　　　　　　　　　　서울교통공사

① 구성원들에 대한 신뢰감을 제시한다.
② 조직변동의 추구에 초점을 둔다.
③ 개인적 이익과 가치를 강조한다.
④ 창의성, 다양성을 존중하고 지원한다.

해설 변혁적 리더십은 조직을 통합하고 신뢰를 바탕으로 협력을 창출하려는 것이다.

정답 ③

기출 키워드	중요도
☑ 의사소통	★
☑ 리더십	★★★
☑ 변혁적 리더십	★★
☑ 갈등	★
☑ 갈등의 관리	★★
☑ 정보공개	★★
☑ 목표관리(MBO)	★★★
☑ 조직발전(OD)	★★★
☑ 총제적 품질관리(TQM)	★★★

CHAPTER 05 조직관리론

PART 3 조직론

01 의사소통

1 의사소통의 개념과 기능

(1) 개념
① 의사소통이란 상징에 의하여 정보·생각·감정을 전달하는 것이며, 의사결정의 전제가 되는 정보를 전달하는 과정을 의미한다.
② 의사소통은 상호교류과정(Two-way Process)으로서 전달자와 피전달자 간에 사실과 의견을 전달하여 인간에게 영향을 미치고 행동에 변화를 일으킨다.
③ 정보의 정확한 전달과 원활한 교류에 의하여 조직 구성원은 조직목표를 명확하게 인식하게 되고, 합리적 협동행위를 할 수 있게 되며, 권한과 책임의 효율적인 배분이 가능하게 된다.

(2) 기능
① 정책결정 및 의사결정의 합리화를 기할 수 있다. 즉, 정책결정의 합리성은 정확·신속하고 우수한 질을 가진 의사소통체제에 의하여 확보된다.
② 조직 구성원의 사기앙양과 참여를 촉진시킬 수 있다.
③ 의사소통은 조직 구성원의 심리적 욕구를 충족시키는 중요한 수단이 되며, 활발한 의사소통을 통하여 정책·업무절차·인사 등에 관한 정보를 제공하고 인정감, 소속감, 참여의식을 느낄 수 있게 함으로써 사기를 올리게 되며 행정능률이 향상될 수 있다.
④ 조정의 효율화를 기할 수 있다.
⑤ 리더십의 발휘수단이 된다. 의사소통을 활성화시키고 효과적으로 잘 활용할 수 있느냐의 여부는 행정 리더십의 성패를 좌우하게 된다.

> **개념체크** ○×
> • 상징을 통해 정보·생각·감정을 전달하는 것을 의사소통이라고 한다. ○×
> • 활발한 의사소통은 정책·업무절차·인사 등에 관한 정보를 제공하여 행정능률을 떨어뜨릴 수 있다. ○×
>
> ○, ×

2 의사소통의 구성 요소와 원칙

① 의사소통이 성립하기 위해서는 어떤 의미나 의도를 전달하는 발신자와 그것을 받아들이는 수신자, 그리고 그들 사이의 소통을 매개하는 통로의 존재를 기본적 요소로 한다.
② 의사소통의 구성 요소와 관련하여 그 과정을 간단하게 말하면 '어떤 효과를 위해서 전달자(Sender)가 메시지(Message)를 특정의 통로(Channel)를 통하여 수신자(Receiver)에게 전달하는 것'이라고 할 수 있다.
③ 의사소통의 일반적 원칙은 명료성, 일관성 또는 일치성, 적정성, 적시성, 분포성, 적응성과 통일성의 조화, 관심과 수용 등이 제시되고 있다.

3 의사소통의 유형과 방법

의사소통의 유형은 그 분류기준에 따라 다양하게 분류되는데 공식성의 유무를 기준으로 공식적 의사소통과 비공식적 의사소통으로 구분할 수 있으며, 의사소통의 방향과 흐름을 기준으로 상의하달(하향적 의사소통), 하의상달(상향적 의사소통), 횡적 의사소통(수평적 의사소통) 등으로 구분할 수 있다.

(1) 상의하달

① 하향적 의사소통(상의하달)은 조직의 계층구조를 따라 상급자로부터 하급자에게로 명령이나 지시·방침·성과 표준 등이 전달되는 것을 말한다.
② 상의하달은 업무 활동상의 관계로 볼 때 직접적인 것과 간접적인 것으로 나누어진다. 전자에는 명령이 있고 후자에는 일반적 통보가 있는데, 일반적 통보의 종류로는 편람(Manual), 핸드북, 게시판, 구내방송, 기관지 등이 있다.

(2) 하의상달

① 상향적 의사소통(하의상달)은 조직의 하층에서 상층으로 올라가는 것으로서 성과 보고로부터 내부결재, 인간관계의 유지·향상을 위하여 행하여지는 여러 가지 정보전달, 즉 각종 면담, 직장여론조사, 직장회의, 제안제도, 인사상담에 이르기까지 매우 광범하다.
② 상향적 의사소통은 조직에서 상·하급자 간에 쌍방적 의사소통을 가능하게 하고 상의하달의 오류를 시정하는 장점이 있는 반면, 여과 효과(Filtering Effect)에 의하여 그 정확성이 훼손될 가능성이 있다.

> **개념체크** O ×
> - 상의하달적 의사소통에서 의사전달은 보고, 제안제도, 상담 등이 해당한다. O X
> - 하의상달적 의사결정은 하급자가 상급자에게 행하는 의사전달을 말한다. O X
>
> ×, O

(3) 수평적 의사소통

① 수평적 의사소통은 조직에서 위계 수준이 같은 구성원이나 부서 간의 의사소통을 의미하는 것으로 상호작용적 의사소통이라고도 한다.
② 하향적인 메시지의 흐름이 대개 권위적인 데 비해 수평 흐름에 의한 메시지의 내용은 주로 협력적인 성격을 띠며 그 왜곡의 정도도 덜하다.
③ 대부분 사람은 자신의 상사보다는 동료들과 의사소통을 할 때 좀더 개방적이고 자유롭게 의사를 전달하는 경향이 있으므로 수평적 의사소통은 구성원과 부서 간의 기능을 조정하는 역할을 한다.
④ 구체적인 방법으로는 사전협의 제도, 사후통지 제도, 회의 또는 위원회 제도 등이 포함된다.

(4) 비공식적 의사소통

① 비공식적 의사소통은 조직 구성원들이 직종과 계급을 넘어서 인간적 유대, 예컨대 감정적인 친지관계·학연·지연·입사동기 등의 유대를 기반으로 자생적 의사소통을 유지하게 된다.
② 비공식적 의사소통은 흐르는 정보의 내용이 루머(Rumor)의 형태인 데다가 의사소통 과정에서 왜곡의 소지가 많아 관리자들이 싫어했다.
③ 그러나 이러한 풍문은 조직에서 필연적이고 자연적인 현상이므로 인정해야 할 것이다.
④ 조직 내에서 풍문의 주요 발생요인은 진상에 대한 정보의 결여, 억압적 분위기를 들고 있다.
⑤ 비공식적 의사소통의 장점
　㉠ 일선 구성원의 동태 파악
　㉡ 정서적 긴장의 해소
　㉢ 딱딱한 명령이나 지시를 인간적으로 부드러운 것으로 변화시킴
　㉣ 공식적 커뮤니케이션망의 보완 등

(5) 대외적 의사소통

① 행정조직을 외적 환경과 유기적으로 연계시키는 것으로서 행정의 민주적 책임을 확보하는 데 필수적인 요건이 된다.
② 즉, 이것은 외부통제와 외적 조정통합의 기초를 이룬다.
③ 외적 의사소통에는 시민, 이익집단, 정당 및 국회 등과의 의사소통 또는 PR(Public Relation) 등을 포함한다.

개념체크 ○ ×

• 비공식조직은 의사전달의 신축성이 없고 형식화되기 쉬우며 배후사정을 전달하기 어렵고 변동하는 사태에 신속히 적응하기 어렵다. ○ ×
• 비공식적 의사전달은 조직 구성원 간의 일상적, 인격적 그리고 현실적 인간관계를 기반으로 행해지는 의사소통을 말한다. ○ ×

×, ○

4 의사소통의 장해요인과 극복

① 의사소통은 고도로 구조화된 상황에서 발생하므로 장해요인은 결국 의사소통 과정의 구성 요소라고 볼 수 있는 전달자, 수신자, 기호화 및 전달 경로 등에 대한 장해요인이라고 할 수 있다.
② 효과적인 커뮤니케이션을 방해하는 장해요인은 대체로 어의(語義)상의 문제, 의사소통의 분위기, 상이한 가치관, 선입관에 의한 왜곡, 정보의 간소화 경향, 정보의 독점 및 누락, 정보의 과부하(過負荷)나 의도적 제한, 평가적 경향 등을 들 수 있다.
③ 이의 극복을 위해서는 대인관계의 개선, 매체의 정밀성 제고, 반복과 환류·확인, 정보과다의 통제, 의사소통의 시간조절, 의사소통 조정장치의 활용 등이 제시되고 있다.

02 리더십

1 의 의

① 리더십이란 조직목표의 달성을 위하여 구성원이 자발적으로 적극적인 행동을 하도록 동기를 부여하고, 영향력을 미치는 관리자의 쇄신적·창의적인 기능·능력을 의미한다.
② 지도자 자신의 권위 및 자발성을 근거로 하므로, 공식적 직위를 근거로 제도적 권위의 성격을 갖는 직권력(Headship)과 구별되는 개념이다.
③ 리더십은 합리적·기계적 인간관을 바탕으로 하는 과학적 관리론이 지배하던 시대에서는 중시되지 못하다가, 1930년대 인간관계론의 대두와 1960년대 발전행정의 대두로 그 중요성이 강조되기 시작하였다.

2 전통적 이론

(1) 자질론적 접근법(Trait Approach)
① 시대적 배경
1930년대 세계대전과 경제 대공황의 위기 속에서 발휘된 뛰어난 지도자들의 리더십에 관한 연구에서 비롯되었다.

개념더하기

자질론적 접근법의 유형
- 단일적(통일적) 자질론 : 지도자는 하나의 단일적·통일적 자질을 구비한다고 보아 이런 자질을 가진 자는 어떤 상황에서든 지도자가 된다고 본다.
- 성좌적 자질론 : 단일적 자질론을 보완하기 위해 등장한 이론으로 여러 가지 자질의 결합에 의해 지도자의 인성을 파악하려는 견해이다.

② 내 용

주로 1940년대와 1950년대에 리더를 중심으로 성공적인 리더십이 개인의 자질·특성에 따라 발휘된다는 입장으로, 대표적인 학자로는 메리엄(C. Merriam)과 버나드(C. Barnard) 등을 들 수 있다.

③ 비 판
  ⊙ 집단의 특징, 조직목표, 상황에 따라 리더십의 자질도 전혀 다를 수 있다.
  ⓒ 지도자라 하더라도 누구나 동일한 자질을 갖는 것은 아니다.
  ⓒ 지도자가 반드시 갖추어야 할 보편적인 자질은 없다는 비판을 받고 있다.
  ⓔ 그러나 이러한 비판에도 불구하고 동일한 상황에서라면 기본적인 자질을 갖춘 사람이 지도자가 될 수 있다는 관점에서 자질론의 유용성이 전면 부인되기는 어렵다.

(2) 행태론적 접근법(Behavioral Approach)
① 시대적 배경

1940년대 행태론에서 행정조직을 내부관계, 내부환경에 한정시킨 채 조직을 집단적·협동적인 복수의 의사결정과정에서 파악한 조직관으로부터 비롯되었다.

② 내 용
  ⊙ 자질론에서 리더가 될 수 있는 특성을 발견하지 못한 학자들은 리더의 행태에 어떤 보편성이 있는가 하는 것에 눈을 돌려, 리더는 어떻게 행동하는가 하는 관점에서 적합한 리더의 행동유형을 밝히려는 방향으로 리더십의 행태에 관한 연구가 이루어지게 되었다.
  ⓒ 이러한 대표적 학자로는 Likert, Mouton 등이 있다.

③ 비 판
  ⊙ 행태론은 모든 상황에서 효과적인 리더의 행동이 존재함을 전제로 하나, 리더의 행동을 구분하고 측정할 수 있는 신뢰성·타당성 있는 측정방법이 개발되지 않고 있다.
  ⓒ 효과적인 리더의 행동은 상황에 따라 다르다는 사실을 간과하고 있다.
  ⓒ 정태적 상관관계 분석에 의존하고 있다.

개념더하기

리더의 행동유형

민주적 리더십	권위적 리더십
• 종업원 중심의 리더십 • 관계 지향적 리더십 • 배려주도 • P형	• 직무 중심적 리더십 • 과업 중심적 리더십 • 구조주도 • M형

개념체크 ○×

• 자질론적 접근법은 행동특성을 훈련시켜 리더를 만들어 갈 수 있다는 이론이다. ○×
• 행태론적 접근법은 상이한 리더의 유형이 구성원의 과업 성과에 어떤 영향을 주는가를 분석하는 것이다. ○×

×, ○

3 현대적 이론

(1) 상황론적 접근법(Situational Approach)

① 시대적 배경

1960년대 이후 환경이 행정의 주요변수가 됨에 따라 부각되었다.

② 내용

㉠ 상황론은 위의 두 접근법과는 달리 효과적인 리더의 특성·행동은 상황에 따라 다르다는 것을 강조한다.

㉡ 이는 리더 개인의 자질 및 조직의 성격을 결정짓는 집단의 특성과 더불어 개인, 집단이 처한 상황이 리더십의 일부를 구성한다는 것인데 리더십(L)이 리더의 자질(I), 부하의 특성(F), 주어진 상황(S)의 상호작용에 의해 결정된다는 $L = f(I, F, S)$의 함수모형을 제시하였다.

㉢ 대표적인 학자로는 리더와 부하와의 관계, 직위권력, 과업구조로 효과적 리더십을 설명한 피들러(F.E. Fiedler) 등이 있다.

③ 비판

㉠ 리더십의 효과성에 대한 실증적 연구들이 여러 가지 상황 변수를 종합적으로 분석하는 대신 한두 가지 상황을 선택하여 단편적으로 분석을 시도하였다.

㉡ 리더의 행동과 집단의 성과를 정태적 상관관계분석에 의존하여 리더의 행동성과 집단성(Togetherness)과의 인과관계를 파악하기 곤란하다.

(2) 후기 상황이론의 접근법

① 수직적 쌍방관계 이론(Graen과 Dansereau)

㉠ 수직적 쌍방관계란 리더와 각각의 부하가 이루는 쌍을 의미하며, 리더와 각각의 부하 간의 관계가 서로 다를 수 있다는 것을 강조한다.

㉡ 이 이론에 의하면 리더는 자신이 신뢰하는 소수의 부하들과 내집단을 형성하여 특별한 관계를 맺는다고 한다.

㉢ 내집단은 책임과 자율성이 있는 특별임무를 수행하며, 이에 따른 특권도 누린다. 내집단에 속하지 않는 부하들은 외집단이라고 하며, 리더와 함께 하는 시간이 적고, 리더의 관심을 적게 받는다.

㉣ 내집단과 외집단 관계의 결정요인은 분명치 않으나 리더와 부하 간의 상호적합성과 부하의 능력 등으로 설명하기도 한다.

> **개념체크** ○×
>
> • 상황조건적합이론의 관점에서는 민주적·참여적 리더십 유형이 어떤 상황에서도 생산적이다. ○|×
> • 상황조건적합이론에 의하면 집권화보다 분권화가 반드시 좋은 것은 아니다. ○|×
>
> ×, ○

② Life-cycle 이론(Hersey & Blanchard)
　㉠ 이 이론은 리더의 행동을 과업행동과 상관성행동의 두 가지로 구분하고, 부하의 성숙도를 상황변수로 채택하였다.
　㉡ 성숙도란 직무상의 성숙도(부하의 지식, 기술 등)와 심리적 성숙도(자신감)를 나타내는데, 부하의 성숙도가 증가됨에 따라 리더십도 이에 적응하여야 한다는 것이다.
③ 변혁적 리더십(Kuhnert & Lewis)
　㉠ 이 이론은 변화를 지향하는 리더십과 안정을 지향하는 리더십을 근본적으로 구분하는 데서 출발한다.
　㉡ 리더의 어떤 행동은 업무를 할당하고, 결과를 평가하며, 의사결정을 하는 등 일상적인 것으로 이루어진다.
　㉢ 반면 때때로 조직합병을 주도하고, 신규부서를 만들며, 조직문화를 새로 창출하는 등 중요한 변화를 주도하고 관리하는데, 전자를 안정지향의 거래적 리더십, 후자를 변화지향의 변혁적 리더십이라고 한다.
　㉣ 변혁적 리더십은 리더로 하여금 조직변화와 필요성을 감지하고, 그러한 변화를 이끄는 새로운 비전을 제시하며, 변화를 효율적으로 수행하게 할 수 있는 일련의 능력을 말한다고 볼 수 있다.

> **개념더하기**
> **변혁적 리더십의 요소**
>
> | | |
> |---|---|
> | 카리스마적 리더십 | 부하들에게 존경심·자긍심과 강한 일체감을 심어 주고 부하들로부터 존경과 신뢰를 얻음 |
> | 영감적 리더십 | 부하에게 도전적 목표와 임무, 비전을 받아들이도록 격려 |
> | 지적 자극 | 형식적 사고와 관례를 타파하고 새로운 관념을 촉발시키며 창조적 사고를 하도록 유도 |
> | 개별적 배려 | 개인의 존재가치를 인정하며, 개개인의 특성과 다양성을 고려 |

03 갈등

1 갈등의 의의

(1) 개념
① 갈등이란 조직 내의 의사결정과정에서 대안의 선택기준이 모호하거나 한정된 자원에 대한 경쟁 때문에 개인이나 집단이 대안을 선택하는 데 곤란을 겪는 상황을 말한다.
② 의사결정은 갈등의 해소를 의미한다.
③ 행태론 및 인간관계론에서 본격적으로 연구되었다.

(2) 관점(S. Robbins)
① 고전적 견해(갈등역기능론)
　갈등을 일종의 악, 사회적 기교의 부족 등으로 취급하여, 제거되어야 하고, 직무의 명확한 규정 등을 통해 제거할 수 있다고 본다(E. Mayo).

② 행태론적 관점(갈등순기능론), 상호작용론적 관점
  ㉠ 어느 정도의 갈등은 집단형성과 집단활동유지의 본질적 요소가 된다 (L. Coser : 갈등은 사회화의 한 형태, M.P. Follett : 건설적 갈등의 중요성 강조).
  ㉡ 갈등은 조직생존의 불가결한 적응과 변화의 원동력으로, 필요한 갈등은 적극적으로 조장되어야 한다.

2 갈등의 기능

(1) 순기능(갈등이 건설적으로 해결되었을 경우)
① 조직발전의 새로운 계기로 작용하여 조직의 장기적인 안정성 강화에 기여한다.
② 선의의 경쟁을 통하여 발전과 쇄신을 촉진한다.
③ 갈등의 해결을 위한 조직의 문제해결능력 · 창의력 · 적응능력 · 단결력 등을 향상시킨다.

(2) 역기능(갈등이 해결되지 않았을 경우)
① 조직의 목표 달성을 저해한다.
② 구성원의 사기 저하와 반목 · 적대적 감정을 유발한다.
③ 갈등과 불안이 일상화되어 쇄신과 발전을 저해할 수도 있다.

> **개념체크** ○×
> • 갈등은 조직에 항상 부정적인 영향을 미치므로 적절한 방안을 통해 해소해야 한다. ○×
> • 조직이 무사안일에 빠져있을 경우에는 타협을 통해 갈등을 해소할 수 있다. ○×
> ×, ○

3 갈등의 유형

(1) 갈등의 주체에 따른 구분(H. Simon)
① 개인적 갈등
  ㉠ 접근-접근 갈등 : 두 대안 모두 바람직한 가치를 가진 경우
  ㉡ 회피-회피 갈등 : 두 대안 모두 바람직하지 못한 가치를 가진 경우
  ㉢ 접근-회피 갈등 : 두 대안이 각각 바람직한 가치와 바람직하지 못한 가치를 함께 가진 경우
② 집단갈등
  의사결정에 참여한 다수의 관련자나 기관 간의 갈등

(2) 상하단위에 따른 구분(R. Pondy)

① 협상적 갈등

　노사 간 등 이해당사자 간 갈등

② 관료제적 갈등

　상하계층 간 갈등

③ 체제적 갈등

　동일수준 개인·집단 간 갈등

(3) 영향의 정도에 따른 구분(R. Pondy)

① 마찰적 갈등

　조직구조에 변화를 일으키지 않는 갈등

② 전략적 갈등

　조직구조에 중대한 영향을 주는 갈등

4 갈등의 원인과 갈등관리

(1) 개인적 갈등

① 비수락성에서 오는 갈등

　새로운 대안을 모색해 보고 그것이 안 되면 목표 수정

② 비비교성에서 오는 갈등

　비교기준 명확화 또는 대안이 제기된 전후관계 분석, 만족한 대안 선택

③ 불확실성에서 오는 갈등

　대안의 결과예측 및 예측가능한 다른 대안 탐색, 대안의 과학적 분석

(2) 의사결정주체 간의 갈등(H. Simon)

기본적 목표는 합치된 상태 (합리적·분석적 해결)	문제해결	객관적 증거·이성·자료에 의하여 합리적으로 해결, 정보수집 중요시, 사실 갈등에 적용, 쇄신적 대안 모색
	설득	상위이념 등의 제시에 의한 해결, 객관적 자료 등에 의존하지 않음, 상위목표인 공동목표에 따라 하위목표인 세부목표를 조정, 상대적으로 목표 갈등에 적용
기본적 목표에 대한 미합의 상태 (정치적·협상적 해결)	협상	이해당사자끼리 직접 해결
	정략	제3자의 개입에 의한 해결, 잠재적인 지지세력 규합

개념더하기

토마스(K.W. Tomas)의 갈등관리

해소 전략	내용
회피	• 한 문제는 사소, 다른 문제는 중요한 경우 • 사람들의 생각을 가다듬게 할 필요가 있는 경우
경쟁	• 신속하고 결단력이 필요한 경우 • 인기 없는 조치를 실행할 경우
순응	• 논제가 타인에게 중요한 의미를 지닌 경우 • 다음 논제에 대한 사회적 신용 획득을 위한 경우
타협	• 복잡한 문제에 대한 잠정적 해결안 • 임기응변적 해결이 요구되는 경우
협동	• 타협이 되지 않을 때 : 양쪽 관심사가 너무 중요한 경우 • 양쪽의 관여(협력)가 필요한 경우

5 한국의 갈등관리

(1) 문제점
① 권위주의적 행정풍토로 인해 상부의 의사가 의사결정에 너무 많이 반영되어 결정 후 갈등의 소지가 남아있고, 계서주의·획일주의로 갈등이 증폭된다.
② 정보체제의 미발달로 사실인정에 있어 상당히 많은 갈등이 야기되고 있고, 목표의 차이에 의한 갈등도 심하며, 현재적 갈등보다는 잠재적 갈등이 크다.
③ 해결방법으로 관료적·분석적 방법이 높이 평가되고 있다.

(2) 개선방향
① 관료조직의 관료성 완화로 역기능적 갈등을 최소화하고, 합리적인 가치관을 형성한다.
② 의사소통을 원활히 하여 갈등을 현재화하고 합리적 결정을 유도한다.
③ 갈등해결방법을 표준화한다.
④ 체제의 자원을 더 공평하게 분배하며, 결정권한의 균형상태를 조성하는 것이 바람직하다.
⑤ 조정과 협상능력도 배양해야 한다.

> **개념더하기**
> **조직 내 갈등의 원인**
> 목적의 차이, 인식의 차이, 자원의 한정성, 전문성, 계선과 막료 간의 관계, 지위의 부조화, 비공식조직의 존재, 과업의 상호 의존성, 평가기준의 차이 등

6 협상

(1) 의의
둘 이상의 의사결정주체가 임의로 복합적인 이해관계 사안을 주고받는 교환을 통해 다른 형태의 행동결과보다 나은 결과를 가져오기 위한 상호 전략적 대결과정을 말한다.

(2) 특성
① 둘 이상의 의사결정주체 내지 당사자 존재
② 상호 간에 가치의 창출·배분에 관련된 사안이 집단적으로 선택
③ 협상결과가 상대방에 의존하는 결과의존적 성격
④ 상호모색적 정보의존성
⑤ 협상력의 중요성

(3) 협상의 유형과 전략

① **배분적 협상**

몫이 고정되어 있는 상황에서 가장 큰 몫을 차지하는 방식이다(일방승리·일방패배식 협상).

② **입장적 협상**

일련의 입장을 계속적으로 주고받아 자신의 입장에 집착하여 자신의 입장을 상대방에게 이해시키려는 협상전략이다.

③ **통합적 협상**

몫을 크게 하여 관계당사자가 모두 승리하는 협상(Win-win Negotiation)을 의미하며, 문제해결기법을 활용하는 협력전략으로서 원칙적 협상전략과 큰 차이가 없다.

④ **원칙적 협상**

㉠ 객관적이고 이해관계에 초점을 맞춘 협상전략으로서, 사람을 갈등문제로부터 분리시키고, 입장이 아니라 이해관계에 초점을 둔다.

㉡ 상호이득을 위한 대안을 개발하고, 객관적 기준을 활용한다.

㉢ 참여자를 문제해결자로 보고, 신뢰관계를 고려하지 않는 협상을 진행하며, 위협 대신 공동이해관계를 탐색한다.

> **중재**
> 갈등당사자 간의 협상과정에 제3자가 개입하여 갈등당사자 간의 협상 과정을 돕거나 협상 과정에서의 문제점을 감소 또는 제거시킴으로써 갈등해소를 용이하게 해주기 위한 과정을 의미하며, 시기적절성, 중재자의 적격성, 중재의 공정성이 효과적 중재의 조건이 된다.

개념체크 ○ ×
- 협상은 당사자들이 직접 접촉하여 갈등의 원인이 되는 문제를 공동으로 해결하는 방법이다. ○×
- 통합형 협상은 자원이 제한되어 있어 제로섬 방식을 기본 전제로 하는 협상이다. ○×

○, ×

04 정보공개

1 정보공개의 의의

① 정보공개란 공공기관이 보유하고 있는 정보를 국민이나 주민의 청구에 의하여 공개하는 것을 말하며, 정보공개제도에 의하여 국민의 정보공개청구권이 인정되고 공공기관의 정보공개가 의무화된다.

② 정보공개는 정보제공과 구별되어야 하는바, 정보공개가 법령에 근거를 둔 정보공개 청구권자에게 공공기관이 가공되지 않은 정보를 의무적으로 제공하는 것인 데 반하여, 정보제공은 공공기관이 홍보 등의 목적으로 가공된 정보를 자발적으로 제공하는 것을 의미한다.

③ 1996년 12월 제정된 「공공기관의 정보공개에 관한 법률」은 정보공개를 '공공기관이 직무상 작성 또는 취득하여 관리하고 있는 정보를 열람하게 하거나 그 사본 또는 복제물을 교부하는 것'을 말한다고 규정하고 있다.

2 정보공개의 목적·필요성

(1) 국민의 알권리 보장
헌법에 의해 보장되는 알권리는 정보민주주의와 불가분의 관계에 있다. 최대한의 정보수집·공개의 기반이 없으면 민주적 국민의사의 형성이 불가능하다.

(2) 국정의 투명성 확보와 행정통제
국민은 국정의 투명성이 확보됨으로써 행정을 감시·통제할 수 있고, 공무원에 의한 권력남용과 부패를 방지할 수 있으며, 이를 통해 행정에 대한 국민의 신뢰가 확립될 수 있다.

(3) 국민의 국정참여 보장
정보공개는 국민의 국정참여에 대한 대전제이다. 정부가 보유하고 있는 정보에 접근하여 정보를 정확하게 확보할 수 없는 경우 실질적인 국정참여는 이루어질 수 없다.

3 정보공개제도의 내용

(1) 정보공개청구권자
국민에게 정보 접근에의 기회가 균등하게 보장되어야 하므로 모든 국민이 정보공개를 청구할 권리를 가진다.

(2) 정보공개기관의 범위
「공공기관의 정보공개에 관한 법률」은 정보공개의 의무를 가지는 정보공개기관인 공공기관을 '국가·지방자치단체·정부투자기관 및 대통령이 정하는 기관'이라고 함으로써 행정부 외에 입법부·사법부와 지방자치단체 및 기타 공공기관을 모두 포함시키고 있다.

개념체크 ○×

- 정보공개는 공공기관이 관리하고 있는 정보를 열람하게 하거나 그 원본을 교부하는 것을 말한다. ○×
- 행정정보공개는 국민의 기본권인 알권리를 보장하기 위해 정보 접근에의 기회를 부여한다. ○×

×, ○

개념체크 ○ ×

- 정보공개청구는 해당 사안에 대해 직접적인 이해관계가 있는 당사자가 아니어도 누구나 할 수 있다. ○×
- 컴퓨터에 의해 처리되는 디지털 매체에 기록된 사항들은 공개의 대상이 되는 정보에서 제외된다. ○×

○, ×

(3) 공개대상정보의 종류

공공기관이 직무상 작성 또는 취득하여 관리하고 있는 문서·도면·사진·필름·테이프·슬라이드 및 컴퓨터에 의하여 처리되는 매체 등에 기록된 사항 등이다.

(4) 행정정보의 공표 등

공공기관은 다음에 해당하는 정보에 대하여는 공개의 구체적 범위, 공개의 주기·시기 및 방법 등을 미리 정하여 공표하고, 이에 따라 정기적으로 공개하여야 한다.

① 국민생활에 매우 큰 영향을 미치는 정책에 관한 정보
② 국가의 시책으로 시행하는 공사 등 대규모의 예산이 투입되는 사업에 관한 정보
③ 예산집행의 내용과 사업평가 결과 등 행정감시를 위하여 필요한 정보
④ 그 밖에 공공기관의 장이 정하는 정보

(5) 비공개대상정보

① 공공기관의 모든 정보는 원칙적으로 공개되어야 한다.
② 국민 전체의 권익이나 개인의 프라이버시를 침해할 위험이 있는 정보는 제외되어야 한다.
③ 비공개정보의 지나친 확대는 정보공개제도의 근본취지에 맞지 않고 국민의 알권리를 제한하므로 합리적인 명확한 이유가 없는 한 정당화될 수 없다.

「공공기관의 정보공개에 관한 법률」에 의한 비공개대상정보
- 다른 법률 등에서 비공개로 정한 정보
- 국가의 중대한 이익을 해할 우려가 있다고 인정되는 정보
- 공개될 경우 국민의 생명·신체·재산의 보호와 공공의 안전·이익에 현저한 지장을 초래할 만한 상당한 이유가 있는 정보
- 진행 중인 재판에 관련된 정보와 범죄의 예방, 수사, 공소의 제기 및 유지, 형의 집행, 교정, 보안처분에 관한 사항으로서 공개될 경우 그 직무수행을 현저히 곤란하게 하거나 형사피고인의 공정한 재판을 받을 권리를 침해한다고 인정할 만한 상당한 이유가 있는 정보
- 감사·감독·검사·규제·입찰계약·첨단기술개발 등에 관한 정보
- 알려질 경우 특정인에게 이익 또는 불이익을 줄 우려가 있다고 인정되는 정보
- 이름·주민등록번호 등 개인에 관한 사항으로서 공개될 경우 개인의 사생활의 비밀 또는 자유를 침해할 우려가 있다고 인정되는 정보
- 법인·단체·개인의 정당한 이익을 해할 우려가 있는 정보 등

4 정보공개거부의 구제제도

정당한 정보공개청구에 대한 거부나 부작위의 경우, 구제방법이 제도적으로 보장되어야 하는바, 우리나라는 이의신청·행정심판·행정소송 등에 의한 구제방법을 마련하고 있다.

(1) 정보공개방법
정보공개청구인은 당해 정보를 보유하거나 관리하고 있는 공공기관에 정보공개신청서를 제출하거나 구술로써 정보의 공개를 청구할 수 있다.

(2) 불복구제절차
① 청구인이 정보공개와 관련한 공공기관의 비공개 결정 또는 부분 공개 결정에 대하여 불복이 있거나 정보공개 청구 후 20일이 경과하도록 정보공개 결정이 없는 때에는 공공기관으로부터 정보공개 여부의 결정 통지를 받은 날 또는 정보공개 청구 후 20일이 경과한 날부터 30일 이내에 해당 공공기관에 문서로 이의신청을 할 수 있다.
② 공공기관은 이의신청을 받은 날부터 7일 이내에 그 이의신청에 대하여 결정하고 그 결과를 청구인에게 지체 없이 문서로 통지하여야 한다.
③ 다만, 부득이한 사유로 정하여진 기간 이내에 결정할 수 없을 때에는 그 기간이 끝나는 날의 다음 날부터 기산하여 7일의 범위에서 연장할 수 있으며, 연장 사유를 청구인에게 통지하여야 한다.
④ 공공기관은 이의신청을 각하(却下) 또는 기각(棄却)하는 결정을 한 경우에는 청구인에게 행정심판 또는 행정소송을 제기할 수 있다는 사실을 이의신청 결과 통지와 함께 알려야 한다.

5 정보공개의 한계

① 국민 쪽에서 일부러 청구하지 않으면 정보는 제공되지 않는다.
② 정보는 청구인에게만 주어지는 것이므로 국민에게 널리 공개되는 것은 아니다.
③ 정부는 새로운 정보를 수집 또는 작성할 의무는 없다.

개념체크 ○ ×

- 개인의 프라이버시를 침해할 우려가 있는 정보라고 해도 공개대상에서 제외되지는 않는다. ○×
- 우리나라는 이의신청·행정심판·행정소송 등에 의한 정보공개 거부의 구제방법을 마련하고 있다. ○×

×, ○

05 목표관리(MBO)와 조직발전(OD)

1 목표관리(MBO)의 개념과 특성

(1) 개 념
목표관리(MBO)란 효율적인 경영관리체제를 실현하기 위한 경영관리의 기본 수법으로 조직의 목표와 개인의 목표를 명확하게 설정하고 조직의 목표 달성을 위한 실행전략을 수립하여 구체적으로 추진하는 일련의 과정을 말한다.

(2) 특 성
① MBO는 거시적이고 장기적인 목표보다는 미시적이고 계량적인 목표를 추구한다.
② MBO는 유동적인 환경에는 적용이 힘들다.
③ MBO는 대내지향적, 미시적인 관점에서 생산성을 추구한다.
④ MBO는 Y이론적 관점을 중시하며, 목표의 전환 소지가 있다.
⑤ MBO는 상하 간 수직적 의사소통이 원활하지 않은 경우 실시하기 어렵다.
⑥ MBO의 기본 구성 요소는 목표 설정, 참여, 환류이다.

> **개념체크** ○ ×
> • 목표관리(MBO)는 장기적 계획에 기초하여 목표가 설정된다. ○ ×
> • 목표관리(MBO)는 상위목표와 하위목표 간의 체계적인 구성이 중요하다. ○ ×
> ×, ○

2 조직발전(OD)의 개념과 특성

(1) 개 념
조직발전(OD)이란 의도적이고 계획적으로 조직 구성원의 잠재력을 최대한 개발하고 행태를 개선함으로써 조직 전체의 개혁을 이룩하려는 조직관리기법을 말한다.

(2) 특 성
① 조직발전은 조직 구성원의 행태변화를 통하여 조직의 생산성과 환경에의 적응능력을 향상시키는 것을 목표로 한다.
② 조직발전은 조직의 실속, 효과성, 건강성을 높이기 위한 조직전반에 걸친 계획된 노력을 의미한다.
③ 조직발전은 Y론적 인간관을 바탕으로 하는 민주적 관리전략이다.
④ 조직발전은 거시적이고 체계적인 차원의 관리전략이다.
⑤ 조직발전에서 추구하는 변화는 개인의 행태이지만 조직문화까지 포함한다.
⑥ 조직발전의 주요 기법에는 감수성 훈련과 관리망 훈련 등이 있다.

3 목표관리(MBO)와 조직발전(OD)의 비교

목표관리(MBO)	조직발전(OD)
• 내부지향 • 상향적 관리방식 • 목표모형 • 결과를 중시 • 양 적	• 외부지향 • 하향적 관리방식 • 체제모형 • 과정을 중시 • 질 적

> **개념체크** ○ ×
> • 조직발전(OD)은 조직의 관리과정보다는 구조변화에 주된 관심을 둔다. ○×
> • 조직발전(OD)은 체계적이고 의도적인 조직개혁 노력이다. ○×
> ×, ○

06 총체적 품질관리(TQM)

1 의 의

(1) TQM의 개념

① TQM이란 고객만족을 서비스 질의 제1차적 목표로 삼고 조직 구성원의 광범한 참여하에 조직의 과정·절차를 지속적으로 개선하여 장기적인 전략적 품질관리를 하기 위한 관리철학 내지 관리원칙을 의미한다.

② 행정에 대한 국민의 평가는 서비스의 과정에서 결정되며, 고객으로서 국민이 만족하는 질을 가진 서비스의 제공은 정부의 책임이라는 점에서 TQM은 앞으로의 행정관리에 중요한 의미를 갖는다.

(2) TQM의 연혁

① TQM은 슈하트(W.A. Shewhart)가 통계적 과정관리기법을 1920년대에 도입한 것을 효시로 한다.

② 데밍(W.E. Deming)이 일본산업의 2차대전 후 복구를 위한 경영기법으로서 전파하고 14개 항목의 원리를 제창하였다.

③ 주란(Juran)이 일본에서 고객만족을 위한 관리기법을 주지시켰다.

④ 그 후 일본기업의 성공적 운영에 충격을 받은 미국기업들이 TQM을 광범위하게 도입하였으며 미국 정부기관에도 큰 영향을 미쳤다.

개념체크 ○ ×
- 총체적 품질관리(TQM)는 고객만족을 서비스 질의 1차적 목표로 삼는다. ○ ×
- 총체적 품질관리(TQM)는 관리철학이라기보다는 관리기술로서의 성격을 띤다. ○ ×

○, ×

2 TQM의 성격

TQM은 관리기술이라기보다 관리철학으로서의 성격을 띠고 있으며, 관리자에게 ① 서비스의 질을 고객기준으로 평가하는 사고방식을 갖게 하고, ② 과정·절차를 개선하도록 하며, ③ 직원에게 권한을 부여하고, ④ 거시적 안목을 갖게 하며, ⑤ 장기적 전략을 세우게 하고, ⑥ 현상에 결코 만족하지 않도록 하는 심리적 압박을 가한다. 즉, 강한 고객지향성, 참여적 리더십, 국민에 대한 강한 의식, 자아관리 조직, 최고의 성과추구 정신의 속성을 갖는다.

3 TQM의 필요성

① 새로운 서비스와 가치에 대한 고객의 욕구·기대 상승
② 관료보다 많은 자유·책임 요구
③ 정부보다 질 높은 성과·책임에 대한 납세자의 요구
④ 정부의 반응성과 창의성에 대한 정치인의 요구

4 TQM의 주요 내용

(1) 고객이 질의 최종결정자
행정서비스가 너무 복잡하거나 비싸고 고객의 마음을 끌지 못하면 정상적인 서비스도 높은 질을 가진다고 평가되지 못한다.

(2) 산출과정의 초기에 질이 정착
서비스의 질은 산출의 초기단계에 반영되면 추후단계의 비효율을 방지할 수 있고, 고객만족을 도모할 수 있다.

(3) 서비스의 변이성 방지
서비스의 질이 떨어지는 것은 서비스의 지나친 변이성에 기인하므로 서비스가 바람직한 기준을 벗어나지 않도록 해야 한다.

(4) 전체 구성원에 의한 질의 결정
서비스의 질은 구성원의 개인적 노력이 아니라 체제 내에서 활동하는 모든 구성원에 의하여 좌우되며, MBO 등 개인적 성과측정은 적절하지 않다.

(5) 투입과 과정의 계속적인 개선

서비스의 질은 고객만족에 초점을 두므로 정태적이 아니라 계속 변동하는 목표이며, 산출이 아니라 투입과 과정의 계속적인 개선에 주력해야 한다.

(6) 구성원의 참여 강화

서비스의 질은 산출활동을 하는 구성원과 투입 및 과정의 끊임없는 개선에 의존하므로 실책이나 변화에 대한 두려움이 없는 구성원의 참여강화가 중요하며, 계층수준과 기능단위 간의 의사소통 장벽이 없어야 한다.

(7) 조직의 총체적 헌신의 요구

높은 질을 가진 서비스를 산출하고 서비스를 개선하는 데 초점을 맞춘 조직문화를 관리자가 창출하는 경우에만 질을 얻게 되며, 총체적인 헌신이 쇠퇴하면 질은 급격하게 떨어지고 조직은 경쟁에 처지기 시작한다.

> **개념체크** ○×
> - 총체적 품질관리(TQM)는 구성원의 참여를 인정한다는 점에서 MBO와 일치한다. ○|×
> - 총체적 품질관리(TQM)는 환경변화에 적절히 대응하기 위해 투입 및 과정보다 결과를 중시한다. ○|×
>
> **○, ×**

5 공공부문에의 TQM 적용의 난점

① 정부는 제품이 아니라 서비스를 제공하는데, 서비스는 노동집약적이고 산출과 소비가 동시에 이루어지며 질의 측정이 어렵다.
② 정부서비스의 고객범위 설정이 곤란하며, 서비스를 직접 받는 고객과 대부분 납세자인 최종고객(일반공중) 간의 갈등조정이 어렵다.
③ 질에 대하여 총체적 관심을 갖는 조직문화가 형성되어야 하는데, 정부조직은 외부영향이 불가피하고 조직문화가 취약하다.
④ 민간조직에서 행사되는 것과 같은 강력한 조직내부권한이 없으며, 정부기관이 다르면 업무도 매우 다양하다.
⑤ 최고관리자의 빈번한 교체로 목적의 불변성을 기하기 어렵고, 조직의 변신도 어렵다.
⑥ 공공조직의 정치적 환경이 매우 유동적이므로, 사업의 장기적인 추진이 어렵다.
⑦ 성과척도의 개발, TQM 기준절차의 설계, 소비자 환류의 새로운 방식, 예산결정과 질 개선사업의 조화, TQM 기준에 따른 근무성적 평정 등 기술적으로 어려운 문제가 제기된다.

> **개념체크** ○ ×
> - 총체적 품질관리(TQM)의 관심은 내향적이어서 고객의 필요에 따라 목표를 설정하는 것을 강조한다. ○×
> - 총체적 품질관리(TQM)는 사회적 통제가 아닌 예방적 관리를 중시한다. ○×
>
> ×, ○

6 목표관리(MBO)와 총체적 품질관리(TQM)의 비교

목표관리(MBO)	총체적 품질관리(TQM)
• 단기 · 미시 · 양적(정량적) • 대내지향(효과지향), 결과 중시 • 관리전략, 평가 및 환류 중시(사후적 관리) • 계량화 중시 • 개인별 보상	• 장기 · 거시 · 질적(정성적) • 대외지향(고객지향), 투입 · 과정 · 절차 중시 • 관리철학, 사전적 관리(예방적 통제) • 계량화를 중시하지 않음 • 총체적 헌신(집단 중심)에 대한 팀 보상

CHAPTER 05 | 기출분석문제

01 조직의 운영에서 의사전달의 신뢰성을 증대하기 위해 가장 적절한 방법은?

① 조직능률의 증진
② 의사전달통로의 증설
③ 참여자의 동의
④ 간단한 암호

[해설] 의사전달 내용의 정확성 확보를 위해서는 동일한 내용을 여러 개의 통로를 통해 전달하고, 형태를 조금씩 다르게 하거나 시차를 두고 반복해서 전달해야 한다. 또한 수령자에게 확인하는 것을 통해 정확성을 강화해야 한다.

02 행정조직 내 의사전달의 장애요인과 극복방안에 대한 다음 설명으로 옳지 않은 것은?

① 가치관이나 업무에 관련된 교육 훈련을 통해서는 의사전달의 장애를 줄이기 힘들다.
② 상급자의 권위주의적 성격이 강할수록 의사전달에 장애가 생길 여지가 많다.
③ 민원실을 잘 운영하는 것은 행정조직 내부의 의사전달 장애의 극복과는 직접적 관련이 없다.
④ 조직 내 의사전달을 조정하거나 통제하는 부서를 두는 것은 장애요인 극복에 도움이 된다.

[해설] 가치관이나 업무에 관련된 교육 훈련을 통해서 의사전달의 장애를 줄일 수 있다.

03 의사전달 과정에서의 정보왜곡을 줄이는 바람직한 방법이 아닌 것은?

① 대안적 정보원을 축소한다.
② 다양한 이해관계 의사가 표출되도록 한다.
③ 조직의 계층 수를 축소한다.
④ 역편견의 활용을 증대시킨다.

[해설] 정보왜곡을 줄이는 방법은 ㉠ 대안적 정보원을 중첩시키거나, ㉡ 이해관계자들의 다양한 견해가 표출될 수 있도록 장려하고, ㉢ 계층의 수를 줄이며, ㉣ 발신자가 보낸 정보의 왜곡을 미리 추정하고 해석할 때에 적절한 수정을 가하는 역편견(Counterbias)의 활용 등을 고려할 수 있다.

정답 01 ② 02 ① 03 ①

04 리더십과 상황론에 관하여 가장 관계가 깊은 것은?

① 리더가 갖추어야 할 특성에 초점을 둔다.
② 개인의 정신적·기술적 우수성을 강조한다.
③ 추종자들의 사고·행태와 관계된다.
④ 상황의 변화에 따라 잘 대처하는 리더십이 필요하다.

해설 상황이론은 상황변화를 독립변수로, 리더십을 종속변수로 보고, 리더십은 상황논리에 따라야 한다는 이론이다.

05 리더십에 대한 설명으로 옳지 않은 것은?

① 리더십 요건 중 상황에 관계없이 적용되는 요소가 있다.
② 조직상황이 어려운 경우 인간관계보다 과업지향형이 바람직하다.
③ 대학이나 연구소에서는 자유방임보다 연구성과 중심이 좋다.
④ 상황론은 효과적인 리더의 특성·행동은 상황에 따라 다르다는 것을 강조한다.

해설 리더십의 상황론에 관한 설명으로서 대학이나 연구소 등의 Think tank 등에 필요한 리더십은 자유방임형 리더십이다.

06 조직 내 갈등의 해결방법으로 옳지 않은 것은?

① 회 피
② 경 쟁
③ 타 협
④ 수평화

해설 케네스 토마스(K.W. Thomas)는 대인적 갈등의 해결전략으로 회피, 수용, 타협, 강제(경쟁), 협력전략 등 5가지 전략을 제시하였다. ④는 스콧(W. Scott)이 환경에 대한 조직의 대응전략으로 제시한 것이지 갈등 해결방법이 아니다.

07 조직 내 갈등을 야기하는 구조적 요인에 해당되지 않는 것은?

① 임기의 보장
② 타인에 대한 불충분한 정보
③ 전문화의 정도
④ 집단의 크기

해설 임기의 보장 여부는 구조적 요인보다는 인사행정적 요인이다.

08 행정정보공개제도에 대한 설명으로 옳지 않은 것은?

① 행정정보공개는 행정비용과 업무량의 증가를 초래할 수 있다.
② 행정정보공개는 국민의 알권리를 보장하여 국정운영의 투명성을 확보함을 목적으로 한다.
③ 「공공기관의 정보공개에 관한 법률」에 따르면 직무를 수행한 공무원의 성명·직위는 비공개대상정보이다.
④ 행정정보공개는 행정책임과 관련하여 정보의 조작 또는 왜곡을 초래할 수 있다.

해설 「공공기관의 정보공개에 관한 법률」에 따르면 이름 및 주민번호 등 개인의 사생활을 침해할 우려가 있다고 인정되는 정보는 공개대상정보에서 제외되지만 직무를 수행한 공무원의 성명·직위는 공개대상으로 한다.

09 우리나라 행정정보공개제도에 대한 설명으로 옳지 않은 것은?

① 국정에 대한 국민의 참여와 국정 운영의 투명성 확보를 목적으로 한다.
② 중앙행정기관의 경우 전자적 형태의 정보 중 공개대상으로 분류된 정보는 공개청구가 없더라도 공개하여야 한다.
③ 행정정보공개의 확대는 공무원의 도전적이고 적극적인 형태를 조장한다.
④ 정보의 공개 및 우송 등에 드는 비용은 실비 범위에서 청구인이 부담한다.

해설 정보공개제도의 확대는 자신의 실책과 무능을 가리기 위하여 공무원들의 업무자세가 위축될 우려가 있다.

10 우리나라의 「공공기관의 정보공개에 관한 법률」에 대한 설명으로 옳지 않은 것은?

① 헌법상의 '알권리'를 구체화하기 위하여 1996년에 제정되었다.
② 공공기관에 의한 자발적, 능동적인 정보제공을 주된 내용으로 하고 있다.
③ 직무를 수행한 공무원의 성명·직위는 공개할 수 있다.
④ 공공기관은 부득이한 사유가 없는 한 정보공개 청구를 받은 날부터 10일 이내에 공개여부를 결정해야 한다.

해설 행정PR에 해당하는 특징이며, 정보공개는 청구인의 청구에 의한 공개를 원칙으로 한다.

정답 08 ③ 09 ③ 10 ②

11 우리나라에서 1998년부터 시행되고 있는 「공공기관의 정보공개에 관한 법률」에 대한 설명으로 옳지 않은 것은?

① 공공기관이 직무상 작성 또는 취득하여 관리하고 있는 정보를 대상으로 한다.
② 모든 국민은 정보의 공개를 청구할 권리를 가지며, 외국인의 정보공개 청구에 관하여는 법률로 정한다.
③ 정보공개청구는 직접 출석, 우편, 모사전송, 또는 컴퓨터 통신에 의해서 할 수 있다.
④ 지방자치단체는 그 소관사무에 관하여 법령의 범위에서 정보공개에 관한 조례를 정할 수 있다.

해설 외국인의 정보공개 청구에 관하여는 대통령령으로 정한다. 대통령령에 따르면 국내에 일정한 주소를 두고 거주하거나 학술·연구를 위하여 일시적으로 체류하는 사람 또는 국내에 사무소를 두고 있는 법인 또는 단체는 정보공개를 청구할 수 있다.

12 목표관리(MBO)와 조직발전(OD)의 공통점이 아닌 것은? 국민건강보험공단

① Y이론적 관점이다.
② 행태과학적 측면이다.
③ 조직목표와 개인목표를 일치시킬 수 있다.
④ 조직의 효과성 제고에 기여한다.

해설 조직발전(OD)은 효과성과 건전성 제고를 위한 행태변화기법이므로 행태과학과 관련되나, 목표관리(MBO)는 효과성 제고를 위한 일반적인 관리기술을 활용하므로 행태과학과는 관계가 없다.

13 총체적 품질관리(TQM)가 전통적 관리와 대비되는 특징이 아닌 것은? 대구도시공사

① 고객의 요구에 부응하는 품질의 달성이 최우선적인 목표이다.
② 결점이 없어질 때까지 개선활동을 되풀이한다.
③ 업무의 초점이 개인적 노력에서 집단적 노력으로 옮아간다.
④ 사전적 통제보다는 사후적 통제에 기초한다.

해설 TQM에 의한 품질개선은 사후보다는 사전예방적 품질을 중요시한다.

04

인사행정론

CHAPTER 01	인사행정의 기초이론
CHAPTER 02	임 용
CHAPTER 03	공무원의 능력발전
CHAPTER 04	공무원의 복지와 사기
CHAPTER 05	근무규범

Chapter 01
인사행정의 기초이론

기출복원문제

키워드 엽관주의와 실적주의

사람의 능력, 자격, 실적을 기준으로 정부의 공무원을 모집하고 임명·승진시키는 인사행정체제의 문제점에 해당하지 않는 것은?
부산교통공사

① 기회균등의 문제
② 관료독재화의 문제
③ 기술성 위주의 인사행정의 소극성
④ 불필요한 관직의 남설로 인한 예산 낭비

해설 사람의 능력, 자격, 실적을 기준으로 정부의 공무원을 모집하고 임명·승진시키는 인사행정체제는 실적주의이며, 불필요한 관직의 남설로 인한 예산 낭비는 엽관주의의 단점이다.

정답 ④

기출 키워드	중요도
☑ 인사행정의 특징	★
☑ 엽관주의와 실적주의	★★★
☑ 대표관료제	★★
☑ 직업공무원제 특징	★★
☑ 직업공무원제 장단점	★★
☑ 경력직과 특수경력직	★★★
☑ 폐쇄형과 개방형	★
☑ 계급제와 직위분류제	★

CHAPTER 01 인사행정의 기초이론

PART 4 인사행정론

01 인사행정의 의의

1 의의

① 인사행정이란 정부활동을 수행하는 공무원을 대상으로 하는 인사사무, 즉 정부활동의 효과적인 수행을 위한 인적자원의 효율적 활용에 관한 행정을 말한다.
② 인사행정은 유능한 인재를 정부조직에 충원하고 그들의 능력을 계속적으로 발전시키며 높은 사기를 유지시켜 행정목적을 가장 효율적으로 달성하고자 하는 기능을 말한다.

2 인사행정과 인사관리의 차이

① 인사행정은 행정의 공공성으로 인해 봉사성과 평등성을 추구한다.
② 인사행정은 행정의 독점성으로 인해 능률성 추구에 한계가 있다.
③ 법령의 제약성으로 인해 인사행정에서는 재량의 여지가 적을 뿐만 아니라 법적 규제가 강하다.
④ 행정에 대한 국민의 통제는 인사행정의 탄력성을 약화시키는 원인이 된다.
⑤ 정치적 환경 속에서 작동하는 인사행정은 정치적인 압력을 받을 소지가 있다.

3 인사행정이 추구하는 기본적 가치

① 대응성(국민의 의사존중)
② 능률(지식 · 기술 · 능력의 중시)
③ 개인의 권리(법의 정당한 절차와 신분보장)
④ 사회적 형평성(인사행정의 공평성)

개념체크 ○×

- 현대 인사행정은 개방체제적 · 가치갈등적 성격을 중시한다. ○×
- 목표달성을 위한 수단적 성격을 지니고 있다는 점에서 현대 인사행정은 민간기업의 인사관리와 유사하다. ○×

×, ○

02 인사행정의 발달

1 의의

인사행정은 시대적 상황, 국가의 이념 및 국가발전의 수준에 따라 그 기준과 중요성이 달라진다.

(1) 절대군주국가
① 절대군주국가 시대의 관료는 군주의 사용인(私庸人, Royal Servants)으로서의 성격을 지녔다.
② 이들은 군주를 위해 충성을 바치는 한편 일반 백성에 대해서는 지배자로서의 특권을 지니는 신분을 유지했다.
③ 또한 당시의 관료는 엄격한 복무규율의 구속을 받았으나 신분보장은 철저했다.

(2) 입헌군주국가
입헌군주국가 시대에는 의회에서 다수당을 형성한 정당의 사용인(Party Servants)으로 그 성격이 바뀌었고, 이 성격은 엽관주의(Spoils System) 인사행정의 기초를 제공하였다.

(3) 현대 민주주의 국가
① 산업혁명 이후 현대 민주주의 국가가 등장함에 따라 인사행정의 경향도 실적주의(Merit System)로 바뀌게 되었다.
② 현대 민주국가의 공무원은 군주나 특정정당을 위해 봉사하는 것이 아니라, 전체 국민에 봉사하는 공공 봉사자(Public Servants)로 변모하게 되었다.

> **개념더하기**
> **시대별 공무원의 성격**
> • 절대군주국가 : 군주의 사용인
> • 입헌군주국가 : 의회 다수당의 사용인 → 엽관주의 인사행정의 기초 제공
> • 현대 민주주의 국가 : 공공의 봉사자

2 엽관주의

(1) 엽관주의의 의의
엽관주의(Spoils System)란 복수정당제가 허용되는 민주국가에서 선거에서 승리한 정당이 정당활동에 대한 공헌도와 충성심의 정도에 따라 공직에 임명하는 제도를 말한다.

개념더하기

엽관주의와 정실주의의 비교
엽관주의
- 미국에서 처음으로 도입됨
- 선거에서 승리한 정당이 모든 관직을 전리품처럼 임의로 처분할 수 있음
- 정권교체와 함께 공직의 광범위한 경질이 단행됨

정실주의
- 영국에서 발달함
- 엽관주의보다 더 넓은 개념으로 인식됨
- 임용 후 종신적 성격을 띠어 신분이 보장됨

개념체크 O X
- 엽관주의는 공무원의 정치적 중립을 저해하였다. O X
- 엽관주의는 민주주의 실현을 저해하였다. O X
- 엽관주의는 정당에 대한 충성 및 공헌도에 의해 공직에 임명하는 제도이다. O X

O, X, O

---

(2) 미국 엽관주의의 발전 요인

① 민주정치의 발전

앤드류 잭슨(Andrew Jackson) 대통령은 자신을 지지해준 대중에게 공직을 개방하는 것이 그들의 의사를 정책에 반영할 수 있는 길이며, 민주정치를 가능하게 하는 길이라고 믿었다.

② 정당정치의 발달

행정부가 강력한 의회의 통제로부터 벗어나기 위한 수단으로서 정당이 발달하였고, 정당의 유지, 정당원의 통솔·통제, 선거전 등을 위해 정당에의 충성도를 활용하는 엽관주의의 존재가 요청되었다.

③ 행정의 단순성

당시의 행정은 질서유지적인 단순한 업무가 주를 이루었으며, 이해력이 있는 사람이면 누구나 임무를 수행할 만큼 용이했으므로 전문적·기술적 능력이 요구되지 않았다.

④ 하위계층의 이해관계를 반영하는 장치가 요구되었다.

(3) 엽관주의의 장·단점

① 장 점
  ㉠ 정당의 이념이나 정강 정책을 강력히 추진할 수 있다.
  ㉡ 공직경질을 통해 관료주의화나 공직의 침체를 방지할 수 있다.
  ㉢ 국민의 요구에 대한 관료적 대응성을 향상시킨다(행정책임 및 행정통제 구현).
  ㉣ 공직의 개방으로 민주주의의 평등이념에 부합한다(행정의 민주화).
  ㉤ 중요한 정책변동에 대응하는 데 유리하다.

② 단 점
  ㉠ 유능한 인물의 배제로 행정능률이 저하되었다.
  ㉡ 불필요한 관직의 남설로 예산이 낭비된다.
  ㉢ 대량적인 인력교체로 행정의 안정성과 계속성 유지가 곤란하고, 이에 따라 행정의 능률성과 전문성이 향상될 수 없었다.
  ㉣ 신분보장이 되지 않아 부정부패의 원인을 제공하였다.
  ㉤ 관료가 정당사병화하여 행정의 국민에 대한 책임성이 결여되었다.

3 실적주의

(1) 의의
① 실적주의(Merit System)는 사람의 능력·자격·실적을 기준으로 정부의 공무원을 모집하고 임명·승진시키는 인사행정체제를 말한다.
② 실적주의에는 고대 동양의 과거제도 포함되나, 현대적 의미의 실적주의는 영국에서 1855년과 1870년의 제1, 2차 추밀원령에 의해 뿌리내리기 시작했고, 미국에서는 1881년 가필드(J.A. Garfield) 대통령의 암살과 1883년 펜들턴법(Pendleton Act)의 제정을 계기로 확립되었다.
③ 한국에서는 1949년 국가공무원법 제정에 의해 공식화되었다.

(2) 주요 내용
① 공직취임의 기회균등
② 능력·자격·실적 중심의 공직임용
③ 공개경쟁채용 시험제도의 도입
④ 불편부당한 정치적 중립성 요구
⑤ 과학적·객관적 인사행정
⑥ 공무원의 신분보장
⑦ 중앙인사기관의 권한 강화

(3) 성립 요인
① 엽관주의의 폐해 극복
   정당의 부패, 예산의 낭비, 행정의 비능률, 정당의 사병화 등을 극복하기 위해 실적주의 채택이 불가피하였다.
② 정당정치의 부패
   정당정치의 변질·타락 현상이 나타나면서 본래의 참다운 민주적 의미를 상실하였다.
③ 행정국가의 등장
   행정기능의 양적 증대, 질적 변화로 전문적·기술적 능률을 갖춘 유능한 관료가 요구되었다.

> **개념더하기**
> **공직취임의 기회균등의 의미**
> • 공직은 모든 국민에게 개방된다.
> • 성별·신앙·사회적 신분·학벌 등의 이유로 어떠한 차별도 받지 않는다.

④ 행정의 능률화, 전문화의 요청(공무원제도 개혁운동이 발생)

미국	1883년 펜들턴법 (Pendleton Act)	• 인사위원회 설치 • 정치활동 금지 • 제대군인에 대한 우대 • 공개경쟁채용 시험제도 • 정부와 기업 간 인사교류
영국	1853년 노스코트 – 트레벨리언 (Northcote-Trevelyan) 보고서	행정개혁 보고서(실적주의 공무원제, 공개경쟁시험, 중앙인사기관 설치)
	1855년 추밀원령	독립적인 인사위원회 설치
	1870년 추밀원령	• 공개경쟁시험의 원칙 • 계급의 분류(행정, 집행, 서기, 서기보 계급) • 재무성 인사권의 확립

(4) 실적주의의 평가

① 장점
  ㉠ 공직임용의 기회균등으로 사회적 평등을 실현한다.
  ㉡ 공개경쟁시험 등을 통한 유능한 인재의 임용으로 엽관주의의 폐해를 극복하고 행정능률을 향상시킨다.
  ㉢ 공무원의 정치적 중립을 보장하여 행정의 공정성을 확보한다.
  ㉣ 신분보장이 법령에 의해 규정됨으로써 행정의 안정성과 계속성을 확보하고 행정의 전문화를 제고하며 직업공무원제를 실현할 수 있다.

② 문제점
  ㉠ 기회균등의 문제
    시험에 응시할 수 있는 기회가 동일하다는 것과 고용기회가 평등하다는 것은 다르다. 그 대상자가 기존 수혜자 계층구성원에 한정된다.
  ㉡ 관료독재화의 문제
    대응성, 책임성이 약한 기술관료적 편협성을 지닌 관료제를 형성하여 민주적 통제를 곤란하게 한다.
  ㉢ 인사행정의 비인간화·소외현상 야기
  ㉣ 기술성 위주의 인사행정의 소극성
    적격자의 선발·임명과정을 중시하여 정실배제에 관심을 가질 뿐, 적극적으로 유능한 인재의 유치나 능력발전에는 소홀하다.
  ㉤ 집권성
    인사권을 중앙인사기관에 지나치게 집중시킨 나머지 각 운영기관의 실정에 맞는 독창적인 인사행정(신축성)을 저해한다.
  ㉥ 기타
    인사행정의 형식성, 폐쇄성으로 인한 전문가적 무능을 초래한다.

개념체크 ○ ×
• 실적주의 인사행정은 공직취임의 기회균등을 보장한다. ○×
• 실적주의의 도입은 중앙인사기관의 권한과 기능을 분산시키는 결과를 가져왔다. ○×
• 사회적 약자의 공직 진출을 제약할 수 있다는 점은 실적주의의 한계이다. ○×

○, ×, ○

(5) 실적주의의 새로운 경향

① **엽관주의의 재인식**

공무원사회의 관료주의화 방지와 관료제에 대한 효율적인 민주적 통제 요구, 중요한 정책변동에의 대응 필요, 정당정치의 발전 촉진, 고위직의 정치적 임명에 대한 요구 등에 따라 엽관주의에 대한 재인식이 이루어졌다. 특히 하위직이나 단순근로직, 정책결정을 요하는 고위직에는 엽관제적 임명이 요구된다.

② **신인사행정관의 대두**

이는 공무원의 노조활동의 전면화에 따른 양방향적 실적규정, 대표적 관료제의 도입 등을 주장한다.

(6) 적극적 인사행정

① **의 의**

적극적 인사행정이란 미국의 경우 1935년경부터 대두한 인사행정의 원칙으로서, 실적주의 및 과학적 인사관리만을 고집하지 않고 경우에 따라 '엽관주의'를 신축성 있게 받아들이며, 또한 인사관리에 있어서 인간관계론적 요소를 중요한 인사관리방안으로서 적용함을 의미한다. 이는 실적주의 인사행정의 소극성·비융통성·지나친 집권성을 배제하고, 적극적·신축적·분권적인 인사행정을 하며, 사회심리적 욕구를 충족시키는 방향의 관리를 수립하는 데 의의가 있다.

② **대두배경**

인사행정의 소극성·비융통성·폐쇄성으로 인한 전문성 약화, 그리고 집권성과 같은 실적주의의 결함과 인간을 오직 합리적인 도구로 다루고 감정적 측면에 대한 관리를 소홀히 했던 과학적 인사관리의 결함을 들 수 있다.

③ **제도적 방안**

㉠ 적극적 모집
- 공직에 대한 사회적 평가를 제고시켜 유능한 인재를 외부로부터 적극적으로 모집한다.
- 이를 위해 수험절차 및 시험방법을 개선하여 제출서류를 간소화하고, 시험부담을 경감하는 것이 필요하다.
- 공사의 전문경영인 공채, 계약직 공무원의 확대와 같은 특수 분야의 개방형 채용제도를 확대할 필요가 있다.

㉡ 정치적 임명
고위 정책수립 단위에 엽관주의적 인사를 신축성 있게 적용한다.

개념더하기

적극적 인사행정의 특징
실적주의의 보완 + 엽관주의 + 인간관계론적 요소

ⓒ 과학적 인사관리의 완화와 통합적 인사관리
    직위분류제 등의 지나친 합리성을 완화시키고, 직무중심과 인간중심의 적절한 통합에 의한 관리를 도모하며, 개인의 능력 발전과 조직목표와의 조화를 추구한다.
ⓔ 인간관계의 개선
    성장형 인간관을 바탕으로 한 신뢰관리를 추구하고, 인사상담 제도, 공무원단체 활동의 인정, 제안제도의 장려, 하의상달적 의사전달의 촉진, 민주적 리더십 등이 중요시되어야 한다.
ⓜ 장기적 시야에 입각한 인력계획의 사전적 · 체계적 수립
ⓑ 재직자의 능력발전
    교육훈련, 승진, 전직, 근무성적평정제도를 활용한다.
ⓢ 인사권의 분권화

엽관주의와 실적주의의 비교

구 분	엽관주의(정실주의)	실적주의
발달배경	민주주의	엽관주의의 비판
임용기준	정당 공헌, 개인적 관계	개인의 능력 및 실적
장 점	• 민주정치 · 행정의 민주화 발달 • 관료적 대응성 향상 • 선거공약 · 공공정책 실현 용이	• 공직 취임의 기회 균등 • 행정 능률성 향상 및 공정성 보장 • 행정 안정성 및 계속성 유지 • 정치 · 행정적 부패 감소
단 점	• 공직의 사유화 및 상품화 경향 • 행정의 비능률성, 비공정성 • 행정의 계속성, 일관성, 안정성 저하 • 소수 이익의 도구화	• 인사 행정의 소극성, 경직성, 비능률성 • 임용 시험의 연계성 저하 • 관료 통제의 어려움 • 국민 요구에 둔감, 폐쇄집단 경향

개념체크 ○ ×

• 엽관주의는 정치지도자의 국정지도력을 강화함으로써 공공정책의 실현을 용이하게 해준다. ○|×
• 실적주의는 국민에 대한 관료의 대응성을 높일 수 있다는 장점이 있다. ○|×
• 실적주의는 외부로부터 적극적으로 우수한 공무원을 채용하므로 내부공무원의 직업안정성 유지에 상대적으로 불리하다. ○|×

○, ×, ×

03 직업공무원제

1 직업공무원제의 의의

(1) 직업공무원제의 개념
① 직업공무원제(Career System)란 현대행정의 고도의 전문화·기술화 및 책임행정의 확립, 재직자의 사기앙양을 위해 중립적·안정적 제도의 요구에 부응하여 나온 인사제도이다.
② 공직이 유능하고 젊은 남녀에게 개방되어 매력 있는 것으로 여겨지며, 업적과 능력에 따라 명예롭고 높은 직위에 올라갈 수 있는 기회가 부여되어 있어, 일생의 보람 있는 직업으로 생각되도록 하는 조치가 마련되어 있는 제도를 말한다.
③ 영국 및 유럽의 지배적인 제도이다.

(2) 필요성
① 행정의 정치적 중립성 유지를 통해 행정의 안정성·계속성·독립성을 확보하고, 정권교체로 인한 행정의 공백상태를 방지하여 국가의 통일성과 항구성을 유지하는 제도적 장치로서 요구된다.
② 공무원의 신분보장으로 사기를 앙양하고 직업의식을 강화하여 행정의 능률성을 확보할 필요성이 있다.
③ 유능한 인재의 유치로 공무원의 질을 향상시킬 수 있다.

2 직업공무원제와 실적제와의 관계

(1) 공통점
① 신분보장
② 정치적 중립
③ 자격이나 능력에 의한 채용·승진
④ 공직임용상의 기회균등

(2) 차이점

실적주의	직업공무원제
• 개방형으로 신분의 상대적 보장	• 폐쇄형으로 신분의 절대적 보장
• 결원의 충원방식이 외부충원형	• 결원의 충원방식이 내부충원형
• 공직임용 시 완전한 기회균등(연령제한이 없음)	• 공직임용 시 연령, 학력 등의 제한으로 제약된 기회균등
• 직무급 보수제도 및 직위분류제	• 생활급 및 계급제 적용

> **개념더하기**
> **직업공무원제와 실적제의 비교**
> 직업공무원제는 실적주의와 서로 배치되는 것은 아니지만 동일시될 수도 없다. 왜냐하면 실적주의에 의해 신분보장이 이루어지는 경우에도 개방형을 폭넓게 인정하면 직업공무원제는 확립될 수 없기 때문이다. 실적주의 없이 직업공무원제의 확립을 기대할 수는 없으나, 실적주의가 채택되었다 하여 직업공무원제가 확립되는 것은 아니다.

3 직업공무원제의 확립방안(수립요건)과 그 한계

(1) 직업공무원제의 확립요건
① 실적주의의 우선적 확립
② 젊고 유능한 인재등용을 위한 학력과 연령 제한(적극적 모집)
③ 일관성 있고 장기적인 인력수급계획의 수립
    이를 통해 인사의 불공평이나 침체를 막고 효과적인 정원관리, 승진계획을 추진할 수 있어야 한다.
④ 공직에 대한 사회적 평가의 제고
    공직사회에 만연된 관료부패를 방지함으로써 공직에 대한 오명을 제거할 필요가 있다.
⑤ 적정한 보수지급 및 연금수준의 현실화로 생계보장
⑥ 다양한 능력발전제도 강구
    승진제도의 합리적 운영과 교육훈련의 강화, 각 부처 간 및 중앙·지방 간의 폭넓은 인사교류 등을 통해 능력발전의 기회가 부여되어야 한다.
⑦ 고급공무원의 양성

(2) 한 계
① 관료제에 대한 민주적 통제를 곤란하게 하여 행정책임이 보장되기 어렵고, 공무원의 특권화·관료주의화로 인한 폐단이 있다.
② 공무원의 보수화 및 무사안일주의로 급격한 환경변화나 발전에 대한 적응능력이 약화될 수 있다.
③ 계급제에 따른 폐쇄형의 충원으로 공직이 침체되고, 전문행정가의 양성이 어려워 행정의 전문화·기술화를 저해한다.

4 직업공무원제의 장단점

장 점	단 점
• 정치적 중립 확보	• 폐쇄적 인사행정
• 신분보장으로 행정의 안정성 확보	• 민주적 통제의 곤란
• 유능한 공무원의 이직 방지	• 학력, 연령의 제한으로 기회균등 위배
• 공직에 대한 사명감	• 전문가나 고급기술자의 고위직에의 임용 제약
• 유능한 인재의 공직 유치	• 공직의 특권화와 관료주의화 초래
• 재직자의 사기양양 촉진	• 유능한 외부인사의 등용 곤란
• 정권교체로 인한 행정의 공백상태 방지	
• 정부와 관료 간의 원만한 관계 유지	

개념체크 ○ ×

• 직업공무원제가 성공적으로 확립되기 위해서는 공직에 대한 사회적 평가가 높아야 한다. ○|×

• 직업공무원제는 일반적으로 전문행정가 양성에 유리하기 때문에 행정의 전문화 요구에 부응한다. ○|×

○, ×

5 우리나라의 직업공무원제

(1) 문제점
① 전통적인 관존민비의 행정문화로 특권계급적인 비민주적 요소가 상당히 잔존한다.
② 낙하산식 인사나 부당한 청탁 등이 만연하여 법령상의 직업공무원제에 대한 규정도 제대로 적용되지 못하고 있다.
③ 연금제도의 불합리, 비현실적인 박봉으로 인하여 사기 및 행정능률이 저하되고 있으며, 부정부패로 인해 공직에 대한 사회적 평가가 저하되고 있다.
④ 교육훈련의 불합리, 장기적인 인력수급계획의 부재로 인한 승진의 적체와 불균형의 노정 등 합리적 인사관리의 결여가 문제된다.

(2) 개선 방향
① 공직사회의 정화를 통해 공직에 대한 사회적 평가를 제고한다.
② 공무원의 부정부패를 제거한다.
③ 실적주의를 확립하여 능력과 경력에 따른 승진 위주의 인사행정을 도모한다.
④ 적극적 모집, 적정한 보수와 합리적 연금제도 등을 정립한다.
⑤ 재직자 훈련을 강화하여 능력개발에 주력한다.
⑥ 고충처리 제도를 적극적으로 활용한다.
⑦ 장기적 인력계획의 수립과 집행에 노력한다.

> **개념더하기**
> **직업공무원제의 단점을 보완하는 방안**
> • 계약제 임용제도
> • 개방형 인사제도
> • 계급정년제의 도입

04 공직의 분류

1 공직분류체계의 의의

① 공직분류체계라 함은 공무원 또는 직위를 일정한 기준에 따라 구분하여 정부조직 내의 직업구조를 형성하는 과정 및 그 결과를 말한다.
② 즉 인사행정의 효율적인 수행을 위하여는 수많은 공무원들을 어떤 기준에 따라서 분류, 관리할 필요가 있는 것이다.
③ 일반적으로 말해서 직업공무원제, 폐쇄적 또는 개방적 공무원제 등은 공무원제도의 유형에 속하며, 경력직과 특정직, 그리고 직위분류제와 계급제의 분류는 공직의 분류에 해당된다. 공직의 분류는 직위(Position) 혹은 직무(Job)를 핵심으로 한 것이다.

2 경력직과 특수경력직

① 경력직은 실적과 자격에 의하여 임명되어 그 신분이 보장되며 평생토록 공무원으로 근무할 것이 예정되는 직업공무원으로서, 정부로부터 보수, 신분보장 등의 혜택을 받으며 실적주의의 적용을 받는 공무원이다.

② 특수경력직 공무원은 보수 및 복무규정을 제외하고는 공무원법이나 실적주의 등의 획일적인 적용을 받지 않으며, 정치적 임용이 필요하거나 특수한 직무를 담당하는 자로서 그 임명에 있어 특수한 기준을 요하는 비직업공무원이다.

구 분	종 류	기능 및 특징
경력직	일반직	기술·연구 또는 행정 일반에 대한 업무를 담당하는 공무원
	특정직	법관, 검사, 외무공무원, 경찰공무원, 소방공무원, 교육공무원, 군인, 군무원, 헌법재판소 헌법연구관, 국가정보원의 직원과 특수 분야의 업무를 담당하는 공무원으로서 다른 법률에서 특정직 공무원으로 지정하는 공무원
특수경력직	정무직	• 선거로 취임하거나 임명할 때 국회의 동의가 필요한 공무원 • 고도의 정책결정 업무를 담당하거나 이러한 업무를 보조하는 공무원으로서 법률이나 대통령령(대통령비서실 및 국가안보실의 조직에 관한 대통령령만 해당한다)에서 정무직으로 지정하는 공무원
	별정직	비서관·비서 등 보좌업무 등을 수행하거나 특정한 업무 수행을 위하여 법령에서 별정직으로 지정하는 공무원

개념체크 ○×

• 경력직 공무원은 실적과 자격에 의해서 임용된다. ○×
• 별정직 공무원은 경력직 공무원에 포함되나 특정직 공무원은 경력직 공무원에 포함되지 않는다. ○×
• 경력직 공무원은 신분이 보장되며 정년까지 공무원으로 근무할 것이 예정된다. ○×

○, ×, ○

3 폐쇄형과 개방형

(1) 폐쇄형

계층구조의 중간에 외부로부터의 신규채용을 허용하지 않는 인사제도로서, 계급의 수가 적어 계급 간 승진이 상대적으로 용이하진 않으나, 승진의 한계는 높은 편이다. 계급제, 직업공무원제와 관련된다.

① 공무원의 신분보장이 강화되어 행정의 안정성 확보에 유리하다.
② 재직공무원의 승진기회가 많아 사기가 앙양된다.
③ 직업공무원제의 확립에 유리하다.
④ 조직에 대한 소속감이 장기경험을 활용할 수 있게 하여 행정능률을 향상시킨다.

(2) 개방형

공직의 모든 계층에 대한 신규임용을 허용하는 인사제도로서 외부전문가를 중시하며, 실적주의, 직위분류제와 관련된다(미국, 캐나다).

① 장점
  ㉠ 외부에서 온 참신하고 유능한 인재로부터 새로운 정보와 지식을 제공받을 수 있어 조직의 목표달성과 발전에 유용하다.
  ㉡ 행정의 전문성을 제고한다.
  ㉢ 공직의 유동성을 높여 관료주의화 및 공직사회의 침체를 방지할 수 있다.
  ㉣ 민주적 통제가 용이하다.
② 단점
  ㉠ 재직자의 능력발전 저해와 사기 저하의 우려가 있다.
  ㉡ 신분 불안정으로 행정의 안정성·일관성을 저해한다.
  ㉢ 직업공무원제의 확립을 곤란하게 한다.

(3) 양 제도의 관계

폐쇄형을 채용하던 국가들은 최근 개방형을 점차적으로 도입하고 있고, 개방형을 주로 이용하던 미국에서는 그 효용성에 한계가 나타나자, 폐쇄성의 요소를 점차 확대해가고 있어 양 제도가 상호 접근하고 있다.

구 분	폐쇄형	개방형
신분보장	신분보장(법적 보장)	신분 불안정(임용권자가 좌우)
신규임용	최하위직만 허용	전 등급에서 허용
승진임용기준	상위적격자(내부임용)	최적격자(외부임용)
임용자격	일반능력	전문능력
직위분류기준	직급 : 사람중심 (능력, 자격, 학력 등)	직위 : 직무중심
직원 간의 관계	온정적	사무적
채택국가	영국, 독일, 프랑스, 일본	미 국

> **개념체크 ○×**
> - 충원 시 폐쇄형에서 계급정년제가 나타난다. ○×
> - 충원 시 폐쇄형은 개방형보다 교육제도와의 관련성이 더 높다. ○×
> - 충원 시 개방형은 직업공무원제도의 확립에 기여한다. ○×
>
> ○, ○, ×

4 계급제와 직위분류제

(1) 계급제(수직적 분류)

① 계급제는 업무의 성격보다는 공직을 수행하는 사람을 중심으로 신분상의 격차인 계급(Rank or Status)이라는 관념에 기초를 두고, 공무원의 상대적 지위, 자격 및 능력에 차등을 두어 상이한 대우와 직책을 부여하는 것이다.
② 공무원의 계급은 승진·전보·보수지급 등 인사행정의 기준이 될 뿐만 아니라 각 중앙행정기관의 소속기관이나 보조기관 등 하부 조직에 보(補)하는 공무원의 신분을 결정하는 조직·정원관리의 기준도 되고 있다.

③ 계층구조의 피라미드 형태를 갖고 있는 관료조직하에서는 불가피하고, 또한 인사제도를 체계적으로 관리하고 과학적으로 운용하기 위한 가장 기본적인 요건이 된다.

(2) 직위분류제(수평적 분류)

① 직위분류제란 직무(Job) 또는 직위(Position)라는 관념에 기초하여 직무의 종류·곤란도·책임도 등을 기준으로 하여 직류별·직렬별과 등급별로 분류·정리하는 제도를 말한다.
② 이 제도는 '사람'보다는 '업무'를 중심으로 차등을 두려는 합리적 사고에서 비롯된 것이다.
③ 인구가 증가하고 사회가 발전함에 따라 폭발적으로 다양하게 늘어나는 행정수요를 효율적으로 수행하기 위해서는 이를 담당하는 공무원이 각기 맡은 분야에서 전문가가 되어야 하므로, 공직의 수평적 분류는 현대 행정의 특징상 불가피한 현상이라 할 수 있다.

개념더하기

직위분류제 관련 개념
- 직군 : 직무의 성질이 유사한 직렬의 집합
- 직렬 : 직무의 종류는 유사하나 책임도가 다른 직급의 집합
- 직류 : 같은 직렬 내에서 담당 분야가 같은 직무의 군
- 직급 : 직무의 종류·곤란성과 책임이 상당히 유사한 직위의 집합. 동일 직급에 속하는 직위에 대해서는 동일한 보수를 지급함
- 직위 : 1명의 공무원에게 부여할 수 있는 직무와 책임

계급제와 직위분류제의 비교

구 분	계급제	직위분류제
보 수	생활급	직무급(동일노무 동일보수의 원칙 확립)
행정주체	일반행정가	전문행정가
인간과 직무	인간중심 분류(창조적·능동적인 자세)	직무중심 분류(인사행정의 합리화 추구)
채용과 시험	비연결(일반 교양지식을 지닌 장기적 발전 가능성과 잠재력을 가진 사람 채용)	연결(특정업무와 관련된 전문 지식을 가진 사람 채용)
교육훈련	교육훈련 수요나 내용 파악 곤란 → 순환보직·재직훈련 강조, 효과의 장기화	교육훈련 수요의 정확한 파악, 효과의 단기화
보직관리와 인사이동	보직관리의 정확성·합리성 확보 곤란, 인사관리의 신축성, 인사이동·승진의 폭이 넓음	보직관리의 합리화 도모, 인사관리의 불융통성, 인사이동 곤란, 승진의 폭 협소
신분보장	폐쇄형에 따른 폭넓은 순환보직으로 신분보장 가능	개방형에 따른 신분보장 곤란(직무와 밀접한 관계)
행정상 조정	행정상의 조정·협조 원활	행정상의 조정·협조 곤란
조직계획	장기적 조직계획의 수립·발전에 유리	현재의 조직배열에 가장 잘 부합

개념체크 O X
- 계급제는 인간을 중심으로 공직 분류를 하는 것으로서 공무원 개개인의 자격과 능력을 기준으로 계급을 분류하는 것을 말한다. O X
- 직위분류제는 관료제의 전통이 상대적으로 오래되지 않은 사회에서 발달해 온 경향이 있다. O X

O, O

5 교류형과 비교류형

교류형은 부처 간의 인사교류가 인정되는 제도이며, 비교류형은 부처주의라고도 하며 인사교류가 인정되지 않는 제도이다.

CHAPTER 01 | 기출분석문제

01 현대 인사행정의 특징으로 볼 수 없는 것은?   _{한국산업인력공단}

① 하나의 전문화된 행정영역으로 이해된다.
② 일반적이고 보편적인 인사행정원리의 탐색을 강조한다.
③ 개방체제적·가치갈등적 성격을 중시한다.
④ 목표달성을 위한 수단적 성격을 지니고 있다는 점에서 민간기업의 인사관리와 유사하다.

[해설] 가치갈등이 불가피하고 적극적 관리가 요구되나, 이것을 강화하자는 것은 아니다.

02 엽관주의에 대한 설명으로 옳지 않은 것은?   _{한국수자원공사}

① 정당에 대한 충성 및 공헌도에 의한 임용
② 개인의 능력과 자격 중심의 인사
③ 행정의 계속성, 안정성, 지속성 위협
④ 정치인 및 대통령의 정책 구현 용이

[해설] 실적주의 특징에 해당한다.

03 엽관주의의 발생 원인이 아닌 것은?   _{국민연금공단}

① 행정의 단순성
② 정치적 보장
③ 부패의 확산
④ 정당정치의 발전

[해설] 엽관주의는 공직의 부패를 초래한 문제점을 노출하게 되었고, 부패의 확산은 결과적으로 실적주의 인사행정 도입의 계기가 되었다.

[정답] 01 ③ 02 ② 03 ③

04 실적주의에 대한 설명으로 옳지 않은 것은? 전북대학교병원

① 실적주의의 도입은 중앙인사기관의 권한과 기능을 분산시키는 결과를 가져왔다.
② 사회적 약자의 공직 진출을 제약할 수 있다는 점은 실적주의의 한계이다.
③ 미국의 실적주의는 펜들턴법(Pendleton Act)이 통과됨으로써 연방정부에 적용되기 시작하였다.
④ 실적주의에서 공무원은 자의적인 제재로부터 적법절차에 의해 구제받을 권리를 보장받는다.

해설 실적주의의 도입은 공정한 인사행정을 위한 독립된 중앙인사기관을 설치·운영하게 함으로써 인사행정을 통일·집권적으로 수행하도록 했다.

05 실적주의 인사행정 방식의 장점이 아닌 것은? 한국지역난방공사

① 실적주의 인사행정은 공직취임의 기회균등을 보장한다.
② 실적주의는 공무원의 자질과 업무능력의 향상에 기여할 수 있다.
③ 실적주의는 공무원의 정치적 중립을 확립하는 데 기여한다.
④ 실적주의는 정부 관료제의 대표성 증진에 기여한다.

해설 실적주의는 능력 중심의 인사이므로 소외계층에게 불리하고 따라서 대표성 확보는 불가능하다.

06 엽관주의와 실적주의에 대한 설명으로 옳은 것은?

① 엽관주의는 정치지도자의 국정지도력을 강화함으로써 공공정책의 실현을 용이하게 해준다.
② 실적주의는 국민에 대한 관료의 대응성을 높일 수 있다는 장점이 있다.
③ 엽관주의는 정실 임용에 기초하고 있기 때문에 초기부터 민주주의의 실천원리와는 거리가 멀었다.
④ 실적주의는 외부로부터 적극적으로 우수한 공무원을 채용하므로 내부공무원의 직업안정성 유지에 상대적으로 불리하다.

해설 엽관주의는 선거에 승리한 정치지도자의 공직 장악능력을 강화시킨다.
② 실적주의는 지나친 신분보장으로 인하여 국민에 대한 관료의 대응성을 높이기 어렵다.
③ 엽관주의는 정실 임용이 아니라 정당에 대한 충성도에 따라 임용하기 때문에 민주주의의 실천원리와 밀접하게 연관되어 발달하였다.
④ 실적주의는 필연적으로 직업공무원제도를 동반하지는 않지만 실적주의와 직업공무원제는 능력중심의 인사제도, 정치적 중립 등 공통점을 가지므로 신분보장으로 직업적 안정성에 기여한다.

07 직업공무원제를 확립하기 위한 방안으로 옳지 않은 것은? 한국수력원자력

① 재직자의 능력개발 기회 확대
② 개방형 충원제도의 강화
③ 실적주의의 확립
④ 공직의 사회적 지위 향상

해설 직업공무원은 폐쇄형의 계급제 바탕에서 잘 확립되기 때문에 개방형의 공무원 충원제도는 바람직하지 않다.

08 실적제와 직업공무원제 간의 차이점인 것들로만 묶은 것은?

| ㉠ 연령차별의 금지 | ㉡ 충원의 개방성 |
| ㉢ 공직에의 기회균등 | ㉣ 신분보장 |

① ㉠ - ㉡
② ㉡ - ㉣
③ ㉢ - ㉣
④ ㉠ - ㉣

해설 실적주의는 연령제한이 없고, 개방형·폐쇄형 충원이 모두 가능하나, 직업공무원제는 연령제한을 두고 폐쇄형 충원을 한다.

09 직업공무원제에 대한 설명으로 옳지 않은 것은?

① 공무원집단이 환경적 요청에 민감하지 못하고 특권 집단화될 우려가 있다.
② 직업공무원제가 성공적으로 확립되기 위해서는 공직에 대한 사회적 평가가 높아야 한다.
③ 직업공무원제는 행정의 계속성과 안정성 및 일관성 유지에 유리하다.
④ 직업공무원제는 일반적으로 전문행정가 양성에 유리하기 때문에 행정의 전문화 요구에 부응한다.

해설 직업공무원제는 전문가나 고급기술자의 고위직에의 임용에 제약이 따르므로 행정의 전문화와 기술화를 저해한다.

10 우리나라의 공직분류 체계에 관한 다음의 설명 중 옳은 것은 무엇인가?   한국보훈복지의료공단

① 법관, 경찰, 소방 등 특수분야의 업무를 담당하는 공무원은 특수경력직 공무원에 속한다.
② 군인, 군무원은 특수경력직에 해당한다.
③ 연구, 기술, 의료 등의 분야에서 채용계약에 의해 일정한 기간 동안 근무하는 공무원은 특정직 공무원에 속한다.
④ 단순한 노무에 종사하는 고용직 공무원은 특수경력직 공무원에 해당한다.

해설 ① 법관, 경찰, 소방 등 특수분야의 업무를 담당하는 특정직 공무원은 경력직 공무원에 속한다.
② 군인, 군무원은 경력직 중 특정직에 해당한다.
③ 연구, 기술, 의료 등의 분야에서 채용계약에 의해 일정한 기간 동안 근무하는 계약직 공무원은 특수경력직 공무원에 속한다.

11 계급제의 장점과 단점에 대한 설명으로 옳지 않은 것은?   한국석유공사

① 공무원의 신분안정과 직업공무원제 확립에 기여한다.
② 인력활용의 신축성과 융통성이 높다.
③ 정치적 중립 확보를 통해 행정의 전문성을 제고할 수 있다.
④ 단체정신과 조직에 대한 충성심 확보에 유리하다.

해설 ③은 직위분류제의 특징이다.

12 직위분류제의 구조를 이루는 직렬·직군·직류 등에 대한 설명으로 옳지 않은 것은?   인천국제공항공사

① 직위 – 한 사람의 근무를 요하는 직책이다.
② 직렬 – 직무의 종류는 유사하나 책임도가 다른 직급의 집합이다.
③ 직급 – 직무의 종류 및 곤란성과 책임도가 유사한 직위의 집합이다.
④ 직군 – 직위들의 집합이다.

해설 직군이란 직무의 성질이 유사한 것끼리 대분류한 것으로 직렬의 집합으로 구성된다.

13 직위분류의 방법에 대한 다음 내용 중 옳지 않은 것은?   국민연금공단

① 계급제는 인간을 중심으로 공직 분류를 하는 것으로서 공무원 개개인의 자격과 능력을 기준으로 계급을 분류하는 것을 말한다.
② 계급제는 일반적으로 계급 간의 사회적 평가, 보수, 성분, 교육 면에서 심한 차이를 두고 또한 계급 간의 승진을 어렵게 하는 특징을 띤다.
③ 직위분류제는 공무원의 채용에서 신축적이고 적응성이 높아서 계급제에 비해 직업공무원제의 수립에 상대적으로 더 유리하다.
④ 직위분류제는 관료제의 전통이 상대적으로 오래되지 않은 사회에서 발달해 온 경향이 있다.

해설 계급제가 공무원 채용과정에서 신축적이고 적응성(융통성)이 높아서 직위분류제에 비해 직업공무원제의 수립에 상대적으로 더 유리하다.

14 직업공무원제의 특성이라고 할 수 없는 것은?

① 채용 시 현재의 직무수행능력 중시
② 일반 행정가의 양성
③ 하위 직원 혹은 젊은 인재채용의 확대
④ 평생고용이나 장기적 신분 보장

해설 직업공무원제는 장기발전 가능성을 중시한다.

15 다음 중 실적주의의 기본내용 또는 장점과 관련이 없는 것은?   한국지역난방공사

① 임용상의 기회균등
② 공무원의 정치적 중립
③ 행정의 전문화 촉진
④ 중앙인사기관의 전문성 강화

해설 실적제의 3대 변수는 기회균등, 신분보장, 정치적 중립 등이며 개방형으로 행정의 전문성을 촉진시킨다.

정답 13 ③ 14 ① 15 ④

Chapter 02
임용

기출복원문제

키워드 특수경력직

공직분류체계상 감사원장과 동일한 직군으로 분류되는 공무원은 무엇인가? 　　　　한국수자원공사
① 국무총리
② 외교관
③ 경찰관
④ 감사원 사무차장

해설　감사원장은 선거로 취임하는 공무원, 국무총리, 장관 등과 같이 특수경력직 중 정무직에 해당한다.

정답 ①

기출 키워드	중요도
☑ 소극적 모집	★
☑ 적극적 모집	★★
☑ 시보임용	★
☑ 시험의 측정기준	★
☑ 타당도	★★
☑ 충원제도의 폐쇄형과 개방형	★★
☑ 전직과 전보	★
☑ 외부임명과 내부임명	★

PART 4 인사행정론

CHAPTER 02 임용

01 모집

1 의의

① 채용의 3단계(모집 → 시험 → 임명) 중에서 모집은 희망자가 시험에 유치되는 과정을 말한다.
② 소극적 모집은 시험의 사전적 연장으로서 부적격자를 사전에 억제하는 것인데 반해, 적극적 모집은 유능한 인력을 유치하려고 노력하는 것으로, 서구에서는 이미 오래 전부터 민간과의 경쟁을 위해 도입되었으나, 개도국은 상대적으로 이에 소홀하였다.

2 적극적 모집의 필요성

① 서구에서는 공직에 대한 사회적 평가의 저하, 상대적 저임금, 승진지체 및 높은 이직률로 인해 그 필요성이 제기되었다.
② 우리나라에서는 실적주의가 충분히 수립되지 못하고 인사권자가 인사권을 사적 목적을 위해 이용하였으며, 농업사회적 전통으로 공직의 사회적 평가가 높았기 때문에 큰 문제가 되지 않았다.
③ 최근에는 신분보장 및 직업의 안정성으로 인해 공직이 더욱 선호되는 경향이 있어 적극적 모집의 필요성은 크지 않다고 볼 수 있다.

3 적극적 모집방안

① 사회적 평가의 제고를 위한 적정한 보수 지급, 신분보장과 연금제도의 합리화, 효과적인 능력발전방안의 강구 등
② 장기적 시야를 가진 인력계획의 수립
③ 시험방법의 개선 - 절차의 간소화, 경비절약
④ 모집결과에 대한 사후평가
⑤ 적극적 홍보
⑥ 수습 및 위탁교육

개념체크 ○×

• 모집은 희망자가 시험에 유치되는 과정을 말한다. ○×
• 개도국에서는 적극적 모집을 이미 오래 전부터 민간과의 경쟁을 위해 도입하였다. ○×

○, ×

4 모집의 요건

소극적 요건으로서 연령, 국민·주민, 학력, 적극적 요건으로서 지식·기술, 가치관, 태도가 있다.

02 시험

1 의의

(1) **시험의 효용**
① 잠재적 능력의 측정
② 직무수행능력의 예측
③ 장래의 발전가능성 측정

(2) **효용성 확보요건**
① 균등한 기회, 공정한 절차
② 적절한 시험방법
③ 대상업무와 이를 수행하는 데 필요한 능력의 발견

2 측정기준

구 분	내 용	측정방법
타당도	측정하고자 하는 내용의 정확한 측정 여부	근무성적과 시험성적의 비교
신뢰도	시험시기·장소 등 여건에 따라 점수가 영향을 받지 않는 정도 (일관성, 일치도)	동일한 내용의 시험을 반복 시행할 때 그 결과가 비슷해야 함
객관도	채점의 공정성	–
난이도	쉬운 문제와 어려운 문제의 조화	득점자 분포의 광범위 여부
실용도	시험의 경제성, 채점의 용이성, 이용가치	–

개념더하기

타당도의 측정
타당도는 직무수행능력을 측정하려는 것으로 시험성적과 근무성적을 비교함으로써 알 수 있다. 근무성적평정은 시험의 타당도를 측정할 수 있는 제도이다.

3 종류

(1) 형식에 의한 분류

필기(객관식, 주관식), 실기, 면접

(2) 목적에 의한 분류

일반지능검사, 적성검사(잠재능력의 측정, 고위직에 이용), 성격검사, 업적검사, 신체검사

4 한계

① 무엇을 할 수 있는가를 알려줄 뿐, 무엇을 할 것인가를 알려주지는 못한다.
② 인간의 능력에 대한 판단을 보충하는 것이며, 절대적인 정확성은 없다.
③ 창의성과 같은 중요한 능력은 전통적인 시험방법으로서는 측정하기 어렵다.
④ 장래 발전할 공무원보다 실패할 가능성이 있는 공무원을 보다 효율적으로 알려줄 뿐이다.

개념체크 ○ ×

- 시험의 측정기준으로는 타당도, 신뢰도, 객관도, 난이도, 실용도가 있다. ○ ×
- 전통적인 시험방법으로도 인간의 창의성을 충분히 측정할 수 있다. ○ ×

○, ×

03 임명

1 의의

공무원을 특정 직위에 채용하는 행위이다.
① 외부임명 : 공개경쟁채용과 특별채용
② 내부임명
　㉠ 수평적 : 전직, 전보, 겸임, 직무대행
　㉡ 수직적 : 승진, 강임

2 전직 · 전보

(1) 의의
① 전보란 직무내용이나 책임이 유사한 동일직렬과 직급 내에서 직위만 바꾸는 것이므로 시험이 불필요하고, 전직은 직렬의 변동을 의미하므로 시험이 필요하다.
② 파견근무는 임시로 다른 기관에서 근무하는 것이므로 전직 · 전보와 다르고, 배치전환은 전직 · 전보 · 파견근무를 포함하는 개념이다.

(2) 소극적 이용방법
징계수단, 사임의 강요수단, 부정부패의 방지수단, 개인적 특혜의 제공수단, 개인세력의 확대수단

(3) 적극적 이용방법
인간관계의 개선, 업무수행의 권태 방지, 조직에의 충성심 확보, 능력 발전, 개인의 의사 고려

(4) 우리나라의 경우
① 보직관리의 원칙
　승진임명 시 바로 동일직렬의 하위직으로 충원
② 전보제한기간
　일반직 1년, 연구직 2년
③ 인사교류위원회의 설치

개념더하기

공직의 분류
- 실적주의와 직업공무원제의 획일적 적용 여부에 따라 경력직과 특수경력직
- 정치적 임용 여부와 신분보장 여부에 따라 정무관과 행정관
- 임명권자가 중앙정부냐 지방정부냐에 따라 국가공무원과 지방공무원
- 일 중심의 분류냐 사람 중심의 분류냐에 따라 직위분류제와 계급제
- 결원 충원 시에 외부충원이냐 내부승진에 의한 충원이냐에 따라 개방형과 폐쇄형
- 일반적 교양 · 능력이냐 전문지식 · 능력이냐에 따라 일반행정가와 전문행정가

3 임명절차

(1) 채용후보자 명부 작성

명부는 직급별 및 시험 성적순으로 작성하는 것이 원칙이며, 훈련성적, 전공분야 및 기타 사항을 참작하여 작성한다.

(2) 추 천

① 원래 임명권자가 추천을 요구하는 것을 의미하나, 우리나라는 시험실시기관이 임명권자나 임명제청권자에 추천할 수 있고, 각 기관에서는 여러 기록을 토대로 임명 여부를 결정한다.

② 추천방법으로는 단수 추천제, 결원된 직위의 정해진 배수(3~7배수)만큼 인원을 추천하는 배수 추천제(Rule of Three-rule of Seven), 채용후보자를 성적순으로 몇 개의 집단으로 나눈 뒤, 우수집단부터 차례로 추천하는 집단 추천제(Category Rating), 채용후보자명부에 등재된 성적순에 관계없이 추천하는 선택 추천제(Selective Certification), 채용후보자 전체를 추천하여 임명권자가 자유롭게 선발하도록 하는 전체 추천제가 있다.

③ 우리나라의 경우 1973년 3배수 추천제를 폐지하고, 단일 추천제와 특별 추천제(선택 추천제)를 채택하고 있다. 미국의 경우 현재 7배수 추천제를 채택하고 있다.

(3) 시보임명

적격성 판정 및 적응훈련 목적으로 시행되며, 신분보장이 되지 않는다.

(4) 임명 및 보직

시보기간 종료 후 초임 보직을 임명받아 정규공무원이 된다.

개념체크 ○ ×

- 시보기간 중 근무성적이 좋으면 정규공무원으로 임용한다. ○×
- 시보공무원은 정규공무원과 동일하게 공무원 신분을 보장한다. ○×

○, ×

CHAPTER 02 | 기출분석문제

01 시보임용에 대한 설명으로 옳지 않은 것은?

① 6급 이하 공무원을 신규 채용하는 경우에는 6개월간 시보로 임용한다.
② 임용권자는 시보임용 기간 중에 있는 공무원의 근무상황을 항상 지도·감독하여야 한다.
③ 시보기간 중 근무성적이 좋으면 정규공무원으로 임용한다.
④ 시보공무원은 정규공무원과 동일하게 공무원 신분을 보장한다.

[해설] 시보기간 동안에는 신분보장이 제한적이다.

02 공무원 채용시험은 그 효용성이 높아야 선별기능을 제대로 수행할 수 있다. 공무원 시험의 효용성을 측정하는 방법 중 타당성의 기준으로 옳지 않은 것은?
한국지역난방공사

① 시험성적과 업무수행실적 기준을 비교하여 양자의 상관계수를 분석한다.
② 시험문제의 내적 일관성을 확인하여 시험내용의 동질성을 분석한다.
③ 직무수행에 필요한 지식 기술 등 능력요소와 시험의 내용을 분석하여 양자의 부합도를 확인한다.
④ 시험이 이론적으로 구성한 능력 요소를 얼마나 정확하게 측정하고 있는지를 분석한다.

[해설] ②는 타당도가 아니라 신뢰도 검증 방법인 내적 일관성 검증 방법이다.

03 시험의 타당도를 측정할 수 있는 제도는?
한국철도시설공단

① 면 접
② 근무성적평정
③ 시보임용제도
④ 신분보장

[해설] 타당도는 직무수행능력을 측정하려는 것으로 시험성적과 근무성적을 비교함으로써 알 수 있다.

[정답] 01 ④ 02 ② 03 ②

04 우리나라 공무원제도의 직급체계를 구성하는 요인으로 옳게 짝지어진 것은?
① 난이도 – 근무경력
② 성실도 – 능력도
③ 난이도 – 책임도
④ 책임도 – 근무경력

해설 직급(Class)은 직무의 종류·곤란성(난이도)·책임도가 상당히 유사한 직위의 군으로서 수평적인 등급과 수직적인 직렬이 교차하는 공통부분이다. 임용자격·임용시험·보수 등 인사관리에서 동일한 취급을 한다.

05 우리나라의 공무원 분류 중 경력직과 특수경력직의 분류기준으로 적당한 것은?   한국산업인력공단
① 직위분류제의 채택 여부가 구분의 기준이 된다.
② 특수임무의 부여 여부가 구분의 기준이 된다.
③ 계급제와 폐쇄형의 채택 여부가 구분의 기준이 된다.
④ 실적주의와 직업공무원제의 적용 여부가 구분의 기준이 된다.

해설 실적주의와 직업공무원제의 획일적 적용 여부에 따라 경력직과 특수경력직으로 구분한다.

06 외부 임용의 방법에 해당되는 것은?
① 부서이동
② 특별채용
③ 승진
④ 파견

해설 외부 임용은 공직에 필요한 인력을 확보하기 위해 공직의 외부로부터 사람을 구하여 쓰는 것으로 공개경쟁채용과 특별채용이 있다.

07 시험에 합격한 사람이 일정한 기간 직장생활을 한 다음에 그의 채용시험성적과 업무실적을 비교하여 양자의 상관관계를 확인하여 검증하는 것은?
한국수력원자력

① 내용적 타당성
② 구성적 타당성
③ 예측적 타당성
④ 동시적 타당성

[해설] 타당도는 측정하고자 하는 것을 얼마나 정확하게 측정하고 있는가에 관한 기준이다. 그 준거에 따라 기준타당도, 내용타당도, 구성타당도 등이 있다. 시험에 합격한 사람이 일정한 기간 직장생활을 한 다음에 그의 채용시험성적과 업무실적을 비교하여 양자의 상관관계를 확인하여 검증하는 방법은 예측적 타당성에 해당된다.

08 개방형 인사관리의 장점이 아닌 것은?
남양주도시공사

① 직업공무원제의 확립
② 행정조직 관료화의 방지
③ 행정조직에 대한 민주적 통제 가능
④ 적극적 인사행정 가능

[해설] 직업공무원제는 젊고 유능한 인재들이 공직을 보람 있는 직업으로 선택하여 일생을 바쳐 성실히 근무하도록 운영하는 인사제도로서 폐쇄형 계급제를 기반으로 한다.

09 동일한 보수를 지급할 수 있는 직위의 횡적인 군을 뜻하는 것은?

① 직 류 ② 등 급
③ 직 렬 ④ 직 급

[해설] 〈직위분류제 관련 개념〉
- 직위 : 1명의 공무원에게 부여할 수 있는 직무와 책임을 말한다.
- 직급 : 직무의 종류·곤란성과 책임이 상당히 유사한 직위의 군을 말한다. 동일 직급에 속하는 직위에 대해서는 동일한 보수를 지급한다.
- 직무등급 : 직무의 곤란성과 책임도가 상당히 유사한 직위의 군을 말한다. 한편, 등급이라 함은 직무의 종류는 다르지만, 직무수행의 책임도와 자격이 유사하여 동일한 보수를 지급할 수 있는 직위의 횡적인 군을 말한다.
- 직군 : 직무의 성질이 유사한 직렬의 군을 말한다.
- 직류 : 같은 직렬 내에서 담당분야가 같은 직무의 군을 말한다.

[정답] 07 ③ 08 ① 09 ②

Chapter 03
공무원의 능력발전

기출복원문제

키워드 근무성적평정 유형

근무성적평정의 방법 중 평정자를 기준으로 한 분류에서 집단 내에서 동등한 위치에 있는 피평정자들이 서로를 평정하는 일종의 집단평정방법으로 객관성과 공정성을 기대할 수 있는 평정법은?

하남도시공사

① 자기평정법
② 동료평정법
③ 감독자평정법
④ 집단평정법

해설
① 자기평정법 : 피평정자가 자신의 근무성적을 스스로 평가하는 방법
③ 감독자평정법 : 피평정자의 상관인 감독자가 평정하는 방법
④ 집단평정법 : 피평정자의 직무수행과 관련된 여러 분야의 사람들이 평정하는 방법

정답 ②

기출 키워드	중요도
☑ 공무원 교육훈련	★
☑ 사후평가	★
☑ 인력계획	★
☑ 근무성적평정유형(방법)	★★
☑ 근무성적평정상의 오류	★★
☑ 연쇄효과	★★
☑ 승진기준	★
☑ 배치전환	★

공무원의 능력발전

01 교육훈련

1 의의

급변하는 환경에의 적응을 위하여 직무수행에 필요한 지식과 기술은 물론 가치관과 태도의 발전을 유도하는 인사관리법이다.
① 교 육
  일반적 지식, 교양 습득
② 훈 련
  직책수행에 필요한 지식, 기술 등 습득

2 목적과 수요

(1) 목 적
① 직무수행에 필요한 능력을 향상시킨다.
② 조직관리의 효율화 또는 조직의 통합기능에 기여하도록 하여 조직의 목적을 효과적으로 달성한다.
③ 공무원 개인에게 능력발전 및 승진의 기회를 제공하고 사기앙양을 도모한다.

(2) 훈련수요
훈련수요란 그 직위의 표준적 직무수준에 대한 현직자의 직무수행능력으로서, 직책이 요구하는 자격, 즉 공무원의 현재 자격을 말한다.

개념더하기

인력계획
개인의 능력 발전과 공공의 목적 달성을 위해 인적자원 정보를 수집·분석하여 행정환경변화에 따른 인력수요와 공급계획을 수립하는 과정을 말한다.

3 훈련방법

훈련의 목적, 피훈련자의 특성, 경비·시설을 고려하여 선택한다.

훈련의 목적	훈련방법
지식의 축적	독서, 강의, 토의, 시찰, 사례연구
기술의 연마	시범, 사례연구, 토의, 전보, 역할연기, 견습, 현장 훈련
태도·행동의 변경	역할연기, 시범, 사례연구, 토의, 회의, 감수성 훈련, 전보, 영화

(1) 강의식(Lecture)
한 사람의 훈련관이 일시에 지식을 전달하는 방법으로서, 경제적이며, 획일적·체계적인 방법이다. 그러나 일방적인 지식의 전달, 피훈련자 개개인에 대한 관심의 소홀, 피훈련자의 흥미 상실 등이 단점으로 지적된다.

(2) 회의식(Conference), 토론방법(Forum)
피훈려자들을 회의나 토론에 참여시켜 다양한 견해와 의견을 교환하는 방법이다. 여러 사람들의 의견을 모아 종합할 수 있고, 회의진행에 따라 새로운 생각을 유도하며, 결론을 내리기 힘든 문제의 해결을 쉽게 하는 반면, 소수 인원만 가능하고 시간이 오래 걸리며 비경제적이라는 단점이 있다.

(3) 사례연구(Case Study)
구체적이고 실제적인 사례를 중심으로 교육하는 것으로, 피훈련자의 참여를 유도하고 응용력·문제해결능력을 기를 수 있으나, 사례준비에 시간과 비용이 많이 들고, 상황변화 시 적용이 어렵다.

(4) 역할연기(Role Playing)
피훈련자의 참여와 감정이입을 촉진하고 태도나 행동을 변경하는 데 효과적이나, 고도의 기술적 사회방법으로 사전준비가 요구된다.

(5) 현장훈련(On the Job Training)
훈련을 받은 자가 실제 직위에 앉아 일을 하면서 상관으로부터 지도훈련을 받는 것으로, 고도의 기술적 전문성과 정밀성을 요구하는 훈련에 적합하고 실용적이나, 다수인을 동시에 훈련할 수 없고, 좁은 분야의 일을 집중적으로 훈련하므로 고급공무원훈련에는 부적당하다.

(6) 전보·순환보직(Rotation)
공무원의 시야와 경험을 넓히는 데 효과적이고, 개인의 경력 발전을 위해 적극적으로 활용할 만한 방법이나, 훈련이라는 명목하에 비합리적인 인사배치에 악용될 수 있다.

개념체크 ○ ×

- 강의식(Lecture) 교육훈련은 교육내용을 다수의 피교육자에게 단시간에 전달하는 데 효과적인 방법이다. ○ ×
- 역할연기(Role Playing)는 실제 직무상황과 같은 상황을 실연시킴으로써 문제를 빠르게 이해시키고 참여자들의 태도 변화에 민감한 반응을 촉진시킨다. ○ ×

○, ○

개념체크 ○ ×

- 사례연구(Case Study) 교육훈련 방법은 피훈련자의 능동적인 참여를 유도할 수 있기 때문에 훈련의 목적 달성에 시간이 많이 걸리지 않는다. ○×

- 감수성 훈련(Sensitivity Training)은 대인관계에 대한 이해와 감수성을 높이려는 현대적 훈련방법으로서 조직발전(OD)의 핵심기법이다. ○×

×, ○

(7) 신디케이트(Syndicate)

몇 사람이 반을 편성하여 문제를 연구하고 전원에게 보고하며 비판을 가하는 방법으로, 참가자의 관심을 유도하고 상대방의 의견을 존중하는 장점이 있지만, 비경제적이고 충분한 시간이 요구된다.

4 사후평가

훈련에 대한 평가는 훈련 자체에 대한 평가(과정평가)보다는 훈련의 목적 달성 여부에 대한 평가(훈련의 결과평가)가 중심을 이룬다.

(1) 평가방법

① 출근상태, 이직률, 사고율 등의 객관적이나 간접적 자료를 통한 평가는 측정은 쉬우나, 훈련의 효과인지를 판단하기 어렵다.

② 민원인에 대한 의견조사
간접적인 평가가 가능하나, 평가기준의 제시가 곤란하다.

③ 피훈련자 자신, 동료 및 상관의 의견을 통한 평가
근무성적의 향상 여부를 직접 알 수 있으나, 솔직한 평가를 기대하기 어렵다.

④ 훈련내용 습득여부를 시험으로 평가

(2) 평가대상

① 반 응
② 학 습
③ 행 동
④ 결 과

5 교육훈련에 대한 저항과 그 극복

(1) 저항의 원인

① 업무수행의 지장
② 국민 또는 국회의 의구심 - 재정낭비
③ 권위주의적 행태
④ 훈련기간 동안의 기득권 상실 우려
⑤ 훈련성과의 계량화 곤란

(2) 극복방안
① 치밀한 훈련 계획
② 홍보활동
③ 인사에의 반영
④ 성과의 계량화

02 근무성적평정

1 의 의

(1) 개 념
① 근무성적평정이란 공무원이 일정기간 동안에 수행한 능력, 근무성적, 가치관, 태도 등을 평가하여 재직, 승진, 훈련수요의 파악, 보수결정 및 상벌에 영향을 주는 인사행정상의 한 과정을 말한다.
② 근무평정은 단순히 공무원의 근무성과만을 평가하는 것이 아니라, 공무원이 지니고 있는 능력, 공무원의 직무수행태도도 평가대상이 된다.
③ 공무원의 근무성과를 평가하는 것이 중요하나, 공직의 특성상 근무성과가 객관적으로 평가되기 어려운 분야도 있는데, 개인의 장·단점 파악 및 적재적소 배치와 효과적 능력발전방안의 모색을 위해서는 그가 지니고 있는 잠재적 능력에 대한 평가도 필요하기 때문이다.

(2) 효용성
근무성적평정은 종래에는 징계적 수단으로 사용되었으나, 점차 능력발전의 수단으로 전환되고 있다. 근무평정제도의 목적이 무엇이든지 가장 중요한 것은 객관적인 평가이다. 인사행정의 기준제공은 물론이고 개인의 장·단점을 파악하기 위한 평정도 객관적으로 정확하게 이루어져야 그 결과에 상응하는 올바른 조치를 모색할 수 있다.
① 인사행정의 기준제공
승진·전보·보수지급·훈련·퇴직 등 인사행정의 기초자료를 그대로 제공한다. 특히 우리나라의 경우 승진의 기준으로 이를 이용하나 근무성적평정은 과거·현재 상태의 평가이지 장래 근무 능력의 예측이 아니며 공정한 평정이 행해지지 않는 한 오히려 역이용할 우려가 있다는 문제점이 있다.

개념더하기

근무성적평정의 목적
근무성적평정은 공무원의 근무실적, 근무 수행능력, 근무 태도 등을 객관적 기준에 따라 평가하는 것으로 과거에는 인사행정의 통제수단으로 사용되기도 했으나 지금은 공무원의 능력발전과 업무능률 향상에 기여하는 것을 목적으로 한다. 우리나라는 도표식 근평을 하고 있다. 도표식 평정법은 평정요인을 나열하고 각 요인별로 평정자가 등급을 매기는 것으로, 평정방법이 직무분석적이고 절대평정에 의한 종합평정을 기대할 수 있으며 평정이 용이하다.

② 공무원의 능력발전

개개공무원의 능력과 그가 담당하는 직책이 요구하는 능력을 비교하여 훈련수요를 파악할 수 있고, 개인의 능력발전 또는 인간 관계개선이나 업무능률향상을 위해 근무성적평정을 활용할 수 있는데, 이 경우에는 근무성적이 개인에게 공개되고 이에 대한 비판을 자연스럽게 할 수 있어야 한다.

③ 시험의 타당도 측정기준 제공

공무원의 채용시험성적과 임용 후의 근무성적을 비교하여 시험의 타당성여부를 측정할 수 있다.

2 근무성적평정의 유형(평정방법)

(1) 방법을 기준으로 한 분류

① 도표식 평정척도법
  ㉠ 가장 많이 활용되는 근무성적평정방법으로, 한편에 평정요소를 나열하고 다른 한편에는 각 평정요소마다 그 우열을 나타내는 척도인 등급을 표시한 평정표를 사용하는 방법이다.
  ㉡ 평정표의 작성이 용이하고 평정이 쉽다는 장점이 있다.
  ㉢ 평정요소의 합리적 선정이 어렵고, 평정요소에 대한 등급을 정한 기준이 모호하며, 연쇄효과(Halo Effect), 집중화 경향, 관대화 경향이 나타나기 쉬운 단점이 있다.

② 사실기록법
  ㉠ 공무원의 근무성적을 객관적인 사실에 기초를 두고 평가하는 방법이다.
  ㉡ 산출기록법, 주기적 검사법, 근태기록법, 가감점수법 등이 있다.
  ㉢ 객관적이기는 하나 작업량을 측정하기 어려운 업무에 대하여는 적용할 수 없다는 결점이 있다.

③ 서열법
  ㉠ 피평정자 간의 근무성적을 서로 비교해서 서열을 정하는 방법이다.
  ㉡ 쌍쌍비교법, 대인비교법 등이 있다.
  ㉢ 비교적 작은 집단에 대해서만 사용할 수 있고 특정 집단 내의 전체적인 서열을 알려줄 수 있으나 다른 집단과 비교할 수 있는 객관적 자료는 제시하지 못한다.

개념체크 ○×

• 근무성적평정은 시험의 신뢰도를 측정하는 기준이 된다. ○ ×

• 근무성적평정은 교육훈련의 수요를 측정하기 위한 자료로 사용된다. ○ ×

×, ○

④ 체크리스트법
  ㉠ 공무원을 평가하는 데 적절하다고 판단되는 표준행동 목록을 미리 작성해 두고 이 목록에 단순히 가부를 표시하게 하는 방법을 통해 공무원을 평가하는 방법이다.
  ㉡ 평정요소가 명확하게 제시되어 있고 평정자가 피평정자에 대한 질문항목마다 유무 또는 가부만을 판단하기 때문에 평정하기가 비교적 쉽다.
  ㉢ 평정요소에 관한 평정항목을 만들기가 힘들 뿐만 아니라 질문 항목이 많을 경우 평정자가 곤란을 겪게 된다.

⑤ 강제선택법
  ㉠ 2개 또는 4 ~ 5개의 항목으로 구성된 각 기술항목의 조 가운데서 피평정자의 특성에 가까운 것을 강제적으로 골라 표시하도록 하는 방법이다.
  ㉡ 평정자의 편견이나 정실을 배제할 수 있으며, 신뢰성과 타당성이 높다는 장점이 있다.
  ㉢ 평정기술항목들을 만들기 어려울 뿐만 아니라 작성비용도 많이 들고, 피평정자의 평정에 관해 상의하기 어려우며, 피평정자와 전혀 관계없다고 생각하거나 모든 항목이 다 관계가 있다고 생각할 때도 그중 하나를 반드시 선택해야 한다는 등의 단점이 있다.

⑥ 중요사건 기록법
  ㉠ 피평정자의 근무실적에 큰 영향을 주는 중요사건들을 평정자로 하여금 기술하게 하거나 또는 중요사건들에 대한 설명구를 미리 만들어 평정자로 하여금 해당되는 사건에 표시하게 하는 방법이다.
  ㉡ 피평정자와의 상담을 촉진하는 데 유용하고 사실에 초점을 두고 있다는 장점이 있다.
  ㉢ 이례적인 행동을 지나치게 강조할 위험이 있다.

⑦ 직무기준법
  ㉠ 직무분석을 통해 각 직위의 직무수행기준을 설정하고 피평정자의 직무수행을 이 기준과 비교함으로써 평정하는 방법이다.
  ㉡ 실적을 기준으로 하고 있기 때문에 주관성의 개입을 감소시킬 수 있고, 평정결과를 피평정자에게 쉽게 이해시킬 수 있으며, 부하의 실적이 직무기준에 미치지 못할 경우 그 원인이 어디에 있는지를 알 수 있는 장점이 있다.
  ㉢ 각 직위별로 평정표를 따로 만들어야 하기 때문에 시간이 많이 걸리고 일이 많다.

> **개념체크** ○ ×
> - 도표식 평정척도법은 전형적인 평정방법으로 직관과 선험에 근거하여 평가요소를 결정하기 때문에 작성이 빠르고 쉬우며 경제적이라는 장점이 있다. ○×
> - 강제선택법은 편견이나 정실을 배제할 수 있어서 신뢰성과 타당성이 높다는 장점이 있다. ○×
>
> ○, ○

⑧ 목표관리제 평정법
생산기록과 같은 객관적 결과를 중시하는 목표관리를 근무성적 평정의 방법으로 활용하는 것을 말하나, 목표관리제도의 형식적 운영에 대한 비판이 제기되고 있다.
⑨ 강제배분법
㉠ 근무성적을 평정한 결과 피평정자들의 성적 분포가 과도하게 집중되거나 관대화되는 것을 막기 위해, 즉 평정상의 오류를 방지하기 위해 평정점수의 분포비율을 획일적으로 미리 정해놓는 방법이다.
㉡ 피평정자가 많을 때에는 관대화 경향에 따르는 평정오차를 방지할 수 있다.
㉢ 평정대상 전원이 무능하거나 유능한 경우에도 일정비율만이 우수하거나 열등하다는 평정을 받게 되어 현실을 왜곡하는 부작용이 초래될 수 있다.

(2) 평정자를 기준으로 한 분류
① 자기평정법
㉠ 피평정자가 자신의 근무성적을 스스로 평가하는 방법이다.
㉡ 자신의 직무수행에 대한 체계적 반성의 기회를 제공함으로써 직원의 능력발전을 도모할 수 있으나 평정의 객관성을 확보하기 어렵다.
② 동료평정법
집단 내에서 동등한 위치에 있는 피평정자들이 서로를 평정하는 일종의 집단평정방법으로, 객관성과 공정성을 기대할 수 있다.
③ 감독자평정법
피평정자의 상관인 감독자가 평정하는 방법으로 일반적으로 사용되고 있다.
④ 부하평정법
부하들이 상관을 평정하는 방법으로 민간기업에서는 사용되고 있으나, 정부기관에서는 아직 널리 사용되지 못하고 있다.
⑤ 집단평정법
피평정자의 직무수행과 관련된 여러 분야의 사람들이 평정하는 방법으로 편파적인 평가의견을 견제함으로써 균형있는 평가를 할 수 있으며, 감독자 이외의 조직구성원도 평정에 참여함으로써 참여감과 조직에 대한 일체감을 증진시킬 수 있다.

개념체크 O X
- 강제배분법은 평정자가 미리 정해진 비율에 따라 평정대상자를 각 등급에 분포시키고, 그 다음에 역으로 등급에 해당하는 점수를 부여하는 역산식 평정을 할 가능성이 높다. O X
- 부하평정법은 정부기관에서 널리 사용되고 있다. O X

O, X

⑥ 감사적 방법

외부전문가가 개인 또는 조직단위의 직무수행을 평가하는 방법을 말한다.

근무성적평정방법

기준	유형	기준	장점	단점
방법	도표식 평정척도법	도표	작성 용이	요소선정 어려움
	강제배분법	분포도	평정오차 방지	역산식 평정
	사실기록법	사실	객관적	계량적 측정불가
	서열법	상호비교	주관적 조작방지	타집단 비교불가
	목표관리제 평정법	목표	객관적, 동기유발	요식행위화
	체크리스트법	표준행동목록	평정 용이	항목 난해
	강제선택법	항목강제선택	신뢰성, 타당성 높음	항목, 비용과다
	중요사건 기록법	중요사건	사실에 초점, 개선	이례적 행동 강조
	행태기준 평정척도법	도표 + 참여	오류감소, 관식, 참여	별도 행태 기준
	행태관찰척도법	구체적 사건 사례	직무 관련성 높음	등급 간 구분 모호
평정자	자기평정법	피평정자 자신	반성기회제공, 능력발전	주관적
	동료평정법	피평정자 동료	보다 공정성 확보	집단 동요
	감독자평정법	상관인 감독자	잘 알고 있음	정실배제의 어려움
	부하평정법	부하	잘 알고 있음	정실배제의 어려움
	집단평정법	관련인 전부	편파 견제, 균형 평가	하향평준화 가능성

> **개념더하기**
>
> **행태관찰척도법**
> - 평정 요소별 행태에 관한 구체적인 사건이나 사례를 관찰한 결과를 기준으로 평정하는 평정법이다.
> - 근무성적평정에서 평정자가 쉽게 기억할 수 있는 최근 실적을 중심으로 평정하려는 데서 생기는 오류를 방지하기 위한 방법이다.

3 근무성적평정제도의 운영과정

(1) 근무성적평정계획의 수립

① 평정대상집단의 범위 확정

일반적으로 실적주의의 적용을 받는 공무원 집단이 평정의 대상이 된다.

② 평정자의 선정과 훈련

평정자는 평정의 목적과 방법에 따라 달리 선정되어야 하며, 대개 평정제도는 이중평정제이다.

③ 근무성적평정요소의 선정과 비중

㉠ 평정요소는 사용목적이나 계급, 직종에 따라 적절하게 선정되어야 하며, 그 내용에 중복이 없어야 한다.

개념더하기

이중평정제
- 1차 평정자 : 피평정자와 가장 접촉이 많은 직근 상관이 담당한다.
- 2차 평정자 : 확인자라고도 하며, 차상위의 감독자로 한다.

      ⓒ 평정의 구성요소는 자질, 행동, 성과로 나뉜다.
      ⓒ 한국의 경우 근무성적평정요소는 성과를 나타내는 근무실적과 자질을 나타내는 직무수행능력, 행동을 나타내는 직무수행태도로 구성되어 있다.

(2) 근무성적평정의 실시
① 평정의 횟수가 잦아지면 평정이 소홀히 되고 신뢰성이 저하되며 피평정자의 사기를 저하시킨다.
② 평정의 횟수가 적으면 일관성이 유지되기 어렵고 효용성이 저하되므로 연 1~2회 실시가 바람직하다.

(3) 평정 결과의 분석 및 조정
근무성적평정은 연쇄효과, 집중화 경향, 관대화 내지 엄격화 경향, 규칙적 오류, 총체적 오류, 시간적 오류 등이 발생할 수 있으므로, 이를 방지하고 평정의 공정성과 형평성을 확보하기 위하여 평정 결과를 확정하기 전에 평정 결과를 분석·조정할 필요가 있다.

(4) 평정 결과의 공개 및 소청
① 평정 결과의 공개는 평정의 공정성을 제고하고, 피평정자의 자기 발전을 도모할 수 있게 하며, 평정 결과를 광범위하게 활용하도록 할 수 있는 장점이 있다.
② 관대화·집중화 경향을 부추기고, 평정자와 피평정자 간의 불화를 조성하며, 성적불량자의 사기를 떨어뜨릴 수 있는 단점이 있다.
③ 소청은 공정한 평정을 촉구하고 피평정자의 권익을 보호할 수 있는 장점이 있으나, 관대화 경향이 심화되고 평정자와 피평정자 간의 갈등을 격화시킬 수 있다.

4 근무성적평정상의 오류와 근무성적평정의 한계

(1) 근무성적평정상의 오류
① 연쇄효과(Halo Effect)
어느 한 평정요소에 대한 평정자의 판단이 연쇄적으로 다른 요소의 평정에도 영향을 주는 현상으로, 이를 줄이기 위해서는 ㉠ 강제선택법을 사용하여 평정요소 간의 연상효과를 배제하고, ㉡ 각 평정요소별로 모든 피평정자를 순차적으로 평정하며, ㉢ 평정요소별 배열순서에 유의하여야 한다.

② 집중화 경향(Central Tendency)

평정자가 모든 피평정자들에게 대부분 중간수준의 점수나 가치를 주는 심리적 경향을 말하며, 강제배분법을 통하여 방지할 수 있다.

③ 관대화 경향과 엄격화 경향(Tendency of Leniency or Severity)

평정결과의 분포가 우수한 쪽 또는 열등한 쪽에 치우치는 경향(하급자와의 인간관계를 의식하여 평정등급이 전반적으로 높아지거나 낮아지는 현상)을 말하며, 강제배분법을 통하여 해결할 수 있다.

④ 규칙적 오류(일관적 오차, Systematic or Constant Error)와 총계적 오류(총합적 오차, Total Error)

㉠ 규칙적 오류란 어떤 평정자의 가치관 및 평정기준의 차이 때문에 다른 평정자들보다 언제나 후하거나 나쁜 점수를 주는 것을 말한다.

㉡ 총계적 오류란 평정자의 평정기준이 일정하지 않아 관대화·엄격화 경향이 불규칙하게 나타나는 것을 말한다.

⑤ 시간석 오류(Recency Error)

쉽게 기억할 수 있는 최근의 실적이나 능력을 중심으로 평가하려는 데서 생긴 오차이다.

⑥ 선입견(Personal Bias)에 의한 오류

평정의 요소와 관계가 없는 요소 등에 대해 평정자가 갖고 있는 편견이 평정에 영향을 미치는 것을 말한다.

⑦ 논리적 오차

평정요소 간 논리적 상관관계가 있다는 관념에 의한 오차로서, 상관관계가 있는 한 요소의 평정점수에 의해 다른 요소의 평정점수가 결정된다.

(2) 근무성적평정의 한계

① 주관성의 개입으로 공정한 평정이 어려우며 표준화가 어렵다.
② 과거의 평가에 치중하고 장래의 예측에는 소홀할 우려가 있다.
③ 평정상의 오류로 평정결과의 타당성과 신뢰성이 낮다.
④ 자격 있는 평정자를 확보하기 어렵다.
⑤ 평정제도 자체를 무효화하는 행태들이 비공식적으로 제도화되기도 하므로 형식적인 평정이 되기 쉽다.

개념체크 ○×

- 한 평정요소에 대한 평정자의 판단이 피평정자의 다른 요소의 평정에도 영향을 주는 현상은 고정관념에 의한 오류(Stereotyping)이다. ○×
- 평정자가 모든 피평정자에게 대부분 중간 수준의 평정점을 주는 경향은 집중화 경향(Central Tendency)이다. ○×

×, ○

03 승진

1 승진의 의의

(1) 개념
특정한 직책에 가장 적합한 자를 선별해 내는 내부임용방법의 하나로서, 직무의 책임도·곤란도가 낮은 하위직에서 높은 상위직으로의 수직적인 인사이동을 말한다.

(2) 승진의 중요성
① 공무원 개인 차원
  ㉠ 행정목적 달성에 좀더 효율적으로 기여할 수 있게 한다.
  ㉡ 사기를 앙양할 수 있으며, 능력발전을 도모하는 유인을 제공한다.
② 정부 차원
  ㉠ 공무원의 능력을 적절하게 평가하여 적재적소에 배치함으로써 효율적인 인력활용에 기여한다.
  ㉡ 공무원의 기대 충족을 통한 이직방지로 전체 공무원의 질을 확보할 수 있다.
  ㉢ 전보를 가능케 하여 인적 자원의 효율적 이용에 기여한다.

2 승진의 범위와 기준

(1) 승진의 범위
① 승진의 한계
  ㉠ 승진의 한계가 높을 경우 사기가 앙양되고 전문성이 증대하나, 관료의 권력이 강화되어 민주통제 곤란의 문제가 발생한다.
  ㉡ 지나친 승진에의 기대나 노력의 낭비를 줄이기 위해서는 승진의 한계를 정하고 적절한 비율을 정해야 한다.
  ㉢ 영국, 독일 등은 승진의 한계가 높고 미국은 낮은 편이며, 우리나라의 경우 법제상 1급까지 승진할 수 있으나, 공무원의 직업화 정도가 낮고 인사권자의 권한 남용으로 실제로는 그보다 낮다.

개념체크 ○ ×
- 승진의 한계가 높을 경우 관료의 권력이 강화되어 민주통제 곤란의 문제가 발생한다. ○×
- 승진의 한계는 영국, 독일 등은 낮은 편이며, 미국은 높은 편이다. ○×

○, ×

② 신규채용과의 관계
　㉠ 환경변화로 인한 신규 행정수요에 대한 신속하고 전문적인 대처를 통한 행정전문화 및 공무원의 질 확보를 우선으로 할 것인가, 재직자의 능력발전과 사기앙양을 우선으로 할 것인가가 판단기준이 된다.
　㉡ 신규채용의 비율이 높아지면 공무원의 질 향상을 기할 수 있고, 공직의 침체를 방지할 수 있다.
　㉢ 재직자의 승진비율이 높으면 재직자들의 사기향상과 신분보장으로 인한 행정의 일관성 유지, 직업공무원제의 확립에 기여할 수 있는 장점이 있으나, 직업화의 정도가 낮은 경우 지나친 관료권의 강화를 가져올 우려도 있다.
③ 재직자 간 경쟁
　승진을 단일 부처 내의 경쟁으로 한정할 것인가, 전 부처의 경쟁으로 할 것인가의 문제로서, 대체로 단일 부처 내로 한정한다. 이는 유능한 사람의 선발을 제약하고, 공무원들 간의 기회균등의 문제를 야기하며, 부처 간 공무원의 질의 불균형을 발생시킨다.

(2) 승진의 기준
① 경력(Seniority)과 실적(Merit)
　경력에는 근무연한·학력·경험 등이 포함되며, 실적이란 인사권자 개인의 판단, 근무성적 평정, 교육훈련 성적, 상벌 기록 등이 포함된다.
② 승진기준별 장단점

구 분	경 력(연공 서열)	실 적(시험의 경우)
장 점	• 객관성 확보 • 행정의 안정성 및 직업공무원제 확보 • 정실에 의한 승진 방지	• 공정성 확보, 정실개입 배제 • 평가의 타당성 제고 • 지적 수준이 높은 자의 승진임용 가능
단 점	• 기관장의 부하통솔 곤란, 공무원의 질 저하 • 공직사회의 침체 및 관료주의화 • 선임순위 중시로 행정의 비능률 초래	• 시험의 타당도가 낮을 때 장기성실 근속자가 불리하여 행정의 안정성 저해 • 수험에 대한 부담

개념더하기

승진 기준 성격의 구분
• 주관적인 것 : 교육훈련 성적, 근무성적 평정, 면접시험 등
• 객관적인 것 : 경력 정도, 상벌 기록 등

개념더하기

경력평정의 원칙
• 근시성의 원칙 : 실효성이 있는 최근의 경력을 중요시해야 한다.
• 습숙성의 원칙 : 담당직무에 대한 숙련도가 높은 상위직급의 경력은 하위직급의 경력보다 배점비율을 높여야 한다.
• 친근성의 원칙 : 과거의 경력이 현재 담당하고 있거나 또는 담당예정인 직무와 관련성·유사성이 있으면 배점비율을 높여야 한다.
• 발전성의 원칙 : 학력 또는 직무와 관련성이 있는 훈련경력을 참작하여 장래의 발전가능성을 평가해야 한다.

04 배치전환

1 의의

① 전보란 직무의 내용이나 책임이 유사한 동일한 직렬과 직급 내에서 직위만 바꾸는 것으로, 이에 따르는 시험이 필요 없다.
② 전직은 등급은 동일하지만 직무의 내용이 다른 직위로의 이동으로써 직렬을 달리하므로 원칙적으로 전직시험이 필요하다.

2 문제점

① 부패를 방지할 목적으로 이용하거나, 공무원의 징계수단으로 이용하고 있다는 것이 문제가 된다.
② 각 직위마다 음성 수입, 권력, 예산규모 등의 차이로 인한 어떤 개인의 혜택을 목적으로 인사권자가 이용하는 경우도 있다.

3 활용방안

① 행정의 능률성과 민주성, 신뢰성을 확립하기 위해서는 공무원의 훈련과 능력발전의 기회로 활용해야 하며, 행정조직 및 관리상 변혁이 나타날 때 이에 대처하는 방법으로 활용할 수 있다.
② 또한 인간관계 개선방법으로 이용할 수도 있고, 동일업무의 장기간 담당에 따른 권태방지나 담당업무와 개인의 능력을 일치시키기 위한 목적 등의 수단으로 활용할 수도 있다.

개념더하기

배치전환의 효용성
- 보직에 대한 부적응의 해결을 통해 적재적소의 인사배치를 기한다.
- 행정개혁과 기술의 변동에 따른 업무량의 증감에 배치조정을 기한다.
- 인간관계 개선 및 공직의 침체를 방지한다.
- 공직 전체에 대한 충성심의 방향전환과 할거주의의 타파 및 비공식조직의 폐해를 방지하는 데 기여한다.
- 경력관리의 일환으로서 다양한 지식과 기술을 습득케 하여 공무원의 훈련·능력발전의 수단이 된다.
- 활력 있는 조직풍토 조성과 다각적인 인사교류의 촉진 및 개인적 희망을 존중하는 용도로 활용하여야 한다.

CHAPTER 03 | 기출분석문제

01 공무원의 교육·훈련으로 그 소기의 목적을 달성하기가 가장 어려운 것은?

① 업무수행상의 전문지식
② 공복(公僕)으로서의 사명감과 업무만족도
③ 부처 간의 업무분담과 협조
④ 정부의 정치적·행정적 목표

[해설] 교육·훈련은 정부의 정치적·행정적 목표를 달성하기 위한 수단으로서의 기능을 띠게 된다.

02 공무원 교육훈련 방법에 대한 설명으로 옳지 않은 것은?　　　　서울메트로

① 강의(Lecture)는 교육내용을 다수의 피교육자에게 단시간에 전달하는 데 효과적인 방법이다.
② 역할연기(Role Playing)는 실제 직무상황과 같은 상황을 실연시킴으로써 문제를 빠르게 이해시키고 참여자들의 태도변화에 민감한 반응을 촉진시킨다.
③ 사례연구(Case Study)는 피훈련자의 능동적인 참여를 유도할 수 있기 때문에 훈련의 목적 달성에 시간이 많이 걸리지 않는다.
④ 감수성훈련(Sensitivity Training)은 대인관계에 대한 이해와 감수성을 높이려는 현대적 훈련방법으로서 조직발전(OD)의 핵심기법이다.

[해설] 사례연구는 피훈련자의 참여를 유도해야 하기 때문에 훈련의 목적 달성에 시간과 비용이 많이 든다.

03 인력계획에 대한 설명으로 옳지 않은 것은?

① 인력계획은 행정환경변화에 따른 중·장기 인력수요와 공급계획을 수립하는 과정을 의미한다.
② 인력계획의 과정은 인력수요예측, 인력공급계획, 시행, 평가단계로 구분할 수 있다.
③ 인력계획을 수립하는 과정에서 조직 내외의 제반 요소를 고려할 필요는 없다.
④ 인력계획은 공무원 개인에게 자신의 잠재력을 잘 활용할 수 있도록 예측 기회를 제공해 준다.

[해설] 인력계획을 수립하는 과정에서 조직 내외의 제반 요소는 전반적으로 고려되어야 한다.

[정답] 01 ④　02 ③　03 ③

04 현행 우리나라의 공무원 근무성적평정의 특징을 설명한 것이 아닌 것은?

① 우리나라는 근무성적평가와 성과계약평가가 있다.
② 평정은 근무실적, 직무수행능력, 직무수행태도 등 세 가지로 나누어 각 요소별로 판정한다.
③ 우리나라는 아직까지 감독자평정방식만을 채택하고 있다.
④ 평정 결과는 공개하는 것이 원칙이다.

[해설] 우리나라 근무성적 평정방식은 강제배분식이 가미된 도표식 평정제이다.

05 근무성적평정의 용도로 볼 수 없는 것은?

한국철도시설공단

① 평정의 결과를 피평정자에게 환류(Feedback)시켜 피평정자의 능력발전에 기여한다.
② 교육훈련의 수요를 측정하기 위한 자료로 사용된다.
③ 승진이나 상벌 등의 인사결정에 객관적 기준을 제공하여 준다.
④ 시험의 신뢰도를 측정하는 기준이 된다.

[해설] 근무성적평정은 시험의 타당도 측정, 즉 시험성적과 근무성적과의 일치성 여부를 판단하는 용도로 사용될 수 있는 것이지, 신뢰도(시험성적의 일관도)를 보려는 것으로 이용될 수는 없다.

06 근무성적평정방법에 대한 설명으로 옳지 않은 것은?

한국석유공사

① 도표식 평정척도법은 전형적인 평정방법으로 직관과 선험에 근거하여 평가요소를 결정하기 때문에 작성이 빠르고 쉬우며 경제적이라는 장점이 있다.
② 체크리스트법은 피평정자의 근무실적에 큰 영향을 주는 사건들을 평정자로 하여금 기술하게 하는 방법이다.
③ 강제배분법은 평정자가 미리 정해진 비율에 따라 평정대상자를 각 등급에 분포시키고, 그 다음에 역으로 등급에 해당하는 점수를 부여하는 역산식 평정을 할 가능성이 높다.
④ 목표관리제 평정법에서는 목표 설정과정에 개인의 능력 및 태도가 반영되지만 실제 평가에서는 활동결과를 평가 대상으로 한다.

[해설] ②는 중요사건기록법에 해당하는 설명이다. 체크리스트법은 평정요소가 명확하게 제시되어 있고 평정자가 피평정자에 대한 질문 항목마다 유무 또는 가부만을 판단하기 때문에 평정하기가 비교적 쉽다.

07 근무성적평정에 있어서 평정의 한계가 아닌 것은?

① 헤일로 효과
② 집중화 경향
③ 논리적 오차
④ 자기평정 오차

해설 〈근무성적평정의 한계〉
- 타당성·신뢰도 문제
- 공정한 평정자 확보 곤란
- 역산제·관대화·집중화 경향
- 후광효과(Halo Effect)
- 장래 예측 곤란
- 논리적 오차
- 상동적 태도 등

08 근무성적평정 시에 평정자가 범하기 쉬운 오류를 설명한 것으로 옳지 않은 것은?

① 한 평정요소에 대한 평정자의 판단이 피평정자의 다른 요소의 평정에도 영향을 주는 현상은 고정관념에 의한 오류(Stereotyping)이다.
② 평정자가 모든 피평정자에게 대부분 중간 수준의 평정점을 주는 경향은 집중화 경향(Central Tendency)이다.
③ 우리나라에서 많은 평정자들은 승진에 임박한 선임순위자들을 우대하는 소위 역산제라는 오류를 범하고 있다.
④ 평정결과의 공개는 평정자의 관대화 경향을 초래한다.

해설 평정대상자에 대한 일반적 인상에 의하여 다른 평정요소에 영향을 미치거나, 특정 평정요소에 대한 평정의 결과가 다른 요소에도 영향을 미친다면 그것은 연쇄효과(Halo Effect)이다.

09 승진에 대한 설명으로 옳지 않은 것은? 한국전력공사

① 승진에 의하여 결원을 보충하면 신규채용자의 적응훈련에 드는 비용을 줄일 수 있다.
② 승진의 기준으로서 선임순위는 보통 공무원에 처음 임용된 시기를 의미하는 기준이다.
③ 승진 경쟁을 기관별로 한정하는 것은 '폐쇄주의'라 한다.
④ 승진의 기회는 조직 내의 승진률과 승진속도를 결정한다.

해설 선임순위(Seniority)는 처음 공무원에 임용된 시기가 아니라 해당 직위에 임용된 시기이다.

정답 07 ④ 08 ① 09 ②

10 배치전환의 효용성으로 볼 수 없는 것은?

① 보직에 대한 부적응을 해결할 수 있다.
② 보직에 있어서 기회균등을 보장한다.
③ 보직의 내용변화에 따른 조정이 가능하다.
④ 새로운 경험과 지식습득을 위한 교육훈련의 수단이 된다.

해설 ②의 내용은 배치전환의 효용성과는 관련이 없다.
〈배치전환〉
- 보직에 대한 부적응의 해결을 통해 적재적소의 인사배치를 기한다.
- 행정개혁과 기술의 변동에 따른 업무량의 증감에 배치조정을 기한다.
- 인간관계 개선 및 공직의 침체를 방지한다.
- 공직 전체에 대한 충성심의 방향전환과 할거주의의 타파 및 비공식조직의 폐해를 방지하는 데 기여한다.
- 경력관리의 일환으로서 다양한 지식과 기술을 습득케 하여 공무원의 훈련·능력발전의 수단이 된다.
- 활력 있는 조직풍토 조성과 다각적인 인사교류의 촉진 및 개인적 희망을 존중하는 용도로 활용하여야 한다.

11 승진기준에 있어서 가장 객관성이 높은 것은?

① 훈련 성적
② 경력 정도
③ 근무성적 평정
④ 면접시험

해설 승진기준의 성격에 있어 주관적인 것과 객관적인 것을 구별할 때 주관적인 것이 객관성이 낮다. 주관적인 것에는 훈련 성적, 근무성적 평정, 면접시험 등이 있고 객관적인 것으로 경력 정도, 상벌기록 등이 있다

12 근무성적평정에서 평정자가 쉽게 기억할 수 있는 최근 실적을 중심으로 평정하려는 데서 생기는 오류를 방지하기 위한 방법으로 옳은 것은?

서울시설공단

① 행태관찰척도법
② 도표식 평정척도법
③ 사실기록법
④ 강제선택법

[해설] 행태관찰척도법은 평정 요소별 행태에 관한 구체적인 사건이나 사례를 관찰한 결과를 기준으로 평정하는 평정법이다.

13 근무성적평정의 방법과 그 단점에 대한 다음 설명으로 옳지 않은 것은?

한국석유공사

① 서열법은 특정집단 내의 전체적인 서열을 알려 줄 수 있으나, 다른 집단과 비교할 수 있는 객관적 자료는 제시하지 못한다.
② 사실기록법은 공무원이 달성한 작업량을 측정하기 어려운 업무에 대해서는 적용하기가 곤란하다.
③ 강제선택법은 평정자가 미리 정해진 비율에 따라 평정대상자를 각 등급에 분포시키고, 그 다음에 역으로 등급에 해당하는 점수를 부여하는 역산식 평정을 할 가능성이 높다.
④ 체크리스트법은 평정요소에 관한 평정항목을 만들기가 힘들 뿐만 아니라 질문 항목이 많을 경우 평정자가 곤란을 겪게 된다.

[해설] ③은 강제배분법에 대한 설명이다. 강제선택법은 2개 또는 4~5개의 항목으로 구성된 각 기술항목의 조 가운데서 피평정자의 특성에 가까운 것을 강제적으로 골라 표시하도록 하는 방법이다.

14 근무성적평정의 방법 중 평정자를 기준으로 한 분류에서 집단 내에서 동등한 위치에 있는 피평정자들이 서로를 평정하는 일종의 집단평정방법으로 객관성과 공정성을 기대할 수 있는 평정법은? _{한국가스공사}

① 자기평정법
② 동료평정법
③ 감독자평정법
④ 집단평정법

해설 | 동료평정법에 해당한다.
① 자기평정법 : 피평정자가 자신의 근무성적을 스스로 평가하는 방법
③ 감독자평정법 : 피평정자의 상관인 감독자가 평정하는 방법
④ 집단평정법 : 피평정자의 직무수행과 관련된 여러 분야의 사람들이 평정하는 방법

15 다음은 근무성적평정 오류 중 무엇에 대한 설명인가? _{부산도시공사}

- 어느 한 평정 요소에 대한 평정자의 판단이 연쇄적으로 다른 요소의 평정에도 영향을 주는 현상이다.
- 강제선택법을 사용하여 평정요소 간의 연상효과를 배제해야 한다.
- 각 평정요소별로 모든 피평정자를 순차적으로 평정해야 한다.
- 평정요소별 배열순서에 유의하여야 한다.

① 논리적 오차
② 총계적 오류
③ 연쇄효과
④ 집중화 경향

해설 | 연쇄효과에 대한 설명이다.
① 논리적 오차 : 평정요소 간 논리적 상관관계가 있다는 관념에 의한 오차로서, 상관관계가 있는 한 요소의 평정점수에 의해 다른 요소의 평정점수가 결정된다.
② 총계적 오류 : 평정자의 평정기준이 일정하지 않아 관대화·엄격화 경향이 불규칙하게 나타나는 것을 말한다.
④ 집중화 경향 : 평정자가 모든 피평정자들에게 대부분 중간수준의 점수나 가치를 주는 심리적 경향을 말한다.

아이들이 답이 있는 질문을 하기 시작하면
그들이 성장하고 있음을 알 수 있다.

— 존 J. 플롬프 —

Chapter 04
공무원의 복지와 사기

기출복원문제

키워드 징계제도

공무원의 징계에 대한 설명으로 옳지 않은 것은? 경기도사회적경제원

① 감봉은 보수의 불이익을 받는 것으로, 감봉기간 동안 보수액의 3분의 1이 감해진다.
② 해임은 공무원 신분을 완전히 잃는 것으로, 5년간 공무원 임용의 결격사유가 된다.
③ 정직은 1개월 이상 3개월 이하의 기간 동안 보수의 전액을 감하는 징계이다.
④ 견책은 공무원의 잘못된 행동에 대하여 훈계하고 회개하도록 하는 징계의 한 종류로, 6개월간 승급이 정지된다.

> **해설** 해임은 공무원 신분을 완전히 잃는 것으로, 3년간 공무원 임용의 결격사유가 된다.
>
> **정답** ②

기출 키워드	중요도
☑ 사기의 의의	★
☑ 사기의 결정요인	★
☑ 사기관리 수단	★
☑ 신분보장	★
☑ 징계제도	★★
☑ 보수수준 결정	★
☑ 연금재원 조성방법	★
☑ 직무확장과 직무확충	★

CHAPTER 04 공무원의 복지와 사기

01 사기

1 사기의 의의

(1) 개념
① 사기란 조직성원이 조직의 공통된 목표를 달성하고자 하는 자발적인 근무의욕을 말하며, 행정업무의 능률을 위한 중요한 요소 중의 하나로서 인식된다.
② 전통적으로 인사행정은 행정의 성과에 영향을 미치는 요인으로 사기와 관련해서 개인의 능력을 주로 다루었지만, 인간관계론 이후에는 근무의욕이 일의 성과에 미치는 영향의 비중이 훨씬 더 크다는 점을 강조한다.
③ 특히 동기부여가 근무수행 동기가 유지되고 활성화되는 과정이나 그 배경에 비중을 두는 반면, 사기는 심리적 변화과정이나 행동변화의 배경보다는 나중에 드러난 만족감이나 근무의욕 혹은 태도 등에 비중을 둔다는 점에서 사기란 동기부여를 통해서 나타난 조직원의 내재적 동기유발과 외재적 동기유발에 의해 나타난 조직원의 정신적 마음상태라고 할 수 있다.

(2) 특징
① 자율적인 개인의 근무의욕이라는 점에서 개인적 성격을 띤다.
② 조직체의 공동목표달성을 추구한다는 점에서 집단성을 가진다.
③ 반사회성을 가질 경우 참다운 사기가 될 수 없다는 점에서 사회성을 내포한다.

2 사기의 효과와 저해요인

(1) 사기의 효과
① 높은 사기는 지도자나 조직에 대한 충성심과 동질화를 강화시켜 주고, 제반규정을 잘 준수하고 따르게 한다.

개념체크 ○ ×

• 사기는 자율적인 개인의 근무의욕이라는 점에서 개인적 성격을 띤다. ○ ×
• 사기는 응집력과 충성심과 같은 심리적 상태를 의미하므로 객관적 심리상태를 표현한다. ○ ×

○, ×

② 구성원들로 하여금 조직을 아끼고 관심을 갖게 만들고, 직무와 조직에 대한 자부심을 갖게 하며, 조직발전을 위한 창의성을 발휘하게 한다(직업적 전문주의 촉진).
③ 역경을 극복할 수 있는 능력을 기르게 하고, 조직의 능력 배양을 가능케 하는 힘을 키우는 데 도움을 준다.
④ 조직을 안정·유지시키며 갈등과 혼란을 극소화하여 조직문화의 활성화에 기여한다.
⑤ 궁극적으로 조직의 목표달성을 능률적이고 효과적으로 하게 함으로써 조직의 생산성에 기여하지만 사기가 높다고 해서 반드시 생산성이 높아지는 것은 아니다.

(2) 사기의 저해요인
① 환경변화에 부응하는 적응력이 부족하다.
② 비민주적 내부통제로 인하여 개인의 능력을 발휘하기가 쉽지 않으며, 정보화 시대로 발전하고 있는 요즘에도 결재고수 등 적시성을 잃은 행동규범이 많다.
③ 공인에 대한 신뢰성이 떨어지면서 공직의 신망이 저하되고 있고, 제도화된 부패의 여파로 국민의 공무원에 대한 불신풍조가 잔재한다.
④ 부적절한 지시는 사기를 저하시킨다. 특히 아직도 중앙부서는 지방자치단체를 우려하고 있는 탓인지 간섭이 심하다. 또한 권력기관들의 부당한 업무간섭과 압력이 존재한다.
⑤ 과중한 업무와 부적절한 보수로 인하여 공무원의 근무의욕이 개선되지 않고 있다.

3 사기의 결정요인과 앙양방안

(1) 사기의 결정요인
사기의 수준을 결정하는 요인은 일률적으로 말할 수 없다. 전체적인 근무상황과 직책에 대한 사회적 평가, 인간관계, 개인목표 등 중복적·동태적 요인이 사기의 결정요인이 되기 때문이다. 과학적 관리법이나 전통적 이론에서는 경제적 욕구충족을 가장 중요시하였고, 사회심리적 입장에 선 자들은 심리적 만족을 가장 중요시하였으며, 복합적 인간관을 주장하는 사람들은 복합적 욕구를 충족할 때 사기가 앙양된다고 한다.

개념더하기

'사기'와 '생산성'의 관계
정부의 생산성은 무형적 특성으로 인하여 생산성을 나타내는 생산지수의 제시가 어렵고, 그 측정(평가) 또한 어렵다. 사기는 조직의 목표달성을 능률적이고 효과적으로 하게 함으로써 조직의 생산성에 기여하지만 사기와 생산성과의 관계가 반드시 정의 관계에 있는 것은 아니므로 사기가 생산성에 영향요인이긴 하지만 사기가 높다고 해서 반드시 생산성이 높아지는 것은 아니다.

① 경제적(물질적) 요인

　보수제도의 합리화, 근무여건의 확립 등

② 사회심리적 요인

　인정감 · 성취감, 성공감, 안정감, 귀속감 · 일체감, 참여감

③ 인사관리적 요인

　인사관리의 합리성 및 공정성의 정도

④ 정치적 · 환경적 요인

(2) 사기의 앙양방안

인사행정에서 사기앙양을 위한 노력은 기대이론에 따라 기존의 불만 해소와 적극적인 성취기회의 제공을 통하여 접근할 수 있다.

① 불만족의 해소

　㉠ 경제나 민간기업에 대한 규제만 풀 것이 아니라 공무원에 대한 각종 규제도 완화하여야 한다.

　㉡ 공무원의 사기에 영향을 미치는 인간적 상황을 고려하여 효과적인 인간관계 개선을 위해 권위주의적 관리방식을 속히 시정하고 '신바람 나는 행정문화'를 만들어야 한다.

　㉢ 근무조건을 개선하여 공무원의 사무실 공간을 현실화해 주어야 하며, 정보화 시대를 맞이하여 사무자동화된 사무실로 만들어야 한다.

　㉣ 이 밖에 공무원의 보수가 적어도 정부 투자기관 수준 정도로까지는 상향조정되어야 할 것이며 합리적이고 공정한 승진제도를 운영하여야 할 것이다.

② 동기유발의 제고

　㉠ 먼저 성취감을 북돋아 주어야 할 뿐만 아니라 아울러 높은 수준의 성취를 한 사람에게는 그에 상응한 보상을 해주어 그러한 행동이 계속 계승 · 발전될 수 있도록 해야 한다.

　㉡ 특히 이와 관련하여 포상과 같은 인정 메커니즘을 활성화할 필요가 있다.

　㉢ 지금까지 포상을 지나치게 소극적으로 활용하여 왔으나, 지방자치단체장이나 각급 기관장이 재량에 따라 포상조치를 독자적으로 시행해 볼 필요가 있다.

　㉣ 또한 직위분류제를 좀 더 체계화하여 한 분야의 전문가가 될 수 있도록 하고, 그 일을 수행할 때 재량권을 부여하면서 엄격한 책임관리제를 실시하여 자신의 일에 자긍심을 갖도록 해줄 때 성취동기가 훨씬 왕성하게 작용할 수 있다.

개념체크 ○×

- 조직구성원의 위생요인(불만요인) 제거는 동기부여를 위한 충분조건이다. ○×
- 공무원 보수인상은 공무원의 사기제고로 이어지나 공무원의 사기제고가 곧바로 행정의 생산성 향상으로 이어진다고 볼 수 없다. ○×

×, ○

4 사기의 측정수단

(1) 업적 – 생산성
직무의 성취 결과를 토대로 한 간접적인 사기 측정의 한 방법으로, 사기가 높으면 성과가 높을 것이라는 가정하에 이용될 수 있다.

(2) 출퇴근 상황과 이직률
① 출퇴근 상황은 직원의 결근, 지각, 조퇴 등이 사기와 관계가 있다는 가정하에 그 평균치를 기준치와 비교하는 것이며, 이직률은 평균 이직자의 수를 기준치와 비교하여 사기평가지표로 삼는 것이다.
② 우리나라의 경우 대체로 이직률이 낮은 편이나, 기준은 각국의 상황에 따라 다르게 설정해야 하며, 그 변동폭이 측정의 기준이 된다.

> **개념더하기**
>
> **사기의 조사**
> ① 직원들에게 사기와 관련된 질문을 하여 사기를 측정하는 것으로, 면접이나 조사표를 통한 조사, 감독자의 주관적 판단을 통한 조사 등이 있다.
> ② 태도조사의 한 방법으로 활용된다.
> ③ 판단 근거가 주관적이기 때문에 정교한 조사 항목의 설계와 질문방법의 채택을 요구한다.

5 사기관리의 수단

(1) 제안제도
① 제안제도란 공무원으로 하여금 창의적인 개선안을 적절한 방법과 절차에 의해 제안하게 하고 이를 심사하여 그 제안이 행정의 생산성이나 능률을 제고하는 데 도움이 되면 보상을 하는 제도로, 우리나라는 1960년대 소개되기 시작하여 1973년 '공무원제안규정'이 대통령령으로 제정되었다.
② 특히 최근에는 제안건수가 크게 증가하여 공무원들의 관심이 높아지고 있다는 것을 반영하고 있으며, 그간 채택된 제안 중에는 국가예산절감과 행정능률을 향상시킨 것이 많고 민생개혁을 위한 제안들도 많이 접수되고 있다.

(2) 고충처리제도
① 고충처리제도는 근무조건이나 인사운영에 대한 불만이 있는 공무원의 고충심사청구에 대한 심사와 인사상담을 통하여 애로사항에 대한 해결책을 모색하는 절차로 소청제도와 함께 공무원의 권리와 신분에 대한 보장을 높이는 제도이다.
② 이 제도는 사기앙양책이라기보다는 공무원의 권익보장책이라고 보는 것이 더 타당하며, 이 제도를 활용한다고 해서 공무원의 사기가 상당히 진작되기는 어려울 것이나, 다만 공무원이 소신을 가지고 근무하게 하고 활동에 대한 막연한 불안감을 해소해주는 차원에서 의미가 크다.

(3) 그 밖의 사기관리방안

① 공무원의 귀속감과 일체감을 높이고 근무조건을 유지·개선할 수 있도록 공무원단체를 점진적으로 육성하고, 그 대상 공무원을 점차 확대하며, 공무원의 단결권의 적용범위를 확대하여 공무원단체를 통한 공무원의 의사가 전달되도록 하여야 한다.
② 조직차원에서는 사후치료적 인사행정이 아닌 사전에 예방하는 인사행정을 하여야 한다.
③ 개인차원에서는 개인의 노력에 의해서 좋은 성과를 실현할 경우 조직은 그에게 각종의 보상을 부여해야 하며, 또 성과 그 자체에서도 만족을 느낄 수 있도록 해주어야 한다.
④ 직무분석과 직무설계를 촉진하여 직무를 확장(Enlargement)하거나 충실화(Enrichment)하여 공무원들의 업무를 적정화하여야 한다.
⑤ 공무원들의 사기측정을 위해 주기적으로 태도조사 등을 실시하여 좁게는 사기관리에, 넓게는 인사관리에 적극 반영해야 한다.
⑥ 직원들의 사기는 조직이나 세노가 직원을 앞서 끌어나갈 때 더욱 진작될 것이므로 조직도 끊임없는 학습(Learning)이 필요하다.

> **개념체크** ○ ×
> • 소청심사제도는 징계처분 등 불이익 처분을 받은 공무원이 그에 불복해 이의를 제기하면 심사해 구제하는 절차이다. ○×
> • 고충심사위원회의 결정의 효력은 기속력이 있다. ○×
> ○, ×

02 신분보장

1 의 의

① 국가공무원법상 형의 선고, 징계처분, 기타 이 법이 정하는 사유에 의하지 아니하고는 그 의사에 반하여 휴직, 강임, 면직을 당하지 아니한다.
② 행정의 계속성, 안정성, 정치적 중립성, 사기앙양을 위해 필요하나, 지나치면 무사안일주의에 빠지게 된다.

2 징계제도

(1) 목 적

① 공무원의 의무위반에 대해 제재를 가한다.
② 사유발생원인을 파악하고 그를 시정하기 위함이다.
③ 징계규정을 둠으로써 그러한 사태에 대한 예방의 효과를 거두고자 하는 것이다.

(2) 내 용

법령, 규칙, 명령의 위반에 대한 처벌로서, 감봉, 해임, 정직, 견책의 종류가 있다.

(3) 징계기관과 소청

중앙(보통)징계위원회 → 소청심사위원회

3 직위해제와 대기명령제

① 직위해제(직무수행능력이 부족하거나 근무성적이 극히 불량, 징계의 설정, 형사사건으로 기소 등)
② 3개월 이내의 대기명령
③ 개전의 정이 없을 때 직권면직(징계위원회의 동의를 요한다)

4 정년제도

(1) 의 의

조직의 신진대사를 향상시키기 위하여 일정한 시기가 되면 공무원이 자동 퇴직하는 제도이다.

(2) 유 형

① 연령정년제
  일정한 연령에 달하면 자동퇴직
② 근속정년제
  공직 근속연한이 일정기간에 달하면 자동퇴직
③ 계급정년제
  일정 계급에서 일정기간 승진하지 못하면 자동퇴직

5 감 원

정부의 사정에 의한 일방적 · 강제적 퇴직으로, 신분상 불안을 일으키는 가장 중대한 사유이다.

개념더하기

국가공무원법상 공무원의 징계
① 감봉 : 보수의 불이익을 받는 것으로, 1개월 이상 3개월 이하의 기간 동안 보수의 3분의 1을 감함
② 해임 : 공무원 신분을 완전히 잃는 것으로, 3년간 공무원 재임용의 결격사유가 됨
③ 정직 : 공무원의 신분은 보유하나 직무에 종사하지 못하며 1개월 이상 3개월 이하의 기간으로 하고 보수는 전액을 감함
④ 견책 : 공무원의 잘못된 행동에 대하여 훈계하고 회개하게 하는 징계의 한 종류

> **개념체크** ○ ×
>
> - 정년이 보장되어 있으므로 어떠한 경우에도 면직되지 않는다. ○×
> - 신분보장이 강화될수록 행정에 대한 민주적 통제를 어렵게 할 가능성이 있다. ○×
>
> ×, ○

6 전보와 권고사직

(1) 전 보
동일직렬·직급 내에서 직위만 바뀌는 것으로, 좌천의 기능도 있다.

(2) 권고사직
파면대상자의 사표제출을 강요하는 것으로, 비합법적 수단이다.

03 보수

1 보수의 의의

① 보수란 공무원의 한 공직에서의 봉사에 대하여 국가 및 정부가 지급하는 금전적인 보상을 말한다.
② 보수는 공무원의 근무에 대한 반대급부인 동시에 생활보장적 급부라는 양면적 성질을 가지고 있다.
③ 공무원의 보수는 각 근무조건과 행정능률에 영향을 미치는 중요한 요소로서 또는 부정부패·비리와 밀접한 관련이 있다는 점에서 적절한 보수제도의 수립이 요청된다.

2 보수의 특성과 보수수준 결정의 기본원칙

(1) 공무원 보수의 특성
공무원의 보수는 정부의 법령을 근거로 정부의 정책에 따라 결정되고 노조활동이 미약하기 때문에 적정선의 규정이 어렵고, 노력과 능력에 따라 지급할 것을 원칙으로 하나 정부의 성과를 금전적으로 환산하는 기준이 애매하기 때문에 적정한 보수의 요건을 갖추기 어렵다

① 보수의 전체 수준이 상대적으로 낮고 인상시기 면에서도 사회의 경제발전 수준이나 물가 수준의 인상 시기가 사기업에 비해 늦다.
② 정부의 업무는 엄격한 직위분류제를 이용하는 경우에도 노동의 비교치를 찾는 것이 힘든 경우가 많기 때문에 시장가격의 적용도 곤란하다.
③ 일반적으로 노동권의 제약을 받고 있는 공무원의 신분이 보수 결정에 불리한 영향을 미친다.
④ 전통적인 관직에 대한 사고와 기대, 국가의 경제적 사정 등의 영향으로 더욱 불리한 보수 결정을 하게 된다.

(2) 보수수준 결정의 기본원칙
   ① 대외적 비교성
      ㉠ 직책의 시장가격결정이 어렵기 때문에, 일반적으로 사기업 보수의 평균치를 기준으로 하여 보수를 결정한다.
      ㉡ 물론 공무원과 사기업의 직종의 상이성, 직급의 다양성 때문에 비교할 행정직의 대표직급의 선정과 비교할 기업의 산업별·규모별·지역별 평균치의 설정과 비교기간의 설정, 비교시기의 결정 등과 같은 또 하나의 기준이 설정되어야 한다.
   ② 대내적 상대성
      ㉠ 이는 성과에 따른 공평한 보수의 기대감을 조직 내에서 찾아보려는 것으로, 상하위 직급 간의 보수의 차를 통하여 능력발전과 근무의욕의 유도를 가능하게 하려는 것이다.
      ㉡ 상하위 격차가 적으면 유인체계로서 매력이 적고, 차이가 너무 크면 직접적 불만을 야기할 수 있으므로 적절한 차이를 두어야 한다.
      ㉢ 격차요인으로 근속, 직급, 작업조건, 부양가족, 학력, 경력 등을 들 수 있다.

개념더하기
선진국 공무원의 보수수준 결정
미국이나 영국 등 대부분의 선진국에서의 공무원 보수수준 결정은 일차적으로 대외적 비교성을 따르는 경향이 있다.

개념체크 ○×
- 계급제를 채택하고 있는 나라의 경우 수당의 종류가 많은 것이 일반적이다. ○×
- 미국이나 영국의 공무원 보수수준 결정은 대내적 상대성을 따르는 경향이 있다. ○×

○, ×

3 보수수준의 결정요인과 보수체계

(1) 보수수준의 일반적 결정요인
   ① 경제적 요인
      국민의 담세능력과 물가수준 등이 고려되어야 하는데, 이는 조세정책에 따라 다르게 나타날 수 있으며, 또한 보수수준의 상한선 결정 시 주요 고려사항이다.
   ② 사회윤리적 요인
      정부가 모범고용주로서 피고용인인 공무원의 최저생계를 보장하여야 한다는 차원에서 고려되어야 한다.
   ③ 부가적·정책적 요인
      연구제도, 휴가, 근무시간, 복지후생, 신분보장 등을 고려 → 성과와 동기부여

(2) 보수체계

① 직무급과 생활급

직무급은 직위분류제하에서, 생활급은 계급제하에서의 보수체계이다.

② 기본급과 부가급

기본급(봉급)은 능력·직책·자격에 따라 일률적으로 지급되는 것이고, 부가급(수당)은 특별한 사정이 있는 경우 지급하는 것으로, 보수행정의 합리화를 저해한다. 계급제 채택국가일수록 능력, 자격에 따라 보수를 결정하기 때문에 수당의 비중이 높다.

4 보수표 작성 시 유의사항

(1) 등급의 수

① 등급이란 한 보수표 내에서 직무의 가치나 자격의 단계를 나타내는 기준으로 등급수는 계급제에서는 작고, 직위분류제에서는 많다.

② 등급수를 세분하면 동일직무에 동일보수원칙을 실현할 수 있으나, 지나치게 세분하면 그 차액이 보잘것없고, 인사업무만 복잡해진다.

(2) 등급의 폭(호봉제)

등급의 폭이란 등급 내 보수의 차를 말하고, 승급이란 동일한 직급 내에서 호봉만 올리는 것으로서, 근무연한 우대, 장기근무 장려, 근무성적 향상을 목적으로 한다.

(3) 등급간 중첩

한 등급의 봉급폭이 상위등급의 봉급폭과 부분적으로 겹치는 것을 말하며, 근속자에 혜택을 주기 위한 것으로 생활급의 요소를 가지고 있다.

(4) 보수곡선

봉급표 작성에서 호봉 간 급액차를 표시한 것을 보수곡선이라고 하며, 일반적으로 고급공무원을 우대하는 J곡선의 형태를 취한다.

(5) 보수표의 수

사회 분화, 직종 분화에 따라 다원화시키는 것이 필요하므로, 복수보수표가 보편화되었다. 한국의 경우 14종이다.

개념체크 ○ ×

• 민간부문에 비해 업무수행에 대한 성과를 금전적으로 환산하는 것이 상대적으로 어렵다. ○ ×

• 일반적으로 공직자에게 청빈성을 강조하는 전통과 인플레이션을 초래할 가능성에 대한 우려 때문에 공무원 보수를 높이지 않으려는 경향이 있다. ○ ×

○, ○

04 연금

1 의의

연금이란 공무원에 대한 사회보장제도의 하나로서 장기간에 걸쳐 충실히 근무한 대가를 퇴직 후에 금전적으로 보상받게 되는 인사행정의 보상체계 중 하나이다.

2 성격

① 은혜설
② 거치보수설(보수 중 일부를 적립하였다가 사후에 지급)
③ 생활보장설
④ 위자료설

3 재원조성 방법

① 기여제와 비기여제
　연금의 일부를 공무원이 부담하면 기여제, 그렇지 않으면 비기여제(우리나라는 기여제 : 보수월액의 7%, 공무원연금법 제66조)
② 기금제와 비기금제
　연금의 지급을 위해 미리 기금을 마련하면 기금제, 그렇지 않으면 비기금제(우리나라는 기금제)

4 종류

① 장기 : 퇴직급여, 장해급여, 유족급여, 퇴직수당
② 단기 : 공무상 요양비, 재해부조금, 사망조위금

개념더하기

우리나라의 공무원연금 방식
우리나라의 공무원연금 방식은 '기금제 - 기여제'로 운영된다. 기금제는 미리 계획을 세워 기금을 마련해야 하므로 출발비용 및 운용·관리비용이 많고 절차가 복잡하다는 특징이 있다.

05 직무확장과 직무확충

1 직무확충의 개요

(1) 의의

직무확충이란 직무를 동기요인과 연결시켜서 설계하여 업무에의 성취도, 안정감, 흥미, 책임을 확대하기 위한 방법으로, 조직구성원의 자기실현에 의한 직무만족도를 향상시켜 사기를 높여주고 의사전달을 개선하며 계층 간에 원활한 인간관계를 개선시켜 준다.

(2) 직무확충의 조건

① 조직의 문화가 개방적이고 민주적이어야 한다.
② 민주적인 리더십, 개방적인 의사전달체제, 분권화에 의한 권위의 위임, 성원들의 자발적인 참여의식과 책임의식이 향상되어야 효과가 크게 나타난다.

(3) 직무확충의 한계

① 직무확충은 조직의 모든 업무에 적용될 수 있는 것은 아니며, 주로 직무환경이 급격하게 변화되는 동적인 상황의 탈관료제적인 조직의 직무설계에 효과적이다.
② 따라서 직무를 설계할 경우 직무의 성격, 조직의 분위기, 구성원의 능력 등을 고려할 필요가 있다.

2 직무확장과 직무확충의 비교

① 직무확장은 단순히 일의 범위와 단계를 늘리는 수평적인 개념인 반면 직무확충은 업무에 근로자의 통제와 책임을 부여하는 데 중점을 두는 수직적인 직무설계 방법이다.
② 직무확장이 불만요인을 감소시키고 위생요인을 증가시켜 인간의 비본질적 동기를 충족시키는 반면, 직무확충은 동기요인을 증가시켜 생산성을 직접 향상시키는 방법이다.
③ 조직의 공식화가 높은 조직이나 자동화되는 업무가 많은 경우에는 직무확충보다는 직무확장의 방법이 보다 효과적이다.

개념체크 O X

- 공무원 연금제도는 공무원에 대한 사회보장제도의 일환이다. O X
- 기금제는 운용·관리 비용이 적게 든다는 장점이 있다. O X
- 직무확충의 개념은 인간의 자기실현의 욕구와 가장 밀접하게 관련되어 있다. O X

O, X, O

CHAPTER 04 | 기출분석문제

01 사기(동기부여)의 개념에 포함되기 어려운 것은?

① 직무수행의욕
② 집단적 자세
③ 인간의 욕구
④ 객관적 심리상태

해설   사기는 개인적 차원에서는 자발적 근무의욕이며, 집단차원에서는 응집력과 충성심과 같은 심리적 상태를 의미하므로 객관적 심리상태라는 표현은 맞지 않다.

02 사기에 영향을 주는 사회심리적 요인이 아닌 것은?

① 근무여건의 개선
② 동료 간의 친밀도
③ 승진에의 기대
④ 참여에 의한 소속감의 제고

해설   보수의 인상이나 근무여건의 개선 등은 경제적 요인에 해당한다.

03 정부의 사기, 동기부여 및 생산성의 관계에 대한 설명으로 옳은 것은?   인천국제공항공사

① 조직구성원의 사기제고는 조직의 생산성 향상을 위한 충분조건이다.
② 조직구성원의 위생요인(불만요인) 제거는 동기부여를 위한 충분조건이다.
③ 공무원 보수인상은 공무원의 사기제고로 이어지나 공무원의 사기제고가 곧바로 행정의 생산성 향상으로 이어진다고 볼 수 없다.
④ 한국에서 공무원의 가장 큰 불만요인은 낮은 보수와 승진적체이므로, 보수인상과 승진적체 해소는 공무원의 직무만족과 생산성 제고를 위한 충분조건이다.

해설   정부의 생산성은 무형적 특성으로 인하여 생산성을 나타내는 생산지수의 제시가 어렵고, 따라서 그 측정(평가) 또한 어려운 일이다. 사기와 생산성과의 관계는 사기가 생산성에 영향요인이긴 하지만, 반드시 생산성 향상의 결과를 가져오지는 않는다.

정답   01 ④   02 ①   03 ③

04 공무원 사기앙양 방법으로 가장 거리가 먼 것은?

① 보수의 적정화
② 교육훈련의 강화
③ 커뮤니케이션의 원활화
④ 참여의 확대

해설 교육훈련의 강화는 사기앙양보다는 능력발전 방법으로 보는 것이 지배적 견해이다.

05 공무원의 사기관리 제도에 대한 설명으로 옳지 않은 것은?

① 제안제도는 공무원의 창의적 의견을 장려하여 사기를 높이고 그 결과로 행정의 개선에 기여하게 하는 제도이다.
② 소청심사제도는 징계처분 등 불이익 처분을 받은 공무원이 그에 불복해 이의를 제기하면 심사해 구제하는 절차이다.
③ 보수는 근무의 대가로 지불되는 재정적 보상이다.
④ 고충심사위원회의 결정의 효력은 기속력이 있다.

해설 고충심사위원회의 결정은 강한 권고의 성격을 갖지만 법적인 기속력은 없다.

06 공무원의 신분보장에 대한 설명으로 옳지 않은 것은?   근로복지공단

① 정년이 보장되어 있으므로 어떠한 경우에도 면직되지 않는다.
② 신분보장이 강화될수록 행정에 대한 민주적 통제를 어렵게 할 가능성이 있다.
③ 행정의 중립성·전문성·일관성을 제고할 수 있다.
④ 행정에 대한 정치적 영향을 배제할 수 있고, 공무원의 사기를 높일 수 있다.

해설 정년이 보장되어 있지만 재임기간 중에라도 자발적 또는 비자발적으로 면직될 수 있다.

07 국가공무원법상 공무원의 징계에 대한 설명으로 옳지 않은 것은?
인천국제공항공사

① 감봉은 보수의 불이익을 받는 것으로, 감봉기간 동안 보수액의 3분의 1이 감해진다.
② 해임은 공무원 신분을 완전히 잃는 것으로, 1년간 공무원 임용의 결격사유가 된다.
③ 정직은 공무원의 신분은 보유하나 직무에 종사할 수 없게 하는 징계의 한 종류이다.
④ 견책은 공무원의 잘못된 행동에 대하여 훈계하고 회개하도록 하는 징계의 한 종류이다.

해설 해임은 공무원 신분을 완전히 잃는 것으로, 3년간 공무원 임용의 결격사유가 된다.

08 직위해제의 요건에 해당하는 것은?
한국수자원공사

① 재직 중에 임용결격사유가 발생한 자
② 직제 개정 및 예산감소 등 폐직으로 인한 감원대상자
③ 파면·해임에 해당하는 징계 의결이 요구 중인 자
④ 휴직 사유가 소멸된 후에도 직무에 복귀하지 않은 자

해설 징계(정직, 강등, 해임, 파면) 의결이 요구 중인 자는 직위해제를 시킬 수 있다.
① 당연 퇴직사유에 해당한다.
②, ④ 직권면직 사유에 해당한다.

09 공무원 보수에 대한 설명으로 옳지 않은 것은?

① 계급제를 채택하고 있는 나라의 경우 수당의 종류가 많은 것이 일반적이다.
② 미국이나 영국의 공무원 보수수준 결정은 대내적 상대성을 따르는 경향이 있다.
③ 정부의 재정력이 공무원 보수수준의 상한선이 된다.
④ 생활급은 생계비를 기준으로 하는 보수로서 공무원과 그 가족의 기본적인 생활을 보장하기 위한 것이다.

해설 미국이나 영국 등 대부분의 선진국에서의 공무원 보수수준 결정은 일차적으로 대외적 비교성을 따르는 경향이 있다.

10 공무원 보수의 결정에 대한 다음 내용으로 옳지 않은 것은?

① 민간부문에 비해 업무수행에 대한 성과를 금전적으로 환산하는 것이 상대적으로 어렵다.
② 보수의 전체수준이 민간부문에 비해 낮은 편이고, 경제발전이나 물가인상에 따른 조정시기도 사기업에 비해 늦는 경향이 있다.
③ 일반적으로 공직자에게 청빈성을 강조하는 전통과 인플레이션을 초래할 가능성에 대한 우려 때문에 공무원 보수를 높이지 않으려는 경향이 있다.
④ 공무원의 경우 노동권의 제약을 받는다는 사실이 공무원 보수를 사기업에 비해 상대적으로 적게 만드는 원인의 하나로 보기 힘들다.

해설 공무원의 노동권 제약은 공무원 보수가 사기업에 비해 상대적으로 낮게 되는 주요한 요인 중 하나이다.

11 공무원 연금제도에 대한 설명으로 옳지 않은 것은?   한국산업인력공단

① 공무원 연금제도는 공무원에 대한 사회보장제도의 일환이다.
② 정부와 공무원의 공동기여에 의해 기금을 조성한다.
③ 우리나라의 공무원연금제도는 기금제를 채택하고 있다.
④ 기금제는 운용·관리 비용이 적게 든다는 장점이 있다.

해설 우리나라가 채택하고 있는 기금제는 미리 계획을 세워 기금을 마련해야 하므로 출발비용 및 운용·관리비용이 많고 절차가 복잡하다는 단점이 있다.

12 우리나라의 공무원연금 재정 확보 방식을 옳게 짝지은 것은?

① 기금제 – 기여제
② 기금제 – 비기여제
③ 비기금제 – 기여제
④ 비기금제 – 비기여제

해설 우리나라의 공무원연금 방식은 기금제 – 기여제로 운영된다.

많이 보고 많이 겪고 많이 공부하는 것은
배움의 세 기둥이다.

― 벤자민 디즈라엘리 ―

Chapter 05
근무규범

기출복원문제

키워드 부패 유형

부패 유형에 대한 설명으로 옳지 않은 것은? 　　　　　　　　　　　　　　　　　　　　　　대구교통공사

① 선의의 목적으로 행해지는 부패를 회색부패(Gray Corruption)라고 한다.
② 생계형 부패를 작은 부패(Petty Corruption)라고 부르기도 한다.
③ 민원처리 과정에서 소위 '급행료'가 당연시되는 관행은 제도화된 부패에 해당한다.
④ 일탈형 부패는 무허가업소를 단속하던 단속원이 금품을 제공하는 특정업소에 대해 단속하지 않는 것이다.

해설 선의의 목적으로 행해지는 부패를 백색부패(White Corruption)라고 한다. 회색부패(Gray Corruption)란 부패에 대한 사회구성원의 관용도에 따른 분류에서 사회체제에 파괴적인 영향을 미칠 수 있는 잠재성을 지닌 부패로 사회구성원 가운데 일부집단은 처벌을 원하지만 다른 일부집단은 처벌을 원하지 않는 경우의 부패를 말한다.

정답 ①

기출 키워드	중요도
☑ 행정윤리	★★
☑ 공무원단체	★★
☑ 정치적 중립성	★
☑ 단체교섭권	★
☑ 단체행동권	★
☑ 부패 유형	★★★
☑ 부패억제책(관료통제 방안)	★
☑ 내부고발자보호제도	★

CHAPTER 05 근무규범

PART 4 인사행정론

01 행정윤리

1 행정윤리의 의의

(1) 행정윤리의 개념과 특징
① 행정윤리란 공무원이 그가 담당하고 있는 행정업무를 수행하는 데 있어 국민 전체에 대한 봉사자로서 행정이 추구하는 공공목적을 달성하기 위해 준수해야 하는 행동규범이다.
② 공무원의 신분을 가진 사람이 그의 공적인 행정업무와 관련하여 지켜야 할 가치기준이다.
③ 공무원이 국민 일부의 봉사자가 아니라 국민 전체에 대한 봉사자로서 공익을 추구하여야 한다는 것을 의미한다. 물론 사회윤리와 유리되어 존재하는 것이 아니므로 공직자만의 문제는 아니다.
④ 공무원이 마땅히 지켜야 할 공무원의 직업윤리는 물론 공무원이 입안하여 집행하는 정책의 내용이 윤리적이어야 한다는 의미도 있다.
⑤ 행정윤리는 행정의 모든 역할들을 보다 바람직하고 공평한 방향으로 인도하는 기준이다.

(2) 행정윤리의 중요성
① 오늘날 행정국가 하에서 행정기능이 양적으로 확대되고 질적으로 전문화됨에 따라 행정관료의 자유재량의 범위가 크게 확대되고 방대한 자원의 배분권을 행사하게 되어 그들의 결정이 국민생활에 지대한 영향을 미치고 있으며 이에 상응하여 행정윤리의 중요성이 커지고 있다.
② 또한 행정의 권력성과 더불어 행정권력이 비대화됨에 따라 행정이 남용되고 공권만능사상의 공직침투로 기대추구행위가 조장되어(포획이론) 부패를 초래할 가능성이 높게 되었다. 행정윤리가 확립되어 있지 않을 경우 정부에 대한 불신은 물론 사회 전반에 걸쳐 신뢰성의 위기가 초래된다. 이 경우 행정조직이 사회의 발전을 가로막는 장애물로 변할 수 있는 것이다.
③ 행정윤리는 건전한 시민사회 형성의 출발이며, 거대관료제와 부정부패의 억제를 위한 행동지침으로서 작용한다.

개념체크 ○ ×
• 행정윤리란 공무원이 행정업무를 수행할 때 준수해야 할 행동규범을 의미한다. ○Ⅹ
• 행정윤리의 개념을 넓게 해석하면 공무원의 부정부패와 관련된 적극적인 측면으로 이해되기도 한다. ○Ⅹ

○, ×

(3) 행정윤리의 기준

① 대외적 기준

공익, 공정성, 사회적 형평, 정의, 책임, 사회적 능률성, 반응성, 행정고객과의 상호주관성의 확립 및 인간가치의 존중 등이 포함된다.

② 대내적 기준

능률성, 생산성, 합법성, 창의성, 청렴성, 성실성 및 인화가 포함된다.

2 행정윤리의 내용

(1) 일반적 내용

우리나라 공무원에게 요구되는 행정윤리의 내용은 국가공무원법상의 공무원 복무규정과 공직자윤리법, 그리고 취임선서나 복무선서 및 공무원의 윤리헌장과 신조 등에서 찾아볼 수 있다.

① 소극적 측면

청렴성·공정성 등 최소한의 행동규범으로서 부정부패를 방지하고 권력남용과 무사안일을 타파하는 것을 의미한다.

② 적극적 측면

행정목적의 효과적 달성을 위한 행동규범으로서 공익성과 봉사성을 강조하는 것을 말한다.

(2) 구체적 내용(국가공무원법)

① 성실의무
② 복종의무
③ 직장이탈금지의무
④ 친절·공정의무
⑤ 비밀엄수의무
⑥ 청렴의무
⑦ 영예 등의 수령규제
⑧ 품위유지의무
⑨ 영리의무 및 겸직금지
⑩ 집단행위금지, 정치운동금지

개념더하기

행정윤리 성립 부정론

행정관료는 자신들의 도덕적 원칙이 아니라 조직의 결정에 따라 중립적으로 행동해야 하므로 그 책임은 조직이 져야 하고 행정은 도덕적 판단의 대상에서 제외되어야 한다고 본다. 즉, 행정결정은 행정관료가 상관의 명령과 소속기관의 정책을 수행하는 것이므로 윤리적으로는 중립적이다(중립성의 윤리). 또한 행정결정에는 많은 사람들이 다양한 방법으로 관련되어 있기 때문에 행정관료의 도덕적 책임을 묻기는 어렵다는 것이다(구조의 윤리).

3 행정윤리의 저해요인과 확보방안

(1) 행정윤리의 저해요인
① 인적 요소
행정윤리를 저해하는 가장 근본적인 요인은 관료들의 관존민비, 관직사유관, 무사안일주의와 같은 권위주의적 가치관과 전근대적인 행정문화에서 찾아볼 수 있다.

② 제도적 장치의 미비
내부통제 장치의 미비, 불합리한 인사관리, 비현실적인 보수수준, 과도한 정부규제와 비현실적인 엄격한 규제기준 등이 문제가 되며, 조직의 관료주의적 환경도 조직의 목표달성을 위해 구성원들의 윤리기준마저 포기하도록 강요한다.

③ 환경적 요인
낮은 정치발전 수준으로 인한 외부통제의 미흡, 정치적·사회적 불안으로 인한 공무원의 신분상의 불안, 그리고 사회적 환경을 이루는 구성원들의 전근대적 가치관 등이 행정윤리를 저해하는 요인이 된다.

(2) 행정윤리의 확보방안
① 전제조건
행정윤리를 확보하는 전제조건으로는 인간과 정책의 도덕적 양면성, 도덕적 우선순위를 변화시키는 상황이 있다.

② 행정행태의 쇄신과 공무원의 가치관 전환
㉠ 행정인의 윤리의식을 제고시키고 전문지식을 향상시키기 위해서는 공무원들에 대한 가치관 전환훈련 및 능력발전을 위한 각종 교육훈련이 행해져야 한다.
㉡ 또한 공무원의 선거개입금지와 같은 정치적 중립을 위한 노력도 필요하며, 부패고리를 단절하기 위해 파벌을 지양하려는 노력이 있어야 한다.

③ 제도적 장치의 구비
㉠ 구조화된 부정부패를 일소하기 위해 보다 엄격한 법적 규제장치 및 내부고발자를 보호하는 장치가 마련되어야 한다.
㉡ 직업공무원제도가 확립되어 공무원의 보수 현실화와 연금 적정화가 실현되고 정실인사를 배제하는 합리적인 인사가 이루어질 경우 공무원들은 본래의 직무수행에 충실하게 될 것이다.

개념체크 O X
- 공직윤리의 저해요인으로 관직사유관, 연공서열, 개인적 선호에 의한 인사 등을 들 수 있다. O X
- 내부고발자 보호는 우리나라 현행 공직자윤리법에 포함되어 있다. O X

O, X

ⓒ 현실과 괴리된 법령의 이중적인 규제기준을 현실에 맞게 재조정하여 부정의 소지를 원천적으로 봉쇄하고, 통제중심의 행정관행도 민간주도의 민주사회에 걸맞게 지원중심의 봉사행정으로 바뀌어야 한다. 이를 위해 행정절차의 정비로 급행료를 제거할 필요가 있다.
　　ⓓ 공무원단체의 인정을 통해 자율적·전문적 직업윤리규범을 스스로 세우고 통제할 수 있도록 한다.
　　ⓔ 제도화된 부패의 고리를 차단할 수 있는 방법으로 행정이 공개되어야 한다.
　④ 환경적 요인의 개선
　　㉠ 일반국민도 가치관의 변화가 이루어져야 한다.
　　㉡ 선거, 이익단체의 활동, 여론의 형성 및 매스미디어의 활용, 정책실명제와 정책공동체 등으로 국민통제제도를 확립하고 공개와 참여를 통한 정책 결정을 도모한다.
　　㉢ 또한 국민고충처리위원회와 같은 옴부즈만 제도가 활성화되어야 한다.

> **개념더하기**
> **행정통제의 분류**
> **공식통제**
>
> | 외부통제 | 입법·사법통제, 옴브즈만 |
> |---|---|
> | 내부통제 | 계서적 통제(감독권), 감사원, 국민권익위원회, 평가제도 |
>
> **비공식통제**
>
> | 외부통제 | 민중통제(NGO, 이익단체 등), 여론 |
> |---|---|
> | 내부통제 | 공무원단체, 행정윤리, 대표관료제 |

02 　정치적 중립성

1 　의 의

① 공무원의 정치적 중립이란 공무원이 국가의 봉사자로서 그 직무를 수행함에 있어서 어떤 정당이 집권하더라도 정치적 특수이익을 추구하지 않고 법적 의무 또는 공직윤리로서 비당파성, 공평성, 중립성을 준수하는 것을 의미한다.
② 공무원의 정치적 중립은 공무원은 일당일파의 이익에만 편중하거나 부당한 정치적 압력에 굴복함이 없이 불편부당한 입장에서 자기의 직무를 성실히 수행해야 한다는 것을 말하는 공무원의 행정 규범으로서의 정치적 중립과, 공무원에 대한 모든 인사관리에 있어서 정치적인 상태가 제외되어야 한다는 인사관리의 원칙으로서의 정치적 중립 두 가지로 나뉜다.

2 정치적 중립과 정치·행정관

① 정치적 중립의 원칙은 정치와 행정의 상관관계가 밀접한 현대국가에 있어서 공무원이 정치 또는 정책으로부터 단절되어야 한다는 뜻은 아니다.
② 정치적 중립은 그 자체의 고유법칙성을 가지는 행정에 의하여 특수이익 대신 공익을 증진시켜 공무원이 직책을 완수할 수 있도록 하기 위하여 요청되는 것이다.
③ 정치와 행정의 관계를 연속과정, 상관과정, 순환과정으로서 파악하게 되는 오늘날에 있어서 공무원의 정치적 중립이란 어떠한 정당이 집권하더라도 공무원은 당파성을 떠나 공평성을 가지고 충실히 봉사한다는 것이며, 특수이익을 추구하지 않는다는 것을 의미한다.
④ 행정인은 정책의 수립, 집행과정을 통하여 항상 그리고 불가피하게 정당 또는 이익집단에 의하여 영향을 받는다.
⑤ 행정인이 정당의 정치적 활동이나 이익집단의 활동에 의하여 받게 되는 영향의 범위는 특정국가의 상황에 따라서 다르다.

3 공무원의 참정권과 정치적 중립

① 공무원의 정치적 중립은 시민으로서 향유하여야 할 정치적 자유권의 제한을 의미한다.
② 이러한 정치적 중립은 공무원을 제2급 시민으로 전락시키고 정치적 무관심을 초래하게 된다고 지적한다.
③ 또한 교육수준이 높고 공민정신이 강한 많은 시민의 정치참여기회가 박탈되고 유능한 정당인의 충원이 어렵게 됨으로써 정당기능이 향상될 수 없다고 주장한다.
④ 따라서 공무원의 기본권 보장도 중요하다고 보아야 할 것이며, 공무원의 정치활동금지를 완화해야 한다는 반론이 강력히 대두되고 있다. 공무원의 정치적 중립은 개인의 기본권 보장과 행정의 중립성, 공평성의 확보라는 서로 모순되는 두 개의 원리를 어떻게 조화시키느냐의 문제에 귀착하게 된다.

개념체크 ○ ×

- 공무원의 정치적 중립이란 어느 정당이 집권하든 공평하게 여야 간에 차별 없이 봉사하는 것을 의미한다. ○ ×
- 공무원의 정치적 중립성을 지나치게 강조하다 보면 공무원을 폐쇄집단화할 가능성도 있다. ○ ×

○, ○

4 정치적 중립의 필요성

① 행정에 대한 정치권력의 개입을 방지함으로써 행정의 능률·안정성·전문성을 확보할 수 있다.
② 공무원은 국민전체에 대한 봉사자이므로 특정정당에 대한 봉사자가 될 수 없으며, 공익의 수호자로서 제삼자적·조정자적 입장에서 업무를 수행하여 행정의 공평성·공정성을 확보하여야 한다.

5 공무원의 중립화를 확보하기 위한 방안

(1) 기본목적

① 공무원이 특정의 사인, 단체, 정당의 이익을 위해 그 본연의 업무에 위배된 활동을 하게 될 경우 정권의 변동에 의한 공무원 자신의 신분보장은 물론 보편적인 국민의 의사를 침해받게 된다. 그것은 곧 공무원에 대한 국민의 불신을 가져온다.
② 따라서 공무원들의 정치적 중립제도의 확립을 통해 행정의 민주화와 능률화, 국가업무의 통일성 및 항구성 유지, 안정성 확립과 공익의 효과적인 달성을 위해 기본적인 방안을 모색해야 한다.

(2) 개선책

① 독립적 중앙 인사기관의 설치
② 직업공무원제의 확립
③ 공무원, 정치인, 국민의 가치관 확립
④ 신분보장의 제도화
⑤ 실적제도
⑥ 공무원 단체 활동의 확대

개념더하기

직업공무원제의 확립 요건
- 공직에 대한 사회적 평가가 높아야 한다.
- 우수한 젊은이들을 채용할 수 있는 절차가 마련되어야 한다.
- 실적에 의한 승진의 기회를 충분히 보장해야 하며, 동시에 승진 및 전직의 융통성이 있어야 한다.
- 재직자의 발전을 위한 교육훈련을 강화해야 한다.
- 보수가 적정해야 한다.
- 적정한 퇴직연금 제도가 확립되어야 한다.
- 장기적인 인력계획이 수립되어야 한다.

03 공무원 단체

1 의의와 특성

(1) 의 의
① 공무원 단체란 공무원들이 자주적으로 단결하여 근로조건의 유지 개선과 복지 증진, 기타 경제적·사회적 지위향상을 목적으로 조직하는 단체로 정의될 수 있다.
② 광의의 공무원 단체에는 여러 목적을 지닌 다양한 공식 단체뿐만 아니라 비공식 집단과 자생집단까지 포함되겠으나, 좁은 의미의 공무원단체는 공무원 노동조합을 의미한다.

(2) 공무원 단체의 특성
① 사기업체와 달리 정부는 전체 국민을 대표하므로 공공서비스 영역에서 노사문제 해결을 위한 궁극적 권한은 전체 국민이 가지며, 이는 공무원 단체와 관련된 협상과 합의의 내용 및 의미에 커다란 영향을 미친다.
② 보수를 포함한 공무원의 근무조건은 법령에 의해 정해지므로 공무원 단체는 행정기관의 관리층보다는 의회 쪽에 더 많은 관심을 갖게 된다. 또한 정부 측이 일방적으로 규칙을 정하므로 이러한 여건에서 공무원 단체가 관리층과 협상을 통해 해결할 수 있는 영역은 아주 제한되어 있다.
③ 정부의 의사결정 권한은 사기업보다 훨씬 광범위하게 분산되어 있어 공무원 단체는 교섭상대를 확인하기가 쉽지 않다.

2 공무원 단체의 기능

(1) 공무원 단체의 순기능
① 공무원의 권익증진, 의사전달의 통로
 공무원 단체는 집단으로서 공무원들의 이익을 표시하고 그들의 의사를 관리층이나 입법부에 전달함으로써 그들의 입장을 용이하게 파악할 수 있도록 하여 쌍방의 의사결정에 도움을 준다.
② 사기앙양
 공무원 단체는 공무원들의 참여감·성취감 등을 증진시키고, 이러한 과정을 통해 공무원들의 사기를 높일 수 있으며, 행정능률의 향상 등에 도움을 줄 수 있다.

개념체크 O X
- 공무원 단체는 공무원의 뜻을 관리층과 외부에 전달하여 공직 내 효율적인 의사전달의 통로로 활용된다는 긍정적 효과가 있다. O X
- 공무원 단체는 공무원의 사기앙양에 도움이 된다. O X

O, O

③ 행정내부의 민주화

공무원 단체는 관리층과 대화와 협상을 통하여 상호이해의 증진과 관리층의 횡포를 통제함으로써 대내행정의 민주화와 행정발전에 기여할 수 있다.

④ 실적제의 강화

초기에는 공무원 단체활동과 실적제가 대립되는 측면도 있었지만, 현재는 두 제도가 양립하여 경제적인 편익의 증진, 고충처리의 문제, 승진·휴직·전보·교육훈련은 주로 공무원 단체가 활동하며, 채용과 승진은 실적제가 지배함으로써 오히려 상승효과를 기대하고 있다.

⑤ 올바른 직업윤리의 확립과 부패방지

공무원 단체는 공무원들이 직업적인 행동규범으로부터 이탈되는 것을 막는 사회적 견제작용을 하고, 직업윤리 확립과 자질향상을 위한 교화활동을 전개할 수 있다. 나아가 공무원 단체는 전문직업화를 통한 자율통제효과를 통해 부패방지에 기여할 수 있다.

⑥ 사회적·경제적 지위의 향상

관리층과의 교섭을 통해 공무원들의 근로조건과 지위 및 복지를 유지·향상시킴으로써 공무원들의 경제적·사회적 지위를 향상시킨다.

(2) 공무원 단체의 역기능

① 공적 업무를 수행하는 공무원들의 단체활동은 국민 다수의 이익에 부정적 영향을 미칠 수 있다.
② 공무원 단체가 협상을 통해 얻게 되는 부가적 이득은 다른 집단 또는 일반 납세자들의 추가적 부담을 전제로 한다.
③ 공무원 단체는 공무원의 신분보장을 지나치게 강조하고 선임위주의 인사원칙을 내세움으로써 실적주의 인사원칙을 저해할 수 있다.
④ 공무원 단체는 행정능률을 저해할 수 있다.

3 활동내용

(1) 단결권

공무원 단체를 구성할 수 있는 권리를 말하며, ILO헌장에서는 군대와 경찰을 제외한 공무원의 단결권을 인정한다. 미국은 로이드·라폴레트법(Lloyd-La Follette Act)으로 인정하고 있다.

개념체크 ○×

- 공무원 단체가 행정윤리나 실적주의에 미치는 영향에 대해서는 긍정적인 견해와 부정적인 견해가 대립되고 있다. ○×
- 공무원 단체는 행정조직 내부의 민주화에 기여한다. ○×

○, ○

개념더하기

선진국의 공무원단체

- 단결권 : 미국은 로이드·라폴레트법(Lloyd-La Follette Act)으로 단결권을 인정하고 있다.
- 단체교섭권 : 영국은 휘틀리위원회(Whitley Council)로, 미국은 1962년 '노사협력에 관한 행정명령'으로 인정하고 있다.
- 단체행동권 : 공익을 심대하게 침해할 수 있다는 우려 때문에 대부분 국가에서 금지되고 있으며, 미국은 태프트하틀리법(Taft-Hartley Act)으로 금지하고 있다.

(2) 단체교섭권

관리층과 근로조건 등에 대해 협의할 수 있는 권리로서, 대부분 단결권을 인정하면 단체교섭권도 인정한다. 영국은 휘틀리위원회(Whitley Council)로, 미국은 1962년 '노사협력에 관한 행정명령'으로 이를 인정하고 있다.

(3) 단체행동권

공무원의 단체행동권은 교섭이 결렬되었을 때 파업, 태업 등의 실력 행사를 하는 것으로, 공공업무를 수행하는 특수성을 지닌 공무원들의 파업은 공익을 심대하게 침해할 수 있다는 우려 때문에 극소수의 국가를 제외하고는 대부분 부인되고 있다. 미국은 태프트하틀리법(Taft-Hartley Act)으로 금지하고 있다.

04 부패와 대책

1 의 의

(1) 개 념

① 관료부패란 공무원이 청렴의무를 위반하여 그의 직책과 관련하여 직·간접적으로 부당한 이득을 취하거나 취하려고 기도하는 행위이다.
② 공직자가 사리사욕을 위하여 공직에 부수되는 공권력을 남용하거나 공직의 영향력을 직·간접적으로 행사하여 법규를 위반하는 경우 또는 공직자로서 기대되는 의무의 불이행 등을 총칭한다.

(2) 부패의 특징

① 공무원이 조직참여자로서 부여받은 업무의 수행능력 또는 권력의 행사에 직·간접적으로 관련된 행위이다.
② 직무와 관련하여 사익을 추구한다는 것을 알면서 저지르는 의식적 행위이다.
③ 일정한 제도화된 기대를 위반하는 행위이다.
④ 부패여부의 구체적 판단기준은 시대·문화적 배경에 따라 달라질 수 있다.

개념더하기

행정권의 오남용 형태
- 공금 횡령 등의 부정행위
- 불공정한 편파 인사
- 특정집단의 후원 등 비윤리적 행위
- 무 능
- 법규의 경시 및 위반
- 정보의 선별적 배포를 통한 실책의 은폐
- 입법의도의 편향된 해설을 통한 행정 행위
- 부여된 재량권을 행사하지 않고 적극적 조치를 취하지 않는 무사안일

(3) 우리나라에서의 관료부패 원인
　① 공무원의 전근대적인 가치관과 직업윤리의 타락
　② 내부통제장치의 미흡
　③ 행정처리절차의 저급한 제도화
　④ 현실과 괴리된 이중적인 규제기준
　⑤ 정부주도 경제개발의 경험과 규제중심의 행정
　⑥ 부적절한 보수와 불합리한 인사제도
　⑦ 시민의 낮은 정치의식 수준과 외부통제의 미흡 등

2 관료부패의 기능

(1) 순기능
　① 엘리트와 사회의 통합기능을 수행하여 갈등을 완화시키고, 시민의 공무원에 대한 접근가능성을 증대시킨다.
　② 정경유착을 통한 자본축적을 통해 경제성장을 유도한다.
　③ 관료제의 경직성을 완화하여 행정상의 능률을 향상시킨다.

(2) 역기능
　① 정부의 신뢰성을 저해하여 정치적·사회적 불안정을 유발한다.
　② 사회적 부패의 확대를 조장하여 부패를 일상화·제도화한다.
　③ 건전한 공무원의 사기를 저하시키고 공무원 간의 갈등을 조장한다.
　④ 행정이 가진 자 위주로 봉사하도록 하여 행정의 공평성·형평성을 저해한다.
　⑤ 결국 사회기강의 해이로 사회윤리 붕괴를 가속화하고, 국가경쟁력 약화의 주요인으로 작용한다.

> **개념체크** ○ ×
> • 관료부패는 정경유착을 통한 자본축적을 통해 경제성장을 유도한다. ○ ×
> • 관료부패는 행정의 공평성 및 형평성을 저해한다. ○ ×
> ○, ○

3 관료부패의 유형

(1) 부패의 규모(동기) 기준
① 생계유지형 부패
② 치부형 부패

(2) 제도적 부패와 우발적 부패
① 제도적 부패

부패의 방법이나 과정, 금액, 범위, 배당비율 등이 상당히 관습화·유형화되어 있어서 어느 정도 일정한 행위의 유형을 갖는 부패를 말한다. 죄의식을 느끼지 않고 자행된다는 데 그 특징이 있다.

② 우발적 부패

제도적 부패에 비하여 덜 조직적이며 지속적이다. 크게 죄의식을 느끼는 것이 보통이나, 그 규모가 크거나 권력자가 개입된 경우에는 제도화된 부패에 있어서와 같이 크게 죄의식을 느끼지 않는 경우도 있다.

관료부패의 종류

구 분		특 징
부패의 주체	권력형 부패	암묵적, 정책 결정 이전
	관료부패	정책 결정 과정에 관여
구조화, 제도화 정도	제도적 부패	사회 전반의 불신 풍조 조장, 행정 오용, 비능률
	우발적 부패	연속성 없음, 구조화되지 않음
사회 구성원의 관용도	백색부패	어느 정도 용인, 관례화된 부패, 선의 부패
	회색부패	잠재적, 일부만이 처벌을 원함
	흑색부패	심각한 해를 끼침

4 관료부패의 원인

(1) 환경적 원인
① 정치·경제의 불안정

정부관료제의 일반적 환경이 비윤리적이거나 제도적 결함을 내포하고 있으면 그것이 공무원의 부패를 유발·조장하고 또는 용인하게 된다.

② 행정문화
㉠ 공직 사유화, 조직의 가부장적 운영, 연고주의와 권력지향적 공직관, 부정적 측면 묵인·정당화 관행이 문제가 된다.
㉡ 고객의 전통적인 특권의식과 이기적 편의주의도 부패를 조장할 수 있다.

개념체크 ○ ×
- 제도화된 부패는 행정체제 내에서 조직의 임무수행에 필요한 행동 규범이 예외적인 것으로 전락되고, 부패가 일상적으로 만연화된 상황을 지칭하는 부패 유형이다. ○×
- 흑색부패는 하급 행정 관료들이 낮은 보수를 채우기 위해 생계유지 차원에서 저지르는 생계형 부패 유형이다. ○×

○, ×

개념체크 ○ ×
- 백색부패는 사회에 심각한 해가 없거나 관료사익을 추구하려는 시도가 없는 선의의 부패로서 구성원들이 어느 정도 용인할 수 있는 관례화된 부패 유형이다. ○×
- 회색부패는 사회체제에 파괴적인 영향을 미칠 수 있는 잠재성을 지닌 부패로서 사회구성원 가운데 일부집단은 처벌을 원하지만 다른 일부집단은 처벌을 원하지 않는 부패 유형이다. ○×

○, ○

③ 통제장치의 미흡
　㉠ 제도적으로 통제가 곤란하고, 기대이익을 상실시키지 못한다.
　㉡ 시민고발 정신의 미약도 원인이 된다.

(2) 조직적 요인
① 낮은 보수
보수가 적으면 공무원이 반드시 부패한다는 법칙은 없으나 보수와 연금이 적정화되어 있지 않다면 부패의 유혹을 뿌리치기 어렵다.
② 신분불안
공무원의 신분이 불안정하고 개인적 발전에 관한 전망이 불확실하다면 한탕주의가 싹트게 된다.
③ 절차의 복잡성(급행료)과 불필요한 과다 규제
행정절차가 지나치게 까다롭거나 공무원이 무능하고 행정업무처리가 비능률적이면 부패가 유발된다.
④ 모호한 행정법규에 의한 관료재량의 남용과 관리기준의 비현실성
⑤ 인사행정의 비합리성(정실·금품수수)
⑥ 정부주도형 경제개발
정부관료제가 국가발전을 관리하고 선도하는 역할을 수행하게 되면 거기에 부수하여 여러 가지 부패요인이 생겨날 수 있다.

(3) 개인적 요인
① 공동체 의식의 박약
② 상대적 박탈감
③ 공직자 윤리의식의 정립 없는 막강한 관료력 행사
공무원들의 비생산적인 가치관과 직업윤리의 타락은 부패를 유발하는 근본적 요인이다.
④ 낮은 전문적 지식과 능력 결여

> **개념체크** ○×
> • 공개경쟁에 입각한 임용 방식은 공무원의 도덕적 행위를 저해하는 요인이 된다. ○×
> • 공무원의 도덕적 행위를 저해하는 요인 중 하나로 업무처리의 비밀주의를 들 수 있다. ○×
> ×, ○

5 관료부패 통제의 어려움

(1) 관료부패 관련정보의 빈곤
피해자와 가해자가 명확하지 않으며, 통제집단(사법기관, 감사기관, 언론 등)의 부패로 관련 정보를 제대로 파악하기 어렵다.

(2) 시민의 일시적인 관심
하나의 에피소드로 인식하는 경향이 있다.

(3) 정치행정 체계의 복잡성
하나의 전체적인 망 속에서 형성된다.

(4) 통제의 역기능
무사안일주의를 초래하며, 더욱 음성적으로 거래되고 비용만 증대시킨다. 행위 자체가 아니라 제도의 개선과 병행하는 경우가 있다.

6 관료통제의 방안(부패억제책)

(1) 행정행태의 쇄신과 공무원의 가치관 전환
① 공무원의 내핍정신을 기르고 직업윤리를 향상시키며 직무수행능력을 향상시키기 위해 교육훈련을 강화해야 한다.
② 또한 공무원의 선거개입금지와 같은 정치적 중립을 위한 노력도 필요하다.

(2) 제도적 장치의 구비
① 제도적 장치의 강화
  ㉠ 구조화된 부정부패를 일소하기 위해 보다 엄격한 법적 규제장치가 마련되어야 한다.
  ㉡ 즉, 비리는 반드시 적발되고, 적발되면 엄히 처벌받는다는 신상필벌의 원칙이 확립되어야 하며, 상벌의 가치가 실질화되도록 하여야 한다.
  ㉢ 1994년 제정된 공무원범죄에 관한 몰수특례법도 이런 의미에서 긍정적으로 파악될 수 있다.
② 공무원 근무여건 개선
  ㉠ 직업공무원제도를 확립하고 공무원의 보수와 연금의 적정화가 실현되며 합리적인 인사가 이루어질 경우 공무원들은 본래의 직무수행에 충실하게 될 것이다.
  ㉡ 또한 신분을 적정하게 보장하고 공무원을 조직내외의 부당한 압력으로부터 보호해야 한다.
③ 행정규제완화와 규제법령의 이중성 배제
  ㉠ 현실과 괴리된 법령의 이중적인 규제기준을 현실에 맞게 재조정하여 부정의 소지를 원천적으로 봉쇄하고, 통제중심의 행정관행도 민간주도의 민주사회에 걸맞게 지원중심의 봉사행정으로 바뀌어야 한다.
  ㉡ 이를 위해 행정절차의 표준화와 능률화를 촉진하여 급행료를 제거할 필요가 있다.
  ㉢ 권력남용의 우려가 있거나 행정재량의 폭이 큰 활동영역에는 구체적인 집행준칙을 마련해 주어야 한다.

개념더하기

관료부패 방지대책
- 주민감사제 도입
- 정부의 사회적 규제 완화
- 행정절차의 간소화
- 내부 윤리 운동의 전개
- 행정정보 공개를 통한 행정의 투명성 확보
- 시민단체의 정부활동 감시기능 강화

④ 공무원단체의 인정

공무원단체를 통해 자율적·전문적 직업윤리규범을 스스로 세우고 통제할 수 있도록 한다.

⑤ 행정(정보)의 공개

제도화된 부패의 고리를 차단할 수 있는 방법으로 행정절차의 공개범위를 확대하고 참여행정을 구현하도록 힘써야 한다.

⑥ 조직구조의 개선(업무재설계)

권력의 과도한 집중으로 인하여 부패유발의 위험이 있다면 분권화를 촉진해야 하며, 조직내부의 통제장치와 지도과정을 개선하여 부패억제에 적극적으로 기여할 수 있게 만들어야 한다.

⑦ 내부고발자 보호장치의 마련

㉠ 내부고발자는 내부적 해결기대가 무너졌을 때 절망 속에서 불어대는 호루라기(Whistle-Blower)이다.

㉡ 이를 보호하기 위해 조직 내 그릇된 인식을 불식하고, 내부고발의 조건을 개발·명시하며, 구제제도를 마련한다.

㉢ 미 국세청규약과 같은 부정부패의 정보제공에 대한 보상제도의 도입이나 내부고발자보호법(Whistle-Blower Protection Act)의 제정을 검토할 필요가 있다.

⑧ 수의계약을 축소하고, 사전적·사후적 회계검사를 합리화하며, 감사 활동을 효율적으로 운영해야 한다.

(3) 환경적 요인의 개선

① 일반국민도 가치관의 변화가 이루어져야 하고, 입법적 통제를 비롯하여 선거, 이익단체의 활동, 여론의 형성 및 매스 미디어의 활용, 정책 실명제와 정책공동체 등으로 외부 통제를 강화하며, 공개와 참여를 통한 정책 결정을 도모한다.

② 국민고충처리위원회와 같은 옴부즈만 제도가 활성화되어야 한다.

③ 사회적 환경의 부패 저항 능력을 함양하도록 노력해야 한다. 특히 부패억제정책은 민주적 방법에 의하여 정권의 정당성이 확보되고 집권자에 대한 국민의 높은 지지가 있어야 실효를 기대할 수 있다.

개념더하기

내부고발자보호제도
- 내부 비리를 척결하고 국민을 보호하는 것을 목표로 한다.
- 조직구성원이 재직 중이거나 퇴직 후 고발하는 것이다.
- 내부고발은 조직 운영상의 불법, 부당, 비윤리적 행위를 통상적이 아닌 통로를 통하여 외부에 폭로하는 것이다.
- 내부고발자에 대해 신분상 불이익을 줄 경우 형사처벌이 가능하다.

CHAPTER 05 | 기출분석문제

01 행정윤리의 특징에 대한 설명으로 옳지 않은 것은?

① 행정윤리란 공무원이 행정업무를 수행할 때 준수해야 할 행동규범을 의미한다.
② 공무원은 국민 일부나 특수계층의 봉사자가 아니라 국민 전체에 대한 봉사자이다.
③ 정치와 행정의 상호작용이 활발해지면 행정윤리의 확보가 어려워질 가능성이 높아진다.
④ 행정윤리의 개념을 넓게 해석하면 공무원의 부정부패와 관련된 적극적인 측면으로 이해되기도 한다.

[해설] 행정윤리는 소극적으로 부정부패에 빠지지 않아야 한다는 것이다.

02 공직윤리에 대한 설명으로 옳지 않은 것은?   부산교통공사

① 공직자윤리법에는 퇴직공직자의 취업제한에 대해서 규정하고 있다.
② 내부고발자보호는 우리나라 현행 공직자윤리법에 포함되어 있다.
③ 공직윤리의 저해요인으로 관직사유관, 연공서열, 개인적 선호에 의한 인사 등을 들 수 있다.
④ 공무원들은 국민생활에 심대한 영향을 미칠 수 있는 독점적 권력을 행사하기 때문에 높은 직업윤리를 요구받게 된다.

[해설] 내부고발자보호제도는 부패방지 및 국민권익위원회 설치·운영에 관한 법률에 규정되어 있다.

03 행정윤리의 저해요인으로 볼 수 없는 것은?

① 권위주의적 사고 및 관직 사유관
② 과도한 정부규제 및 비현실적 법규
③ 연공서열 및 개인의 선호에 의한 인사
④ 내부통제 장치의 확보

[해설] 내부통제 장치의 확보는 행정윤리 확립에 기여할 수 있다.

04 행정윤리를 확보하기 위한 방안과 관계가 먼 것은?

① 내부고발자 규제
② 행정정보 공개
③ 민중통제의 강화
④ 규제의 이중성 배제

해설　내부고발자를 규제해서는 올바른 행정윤리 확보가 어렵다. 오히려 내부고발자를 보호하는 조치가 필요하다.

05 국가공무원법에서 규정하고 있는 행정윤리와 관련된 의무에 해당하지 않는 것은?

인천국제공항공사

① 비밀엄수의 의무
② 영리업무 및 겸직금지 의무
③ 선물수수 신고의 의무
④ 친절·공정 의무

해설　선물수수 신고의 의무는 공직자윤리법에 규정되어 있다.

06 공무원의 정치적 중립에 대한 설명으로 옳지 않은 것은?

① 정치적 중립은 엽관제의 폐단을 극복하고 실적주의를 확립하기 위한 핵심가치였다.
② 공무원의 정치적 중립이란 어느 정당이 집권하든 공평하게 여야 간에 차별 없이 봉사하는 것을 의미한다.
③ 공무원의 정치적 중립성을 지나치게 강조하다 보면 공무원을 폐쇄집단화할 가능성도 있다.
④ 정치적 중립을 확보해야 할 필요성으로 공무원의 대표성 확보를 들 수 있다.

해설　일반적으로 정치적 중립을 강조하는 실적관료제는 정치적 사회화나 안배를 중요시하는 대표관료제와 상충되는 것으로 이해한다.

07 공무원의 정치적 중립의 필요성이 아닌 것은?

① 공익의 확대증진
② 행정의 능률화와 합리화
③ 행정의 부패방지
④ 정치행정일원론의 강조

[해설] 정치적 중립을 강조하는 입장은 정치행정이원론이다.

08 공무원 단체에 대한 다음 설명 중 옳지 않은 것은?

한국도로공사

① 미국은 Lloyd-la Follette법에 의해 공무원의 단결권이, 케네디 대통령의 노사협력에 관한 행정명령에 의해 단체교섭권이 인정되었다.
② 공무원 단체가 행정윤리나 실적주의에 미치는 영향에 대해서는 긍정적인 견해와 부정적인 견해가 대립되고 있다.
③ 공무원의 단체교섭권은 행정의 공공성과 국가의 존립·유지에 미치는 영향이 크기 때문에 대체로 금지 또는 제한한다.
④ 공무원 단체는 공무원의 뜻을 관리층과 외부에 전달, 공직 내 효율적인 의사전달의 통로로 활용된다는 긍정적 효과가 있다.

[해설] 행정의 공공성과 국가의 존립·유지에 미치는 영향이 크기 때문에 대체로 금지 또는 제한되는 것은 단체교섭권이 아닌 단체행동권이다.

09 고충민원 처리 및 부패방지에 대한 설명으로 옳지 않은 것은?

① 내부고발자를 보호하기 위한 제도가 시행되고 있다.
② 공공기관의 부패행위에 대해 국민권익위원회에 감사를 청구할 수 있는 국민감사청구제도가 시행되고 있다.
③ 국민권익위원회 위원장과 위원의 임기는 각각 3년으로 하되, 1차에 한하여 연임할 수 있다.
④ 지방자치단체는 고충민원을 처리하기 위해 시민고충처리위원회를 둘 수 있다.

[해설] 공공기관의 부패행위에 대해 국민은 감사원에 감사를 청구할 수 있는 국민감사청구제도가 시행되고 있다.

10 공무원 단체활동 제한론의 근거로 옳지 않은 것은?　　　　　　　　　　　　　　　　　한국지역난방공사

① 실적주의 원칙을 침해할 우려가 있다.
② 공무원의 정치적 중립성이 훼손될 수 있다.
③ 공직 내 의사소통을 약화시킨다.
④ 보수인상 등 복지요구 확대는 국민부담으로 이어진다.

해설　공무원단체를 통하여 관리층과 구성원 간 의사소통이 촉진되고 행정관리 개선에 기여한다.

11 행정권의 오용이 아닌 것은?

① 법규중심의 융통성 없는 인사
② 부여된 재량권을 행사하지 않고 적극적 조치를 취하지 않는 무사안일
③ 정보의 선별적 배포를 통한 실책의 은폐
④ 입법의도의 편향된 해설을 통한 행정행위

해설　법규중심의 융통성 없는 인사는 행정권의 오남용에 해당하지 않는다.
〈행정권의 오남용 형태〉
- 공금 횡령 등의 부정행위
- 불공정한 편파 인사
- 특정집단의 후원 등 비윤리적 행위
- 무 능
- 법규의 경시 및 위반
- 정보의 선별적 배포를 통한 실책의 은폐
- 입법의도의 편향된 해설을 통한 행정행위
- 부여된 재량권을 행사하지 않고 적극적 조치를 취하지 않는 무사안일

12 국가공무원법에 규정된 고위공무원단 내용이 아닌 것은?　　　　　　　　　　　　　　한국산업인력공단

① 고위공무원단에 속하는 공무원에 대하여 5년마다 적격심사를 한다.
② 직무수행이 곤란하다고 판단되는 경우에는 해당자를 '직권면직'할 수 있다.
③ 고위공무원단에 속하는 공무원의 경우 소속장관은 당해 부처에 소속되지 아니한 자에 대하여도 임용제청을 할 수 있도록 하였다.
④ 다른 부처 공무원과의 경쟁을 통하여 적격자를 임용하는 '공모직위제도'를 도입하였다.

해설　고위공무원단에 속하는 공무원에 대하여 5년마다 적격심사를 하는 규정은 삭제되었다.

13 공무원의 도덕적 행위를 저해하는 요인이 아닌 것은?

① 계층제적 조직 구조
② 조직의 공식적인 업무처리 절차와 규칙
③ 공개경쟁에 입각한 임용 방식
④ 업무처리의 비밀주의

해설 〈공무원 행정윤리의 저해요인〉
전근대적 가치관, 낮은 보수액, 불공정한 인사행정, 내·외부적 통제장치의 결여 등이 공무원의 행정윤리를 저해한다.

14 부패에 대한 사회구성원의 관용도에 따른 분류에서, 사회체제에 파괴적인 영향을 미칠 수 있는 잠재성을 지닌 부패로 사회구성원들 가운데 일부집단은 처벌을 원하지만 다른 일부집단은 처벌을 원하지 않는 경우의 부패를 무엇이라고 하는가?   대구교통공사

① 백색부패(White Corruption)
② 회색부패(Gray Corruption)
③ 흑색부패(Black Corruption)
④ 황색부패(Yellow Corruption)

해설 백색부패는 도덕적 비난의 대상이 되나 흑색부패는 처벌의 대상이 되는 부패이다. 그 중간에 속하는 부패는 회색부패이다.

05

재무행정론

CHAPTER 01 예산의 일반이론

CHAPTER 02 예산제도

CHAPTER 03 예산의 과정

Chapter 01
예산의 일반이론

기출복원문제

키워드   예산의 분류

예산의 분류 중 기능별 분류에 대한 설명으로 옳지 않은 것은?   한국서부발전

① 입법부의 예산심의와 재정통제를 용이하게 하며 정부예산의 유통과정을 쉽게 파악할 수 있다.
② 기능을 사업계획과 활동으로 세분화하기에 행정부의 예산집행에 신축성이 있으며 예산지출의 효율성을 제고할 수 있다.
③ 기획은 사업별 예산을 포함하며 공공사업은 정부기획과 관련되었을 경우에만 의미를 가진다.
④ 큰 기능에는 몇 개 부처의 예산이 동시에 포함되어 어느 부처의 예산인지 파악하기 어려운 경우도 발생한다.

해설 기능별 분류는 사업별 예산이 밝혀지기 때문에 입법부의 예산심의에는 도움을 주는 예산 분류 방식이지만, 여러 부처가 관련되어 있을 경우 재정통제가 어려우며 정부예산의 유통과정을 쉽게 파악하기 힘들다.

정답 ①

기출 키워드	중요도
☑ 예산 제도	★★
☑ 예산의 기능	★
☑ 예산의 원칙	★
☑ 예산의 종류	★★★
☑ 일반회계와 특별회계	★★
☑ 준예산	★★
☑ 예산의 분류	★★★
☑ 조세지출 예산제도	★

PART 5 재무행정론

예산의 일반이론

01 예산의 의의와 기능

1 예산의 의의

(1) 예산의 개념
① 일반적으로 예산이란 화폐단위로 표시한 일정기간(1회계연도)의 세입세출에 대한 계획으로서, 정부가 수행해야 할 국가재정활동의 지침 내지 사업계획의 윤곽을 나타낸다.
② 즉, 예산은 소요자원과 가용자원의 추계를 포함하여 정부목적과 관련되는 사업의 수행계획이다.
③ 예산의 형식적 개념은 법률적 개념을 말하는데, 이는 입법부가 행정부에 대하여 재정권을 부여함으로써 행정기관이 예산을 지출할 수 있는 권한을 인정받는 동시에 예산의 목적·금액의 범위 내에서만 지출해야 하는 법적 구속을 받는다는 것을 의미한다.
④ 예산의 실질적 개념이란 국가의 재정수요와 이에 충당할 재원을 비교하여 배정한 1회계연도에 있어서의 세입·세출의 예정적 계산을 말한다.

(2) 예산과 재정의 관계
① 재정은 국가 또는 공공단체가 공공수요를 충족하기 위하여 필요한 재화를 조달·관리·배분하는 경제활동을 의미하며, 예산보다 범위가 넓은 개념이다.
② 재정은 국가 또는 지방공공단체가 공적 권력 작용이나 경제적 행위 등에 의하여 금전을 취득하고 이를 공공목적에 지출해 가는 것이며, 예산은 이러한 금전활동을 규율하기 위한 경제의 예정적 계획이다.

> **개념더하기**
> 우리나라의 예산제도
> • 예산공개주의
> • 준예산제도
> • 사전의결주의

2 예산의 기능

(1) 정치적 기능
예산상의 자원배분은 단순히 합리적·과학적·총체적으로 결정되는 것이 아니고, 다양한 이해관계의 조정과 타협으로 결정된다.

(2) 법적 기능
① 예산은 입법부가 행정부에 대해 재정권을 부여하는 하나의 형식이다.
② 예산이 법률의 형식을 띠지 않더라도 입법부의 승인을 받음으로써 강제적으로 집행해야 할 의무를 안게 된다.
③ 세입예산은 추계치에 불과하고, 실제 징수는 예산의 영향을 받지 않지만, 세출예산은 그 집행에 보다 엄격하게 구속을 받는데, 의회승인액보다 많은 지출을 하려면 이용·전용 등의 다양한 절차를 거쳐야 가능하다.

(3) 행정적 기능
시크(A. Schick)는 예산제도의 발전과 관련하여 통제, 관리, 계획으로 구분하였다. 1980년대 이후의 행정적 기능으로 감축기능을 포함시키기도 한다.

① 통제적 기능
  ㉠ 예산 총규모 및 세부 예산액에 대한 민주적 통제, 즉 재정민주주의(Fiscal Democracy)를 의미하며, 여전히 중요하다.
  ㉡ 예산과정에 있어서 주로 예산의 배정·재배정 등 집행기능 및 회계검사와 관련된다.

② 관리적 기능
  ㉠ 행정부가 가용자원을 효과적으로 동원하여 각종 사업계획을 뒷받침하기 위하여 가능한 한 최대의 경제성·능률성을 고려하면서 예산을 관리하는 기능이다.
  ㉡ 관리기능은 예산과정의 모든 단계와 관련된다.

③ 계획기능
  ㉠ 계획기능을 통하여 조직목표가 결정되고, 대안이 평가되어 사업이 선정되며, 목표달성을 위한 자원이 확보·배분될 수 있다.
  ㉡ 장기적인 계획과 단기적인 예산의 연계를 의미한다.
  ㉢ 이러한 계획기능은 예산안 편성단계와 밀접하게 관련된다.

(4) 경제적 기능
예산이 국민경제에 미치는 영향을 고려하여, 재정정책의 수단으로 활용하는 것을 말하며, 머스글레이브(R.A. Musgrave) 등이 강조하였다.

① 자원배분기능
  정부는 현재의 수요·공급을 직접 담당하거나 예산의 지원으로 자원을 배분한다.

② 소득재분배기능
  상속세·소득세 등의 세율조정이나 사회보장적 지출 등을 통하여 사회계층의 소득분배의 불균등을 해소한다.

개념체크 ○ ×

• 우리나라는 예산제도로서 예산법률주의를 채택하고 있다. ○Ⅹ
• 머스글레이브(R.A. Musgrave)가 제시한 예산의 3대 기능은 경제안정기능, 소득(재)분배기능, 자원배분기능이다. ○Ⅹ

×, ○

③ 경제안정기능

자본형성, 강제저축, SOC기능 확충 등

02 예산의 원칙

1 의 의

① 예산의 원칙이란 예산과정, 특히 집행과정에서 지켜야 할 준칙들을 말하는 것으로, 정부의 역할에 대한 태도에 따라 달라진다.
② 입법국가시대에 행정부에 대한 입법부의 통제를 강조할 때 제시된 것이 전통적 예산원칙이고, 행정국가시대에 행정부의 재량과 환경변화에 따른 융통성을 강조할 때 효율적 관리를 위한 예산원칙으로 등장한 것이 현대적 예산원칙이다.
③ 스미스(H. Smith)는 입법부에 의한 행정부 통제를 위한 전통적 예산원칙과 행정부의 광범한 활동자유를 인정하는 관리를 위한 현대적 예산원칙이 외견상 대립적인 요인을 내포하고 있으나, 근본적으로는 양자가 모든 국민을 위하여 보다 나은 정치를 이룩한다는 동일한 목적에 이바지할 수 있는 것이므로 상호간 조화될 수 있으며 보완관계에 있다고 보았다.

> **개념더하기**
>
> **예산원칙의 구분**
> - 고전적 예산원칙 : 19C 입법국가 시대 노이마크(F. Neumark), 선델슨(J.W. Sundelson), 스미스(A. Smith)가 주창함. 통제위주의 특징을 가짐
> - 현대적 예산원칙 : 20C 행정국가 시대 스미스(H. Smith)가 주창함. 신축성 유지(예산의 관리·기획기능)의 특징을 가짐

2 전통적(고전적) 예산원칙(F. Neumark)

정부의 기능이 단순하고 예산의 규모가 적었던 시기에는 통제지향적인 예산운영과 입법부의 재정통제에 주안점을 두었던 입법부 우위의 예산원칙이 확립되었다.

(1) 예산통일성의 원칙

모든 수입을 하나의 공통된 일반세원에 포함하여 지출해야 한다는 것으로, 특정한 세입과 특정한 세출을 직접 연결시켜서는 안 된다는 원칙이다. 그 예외로서 목적세, 특별회계 등을 들 수 있다.

(2) 사전의결의 원칙

예산을 집행하기 전에 입법부의 승인을 받아야 한다. 다음회계연도 30일 전까지 의결해야 한다.

(3) 정확성(엄밀성)의 원칙

예산추계가 가능한 한 정확하도록 예산과 결산은 가급적 일치해야 한다. 그러나 이용·전용·이월 등으로 일치하지 못하고 있다.

(4) 한정성의 원칙

예산의 각 항목은 상호명확한 한계를 지녀야 한다. 즉, 정해진 목적을 위해 정해진 금액을 정해진 기간 내에 사용해야 한다. 목적 외 사용금지와 회계연도 독립의 원칙이 이에 따르는 것이다. 이에 의하면 예산의 전용이나 이용을 금지 내지 제한하거나 초과지출을 금지한다.

(5) 완전성(Comprehensiveness)의 원칙

예산에는 모든 세출·세입이 완전히 계상되어야 하며, 예산에 계상되지 않은 수입·지출은 인정될 수 없다. 즉, 조세징수비를 공제한 순세입만을 기재해서는 안 된다.

(6) 공개성의 원칙

예산과정의 주요한 단계는 국민에게 공개하여야 한다.

(7) 단일성의 원칙

독립된 복수의 예산이 있게 되면 전체적인 관련성이 불명확하게 되어 혼란을 야기하고, 예산에 대한 국민의 감시를 회피할 우려가 있으며, 의회의 예산통제권도 저해된다. 따라서 가능한 한 단일하게 편성해야 한다.

(8) 명료성의 원칙

국민이 쉽게 이해할 수 있도록 합리적인 관점에서 분류되고, 수지의 추계가 명확하며, 수입의 유래와 용도가 분명하게 표시되어야 한다.

전통적 예산원칙

원 칙	내 용	예 외
통일성의 원칙	특정세입과 특정세출 결부 금지	특별회계, 목적세
사전의결의 원칙	국회의 사전 승인	준예산, 기금, 정부투자기관 예산
정확성의 원칙	예산과 결산의 일치	-
한정성의 원칙	질적 : 비목(목적) 외 사용금지	이용, 전용
	양적 : 초과지출 금지	예비비
	시간적 : 회계년도 독립의 원칙	이월, 계속비, 과년도 지출·수입
완전성의 원칙	예산총액주의(순계예산 금지)	현물출자, 외국차관 도입하여 전대할 때
공개성의 원칙	국민에 대한 재정활동의 공개	국방비, 안기부 예산 등 체제 유지비
단일성의 원칙	단수예산	특별회계, 기금, 추가경정예산
명료성의 원칙	국민·국회의 이해 용이	-

개념체크 ○×

• 예산단일성의 원칙은 예산은 모든 국민이 알기 쉽게 분류·정리되어야 한다는 원칙을 말한다. ○×
• 예산완전성의 원칙이란 모든 수입과 지출은 예산에 계상되어야 한다는 원칙이다. ○×
• 예산엄밀성의 원칙은 정해진 목표를 위해서 정해진 금액을 정해진 기간 내에 사용해야 한다는 원칙을 말한다. ○×

×, ○, ×

3 현대적 예산원칙(행정국가적 예산원칙)

현대적 예산원칙은 스미스(H. Smith)가 제창한 것으로, 예산운영상의 신축성을 부여하기 위한 관리지향의 원칙이며, 예산운영면에서 전문성·계획성·능률성이 강조되는 행정부 우위의 예산원칙이다.

(1) 행정부 책임의 원칙
행정부는 입법부의 의도에 따라 예산을 경제적으로 집행할 책임(지출의 적법성보다는 효과성과 내용성)이 있다.

(2) 상호교류적 예산기구의 원칙
중앙예산기구와 각 부처 예산기구는 상호교류적 관계에 있으며, 양자 사이에는 활발한 상호작용과 의사소통을 통해 능률적·적극적인 협력관계가 확립되어 있어야 한다.

(3) 보고의 원칙
예산과정은 선례나 관습보다는 각 수요기관이 제출한 정확한 재정보고 및 업무보고를 참고로 하여 편성·심의·관리되어야 한다.

(4) 다원적 절차의 원칙
효율성을 높이기 위해 사업성질에 따라 예산 내용의 형식·절차를 다르게 해야 한다. 이를 위해 특별회계·기금제도를 운영하고, 공기업을 일반행정기관과 차이를 둔다.

(5) 적절한 수단구비의 원칙
예산의 효과적인 이용을 위하여 유능한 공무원이 배치된 예산기관, 분기별 배정계획, 준비금제도 등의 수단을 강구해야 한다.

(6) 행정부 재량의 원칙
행정부의 재량범위를 확대하여 법에 설정된 목적달성에 적절한 방법을 강구한다.

(7) 행정부 계획의 원칙
예산은 행정수반의 정치적인 계획을 반영하는 것으로 행정수반의 감독하에 편성하고, 사업계획과 예산편성을 유기적으로 한다.

(8) 시기신축성의 원칙
상황의 변화에 신속히 대응할 수 있는 장치를 마련하여 사업계획 실시시기를 경제적 필요에 따라 융통성 있게 조정할 수 있도록 한다. 계속비·이월 등의 경우에 회계연도 독립의 원칙을 완화한다.

개념더하기

현대적 예산원칙의 제기
- 현대적 예산원칙은 스미스(H. Smith)가 제창하였다.
- 예산운영상의 신축성을 부여하기 위한 관리지향의 원칙이다.
- 전통적 예산원칙을 그대로 준수하는 것은 좋으나, 통제만 강조할 경우, 관리·기획 기능이 저하될 우려가 있었다. 또한 행정기능의 확대와 공기업의 증대로 예산의 규모가 증대하였다.
- 따라서 예산운영면에서 전문성·계획성·능률성이 강조되는 행정부 우위의 예산원칙이 제기되었다.

예산원칙의 비교

전통적 예산원칙	현대적 예산원칙
입법부 우위론적인 예산원칙	행정부 우위론적인 예산원칙
통제지향적인 원칙	관리중심적인 원칙
A. Smith, Sundelson, L Say, F. Neumark 등의 학자	H. Smith
• 예산공개성의 원칙 • 예산명료성의 원칙 • 예산사전의결의 원칙 • 예산엄밀성의 원칙 • 예산한정성의 원칙 • 예산단일성의 원칙 • 예산통일성의 원칙 • 완전성의 원칙	• 행정부 계획수립의 원칙 • 행정부 책임의 원칙 • 보고의 원칙 • 적절한 수단구비의 원칙 • 다원적 절차의 원칙 • 행정부 재량의 원칙 • 시기신축성의 원칙 • 상호교류적 예산기구의 원칙

03 예산의 종류

1 세입·세출의 성질에 따른 종류

(1) 일반회계

일반회계는 국가활동에 관한 세입과 세출을 포괄하는 예산으로서, 그 세입을 주로 조세수입으로 충당하고, 세출은 국가의 존립과 유지를 위한 기본적 지출로 구성된다.

(2) 특별회계

① 의 의
 ㉠ 특정한 세입으로 특정한 세출에 충당함으로써 일반회계와 구분하여 계리할 필요가 있을 때 법률로써 설치되는 예산이다.
 ㉡ 국가의 경제적·재정적 기능이 확대됨에 따라 특별회계의 수는 많아지는 경향이 있으며, 이에 따라 예산의 구조도 복잡해진다.
 ㉢ 특별회계의 규모는 일반회계의 2/3에 달할 정도로 그 규모가 방대하여 재정팽창과 재정적자의 주요 요인이 되고 있고, 그 운영에 있어서 여러 가지 문제점을 나타내고 있다.

② 특 징
 ㉠ 예산단일의 원칙과 예산통일의 원칙의 예외 적용이 된다.
 ㉡ 특별법에 의하여 만들어지고 운영된다.

> **개념체크** ○×
> • 특별회계 예산에서는 입법부의 예산통제가 용이해진다. ○×
> • 일반회계는 특정 수입과 지출의 연계를 배제하지만, 특별회계는 특정 수입과 지출을 연계하는 것이 원칙이다. ○×
>
> ×, ○

ⓒ 발생주의 원칙에 의한 회계처리

정부기업예산법에 의한 기업회계 원칙에 의하여 계리되는 특별회계는 원가계산, 감가상각, 수입금마련 지출제도의 운영, 집행의 신축성을 위하여 목간전용을 용이하게 하거나, 자금조달을 위해 국채발행을 할 수 있다.

③ 특별회계의 장단점

ⓐ 장 점
- 정부가 사업을 운영하는 경우 수지를 명백히 한다.
- 행정기관의 재량범위를 넓혀 줌으로써 능률의 증진과 경영의 합리화를 기할 수 있다.
- 안정된 자금을 확보하여 안정적인 사업운영을 할 수 있게 한다.
- 행정기능의 전문화와 다양화에 기여한다.

ⓑ 단 점
- 예산구조를 복잡하게 하여 예산의 심의, 관리 및 재정경제 정책과의 연결·운영을 어렵게 한다.
- 국가재정의 전체적인 관련성을 명확하지 않게 하여 통합성을 저해한다.
- 입법부의 예산통제 또는 국민의 행정통제를 어렵게 한다.

(3) 기금

① 의 의

기금은 국가가 사업운영상 필요할 때에 한하여 법률로써 특별히 설치하는 자금을 말한다.

② 기금제도의 특징

ⓐ 예산이 조세수입을 재원으로 하며 무상적 급부를 원칙으로 하는 데 반해, 기금은 주로 일반회계로부터의 전입금이나 정부출연금 등에 의존하며 유상적 급부를 원칙으로 한다.

ⓑ 기금은 상대적으로 신축성·자율성을 부여받는다. 즉, 복잡한 행정수요의 충족을 위해 행정기관의 재량범위를 확대하여 경영합리화를 도모한다.

ⓒ 일반회계예산은 예산통일의 원칙을 적용받지만, 기금은 특정수입으로 특정지출에 충당하게 되며 세입·세출예산 외로 운영되어, 재정운용의 신축성과 효율성을 확보할 수 있다.

개념체크 ○×
- 우리나라 기금은 특별회계처럼 국회의 심의·의결로 확정되며, 집행부의 재량이 상대적으로 큰 편이다. ○×
- 우리나라 기금은 주한 미국기지 이전, 행정중심 복합도시 건설 등 기존의 일반회계에서 처리가 곤란한 대규모 국책 사업을 실행하기 위해 운용된다. ○×

○, ×

2 예산편성 절차에 따른 종류

(1) 본예산
본예산은 정기적으로 매년 다음 해의 총세입과 세출을 예산으로 편성하여 정기예산국회에 다음 회계연도가 시작되기 90일 전에 제출하는 예산이다.

(2) 수정예산
① 예산안이 편성되어 국회에 제출된 후 심의를 거쳐 성립되기 이전에 부득이한 사유로 인하여 그 내용의 일부를 수정하고자 하는 경우 작성되는 예산안을 의미한다.
② 예산안이 국회를 통과하기 전에 수정하는 제도인 수정예산과는 달리 추가경정예산은 예산이 국회를 통과·성립한 후에 변경하는 제도이다.

(3) 추가경정예산
① 예산이 국회를 통과하여 성립한 후에 생긴 사유로 인하여 이미 성립된 예산에 변경을 가할 필요가 있을 때 편성되는 예산이다.
② 본예산과 추경예산은 각각 별개로 성립하여 시행되지만 원래 추경예산은 본예산의 항목·금액을 추가하거나 수정하는 것이므로 일단 성립하면 본예산에 흡수되어 본예산과 추경예산을 통산하여 전체로서 집행하게 된다.

> **개념더하기**
>
> **추경예산 성립사유**
> - 전쟁이나 대규모 자연재해 발생
> - 경기침체, 대량실업, 남북관계 변화, 경제협력 등 중대변화 발생
> - 법령에 따른 지급발생

3 예산집행 절차에 따른 종류

(1) 준예산
① 준예산이란 새로운 회계연도가 개시될 때까지 예산이 국회에서 의결되지 못한 때에 정부가 국회에서 예산안이 의결될 때까지 전년도 예산에 준하여 경비를 지출할 수 있는 예산이다.
② 준예산제도가 적용되는 경비는 헌법이나 법률에 의하여 설치된 기관 또는 시설의 유지비·운영비, 법률상 지출의 의무가 있는 경비, 이미 예산으로 승인된 사업의 계속을 위한 경비 등이다.
③ 준예산은 해당연도의 예산이 정식으로 성립되면 그 성립된 예산에 의하여 집행된 것으로 간주된다. 국회의결이 필요 없이 당해 연도의 예산이 성립할 때까지 제한 없이 사용할 수 있으나, 실제 이용된 적은 없다.

(2) 잠정예산

① 잠정예산이란 회계연도 개시일 전까지 예산이 국회를 통과하지 못하는 경우 일정기간 동안 일정금액(최초 3~4개월분) 예산의 국고지출을 잠정적으로 허용하는 제도이다.
② 수정통과가 거의 없는 영국과 같은 나라에서 상례적으로 잠정예산이 사용되고 있으며, 예산성립과 집행의 시간적 괴리축소기능을 한다.

(3) 가예산

잠정예산과 유사하나 사용기간이 1개월인 점에서 다르며, 한국은 1957년 이전까지 사용한 적이 있다.

4 예산기법상의 예산제도

(1) 품목별 예산제도(LIBS)

전통적 예산기법에 근거를 두는 예산제도로서, 정부가 구입하는 물품이나 서비스에 치중하는 통제중심적 예산이다.

(2) 성과주의 예산제도(PBS)

한정된 정부예산의 효율적 운용을 위하여 예산과목을 사업별로 분류하고 각 세부사업별로 단위원가와 업무량을 분석하여 합리적인 예산결정기법을 활용하려는 예산이다.

(3) 계획예산제도(PPBS)

장기적 계획과 단기적 예산편성을 유기적으로 연관시켜, 자원배분에 관한 합리적인 의사결정을 추구하려는 예산이다.

(4) 영기준예산제도(ZBB)

예산결정의 기준을 전년도예산에 구애받지 않고, 영에서 출발하여 합리적인 예산결정기법을 활용하려는 예산이다.

(5) 자본예산제도

현금주의가 아닌 발생주의 회계방식을 활용하는 예산으로서 경제변동에 대응하여 정부가 공공투자활동을 조정할 수 있게 하려는 예산제도이다.

개념더하기

계획예산의 동기
- 경제분석
- 정보, 정책기법의 발전
- 절약과 능률의 혼합

(6) 덮개예산제도(Envelope Budgeting)

1차적으로 관례와 우선순위에 따라 각 덮개, 즉 각 정책분야에 자원을 배분하고 2차로 각 정책분야별 관계자가 세부적인 자원배분을 하게 되는데 반드시 한 사업예산의 증액은 다른 사업예산의 감액과 연계시켜 상쇄하도록 하는 예산이며, 정도의 차이는 있으나 캐나다·뉴질랜드·호주 등에서 활용된 제도이다.

(7) 일괄예산제도(Bulk Budgeting)

인건비나 시설비 등을 중심기준으로 하는 전통적인 투입예산방식으로 예산이 배정되지 않고 일괄적으로 자금을 배분하여 관리자가 적법인 한 재량권을 가지고 자유롭게 예산을 집행한 후 성과에 따라 실적을 평가받도록 하는 제도이다.

(8) 목표기준예산제도(Target Base Budget)

각 행정기관이 예산요구서를 제출할 때 스스로 우선순위와 한계를 설정해 주는 제도로서 예산요구에 대한 사전정책지침의 역할을 한다. 이 제도는 미국에서 전통적인 예산제도에 대한 효과적인 보완책으로서 활용되어 왔으며, 특히 적자재정지출을 감축하기 위한 제도적 장치로서 1980년대부터 중요시되어 왔다.

> **개념체크** ○ ×
> - 품목별 예산제도(LIBS)는 통제지향적 예산이다. [O|X]
> - 성과주의 예산제도(PBS)는 관리지향적 예산이다. [O|X]
> - 영기준예산제도(ZBB)는 목표지향적 예산이다. [O|X]
>
> ○, ○, ×

04 예산의 분류

1 예산분류의 의의

(1) 의 의

① 예산분류란 예산과정을 원활히 수행하기 위하여 일정기준에 의하여 항목화하는 것을 의미한다.
② 국가의 세입과 세출을 일정한 기준에 따라서 유형별로 구분하여 이를 체계적으로 배열한 것을 말한다.
③ 세입·세출에 관한 예산자료는 예산목적과 그 중요성, 예산주체 또는 예산의 경제적·사회적 기능 내지 영향이 이해될 수 있고 이를 용이하게 비교할 수 있도록 체계적으로 분류되어야 한다.

> **개념더하기**
>
> **예산분류와 예산과목**
> 예산과목이란 예산에 표시되는 금액의 내용을 나타내는 사항의 명칭으로서 예산분류를 위하여 각 단계별로 표제를 붙인 것을 말한다.

(2) 목 적
① 예산분류는 예산결정에 있어서 유용한 정보를 제공하는 데 목적이 있다.
② 예산분류는 예산과정과 관련하여 사업계획의 수립을 포함한 예산편성, 심의, 집행 및 회계검사 그리고 평가, 환류 등에 중요한 의미를 가지고 있다.
③ 정부 간에 또는 시간의 흐름을 감안하여 비교가 가능하도록 분류할 필요가 있으며, 정부회계제도의 분류체계와의 연계를 염두에 두고 분류할 필요가 있다.
　⊙ 사업계획의 수립과 예산심의의 능률화
　ⓒ 예산집행의 효율화
　ⓒ 회계책임의 명확화
　② 경제분석의 촉진

2 예산분류의 방법

(1) 조직별 분류
① 의 의
　⊙ 예산내용을 그 편성과 집행책임을 담당하고 있는 조직단위별로 분류하는 것인데, 소관별 분류가 이에 해당하며, 품목별 분류와 함께 전통적 분류방법이다.
　ⓒ 예산운용 과정과 일치하므로 예산의 편성·심의·집행·회계 검사에 이르는 전 과정에 유용하며, 예산관리의 책임성이 강조된다.
② 장 점
　⊙ 입법부의 예산통제에 가장 효과적이다.
　ⓒ 경비지출의 책임소재를 분명히 할 수 있다.
　ⓒ 예산과정의 단계를 명백히 한다.
③ 단 점
　⊙ 경비지출의 목적을 밝힐 수 없다.
　ⓒ 예산의 전체적인 경제적 효과를 파악할 수 없다.
　ⓒ 조직활동의 전반적인 성과나 사업계획의 효과를 평가하기 어렵고, 사업의 우선순위를 파악하기 어렵다.

(2) 품목별 분류 또는 지출대상별 분류

① 의 의
  ㉠ 예산을 급여, 수당, 정보비 등 지출대상에 따라 분류한 것이며, 지출대상을 유사한 성질들로 묶어 재분류한 경비성질별 분류가 이에 해당한다.
  ㉡ 조직별로 대별된 예산은 다시 품목별 분류에 의하여 세분되며, 이를 품목별 예산(LIBS)이라고 한다.
  ㉢ 예산명세성의 원칙에 부합하는 분류방식이다.
  ㉣ 현재 인건비, 물건비, 경상이전비, 자본지출, 융자금, 출자금, 보전재원 등으로 구분하고 있다.

② 장 점
  ㉠ 예산집행자의 회계책임을 명확히 한다.
  ㉡ 인건비가 하나의 항목으로 구성되어 있기 때문에 이를 통하여 정원 및 현인원에 대한 자료 확보가 가능하므로 인사행정에 유용한 자료·정보를 제공한다.
  ㉢ 지출의 합법성에 치중하는 회계검사가 용이하다.
  ㉣ 행정의 재량범위를 줄여 행정부 통제를 용이하게 한다.

③ 단 점
  ㉠ 정부지출의 전모와 지출목적 및 사업의 우선순위를 파악하기 어렵다.
  ㉡ 예산집행의 신축성을 저해할 우려가 있다.
  ㉢ 정책수립에 도움이 되는 자료를 제공하지 못한다.
  ㉣ 국민들의 이해가 곤란하다.

(3) 기능별 분류

① 의 의

예산을 정부가 수행하는 기능(활동영역)별로 분류하는 것으로, 정부가 수행하는 주요사업의 목록표와 같다. 정부업무에 관한 개략적인 정보를 시민에게 제공한다는 의미에서 '시민을 위한 분류'라고도 한다.

② 장 점
  ㉠ 행정수반의 예산결정과 의회의 예산심의에 도움을 준다.
  ㉡ 장기간에 걸쳐 연차적으로 정부활동을 분석하는 데 효과적이다.
  ㉢ 정부계획의 성격상의 변동이나 중점의 변동을 파악하는 데 적합하다.

③ 단 점
  ㉠ 회계책임을 확보하기가 곤란하다.
  ㉡ 기관별 예산의 흐름을 파악하기 곤란하다.
  ㉢ 예산이 국민경제에 미치는 영향을 파악하기 어렵다.

개념체크 ○ ×

• 예산지출의 대상과 성질을 기준으로 세출예산 금액을 분류하는 품목별 분류는 회계책임을 명백히 한다는 장점이 있다. ○ ×
• 품목별 분류의 장점은 예산을 신축적으로 운영할 수 있다는 점이다. ○ ×

○, ×

개념더하기

시민을 위한 분류(Citizen's Classification)
예산의 분류 중 '기능별 분류' 방법은 정부업무에 관한 개략적인 정보를 시민에게 제공하고 시민들에게 예산의 내용을 알리는 가장 좋은 방법이기 때문에 '시민을 위한 분류(Citizen's Classification)'라고 지칭된다.

④ 특 징
  ㉠ 기능별 분류를 세분하면 사업 및 활동별 분류와 연계될 수 있다.
  ㉡ 대항목은 몇 개 부처의 예산을 동시에 포함하기 때문에, 이것만으로는 어느 부처의 예산인지 파악하기 어렵다.
  ㉢ 공공사업을 별개의 범주로 삼지 않는다.
  ㉣ 하나의 기능이 다른 기능과 중복될 수 있으므로 지출총액을 계상하는 데 중복이 없게끔 정부활동은 오직 한 번만 계산되도록 하여야 한다.
  ㉤ 세출예산에만 사용된다.
  ㉥ 기능수행에 직접 투입되는 재원만 계상되는 것이 아니라, 지원경비, 즉 일반행정비도 포함된다.

(4) 사업별 분류와 활동별 분류

① 사업별 분류는 각 부처가 실시하는 단위사업 계획별로 분류하는 것으로 기능별 분류와 활동별 분류를 연결해 주며, 활동별 분류는 사업계획을 구성요소나 하위요소로 구분하는 것이다.

② 기능별·사업계획별·활동별 분류는 예산집행의 효율성에 치중하는 프로그램 중심의 현대적 분류방법으로서, 예산집행의 합법성에 치중하는 전통적인 분류방법인 조직별·품목별 분류와 대조된다.

③ 즉, 사업별 분류는 예산편성이나 요구의 합리적 기초를 제공하고 사업계획의 수립과 이에 따른 재정수용의 파악을 용이하게 하기 때문에 계획예산제도와 밀접한 관련이 있고, 활동별 분류는 예산안의 편성이나 회계업무와 관련이 깊기 때문에 성과주의 예산과 관련되어 있다.

(5) 경제성질별 분류

① 의 의
  ㉠ 정부예산이 국민경제에 미치는 영향을 파악하기 위하여 거시경제적 관점에서 정부예산을 경상예산과 자본예산으로 구분하는 것으로, 경제활동의 내용과 수준에 영향을 미칠 정부의 정책결정에 필요한 자료를 제공하려는 것이다.
  ㉡ 즉, 정부의 수입·지출이 국민경제의 기본적 구성요인인 소득·소비·저축·생산·가격 등에 어떠한 영향을 미치고 있는가를 파악하려는 것이다.

② 성질과 제약요인
  ㉠ 경제활동에 대한 정부의 영향을 일부만 개략적으로 추정할 수 있을 뿐이다.
  ㉡ 세입·세출의 양과 구조의 변화로 인한 영향만을 측정할 수 있으며, 세입·세출 이외의 요인에 의한 것은 알 수 없다.

ⓒ 소득배분에 대한 정부활동의 영향을 밝혀주지 못한다.
ⓓ 정책결정을 담당하는 고위공무원에게만 특히 유용할 뿐 실무자에게는 도움이 되지 못한다.
ⓔ 언제나 다른 예산분류방법과 함께 이용되어야만 한다.

3 통합예산

(1) 의 의
① 공공활동을 수행하는 모든 예산과 기금을 망라하여 이를 적절하게 구분하고 명확하게 표시함으로써 국가재정 규모와 재원조달 내용, 재정이 국민소득·통화·국제수지에 미치는 국민경제적 효과 등을 체계적으로 파악하려는 것이다.
② 공적인 자금에 대한 통제와 책임성을 높이며, 예산수지의 규모와 정부의 현금출납에 대한 정확한 정보를 제공하려고 한다.

(2) 분류체계
① 세출·순융자의 기능별 분류
② 세입·세출의 경제적 분류
③ 보전재원의 보전수단별 분류
④ 국민소득계정분석 등

(3) 효 과
① 재정의 건전성 판단(국가채무의 분포상황, 재정의 차입의존도 등의 파악)에 유용하고, 재정의 순계규모를 파악할 수 있으며, 기능별 분류에 의하여 정부정책의 기본방향을 파악할 수 있다.
② 또한 경제성질별 분류와 자본 및 경상계정의 구분에 의하여 재정이 실물부문에 미치는 효과와 재정운용이 통화부문에 미치는 효과를 파악할 수 있다.

개념더하기

지출통제예산제도(Expenditure Control Budget)
지출의 개개 항목별 구분을 없애고 총액에 대한 통제를 통해 집행부의 자율적 예산집행을 최대한 보장하려는 예산제도이다.

4 조세지출예산제도

(1) 의의

① 조세지출예산(Tax Expenditure Budget)이란 조세감면에 의한 특정 산업의 육성과 과세의 불공평성을 초래할 수 있는 조세감면조치가 증대함에 따라 이러한 조세감면의 정치·경제적 효과를 검토하기 위해 그 구체적 내역을 예산구조로써 밝히는 것을 말한다.
② 민간에 대한 정부의 지원은 재화나 용역을 구입하거나 민간에 보조금형태로 지원하는 직접적 지출(Direct Expenditure)과 징수해야 할 조세를 면제함으로써 지원하는 조세지출(Tax Expenditure)이 있다.
③ 현재 국세의 경우는 조세감면규제법, 지방세의 경우는 지방세법에서 각각 조세감면을 규정하고 있다.
④ 구체적인 집행은 행정부에게 위임되어 있기 때문에 이를 국회차원에서 통제하고, 정책효과를 판단하기 위해 도입된다.

(2) 특징

① 조세지출은 법률에 따라 집행되기 때문에 경직성이 강하다.
② 법률에 따라 지출되는 재정정책의 효과를 판단하기 위한 기초자료가 된다.
③ 조세감면은 정치적 특혜의 가능성이 커서 특정산업에 대한 지원의 성격을 가진다.
④ 부익부 빈익빈의 가능성이 있으므로 이를 통제하기 위해 필요하며 이를 통해 국고수입을 증대시킬 수 있다.
⑤ 과세의 수직적·수평적 형평을 파악할 수 있기 때문에 부정한 조세지출의 폐지, 재정부담의 형평성 제고, 세수인상을 위한 정책판단의 자료가 된다.

(3) 문제점

① 조세감면은 조세특혜(Tax Preference), 합법적 탈세(Tax Loophole) 혹은 숨은 보조금이라고도 하는 바, 정부가 징수해야 할 조세를 받지 않고 그만큼 보조금으로 지불한 것과 같다는 의미이다.
② 이와 같이 조세지출은 보조금의 성격을 갖고 있고, 이를 알 수 있는 근거자료를 조세지출예산제도에서 확보할 수 있으므로 개방된 국제환경에서 무역마찰의 소지가 될 수 있다(불공정 무역거래의 기초자료).

개념체크 ○ ×

- 조세지출은 세출예산상의 보조금과 같은 경제적 효과를 초래한다. ○×
- 조세지출은 조세감면에 의한 간접지출로서 가시성과 지속성, 경직성이 높다. ○×

○, ×

CHAPTER 01 | 기출분석문제

01 우리나라 예산제도에 대한 설명으로 옳지 않은 것은?   한국지역난방공사

① 개별부서가 요구한 예산을 중앙예산기구에서 많이 삭감한다.
② 위원회가 예산심의 중심역할을 한다.
③ 국회의 예산결정 지연으로 인해 매년 준예산을 편성하고 있다.
④ 예산의 형식이 법률이 아니다.

[해설] 준예산은 한 번도 실제 편성한 적이 없다.

02 예산의 경제적 기능과 관련이 없는 것은?   한국토지주택공사

① 시장경제를 통해 생산되지 않는 재화나 용역을 공급하기 위하여 자원을 할당하는 기능이다.
② 개발도상국의 경제성장을 위한 자본형성 기능이다.
③ 각 부처의 모든 사업계획과 행정 활동에 대한 중앙예산기관의 사정(査定) 기능이다.
④ 불경기로 실업이 증가할 때 실업률을 감소시키기 위해 총지출을 증가시키는 기능이다.

[해설] 예산의 경제적 기능은 예산이 경제정책의 도구로 이용되면서 경제안정기능·경제성장 촉진기능·소득재분배기능·자원배분기능을 갖는 것이다. ③은 예산편성상 중앙예산기관의 한 역할이다.

03 의회에 의한 행정통제에 중점을 둔 예산원칙에 해당하는 것은?   서울도시철도공사

① 현대 사회의 복잡한 문제들을 행정부가 재량을 가지고 해결하도록 한다.
② 예산사업의 성질에 따라 예산내용의 형식과 절차를 다르게 한다.
③ 경제적 여건의 변화에 신속하게 적응할 수 있도록 예산집행의 시기를 신축적으로 정한다.
④ 국가의 모든 수입을 하나의 공통적인 일반재원에 포함시키고 이 재원에서 모든 지출이 이뤄지도록 한다.

[해설] ④는 입법부 우위의 전통적 예산원칙으로서 통일성의 원칙을 말한다.

[정답] 01 ③ 02 ③ 03 ④

04 예산의 원칙과 내용을 가장 옳게 짝지은 것은? 한국수자원공사

① 예산단일성의 원칙 – 예산은 모든 국민이 알기 쉽게 분류·정리되어야 한다는 원칙
② 예산완전성의 원칙 – 모든 수입과 지출은 예산에 계상되어야 한다는 원칙
③ 예산엄밀성의 원칙 – 정해진 목표를 위해서 정해진 금액을 정해진 기간 내에 사용해야 한다는 원칙
④ 예산한정성의 원칙 – 국가의 예산은 하나로 존재해야 한다는 원칙

[해설] ①은 명확성의 원칙, ③은 한정성의 원칙, ④는 단일성의 원칙에 해당한다.

05 현대적 예산원칙에 해당하지 않는 것은? 국민연금공단

① 다원적 절차의 원칙
② 행정부 재량의 원칙
③ 사전의결의 원칙
④ 행정부 책임의 원칙

[해설] 사전의결의 원칙은 전통적 예산원칙이다.

06 다음 예산의 원칙 중 스미스(H. Smith)가 주장한 현대적 예산의 원칙은? 서울시설공단

① 예산은 미리 결정되어 회계연도가 시작되면 바로 집행할 수 있도록 해야 한다.
② 예산의 편성·심의·집행은 공식적인 형식을 가진 재정 보고 및 업무 보고에 기초를 두어야 한다.
③ 모든 예산은 공개되어야 한다.
④ 예산구조나 과목은 국민들이 이해하기 쉽게 단순해야 한다.

[해설] ① 전통적 예산원칙 중 사전의결의 원칙에 대한 설명이다.
③ 전통적 예산원칙 중 공개성의 원칙에 대한 설명이다.
④ 전통적 예산원칙 중 명료성의 원칙에 대한 설명이다.

07 특별회계에 대한 설명으로 옳지 않은 것은?
한국농수산식품유통공사

① 특별회계 예산에서는 입법부의 예산통제가 용이해진다.
② 정부의 역할이 증대되고 다양화됨에 따라 특별회계의 수가 증가하는 경향이 있다.
③ 일반회계는 특정 수입과 지출의 연계를 배제하지만, 특별회계는 특정 수입과 지출을 연계하는 것이 원칙이다.
④ 국가에서 특정사업을 운영하기 위해 일반회계와 구분하여 경리할 필요가 있을 때 설치한다.

해설 특별회계는 특정한 세입으로 특정한 세출에 충당하는 별도의 회계이므로 입법부의 예산통제 또는 국민의 행정통제를 어렵게 하는 단점이 있다.

08 우리나라 기금에 대한 설명으로 옳지 않은 것은?
한국지역난방공사

① 기금은 국가가 특정한 목적을 위하여 특정한 자금을 신축적으로 운용할 필요가 있을 때에 한하여 법률로써 설치한다.
② 기금관리 주체는 안정성, 유동성, 수익성 및 공공성을 고려하여 기금자산을 투명하고 효율적으로 운용하여야 한다.
③ 기금은 특별회계처럼 국회의 심의·의결로 확정되며, 집행부의 재량이 상대적으로 큰 편이다.
④ 주한 미국기지 이전, 행정중심 복합도시 건설 등 기존의 일반회계에서 처리가 곤란한 대규모 국책사업을 실행하기 위해 운용된다.

해설 일반회계에서 처리하기 곤란한 대규모 국책사업을 시행하기 위해서는 특별회계를 설치·운영해야 한다.

09 다음 예산의 종류 중 기간의 제한이 없고 국회의 의결이 필요 없는 것은?
한국철도시설공단

① 추가경정예산
② 특별회계예산
③ 가예산
④ 준예산

해설 준예산이란 새로운 회계연도가 개시될 때까지 예산안을 의결하지 못하는 경우 정부가 국회세입 예산안이 의결될 때까지 전년도 예산에 준하여 지출하는 예산이다. 준예산은 기간의 제한이 없고 국회의 의결이 불필요하다(사후승인 – 사전의결 원칙의 예외).

정답 07 ① 08 ④ 09 ④

10 예산의 분류에 대한 다음 설명 중 옳지 않은 것은? 인천국제공항공사

① 품목별 예산의 장점으로 새로운 사업의 창안과 시행을 촉진시키는 것을 들 수 있다.
② 성과주의 예산의 단점으로 품목별 예산제도에 비해 예산과정에 대한 국회의 참여와 통제가 제약된다는 점을 들기도 한다.
③ 계획예산은 행정활동에서 계량화가 불가능한 경우는 적용하기 힘들다는 것이 단점이다.
④ 품목별 예산은 예산을 쓴 결과 얻어지는 산물에 대한 정보가 부족한 것이 단점이다.

해설 │ 품목별 예산은 통제 중심의 예산이므로 전년도를 답습하게 되며, 새로운 사업에 대한 허용수준이 매우 낮다.

11 예산지출의 대상과 성질을 기준으로 세출예산 금액을 분류하는 품목별 분류의 장점으로 볼 수 없는 것은? 국민연금공단

① 회계책임을 명백히 한다.
② 지출의 합법성에 치중하는 회계사가 용이하다.
③ 행정의 재량범위를 줄일 수 있다.
④ 예산을 신축적으로 운영할 수 있다.

해설 │ 품목별 분류는 지출대상별·통제 지향의 분류로서, 세출예산을 급여·연금·여비·시설비 등으로 구분하는 방법이다. 이것은 의회와 국민이 행정공무원에 대한 불신이 고조되었던 20C 초 미국에서 개발되었으며, 그 목적은 공무원의 자유재량을 엄격히 제한하고 회계 책임을 명백히 하여 경비사용을 적정화하고 예산유용과 부정을 방지하는 데 그 목적이 있으며, 세출예산에 대한 의회의 우위를 확보하는 데 기여한다. 따라서 예산의 신축적 운영을 어렵게 한다.

12 통합예산 또는 통합재정에 대한 설명으로 옳지 않은 것은?

① 일반회계, 특별회계, 기금을 모두 포괄한 국가전체 재정을 통합재정이라고 하며, 우리나라는 1979년부터 통합재정수지를 작성하고 있다.
② 지출통제예산제도는 예산 개개의 항목에 대한 통제를 통해 집행부의 자의적 예산집행을 최대한 통제하기 위한 예산제도이다.
③ 우리나라의 통합예산에는 지방재정도 포함되지만 금융성기금은 포함되지 않는다.
④ 통합예산은 실질적 재정 규모의 파악을 위해 예산순계기준으로 작성된다.

해설 │ 지출통제예산제도는 예산 개개 항목별 구분을 없애고 총액에 대한 통제를 통해 집행부의 자율적 예산집행을 최대한 보장하려는 예산제도이다.

13 조세지출예산제도에 대한 설명으로 옳지 않은 것은?

① 우리나라의 경우 지방세에 대해서도 조세지출예산제도를 적용하고 있다.
② 조세지출은 세출예산상의 보조금과 같은 경제적 효과를 초래한다.
③ 조세지출은 조세감면에 의한 간접지출로서 가시성과 지속성, 경직성이 높다.
④ 과세의 수직적·수평적 공평을 파악할 수 있기 때문에 세수인상을 위한 정책판단의 자료가 된다.

[해설] 조세지출은 조세감면에 의한 간접지출로서 경직성, 지속성이 높고 가시성이 낮다.

14 예산에 대한 설명으로 옳지 않은 것은?   인천국제공항공사

① 본예산은 정기적으로 매년 다음 해의 총세입과 세출을 예산으로 편성하여 정기예산국회에 다음 회계연도가 시작되기 90일 전에 제출하는 예산이다.
② 추가경정예산은 예산이 국회를 통과하고 성립한 후에 변경하는 제도로서 국회를 통과하기 전에 수정하는 제도인 수정예산과는 다르다.
③ 잠정예산이란 회계연도 개시일 전까지 예산이 국회를 통과하지 못하는 경우 일정기간 동안 일정금액 예산의 국고지출을 잠정적으로 허용하는 제도이다.
④ 준예산이란 예산안이 편성되어 국회에 제출된 후 심의를 거쳐 성립되기 이전에 부득이한 사유로 인하여 그 내용의 일부를 수정하고자 하는 경우 작성되는 예산안을 의미한다.

[해설] 준예산이란 새로운 회계연도가 개시될 때까지 예산이 국회에서 의결되지 못한 때에 정부가 국회에서 예산안이 의결될 때까지 전년도 예산에 준하여 경비를 지출할 수 있는 예산이다. 준예산제도가 적용되는 경비는 헌법이나 법률에 의하여 설치된 기관 또는 시설의 유지비·운영비, 법률상 지출의 의무가 있는 경비, 이미 예산으로 승인된 사업의 계속을 위한 경비 등이다.

15 현대적 예산원칙이 아닌 것은?   서울시설공단

① 다원적 절차의 원칙
② 행정부 재량의 원칙
③ 공개 및 사전의결의 원칙
④ 보고 및 수단구비의 원칙

[해설] 공개성의 원칙, 사전의결의 원칙은 고전적 예산원칙이다.

Chapter 02
예산제도

기출복원문제

키워드 영기준예산제도

영기준예산제도에 대한 설명으로 옳지 않은 것은? 　　　　　　　　　　　　　　　　　　　대전도시공사

① 의사결정단위 선정과 우선순위 결정을 중시
② 총체적, 종합적 예산결정방식
③ 조직 구성원의 참여를 중시
④ 하향적 예산결정

해설　영기준예산은 과거의 관행을 전혀 참조하지 않고 목적, 방법, 자원에 대한 근본적인 재평가를 바탕으로 하여 예산을 편성하는 제도이다. 조직 구성원의 참여를 중시하고, 분권화된 관리 체계를 갖는 특징이 있어 하향적 예산결정과 맞지 않다.

정답 ④

기출 키워드	중요도
☑ 품목별 예산제도(LIBS)	★
☑ 성과주의 예산제도(PBS)	★★
☑ 계획예산제도(PPBS)	★
☑ 영기준예산제도(ZBB)	★★★
☑ 자본예산제도(CBS)	★
☑ 예산제도 특징	★★
☑ 예산제도의 비교	★★
☑ 각 예산제도 문제점	★★

PART 5 재무행정론

CHAPTER 02 예산제도

01 품목별 예산제도(LIBS)

1 의의

① 행정부 예산제도와 함께 발달한 품목별 예산제도는 지출대상을 품목별로 분류하여 지출대상과 그 한계를 명확히 규정함으로써 예산집행 시에 유용이나 부정을 방지하려는 것이다.
② PBS, PPBS, ZBB 모두 단기간의 계량화에 의한 사업효과의 측정이 불가능한 일반행정부문에 대하여 대폭적으로 적용시키기는 곤란하다.

2 특징

① 통제지향적이며, 결정이 점증적으로 이루어진다.
② 예산은 단년도 지출에 초점을 두고 이루어지며, 관리나 계획에 대한 관심은 적다.
③ 예산운영의 목적은 지출의 한계를 준수하는 것이며, 회계자료가 유용하게 이용된다.

3 장·단점

(1) 장 점
① 재정통제 용이
지출을 기록하고 통제하며, 회계검사를 하는 구체적인 계정을 설치함으로써 예산의 통제와 예산편성에 필요한 자료를 제공해 준다.
② 회계에 대한 책임이 명확하다.
③ 일목요연하여 예산과정의 참여자들이 쉽게 예산을 이해할 수 있다.

개념체크 ○ ×

• 품목별 예산제도는 통제지향적이다. ○ ×
• 품목별 예산제도의 예산에 관한 의사결정 접근방법은 점증주의적이다. ○ ×

○, ○

(2) 단 점

① 서비스의 산출이 아니라 투입요소에 초점을 맞춤으로써 재정관리를 신축적이고 효율적으로 운영하거나 미래 서비스수요에 대한 계획을 세우는 데는 도움을 주지 못한다.
② 성과측정이 곤란하다.

예산의 경제원리(합리주의)와 정치원리(점증주의)

구 분	경제원리(합리주의)	정치원리(점증주의)
초 점	어떻게 예산상의 총이득을 극대화할 것인가?	예산상의 이득을 누가 얼마만큼 향유하는가?
목 적	효율적인 자원배분	공정한 몫의 배분
방 법	분석적 기법	정치적 타협이나 협상
행동원리	시장원리(경제원리)	게임원리(정치원리)
이 론	총체주의	점증주의
적용분야	• 순수공동재, 분배정책 • 신규사업에 적용가능성 높음 • 하향식 결정방식	• 준공공재, 재분배정책 • 계속사업에 적용가능성 높음 • 상향식 결정방식
예산제도	PPBS, ZBB	LIBS, PBS

02 성과주의 예산제도(PBS)

1 의 의

① 정부의 기능·활동 및 사업에 따라 예산을 편성·관리하는 제도로 운영상의 절약과 성과의 능률성에 초점을 두어 예산과정에서 관리적 측면을 강화하였다.
② 성과주의 예산제도는 1913년 뉴욕 시 리치먼드 구의 원가예산제에서 기원하며, 미농무성이 1934년 도입을 시도하였고 1949년 1차 후버위원회(Hoover Commission)의 권유로 트루먼 대통령이 본격적으로 시행하였다.
③ 예산과목을 사업계획·활동별로 분류한 다음 각 세부사업별로 '단위원가 × 업무량 = 예산액'으로 예산을 편성한다. 단위원가란 업무측정단위 1개를 산출하는 데 소요되는 경비이며, 업무량이란 업무측정단위에 의해 표시된 업무의 양을 말한다.

개념체크 ○×
• 성과주의 예산제도(PBS)는 사업별 예산제도 또는 활동별 예산제도라고 부르기도 하며, 관리 및 성과 지향적인 성격을 갖는다. ○×
• 성과주의 예산제도(PBS)는 투입요소 중심으로 단위원가에 업무량을 곱하여 예산액을 측정한다. ○×

○, ○

④ 성과주의 예산의 중요한 2가지 요소로는 ㉠ 업무프로그램 내의 성과단위의 식별, ㉡ 비용회계를 통한 성과비용의 측정을 들 수 있으며, 비용과 효율성에 대한 성과주의 예산제도의 관심은 예산과 회계제도에 대한 중요성의 강조와 일맥상통한다. 비용회계는 현재 여러 공공조직에서 폭넓게 적용되고 있는데, 특히 비용편익 분석과 분석기법에서 많이 이용되고 있다.

2 품목별 예산제도와의 비교

예산결정이 점증적이고 책임이 분산되어 있으며 예산구조와 일치한다는 점에서 품목별 예산제도와 맥을 같이 하지만, 정부의 사업이 효율적으로 운영되도록 하는 관리에 주안점을 두는 것으로서 예산투입과 활동의 결과와의 관계를 중시한다는 점에서 차이가 있다.

3 장·단점

(1) 장점
① 정책과 계획의 수립이 용이하고, 전체 사업계획과 활동을 연계할 수 있다.
② 효율적 관리수단을 제공한다.
③ 예산집행의 신축성이 있다.
④ 자원배분의 합리화가 가능하다.
⑤ 수수료가 프로그램의 비용을 충당할 수 있는지를 쉽게 식별해 준다.
⑥ 공공의 자금이 어디에 사용되었는가를 의원, 일반대중, 그리고 관리자들이 명확히 이해할 수 있다.

(2) 단점
① 성과단위를 식별하는 데 균일하고 일관성 있는 기준이 없으며, 단위 원가 산출이 곤란하다.
② 정부부문에서는 성과를 측정하는 데 도움을 줄 수 있는 비용회계를 택하지 않기 때문에 성과주의 예산제도의 실행에 어려움이 있다.
③ 업무단위와 비용측정이라는 요소에만 중점을 두기 때문에 손쉬운 업무만을 선호하는 경향이 있다.
④ 행정조직 간에 회계책임이 모호해진다.
⑤ 예산통제가 곤란하다.
⑥ 정책대안 선택에 도움을 주지 못한다.

개념체크 ○×
• 성과주의 예산제도는 국민이나 입법부가 정부사업의 목적을 이해하기 어렵다. ○×
• 성과주의 예산제도는 총괄예산계정에 적합하지 않고 입법부의 재정통제가 곤란하다. ○×
×, ○

03 계획예산제도(PPBS)

1 의 의

(1) 개 념
① 행정수반과 의회의 집권적인 심의하에 정책분석 및 결정을 위한 기초를 제공하기 위해 장기적 계획수립(Planning)과 단기적 예산편성(Budgeting)을 사업계획작성의 가교로 하여 유기적으로 결합시킴으로써, 자원배분에 관한 정부의 의사결정을 일관성 있고 합리적으로 행하고자 하는 예산제도를 말한다.
② 정책의 종결이나 목표의 달성보다는 정책의 수립 및 결정을 중시한다.

(2) 구성요소
① 측정 가능한 서비스의 목표
② 목표를 달성하는 대안적인 메커니즘
③ 대안에 대한 비용편익 분석
④ 다년도 예산 등

(3) 이론적 근거
① 능률성과 과학적 객관성
  의사결정자의 가치판단 개입 전에 목적과 사업 또는 산출과 투입 간의 관계를 객관적 타당성의 기준에 의거하여 검증 가능
② 효과성
  광범위한 대안의 탐색과 선택을 위한 분석
③ 조 정
  균형과 조화 속에 통합

(4) 발전요인
① 경제 분석
② 정보기술 및 의사결정기술의 발달
③ 예산과 계획의 점진적 합치

> **개념더하기**
>
> **계획예산의 효용성**
> - 정책결정자가 자원을 보다 합리적으로 배분하도록 도와준다.
> - 계획과 예산을 통합시킨다.
> - 대통령이나 고위층의 의사를 예산에 직접 반영시키는 데에 효과적이다.

2 주요 국면(미국의 경우)

(1) 사업구조
① 부처의 활동을 몇 개의 묶음으로 분류한 것으로 한 기관의 모든 업무를 그 기관이 설정한 목표를 달성할 수 있도록 재화나 용역의 산출량으로 조화시킨 집합체이다.
② 이는 사업구조의 기본단위로서 최종산출을 생산하는 부처의 활동인 사업요소(Program Element)와 유사성 있는 사업요소를 묶은 하위사업범주(Sub-Category), 그리고 각 기관의 목표나 업무를 나타내는 과목인 사업범주(Program Category)로 구성된다.

(2) 사업요강(Program Memorandum)
사업의 필요성, 사업목표, 대안에 대한 설명, 사업선정이유, 전제, 비용, 효과성 등을 설명하는 것을 말한다.

(3) 특수분석연구
대안작성에 필요한 정보를 제공한다.

(4) 사업 및 재정계획
부처 및 대통령의 과거와 현재의 사업결정이 미래에 시사하는 바와 7년간의 사업구조, 즉 사업범주, 하위사업, 사업요소에 대한 산출, 비용, 자금동원 등을 표시한 문서이다.

(5) 계획예산 관련 문서의 제출과 예산주기
계획예산제도는 부처의 관리체계와 통합되어야 하는데, 특히 예산편성 및 심의과정과 그 일정이 일치해야 한다.

3 성과주의 예산제도와의 비교

프로그램을 중시한다는 점에서 성과주의 예산과 맥을 같이하지만, 성과주의 예산이 중간 이하계층의 활동에 초점을 두는 반면 계획예산제도는 기획과 예산결정을 체계적으로 연계시키고 목표를 강조하며 사업의 계층제를 강조하기 때문에 결과적으로 집권화를 초래한다.

개념더하기

계획예산제도의 문제점
- 중앙집권화의 우려
- 목표설정의 정치적 한계성
- 국회의 예산통제기능 약화

4 장점과 한계점

(1) 장점
① 국가목표를 보다 정확하고 계속적으로 파악할 수 있다.
② 우선적인 목표를 선택케 한다(자원의 합리적 배분).
③ 대안의 체계적·과학적 분석이 가능하다.
④ 장기적 국가 지출액을 예측 가능하게 한다.
⑤ 최고 책임자에게 관리수단을 제공하여 의사결정의 집중화·일원화를 가져온다.

(2) 한계점
① 중앙집권화(하향적·일방적 의사결정)
   전통적인 예산유형의 특징인 Bottom-up적인 정보의 흐름과 집권적인 결정구조를 가진 PPBS가 완전히 통합되지 못하여 운영기관들은 주변에만 맴도는 형식이 되었다.
② 일선공무원들은 PPBS의 전반적인 프로그램 구조의 강조가 함축한 조직 개편의 위험을 두려워하여 이 제도의 시행에 소극적이었으며 복잡한 분석기법을 이해하지 못하였다.
③ 국회의 기능 약화
   관리와 통제기능을 거의 도외시하고 장기적인 계획만을 강조한다.
④ 행정문제는 환산작업(수작업·계량화)이 곤란하다(예산편성 곤란).
⑤ 계량화의 중시로 경험적 판단이 경시된다.
⑥ 간접비 배분문제가 발생한다.

LIBS, PBS PPBS의 특성 비교

구 분	품목별 예산제도	성과주의 예산제도	계획예산제도
발달 연대	1920~1930	1950	1960
중 점	재정통제 회계책임	사업중심, 관리중심	계획중심
결정권의 소재	분권화	분권화	집중화
관리 책임	분 산	중 앙	감독책임자
예산의 중심단계	집행단계	편성단계	편성 전의 계획단계
예산기관의 역할	통제·감시	능률향상	정책에의 관심
장 점	• 회계책임 명확화 • 재정통제 용이	• 사업목적 분명 • 신축성 유지	• 기획 + 예산 • 자원의 합리적 배분 • 조직 간 장벽 제거
단 점	• 신축성 저해 • 성과측정 곤란 • 지출목적 불분명	• 회계책임 불분명	• 예산편성의 집권화 • 환산작업 곤란 • 하향적 예산편성

개념체크 ○×

• 품목별 예산제도는 합리주의에 해당하고, 계획예산제도는 점증주의에 해당한다. ○×
• 품목별 예산제도는 통제중심의 예산이고, 계획예산제도는 정책목표중심의 예산이다. ○×

×, ○

04 영기준예산제도(ZBB)

1 의의

① 기존 사업과 새로운 사업을 구분하지 않고 모든 사업을 엄밀히 분석하여 사업의 타당성을 확보하려는 것으로서, 서비스수준분석(Service Level Analysis)이라 불리는 예산제도이다.
② 즉, 전년도 예산에 구애받지 않고 조직체의 모든 사업과 활동에 대하여 영기준을 적용하여 체계적으로 분석하고 우선순위가 높은 사업과 활동을 선택하여 예산을 결정하는 제도이다.
③ 영기준예산제도는 기획과 분석을 강조한다는 점에서 계획예산제도와 비슷하고 능률적인 관리를 위해서 구성원의 참여를 촉진한다는 점에서는 목표관리(MBO)와 유사하다.

개념더하기

영기준예산제도(ZBB)
어떤 사업이든 기본을 인정하지 않고 '0'에서부터 예산편성을 하는 방식으로 정부의 불필요한 지출을 줄이는 데 효과적인 예산제도이다.

2 절차

(1) 예산운영단위의 결정
예산운영단위는 조직구조 내에서 서비스의 전달을 책임지고 있는 기본설계단위로서, 예산의 운영을 담당하는 주체나 관리자가 의미 있는 결정을 내릴 수 있을 정도의 단일사업을 말한다.

(2) 단위사업분석표
단위사업분석표(Decision Packages)란 일정한 운영을 위한, 혹은 사업의 목표를 달성하기 위해 소요되는 일단의 명료하게 구분되는 서비스, 활동, 그리고 자원을 말하며, 우선순위결정의 자료가 된다.

(3) 단위사업분석표의 순위결정
중요성의 순서에 따라 서비스 수준을 배열하고 자금배분의 차단점을 결정함으로써 분석가들은 프로그램의 목표를 충족시킬 수 있는 능력에 의해 대안의 순위를 정할 수 있다.

3 장·단점

(1) 장점
① 자원배분을 합리화하고 예산의 팽창을 억제하는 기능이 있다. → 조세부담의 증가 억제
② 재정경직화의 타파
  재정관리면에서 예산운영의 다양성을 수용할 수 있다.
③ 조직구성원의 참여 촉진
  상향적 결정방식을 취하므로 모든 수준의 관리자들이 참여할 수 있다.
④ 효율적 관리수단 제공
  중앙의 통제를 완화하면서도 중앙의 목표가 부처의 예산운영단위에서 존중되도록 한다. 영기준예산제도는 상향적이고 단위기관의 고유업무의 특성을 중시하므로 다양한 이질적 업무를 처리하는 조직체에서 그 효율성이 높을 수 있다.

(2) 단점
① 시간·노력의 과중
  시행하는 데에는 과다한 노력과 시간이 많이 들며, 장기적인 목표가 경시되는 경향이 있다.
② 관료들의 자기방어
  사업축소로 인한 반발로 인해 사업축소 및 폐지가 곤란하다.
③ 소규모조직의 희생을 초래한다.
④ 분석 및 우선순위의 결정 곤란
  순위 결정에 있어서 기준이 모호하다(가치판단의 문제 발생).
⑤ 새로운 프로그램을 개발하기 곤란하다.

개념체크 ○×
- 영기준예산은 우선순위가 높은 사업에 재원을 융통할 수 있다. ○×
- 영기준예산은 예산편성에 전년도 예산을 고려한다. ○×

○, ×

05 자본예산제도(CBS)

1 의 의

① 자본예산제도(Capital Budget System, CBS)는 복식예산의 일종으로서 정책과 절차상의 목적을 위하여 정부예산을 경상지출과 자본지출로 구분하고, 경상지출은 경상수입으로 충당시켜 수지균형을 이루도록 하지만, 자본지출은 적자재정과 공채발행으로 충당케 함으로써 불균형예산을 편성하는 것을 말한다.
② 순환적 균형예산제에 입각하여 불경기에는 공채를 발행하여 적자예산을 편성하고 경기가 회복되면 흑자예산으로 상환하게 하는 제도(정부지출을 양분하여 채무를 합리화하는 것)로, 정부가 공채발행으로 부채를 진다고 해도 이것이 자산취득을 위한 투융자로 지출된다면 결과적으로 자산증가로 국가의 순자산에는 아무런 변동이 일어나지 않는다.

> **개념더하기**
>
> **자본예산제도(CBS)의 발달배경**
> - 스웨덴 : 자본예산제도를 통해 세계대공황을 극복하고자 함
> - 미국 시정부 : 자본예산제도를 통해 세대 간 공평성을 제고하고자 함

2 특 징

① 자본적 지출은 장기적 계획을 요한다.
② 지역사회에 미치는 영향이 보다 크다(SOC과 같은 외부효과 유발).
③ 미래의 운영비를 초래한다.
④ 사업별로 특별한 자료(투자계획서)가 필요하다.
⑤ 회계연도를 초월하여 집행하려는 의도를 가지고 있다.

3 장 점

① 적자재정의 정당성이 확보된다.
② 자본계정에서 지출될 대상은 많은 경우 그 혜택이 장기간에 걸치는 것이므로 수익자부담의 원칙에 일치된다(지출에 따른 기복의 조정).
③ 자본적 지출이 경상적 지출과 구분되므로 보다 엄격히 심사 및 분석을 할 수 있다(예산운영의 합리화). 장기적 관점에서 정부의 재정계획 수립에 도움이 된다.
④ 국가의 순자산상태의 변동을 명확히 하는 데 이용될 수 있고, 불황기에 적자예산에 의해 유효수요 증대 수단으로 활용할 수 있어 경기변동조절에 도움을 준다.

⑤ 재정 기본구조를 명확하게 이해할 수 있다. 성격이 판이한 인건비와 대규모 토목공사를 같이 파악할 수는 없는 것이다. 즉 경찰관봉급은 계속해서 매년 지급되어야 하나, 통행료를 받는 교량은 준공 후 수입을 올릴 수 있을 뿐만 아니라 국가자산이 된다(F.M. Marx).
⑥ 미국·스웨덴의 예산 형태를 순환적 균형예산 내지 도시공채의 정당화로서 새롭게 이해할 수 있다.

4 문제점

① 자원배분의 불합리가 발생한다.
② **정치적 이용**
경상예산의 불균형을 은폐하기 위해 경상예산에 속하는 각 항목을 자본예산으로 이전하거나 포함시켜 적자재정의 은폐수단으로 이용될 수 있다.
③ 인플레이션을 가속화시키고 경제안정을 해치기 쉽다.
④ **기술상의 어려움**
정부예산을 경상지출과 자본지출로 구분하기도 힘들다.
⑤ 안정적 정책을 요구하는 중앙정부(연방정부) 예산에는 부적합하다.

> **개념체크** ○×
> • 자본예산제도는 경기회복 수단이 된다. ○ ☒
> • 자본예산제도는 수익자부담을 균형화한다. ○ ☒
> ○, ○

CHAPTER 02 | 기출분석문제

01 품목별 예산제도(LIBS)의 특징으로 옳지 않은 것은? 한국남부발전

① 관심의 대상에는 투입과 산출이 함께 포함된다.
② 회계책임을 묻는 데 용이하다.
③ 통제지향적이다.
④ 예산에 관한 의사결정의 접근방법은 점증주의적이다.

[해설] 성과주의 예산제도(PBS)에 대한 설명이다. 품목별 예산제도(LIBS)는 서비스의 산출이 아니라 투입요소에 초점을 맞춤으로써 지출의 합법성이나 통제중심의 예산이다.

02 성과주의 예산제도(PBS)의 특징이 아닌 것은? 한국철도시설공단

① 예산서에는 사업의 목적과 목표에 대한 기술서가 포함되며, 재원은 활동 단위를 중심으로 배분된다.
② 사업의 대안들을 제시하도록 하고 가장 효과적인 프로그램에 대해 재원배분을 선택하도록 한다.
③ 예산의 배정과정에서 필요 사업량이 제시되므로 예산과 사업을 연계시킬 수 있다.
④ 장기적인 계획과의 연계보다는 단위사업만을 중시하기 때문에 전략적인 목표의식이 결여될 수 있다.

[해설] 성과주의 예산은 정책목표 달성을 위한 대안의 타당성이나 우선순위 분석이 결여되어 있으므로 가장 효과적인 프로그램이나 대안 탐색·평가에 도움을 주지 못한다.

03 계획예산제도(PPBS)의 문제점으로 볼 수 없는 것은? 인천시설관리공단

① 중앙집권화의 우려
② 업무측정단위 선정의 곤란성
③ 목표설정의 정치적 한계성
④ 국회의 예산통제기능 약화

[해설] 업무측정단위 선정과 관련이 있는 것은 계획예산제도(PPBS)가 아니라 성과주의 예산제도(PBS)이다.

04 품목별 예산제도(LIBS)와 계획예산제도(PPBS)에 대한 설명으로 옳지 않은 것은? 국민연금공단

① 품목별 예산제도는 회계학적 지식을, 계획예산제도는 경제학적 기법을 각각 중시한다.
② 품목별 예산제도는 상향적 흐름이고, 계획예산제도는 하향적 흐름의 예산에 해당한다.
③ 품목별 예산제도는 통제중심의 예산이고, 계획예산제도는 정책목표 중심의 예산이다.
④ 품목별 예산제도는 합리주의에 해당하고, 계획예산제도는 점증주의에 해당한다.

해설 품목별 예산제도(LIBS)는 점증주의에 해당하고, 계획예산제도(PPBS)는 합리주의에 해당한다.

05 영기준예산(ZBB)과 관련되지 않은 것은?

① 의사결정패키지
② 우선순위 중심의 예산
③ 체제모형
④ 감축관리지향적 예산

해설 여기서 체제를 개방체제로 본다면 영기준예산제도(ZBB)는 계획예산제도(PPBS)에 비해 체제적이지 못하다.

06 영기준예산제도(ZBB)에 대한 내용으로 옳게 짝지어진 것은? 한국전력공사

> ㉠ 사업의 효과성 제고
> ㉡ 중앙집권화의 촉진
> ㉢ 점증적 예산의 편성
> ㉣ 조세부담의 완화
> ㉤ 사업의 전면적 평가
> ㉥ 감축 관리

① ㉠, ㉡, ㉣, ㉥
② ㉠, ㉣, ㉤, ㉥
③ ㉡, ㉢, ㉣, ㉤
④ ㉠, ㉡, ㉤, ㉥

해설 영기준예산제도(ZBB)는 어떤 사업이든 기본을 인정하지 않고 '0'에서부터 예산편성을 하는 방식으로 정부의 불필요한 지출을 줄이는 데 효과적인 예산제도이다.

정답 04 ④ 05 ③ 06 ②

07 자본예산제도(CBS)에 대한 설명으로 옳지 않은 것은?

부산도시공사

① 자본적 지출은 국채재원에 의하여 충당한다.
② 경상적 지출은 경상적 수입에 의하여 충당한다.
③ 적자예산을 편성하는 데 치중할 우려가 있다.
④ 자본투자계획과는 관련이 없다.

해설 자본예산제도(CBS)는 대단위 규모의 투자자본이 필요한 경우에 활용되는 예산제도이다.

08 다음 보기에서 설명하고 있는 예산제도는?

- 예산이란 경기순환기를 중심으로 균형이 이루어지면 된다는 논리이다.
- 세출규모의 변동을 장기적 관점에서 조정하는 데 기여한다.
- 불황을 극복하는 유용한 수단이 될 수 있다.

① 자본예산제도
② 잠정예산제도
③ 조세지출예산제도
④ 지출통제예산제도

해설 자본예산제도(CBS)는 순환적 균형예산제에 입각하여 경기침체 시에는 적자예산을 편성하고, 경기과열 시에는 흑자예산을 편성하여 경기변동을 조절한다.

09 자본예산제도(CBS)의 장점에 해당하지 않는 것은?

서울시설공단

① 경기회복수단이 된다.
② 수익자부담을 균형화한다.
③ 자본지출은 경상세입으로 충당한다.
④ 재정기본구조를 명확하게 이해할 수 있다.

해설 자본예산제도(CBS)는 자본계정을 자본수입과 자본지출로 나누며 자본수입은 자본지출에 충당한다.

10 영기준예산제도(ZBB)의 특징과 거리가 먼 것은?

① 의사결정단위 선정과 우선순위 결정 중시
② 관리지향적 예산제도
③ 총체적·종합적 예산결정방식
④ 중앙집권적·하향적 예산결정

해설 중앙집권적·하향적 예산결정방식은 계획예산제도(PPBS)의 특징이다. 영기준예산제도(ZBB)는 중하급자들의 참여에 의한 분권적·상향적 예산편성도구이다.

11 예산운영의 기본원칙과 예외로 옳지 않은 것은?

① 예산공개의 원칙 : 예산운영의 내용이 국민에게 공개되어야 한다.
② 예산 사전의결의 원칙 : 예산은 집행되기 전에 의결을 거쳐야 한다.
③ 회계연도 독립의 원칙 : 매 회계연도에 책정된 예산은 다음 연도에서 사용할 수 없다.
④ 준예산은 예산목적 외 사용금지 원칙의 예외사항이다.

해설 준예산은 예산사전의결 원칙의 예외사항이다. 예산목적 외 사용금지 원칙은 모든 세입과 세출은 예산에 계상되어야 한다는 원칙으로 수입대체경비와 현물출자 등이 예외사항이다.

12 품목별 예산제도(LIBS)에 대한 설명으로 옳지 않은 것은?

① 품목별 예산제도(LIBS)는 지출대상을 품목별로 분류하여 지출대상과 그 한계를 명확히 규정함으로써 예산 집행 시 유용이나 부정을 방지할 수 있다.
② 통제지향적이며, 결정이 점증적으로 이루어진다.
③ 재정통제가 용이하고, 회계책임은 명확하며, 예산과정의 참여자들이 쉽게 예산을 이해할 수 있다.
④ 정부의 사업이 효율적으로 운영되도록 하는 데 주안점을 두는 것으로서 예산투입과 활동결과와의 관계를 중시한다.

해설 〈품목별 예산제도(LIBS)의 단점〉
• 서비스의 산출이 아니라 투입요소에 초점을 맞춤으로써 재정관리를 신축적이고 효율적으로 운영하거나 미래 서비스 수요에 대한 계획을 세우는 데는 도움을 주지 못하고 있다.
• 성과측정이 곤란하다.

13 준예산제도가 적용되는 경비로 옳지 않은 것은? _{국민연금공단}

① 법률상 지출의무가 있는 경비
② 이미 예산으로 승인된 사업의 계속을 위한 경비
③ 헌법이나 법률에 의하여 설치된 기관 또는 시설의 유지비·운영비
④ 예산이 성립한 이후 상황 변화로 인해 새로운 사업을 시행할 경비

해설 준예산은 예산 불성립 시 편성할 수 있는 예산이다.
국회의 의결을 거쳐 예산이 성립한 이후 추가로 편성되는 예산은 추가경정예산이다. 참고로 추가경정예산안 편성사유는 ㉠ 전쟁이나 대규모 자연재해가 발생한 경우, ㉡ 경기침체, 대량실업, 남북관계의 변화, 경제협력과 같은 대내·외 여건에 중대한 변화가 발생하였거나 발생할 우려가 있는 경우, ㉢ 법령에 따라 국가가 지급하여야 하는 지출이 발생하거나 증가하는 경우 등으로 제한되어 있다(국가재정법 제89조).

14 자본예산제도(CBS)에 대한 설명으로 옳지 않은 것은? 한국보훈복지의료공단

① 장기적인 재정계획수립에 기초하여 편성되므로 정부사업에 대한 신뢰도를 높일 수 있다.
② 재정계획에 따라 경상지출의 적자가 발생할 경우 공채발행을 통하여 이를 해결한다.
③ 인플레이션을 조장하지만, 경우에 따라 경제불황의 극복수단으로 활용되어 경기활성화에 기여할 수 있다.
④ 수익자부담의 원칙을 강조하여 세대 간 비용부담의 형평성을 확보할 수 있는 장점이 있다.

해설 자본예산제도(CBS)는 경상지출은 경상수입으로, 자본지출은 공채발행으로 충당해야 하는 원칙을 가지고 있다. 인플레이션과 적자예산은폐의 문제점이 있다.

배우기만 하고 생각하지 않으면 얻는 것이 없고,
생각만 하고 배우지 않으면 위태롭다.

- 공자 -

Chapter 03
예산의 과정

기출복원문제

키워드 예산편성

우리나라 정부의 예산편성 절차가 순서대로 연결된 것은? 한국보훈복지의료공단

① 사업계획서 제출 → 예산편성지침 시달 → 예산요구서 작성 및 제출 → 예산의 사정 → 국무회의의 심의와 국회제출
② 사업계획서 제출 → 예산요구서 작성 및 제출 → 예산편성지침 시달 → 예산의 사정 → 국무회의의 심의와 국회제출
③ 사업계획서 제출 → 예산의 사정 → 예산요구서 작성 및 제출 → 예산편성지침 시달 → 국무회의의 심의와 국회제출
④ 예산편성지침 시달 → 사업계획서 제출 → 예산요구서 작성 및 제출 → 예산의 사정 → 국무회의의 심의와 국회제출

해설 우리나라 정부의 예산편성 절차는 사업계획서 제출 → 예산편성지침 시달 → 예산요구서 작성 및 제출 → 예산의 사정 → 국무회의의 심의와 국회제출 순서이다.

정답 ①

기출 키워드	중요도
☑ 총체주의	★
☑ 점증주의	★
☑ 예산의 편성	★★★
☑ 예산심의	★★
☑ 예산집행	★
☑ 예산통제	★
☑ 예산 신축성 유지	★
☑ 결산과 회계검사	★★

PART 5 재무행정론

예산의 과정

01 예산결정이론

1 예산결정의 접근방법

(1) 총체주의(합리모형)

① 의 의
  ㉠ 총체주의는 일정한 목표를 정한 다음, 그것을 달성하는 여러 방안들 중에서 획득될 수 있는 정치적·경제적·사회적 효용이 가장 큰 방안을 선택하여 목표달성을 극대화하도록 예산을 배분해야 한다는 견해이다.
  ㉡ 총체적·합리적 접근방법이란 점증주의하에서의 예산배정이나 자원배분은 정치적 흥정이나 타협일 뿐 경제적인 합리성의 소산이 아니므로 비용과 효용의 측면에서 프로그램이나 정책 대안을 체계적으로 검토하여야 한다는 접근방법으로, 계획예산제도(PPBS), 목표관리(MBO), 영기준예산제도(ZBB) 등의 예산결정방식이 이에 속한다.

② 특 징
  ㉠ 목표의 명확한 정의
    총체주의에서는 목표를 명백히 정의할 수 있고 목표달성을 극대화할 수 있는 수단을 강구할 수 있다고 본다.
  ㉡ 목표·수단분석과 분석모형의 중시
    총체주의에서는 목표·수단분석을 통하여 목표를 계층화하고 구체화하여 목표를 상위목표, 하위목표 등으로 세분화하고, 목표를 달성할 수 있는 수단을 목표와 관련시켜 논리적으로 도출해 내는 한편 목표·수단관계를 인과관계로 파악해서 이론과 모형을 중시한다.
  ㉢ 분석적 결정기준의 적용
    총체주의에서는 정해진 목표를 달성하기 위해서 수많은 대안을 고려하고 그 가운데 하나를 일정한 기준에 의거 선택하며, 대안을 비교할 때 그 대안에서 초래되는 비용과 편익을 화폐단위로 환산하여 계산한다.

개념더하기

총체주의의 전제조건
• 결정자가 사회의 가치 또는 우선순위를 알고 있다.
• 결정자가 문제해결과 관련된 모든 요소를 검토할 수 있는 지식과 정보를 가지고 있다.
• 결정자가 목표달성에 도움이 되는 대안들을 서로 비교할 수 있다.
• 결정자가 일정한 규칙에 따라 대안들 간의 순위를 정할 수 있다.
• 결정자는 대안들 중 가장 목표달성에 기여도가 큰 대안을 선택한다.

③ 장 점

총체주의에 따라 예산을 결정하면 목표가 먼저 정해진 후 사업이나 정책이 정해지며 그에 따라 예산이 확정되므로 어느 정도의 예산이 무슨 이유로, 어디에, 어떻게 쓰이게 되었는지에 관한 의문을 해소할 수 있으며, 예산을 투자하면 어떤 결과를 얻을 수 있는지도 알 수 있는 장점이 있다.

④ 한 계
㉠ 정치적·사회적 현실을 등한시하지는 않지만 지나치게 기술적·경제적 합리성을 강조한다.
㉡ 대안탐색과 분석을 위한 비용이 너무 많이 든다.
㉢ 대안탐색과 분석이 이론 또는 모형에 크게 의존하나 이론 또는 모형의 적용에는 한계가 따른다.
㉣ 환경의 불확실성을 고려하지 않는 폐쇄모형에 가깝다.

(2) 점증주의(점증모형)

① 의 의
㉠ 점증주의는 결정자의 인식능력의 한계를 전제로 하여 기준의 결정과 조금 다른 소폭적 변화가 있는 결정을 결정자 간의 상호조절 및 합의된 결정절차에 따라 선택한다는 견해이다.
㉡ 예산결정자는 전체예산항목을 검토하지 않고 전년도 예산과 비교하여 차이가 있는 부분에 초점을 두어 전년도 예산과 조금 증가 또는 감소한 상태로 예산을 결정한다는 것이다.
㉢ 점증주의 접근방법이란 현실 이해관계의 분포상태를 존중하는 정치적 합리성을 추구하여 전년도의 예산액을 기준으로 다음 연도의 예산액을 결정하는 방법으로, 품목별예산제도(LIBS), 성과주의 예산제도(PBS) 등이 이에 속하는 예산결정방식이라 할 수 있다.

② 특 징
㉠ 소폭적 변화
점증주의에서는 총체주의와는 달리 결정과 관련된 모든 요소를 검토할 수 없다고 봄으로써 결정자는 결정자에게 친숙한 기존의 예산과 조금 차이가 나는 대안을 검토하여 그 가운데 하나를 택하게 된다.
㉡ 계속적·분할적 결정
한 번 결정한 뒤에 그것이 완벽하다고 보는 것이 아니라 여러 결정자가 계속하여 결정한다. 결정의 업무가 여러 결정자에게 분배되어 있으면 그만큼 오류를 예방할 가능성이 크다.

개념체크 ○ ×

· 총체주의 예산결정이론에 따르면 예산은 합리적이고 분석적인 과정을 거쳐서 결정된다.
○ ×

· 총체주의 예산결정이론은 목표에 대한 사회적 합의가 도출되지 않은 경우에도 적용할 수 있다는 장점을 가지고 있다.
○ ×

○, ×

ⓒ 제한적 분석과 합의
점증주의에서는 분석이 가능한 범위에서는 계속 정보와 자료를 수집하고 목표를 세분화하여 분석을 할 것을 권하나 이 경우 결정에 소요되는 비용이 증대할 것이므로 결정 상황을 제약하는 비용, 시간 등의 요소를 감안하여 결정의 복잡한 문제를 단순화한다.

③ 한 계
㉠ 과거의 경험, 결정에 의존해서 결정을 한다는 것은 현상 유지적인 안일한 결정이 될 수 있다. 이에 따라 오류의 체계적 반복이 일어난다.
㉡ 점증의 의미에 대한 명확한 기준이 없다. 과정으로서의 점증주의와 산출로서의 점증주의를 구분하지 못한다.
ⓒ 실제 현상을 설명하는 데 설명력이 미약하다.
㉣ Top-down Process적 예산과정을 무시한다.

> **개념더하기**
> **점증주의 예산결정의 단점**
> 정치적 접근법인 점증주의 예산은 합리주의 예산과 비교했을 때, 다원론에 의한 이익집단자유주의에 입각하여 조직화되지 못한 집단의 이익은 반영하기 어렵다는 단점이 있다.

02 예산의 편성

1 의의

① 예산편성이란 다가오는 새해에 또는 장래의 몇 년 동안 정부가 수행하고자 하는 계획과 사업을 구체화하는 과정으로, Top-down과 Bottom-up의 의사결정이 순환적으로 이루어진다.
② 대통령실과 예산실을 중심으로 한 정부의 재정 및 경제정책과 관련한 예산운용전반에 대한 결정인 거시적 예산결정과, 중앙부처가 자신의 관할 사업들에 한정된 자원을 배분하는 미시적 예산결정으로 구분할 수 있다.
③ 특히 오늘날은 행정부가 예산을 편성하여 입법부에 제출하는 것이 추세인데, 이를 행정부제출예산제도(Executive Budget System)라고 한다.
④ 내각책임제뿐만 아니라 현대행정에서 일반적으로 행정부에서 제출한 예산안이 대부분 수정 없이 통과되는 추세에 있으므로 행정부의 예산안은 '예산'과 다를 바 없으며, 예산편성은 실질적으로 가장 중요하다.

> **개념더하기**
> **예산편성과정의 특징**
> 예산편성과정은 예산과정 중 가장 전형적인 정치적 과정의 성격을 띠고 있으며, 정치와 행정이 밀접하게 관련되어 상호작용하면서 영향을 미치는 과정이다.

2 예산편성의 정치적 성격

① 예산실과 중앙부처와의 투쟁, 교섭활동은 그리 합리적인 것만은 아니다.
② 예산실은 Guardian(보호자), 각 부처는 Advocate(주창자)의 성격을 가지고 있다.

3 예산편성과정

(1) 예산안 편성지침의 통보
기획재정부장관은 국무회의의 심의를 거쳐 대통령의 승인을 얻은 다음 연도의 예산안 편성지침을 매년 3월 31일까지 각 중앙관서의 장에게 통보하여야 한다.

(2) 예산요구서의 제출
각 중앙관서의 장은 예산안 편성지침에 따라 그 소관에 속하는 다음 연도의 세입세출예산·계속비·명시이월비 및 국고채무부담행위 요구서를 작성하여 매년 5월 31일까지 기획재정부장관에게 제출하여야 한다.

(3) 예산사정
① 무제한예산법
하급관청에서 요청하는 예산액의 한도액에 제한을 가하지 않는 방법으로, ㉠ 하급관청에서 원하는 사업의 종류나 규모를 파악하는 데는 도움이 되지만(장점), ㉡ 정책결정자나 상급자가 예산을 삭감하여야 된다(단점).

② 한도액설정예산법
상급관청이 한도액을 사전에 설정해 주고 하급관청의 예산요구는 이 한도액을 초과할 수 없게 하는 방법으로, ㉠ 하급관청이 이미 정해진 한도액의 범위 내에서 사업계획을 작성하여야 하기 때문에 심사숙고하여 꼭 필요한 사업만을 하게 만들 수 있으나(장점), ㉡ 사업내용을 잘 알지도 못하는 상급자가 사전에 사업규모를 정해버리는 결과가 될 수도 있다(단점).

③ 증분분석
전년도 예산에 대비하여 증가 또는 감소된 항목과 금액을 예산안에 밝히고 비교해 보는 방법으로, ㉠ 각 사업의 역점이나 비중의 변화 등을 파악하기 편리하지만(장점), ㉡ 예산액의 증가와 감소가 일률적으로 나타나지 않는 한 신·구항목 간의 상대적 비중을 고려하기 어렵다(단점).

개념더하기

우리나라 정부의 예산편성 절차
중기사업계획서 제출 → 예산편성지침 통보 → 예산요구서 작성 및 제출 → 예산사정 → 국무회의 심의와 대통령 승인

④ 우선순위표시법

예산요구서에 포함된 각 항목의 우선순위를 표시하게 하는 방법으로 정부가 영기준예산제도(ZBB)를 도입하면서 부처의 장이 소관사업에 대해서 우선순위를 책정하도록 요구한 것은 우선순위통제법의 대표적 예이다. 우선순위표시법은 ㉠ 한정된 재원을 긴급한 사업에 투자할 수 있으나(장점), ㉡ 예산삭감을 위한 편리한 방법으로만 쓰일 수도 있다(단점).

⑤ 항목별통제

경비의 개별항목별로 상급자가 승인하는 방법으로, ㉠ 항목별로 하나하나 따져서 승인하기 때문에 사정자의 의사는 직접적으로 반영할 수 있으나(장점), ㉡ 항목 간의 상대적 중요성이나 가치를 체계적으로 비교 고찰할 수 없다(단점).

(4) 예산안 확정

① 예산안은 차관회의와 국무회의의 심의, 대통령의 재가를 거쳐 확정된다.
② 이 과정이 끝나면 정부예산안에 대한 홍보를 본격적으로 시작하여 예산안에 대한 국민의 이해와 지지를 호소한다.
③ 정부예산안은 회계연도 개시 120일 전까지 국회에 제출된다.

> **개념체크** ○ ×
> - 계속비, 사고이월비는 예산의 내용에 포함된다. ○Ⅹ
> - 국고채무부담행위, 세입·세출예산은 예산의 내용에 포함된다. ○Ⅹ
>
> ×, ○

03 예산의 심의

1 의 의

① 국회의 예산심의는 행정부가 제안한 사업과 그 사업을 지원하기 위한 재원에 대해 재검토하는 것으로 예산총액을 결정할 뿐만 아니라 사업의 정당성을 검토한다.
② 이 과정에서 국회는 행정부의 각종 사업이나 행정관리방법 등을 검토할 수 있고, 궁극적으로는 행정부를 견제하고 통제할 수 있다.
③ 따라서 국회는 사업분석과 정책분석의 능력을 갖추어야 한다.

2 예산심의 과정

우리나라의 예산심의는 ㉠ 국정감사, ㉡ 대통령의 시정연설, ㉢ 상임위원회의 예비심사, ㉣ 예산결산특별위원회의 종합심사, ㉤ 본회의 의결의 순으로 진행되는데, 예산결산특별위원회의 종합심사는 상임위원회의 예비심사와 중복되는 경향이 있다.

3 예산심의에 영향을 미치는 요인

정치체제의 특징과 정당의 기율, 이익집단·관계행정기관의 영향, 여론의 작용, 지역성의 작용, 의원의 가치관·지적 능력, 전년도·금년도의 사업계획, 의회관계법령과 예산관계자료 등

4 우리나라 예산심의의 문제점

① 의원들의 재선율이 낮고 정당의 제도화가 미흡한 까닭에 의원의 전문성이 떨어지고, 국회는 통법부·행정부의 시녀로 불리고 있으며, 정치가 안정되지 못하여 국회가 정책이나 예산을 결정하는 데 주력하지 못하고 정권투쟁의 장으로 이용되고 있다.
② 여당은 당정협의회 등을 통하여 각종 자료를 행정부로부터 쉽게 얻을 수 있고, 정책위 등을 통하여 당내에서도 자료를 전문적으로 생산해 내고 있으나, 야당은 자료수집에 어려움을 느끼고 있다.
③ 예산결산특별위원회는 상임위원회가 아닌 관계로 활동기간이 짧고 자체의 자료보다 행정부 자료에 의존하여 예산안을 분석하므로 의원의 예산심의 활동을 보좌하는 데 어려움이 많다.

개념체크 ○ ×

- 우리나라 중앙정부의 각 부처는 4~5월 중 세입·세출요구서를 작성한다. ○×
- 예산안과 마찬가지로 기금운용계획안도 국회의 심의·의결을 거친다. ○×

○, ○

04 예산의 집행

1 의 의

① 예산집행이란 국가의 수입·지출을 실행하는 모든 행위로서, 단순히 예산에 정해진 금액을 국고에 수납하고 국고로부터 지불하는 것만을 말하는 것이 아니라 국고채무부담행위와 지출원인행위도 포함한다.
② 예산에 계상된 세입·세출뿐만 아니라 예산 성립 후에 일어날 수 있는 세입·세출 전부를 포함한 국가의 모든 수입·지출 행위이다.

2 예산집행과정

(1) 예산의 배정과 재배정
① 예산 배정이란 각 중앙관서에 자금을 배분하는 것이다.
② 재배정이란 중앙관서의 장이 예산 배정의 범위 내에서 예산지출 권한을 하급기관에 위임하는 절차를 말한다.

(2) 수 입
① 수입이란 조세 기타의 세입을 법령에 의하여 징수 또는 수납하는 것으로, ㉠ 세입의 조사결정, ㉡ 납입고지, ㉢ 수납 등의 절차를 따른다.
② 이때 세입을 징수할 자격을 가진 공무원을 세입징수관, 현금 또는 물품을 출납·보관하는 공무원을 출납공무원이라 하는데, 세입징수관은 조사결정과 납입고지의 절차를 담당하며, 출납공무원은 수납의 절차를 담당한다.
③ 징수기관과 수납기관은 분리되어야 한다.

(3) 지 출
① 지출은 자금지출의 원인이 되는 지출원인행위와 수표발행을 뜻하는 지출로 구성되어 있다.
② 재무관은 지출원인행위를, 지출관은 수표발행을 한다.
③ 수표에 대한 현금지급은 원칙적으로 한국은행이 한다.

(4) 기록과 보고
각 중앙관서의 장은 수입과 지출에 대한 내용을 장부에 기록·보관하여야 하며, 기획재정부장관에게 재정보고서, 사업집행보고서, 예산에 관한 보고서를 제출해야 한다.

개념더하기

예산제도 용어정리
- 예비비 : 예산 외의 지출 및 초과 지출에 충당할 경비
- 국고채무 부담행위 : 예산 이외에 국가의 부담이 될 계약을 체결하는 것. 토지임차계약, 외국인 고용계약 등 1회계연도를 넘어서는 기간에 걸쳐 계속되는 채무부담계약
- 계속비 : 총액과 연부액을 정하여 지출하는 경비. 사용기간은 최대 5년 연장 가능
- 성인지 예산 : 공공지출에서 남녀가 균등한 수혜를 받도록 예산지출에서 양성평등의 방향으로 예산 과정을 편성하는 것

3 예산의 통제와 신축성 유지

(1) 예산의 통제방안
① 배정과 재배정
② 정원 및 보수의 통제
③ 계약의 통제
④ 기록 및 보고 제도

(2) 예산의 신축성 유지방안
① 전용 : 행정과목 간의 융통
② 이용 : 입법과목 간의 융통
③ 이 체

정부조직 등에 관한 법령의 변화로 인하여 그 직무와 권한에 변동이 있을 때 중앙관서장의 요구에 의하여 기획재정부장관이 예산을 상호 이용·이체하는 것을 말한다.

④ 계속비

완성에 수년을 요하는 공사나 제조 및 연구개발사업을 경비의 총액과 연부액을 정하여 미리 국회의 의결을 얻은 범위 안에서 수년에 걸쳐 지출하는 것을 말한다.

⑤ 예비비

예측할 수 없는 예산외 지출 또는 예산초과지출에 충당하기 위하여 예산에 계상한 경비를 말한다.

⑥ 국고채무 부담행위

㉠ 국가가 채무를 질 수 있는 권한을 뜻하는 것이지 지출할 수 있는 권한을 뜻하는 것은 아니며, 지출을 하려면 국회의 의결을 받아 예산으로 성립해야 한다.

㉡ 국고채무 부담행위는 법률에 의한 것과 세출예산금액 또는 계속비의 총액 범위 안에서 지출한 경비 이외에 국가가 장차 채무부담이 될지 모르는 채무보증 등의 행위를 하는 것으로 정부가 무책임하게 이를 하는 것을 방지하기 위하여 미리 예산으로서 의결을 얻도록 함으로써 엄격한 통제를 가하고 있다. 그 효력이 다음 회계연도 이후의 복수년도에 걸친다. 이러한 의결은 다만 채무만 부담할 권한을 부여하는 것이므로 다음연도 이후에 지출을 할 경우에는 세출예산으로 계상하여 다시 국회의 의결을 얻어야 한다.

개념체크 ○ ×

- 예산의 배정과 재배정 및 정원과 보수의 문제는 재정통제의 방법이다. ○ ×
- 예산집행의 기록 및 보고 제도는 예산의 신축성을 유지하는 방법이다. ○ ×

○, ×

⑦ 회계연도 개시 전 예산배정
  ㉠ 외국에서 지급하는 경비
  ㉡ 선박의 운영·수리 등에 소요되는 경비
  ㉢ 교통이나 통신이 불편한 지역에서 지급하는 경비
  ㉣ 각 관서에서 필요한 부식물의 매입경비
  ㉤ 범죄수사 등 특수 활동에 소요되는 경비
  ㉥ 여 비
  ㉦ 경제정책상 조기집행을 필요로 하는 공공사업비
  ㉧ 재해복구사업에 소요되는 경비

⑧ 추가경정예산
  예산 성립 후 특정 사유가 발생하여 이미 성립된 예산에 변경을 가하는 예산을 말한다.

⑨ 수입지출특례
  수입의 특례로서는 과년도 수입과 지출금의 반납이 있으며, 지출의 특례로서는 자금의 전도, 선금급, 개산급, 도급경비, 과년도 지출, 수입대체경비 등이 있다.

개념체크 ○ ×
- 예산의 전용과 이용, 이체, 계속비, 예비비 등은 예산집행의 신축성을 유지하는 방법이다. ○×
- 수입지출특례에서 지출의 특례에는 과년도 수입과 지출금의 반납이 있다. ○×

○, ×

05 결산 및 회계검사

1 의 의

① 결산 및 회계검사는 공무원의 책임을 명확히 하고 동시에 정책 및 사업관리의 효율화를 기하기 위해 예산집행이 합법적·합리적으로 이루어졌는지 그 여부를 비판적으로 검토하는 활동이다.
② 업무수행의 적법성·내부통제의 적격성·불합리한 관리의 존재여부·사업의 효과성 등을 확인한다.

2 결산과정

① 중앙관서의 출납정리 및 보고
② 기획재정부장관의 결산서 작성 및 보고
③ 회계검사, 국무회의 심의와 대통령의 승인
④ 국회의 결산심의

개념더하기

결산 관련 기관

결산의 총괄·관리	기획재정부
결산의 확인·검사	감사원
결산의 승인 (심의·의결)	국 회

회계검사기관의 유형

기관의 지위	입법부형(영미형)	회계검사기관을 의회에 직속으로 설치
	행정부형(대륙형)	회계검사기관이 행정부에 소속된 형태
	독립형	입법부, 사법부, 행정부의 어디에도 소속되지 않는 독립된 기관
	대만형	입법·사법·행정·고시 및 감찰의 5권으로 분립시키고 회계검사를 감찰원이 맡음
단독제와 합의제	단독제(독임제)	회계검사가 회계검사기관의 장에 의하여 지휘·감독되는 제도(미국·영국)
	합의제	위원들의 합의에 의하여 회계검사가 이루어지는 제도(우리나라·일본·네덜란드)
헌법기관과 비헌법기관	헌법기관	우리나라·일본·독일·이탈리아
	비헌법기관	영국·미국

3 회계계리방식과 적용대상

① 성과주의 예산제도(PBS)의 단위원가의 정확한 산출을 위해서는 발생주의회계가 전제요건이다.

개념더하기

현금주의회계 vs 발생주의회계
- 현금주의 : 현금의 수입·지출을 수익·비용의 인식기준으로 하는 회계방법. 즉, 재화나 용역의 인수·인도 시점보다 실제로 현금 수취와 지급 시점의 기준이 되는 회계방법
- 발생주의 : 현금주의 회계에 대응되는 방법. 거래나 사건, 환경이 기업이나 정부에 미치는 재무적 효과를 현금의 수취나 지급과 분리하여 거래의 발생 시점에서 기록하는 회계방법

② 전통적인 현금주의를 채택하는 경우는 사업성과를 밝힐 수 없고, 재고량이나 감가상각을 감안할 수 없으며, 간접비의 배분문제도 어렵다.

계리 방식	현금주의	발생주의
특징	• 현금의 수납 사실을 기준으로 회계정리 • 형식주의	• 복식부기(기업회계방식) 적용 • 실질주의 또는 채권채무주의 • 경영성과 등을 파악하기 용이
적용대상 사업 및 기관	기획재정부가 2009년부터 국가재정 모든 부문에서 발생주의와 복식부기 회계처리를 하도록 한 '국가회계기준'을 제정 및 공포함에 따라 국가의 일반회계, 특별회계 기금이 모두 새 회계기준에 따라 재정부문 거래가 기재되고 재무제표도 작성됨	

4 회계검사방식

구분	방식	내용
검사 시기	사전검사	지출이 있기 전 검사
	사후검사	지출이 있은 후 검사(일반적인 검사)
검사의 중점	일반검사	회계공무원의 회계책임·비리를 규명하는 검사, 정부기관이 주 대상
	상업식 검사	대차대조표 등 숫자상 정확성을 확인하는 검사, 공기업 등에 적용
	종합검사	회계기법, 절차, 프로그램, 법령, 제도 등에 대한 전반적 감사로서 내부통제를 확립시키고 있는 정부기관을 대상으로 하는 검사

5 우리나라 예산 과정의 특징

(1) 제도상의 특징
① 회계연도가 1월 1일부터 다음 연도 12월 31일까지이다.
② 예산이 법률이 아니다.
③ 중앙예산기관인 예산실이 기획재정부 소속이다.
④ 예결위는 정기국회와 함께 매년 새롭게 구성되는 특별위원회이다.
⑤ 회계검사기관인 감사원은 법률적 형식으로는 대통령에 소속됨으로써 행정부, 입법부 어느 곳에도 속하지 않는다고 볼 수 있지만 실질적으로는 행정부에 속한다.
⑥ 수많은 공기업이 통합예산의 포괄범위에 포함되어 있지 않다.

⑦ 그 밖에 회계원칙의 미확립, 예산실 기능의 계속적 발전, 예결특위예산안조정소위원회의 비공개 운영, 비현실적인 예산단가 책정 등도 제도적 특징으로 지적될 수 있다.

(2) 행태상의 특징
① 중앙부처가 예산편성지침서에 따라 기획재정부 예산실에 예산요구를 할 때 전년도 대비 100% 이상을 증가시켜 요구하는 부처가 많다(예산요구의 가공성).
② 행정부예산조정을 예산안조정소위원회에 위임처리하는 관행으로 예산조정이 비공개로 진행되며, 전문위원의 검토보고가 의례적이고 결론이 명백하지 않아서 우리나라의 국회의 예산심의 및 의결은 의례적·형식적인 면이 상대적으로 강하다.
③ 빈번한 전용, 이용, 예비비의 사용 및 추가경정예산의 편성은 사업의 우선순위를 변경하는 결과를 초래하고 있으며, 각 부처는 불용액이 있어서 예산이 남아 있다면 다음연도 예산확보가 어렵다고 생각하여 사고이월의 형식을 많이 사용하고 예산집행이 단기적·소비적이다.
④ 회계검사가 실적위주 경향을 보이고 있어 대개의 검사결과 처리가 변상과 개선요구에 집중되어 있다.

집중구매와 분산구매의 장점

집중구매	분산구매
• 예산절감 • 구매행정의 전문화 • 물품의 표준화 • 구매정책 수립의 용이 • 구매업무 통제의 용이(정실구매 방지) • 신축성 유지(부처 간 상호융통) • 공급자에게 유리(대기업) • 공통품목, 저장품목 구입의 용이	• 구매절차 간소화 • 특수품목 구입의 유리 • 적기공급 보장 • 중소공급자 보호 • 신축성 유지(적기구매 및 부처실정 반영)

개념체크 O X
• 회계검사에서 본질적으로 가장 중요시하는 것은 지출의 합법성이다. [O][X]
• 회계검사는 재정에 관한 입법부 의도의 실현 여부를 검증하는 성격이다. [O][X]

O, O

CHAPTER 03 | 기출분석문제

01 예산결정에서 정치적 접근법의 특징이 아닌 것은?

① 예산은 전략과 협상에 의해 결정된다고 본다.
② 예산결정의 선례성과 점증성을 강조한다.
③ 비조직화된 이익을 예산에 반영시키는 문제에 관심을 둔다.
④ 비용-효과 분석을 통한 자원배분의 합리성을 추구하지 않는다.

[해설] 정치적 접근법인 점증주의예산은 합리주의예산에 비할 때 다원론에 의한 이익집단 자유주의에 입각하여 조직화되지 못한 집단의 이익은 반영하기 어렵다는 단점이 있다.

02 총체적인 예산결정이론에 대한 설명으로 옳지 않은 것은?
국민연금공단

① 예산담당관이 보수적 성향을 가질 경우 합리적 모형에 따른 예산결정은 현실적으로 힘들어진다.
② 합리적 모형을 적용하면 계획 기능이 강화되는 효과를 창출하는데 이는 집권화의 병리를 초래할 위험이 있다.
③ 예산은 합리적이고 분석적인 과정을 거쳐서 결정된다.
④ 목표에 대한 사회적 합의가 도출되지 않은 경우에도 적용할 수 있다는 장점이 있다.

[해설] 총체주의는 목표수단분석을 전제로 하기 때문에 목표에 대한 사회적 협의가 도출될 수 있다는 가정하에 가능한 제도이다.

03 점증주의 예산결정에 대한 설명으로 옳지 않은 것은?
한국도로공사

① 인간의 인식능력의 한계와 결정 체제의 안정성을 전제로 한 이론이다.
② 점증주의 과정을 거치면 예산의 급격한 변동 또는 소폭적 변동이 모두 가능하다.
③ 결정상황을 제약하는 비용, 시간 등의 요소를 감안하여 결정의 복잡한 문제를 단순화시키자는 것이다.
④ 예산과정의 권력중심을 입법기관 쪽으로 옮겨주기 때문에 입법기관의 지지를 받기 용이하다.

[해설] 점증주의 과정을 거치면 소폭적 변동만 가능하다.

01 ③ 02 ④ 03 ②

04 예산편성과정에서 나타나는 정치적 모습으로 옳지 않은 것은?

① 새로운 사업은 우선순위가 높은 사업인 것처럼 강조한다.
② 새로운 사업들은 기존사업에 끼워넣기 식으로 편성한다.
③ 인기 있는 사업은 정치쟁점화하여 부각시킨다.
④ 정치인들이나 정치적 영향력이 있는 단체들을 동원한다.

[해설] 예산편성과정은 각계각층의 이해관계가 반영되는 정치적 과정이다. 예산확보를 위한 전략은 대체로 역점사업의 부각이나 쟁점화를 통해 이루어지는데, 인기 있는 사업은 별도의 쟁점화를 하지 않아도 예산확보가 이루어지므로 인기 없는 사업의 경우 쟁점화를 통해 부각하려 한다.

05 우리나라 정부의 예산편성 절차를 올바르게 나열한 것은?   한국보훈복지의료공단

> 가. 예산편성지침 통보
> 나. 예산의 사정
> 다. 국무회의 심의와 대통령 승인
> 라. 중기사업계획서 제출
> 마. 예산요구서 작성 및 제출

① 가 – 라 – 다 – 마 – 나
② 가 – 마 – 라 – 나 – 다
③ 라 – 가 – 마 – 나 – 다
④ 라 – 마 – 다 – 나 – 가

[해설] 우리나라 정부의 예산편성 절차는 중기사업계획서 제출 → 예산편성지침 통보 → 예산요구서 작성 및 제출 → 예산의 사정 → 국무회의 심의와 대통령 승인의 순으로 진행된다.

06 우리나라 중앙정부의 예산과정에 대한 설명으로 옳지 않은 것은?   국민연금공단

① 각 부처는 4~5월 중 세입·세출요구서를 작성한다.
② 예산안과 마찬가지로 기금운용계획안도 국회의 심의·의결을 거친다.
③ 예결위의 종합심사를 마친 예산안은 소관 상임위에 회부되어 세부심사에 착수한다.
④ 전년도 결산안은 익년도 예산안보다 먼저 국회에 제출한다.

[해설] 예산심의의 절차는 시정연설 → 국정감사 → 상임위원회의 예비심사 → 예결위의 종합심사 → 본회의 통과의 순이다.

[정답] 04 ③ 05 ③ 06 ③

07 우리나라 행정부의 예산집행 통제장치에 해당하지 않는 것은?

① 정원 및 보수를 통제하여 경직성 경비의 증대를 억제한다.
② 정부조직 등에 관한 법령의 제정, 개정, 폐지로 그 직무권한에 변동이 있을 때 예산도 이에 따라 변동시킬 수 있다.
③ 각 중앙관서의 장은 2년 이상 소요되는 사업 중 대통령령이 정하는 대규모 사업에 대해 사업규모·총사업비·사업기간을 정해 미리 기획재정부장관과 협의해야 한다.
④ 각 중앙관서의 장은 월별로 기획재정부장관에게 사업집행 보고서를 제출해야 한다.

해설 ②는 예산의 이체에 해당하며, 이는 신축성 유지방안에 해당한다.

08 예산집행의 신축성을 유지하기 위한 방안이 아닌 것은?

① 예산의 재배정
② 총괄예산
③ 예산의 이용과 전용
④ 예비비

해설 예산의 배정이나 재배정 등은 예산집행상의 재정통제를 위한 동기로 이용되고, 총괄예산은 포괄적 지출을 허용하는 제도로서, 명세성의 원칙이 아니라 항의 수를 줄여 의결함으로써 행정부의 재량의 여지를 많이 부여하는 의결방식이다.

09 행정부는 국회가 승인한 예산의 범위 내에서 각종 사업을 수행하여 소기의 목표를 달성하여야 하며, 동시에 정해진 재정한계를 준수해야 한다. 이를 위한 예산통제의 방법과 거리가 먼 것은? 서울도시철도공사

① 예산의 이체와 이월
② 예산의 배정 및 재배정
③ 정원 및 보수의 통제
④ 기록 및 보고 제도

해설 ①은 재정통제가 아니라 신축성 유지방안이다.

10 예산의 결산과정에 대한 설명으로 옳지 않은 것은? 　　　　　　　　　　　　　　　　　서울도시철도공사

① 감사원은 결산을 확인하고 국회는 결산을 심의한다.
② 중앙관서의 장은 결산보고서를 기획재정부장관에게 제출하여야 한다.
③ 기획재정부장관은 각 중앙관서의 장이 제출하는 결산보고서에 의거하여 총결산보고서를 작성하여 다음 연도 4월 말일까지 감사원에 제출한다.
④ 감사원은 결산확인이 끝나면 그 보고서를 다음 연도 5월 20일까지 기획재정부장관에게 송부한다. 그리고 정부는 감사원의 검사를 거친 결산보고서를 다음 연도 5월 말일까지 국회에 제출한다.

[해설] 기획재정부장관은 각 중앙관서의 장이 제출하는 결산보고서에 의거하여 총결산보고서를 작성하여 다음 연도 4월 10일까지 감사원에 제출한다.

11 회계검사에 대한 설명으로 옳지 않은 것은?

① 회계검사에서 본질적으로 가장 중요시하는 것은 지출의 합법성이다.
② 회계검사는 재정에 관한 입법부 의도의 실현 여부를 검증하는 성격을 갖는다.
③ 자신이 기록하는 회계기록도 자율통제의 차원에서 회계검사를 할 수 있다.
④ 예산이 품목별로 편성되어 있을 경우 효과성 검사가 어렵다.

[해설] 회계검사는 예산과 결산에 관한 기록을 제3자가 그 정부를 검증하는 것이므로 자신이 회계검사를 하는 자율적 검사는 사리에 맞지 않는다.

12 정부기업예산법에서 추구하는 회계방식의 문항 중 옳지 않는 것은?　　　　　　　　　　　한국철도시설공단

① 현금주의를 사용한다.
② 원가계산을 한다.
③ 기업적 성격이 강하다.
④ 자산에 대한 감가상각을 인정한다.

[해설] 정부기업예산법의 적용을 받는 공기업의 회계방식은 현금주의가 아닌 발생주의 방식을 취하고 있다.

[정답] 10 ③ 11 ③ 12 ①

13 정부기관의 구매는 크게 분산구매와 집중구매로 나눌 수 있다. 집중구매의 장점이 아닌 것은?

한국농수산식품유통공사

① 구매의 적시성 확보
② 구매의 경제성 확보로 예산 절약
③ 구매의 전문화
④ 공급업자에게 유리

해설 집중구매는 중앙구매기관을 경유해야 하므로 절차가 복잡하여 적시성 확보가 곤란하다는 단점이 있다.

14 예산의 성격과 특징에 대한 설명으로 옳지 않은 것은?

① 예산결정은 다양한 주체들 간의 상호작용을 통해 이루어지는 정치적 과정이다.
② 예산의 결과와 집행은 정부정책 중 가장 진보적인 성격을 지니는 영역이다.
③ 예산은 관료들의 책임성을 확보하기 위한 회계도구로 작용할 수 있다.
④ 예산서는 다양한 정책과 관련한 정보를 창출하는 도구로서의 기능을 갖는다.

해설 예산은 한정된 재원을 절약해서 사용해야 하므로 가장 현상 유지적이고 보수적인 영역이다.

15 예산제도에 대한 설명으로 옳지 않은 것은?

한국지역난방공사

① 예비비란 정부가 예측하지 못한 예산 외의 지출 또는 예산 초과지출을 충당하기 위해 운영하는 예산제도이다.
② 명시이월이란 세출예산 중 경비의 성질상 연도 내에 지출을 끝내지 못할 것이 예측되는 때에 이용하는 제도로, 이월 이후에 반드시 국회의 의결을 얻어야 한다.
③ 국고채무 부담행위는 사항마다 그 필요한 이유를 명백히 하고, 그 행위를 할 연도 및 상환연도와 채무부담의 금액을 표시해야 한다.
④ 정부는 예산이 여성과 남성에게 미칠 영향을 미리 분석한 보고서(성인지 예산서)를 작성해야 한다.

해설 명시이월이란 세출예산 중 해당 연도 내에 지출을 집행하지 못할 것이 예측되는 항목에 대해 미리 국회의 승인을 얻어 다음 연도에 이월해 사용하는 것을 말한다. 회계연도 독립의 원칙에 반하는 것이지만 예산집행의 신축성을 유지하기 위한 방안으로 인정되고 있다.

06

행정통제 및 개혁

CHAPTER 01　행정통제

CHAPTER 02　행정개혁

Chapter 01
행정통제

기출복원문제

키워드 행정책임

다음 중 행정책임의 특성으로 옳지 않은 것은? 한국공항공사

① 행정통제의 목적이 된다.
② 행정책임의 기준은 유동적이다.
③ 행정상의 일정한 권리를 전제로 발생한다.
④ 위임입법이 증가함에 따라 행정책임도 더욱 중요해졌다.

해설 행정통제는 행정상 일정한 임무 수행 의무를 전제로 발생한다.

정답 ③

기출 키워드	중요도
☑ 행정책임	★★
☑ 행정통제	★★
☑ 외부통제와 내부통제	★★★
☑ 옴부즈맨 제도	★★
☑ 주민참여	★

행정통제

01 행정책임

1 행정책임의 의의

① 행정책임이란 행정인이나 행정조직이 직무를 수행할 때 주권자인 국민의 기대와 요구에 부응하여 일정한 기준에 따라 행동하여야 할 의무로, 행정통제와 국민의 행정참여를 통해 보장될 수 있다.

② 행정책임의 문제는 민주성, 즉 국민에게 책임지는 행정의 이념과도 일맥상통하는 것으로 무엇보다 민주적인 정치체제와 행정관행이 확립되어야 한다.

2 유형

(1) 객관적 책임과 주관적 책임

객관적 책임은 법령이나 공익과 같은 외부로부터 주어진 행동 기준에 따라야 할 책임을 의미하고, 주관적 책임이란 개인의 내면적·정신적 욕구와 관련되며 가치관이나 윤리적 기준에 충실하려는 책임을 의미한다.

(2) 도의적 책임과 법적 책임

① 도의적 책임(Responsibility)이란 공식적 지위나 권한과 반드시 관련되는 것이 아니라 주관적·내재적인 공무원의 양심과 관련되며, 사회의 옳고 그름이 판단기준이 된다.

② 법적(변명적) 책임(Accountability)이란 객관적·외재적 행동규범을 의미하며, 문책되었을 때 변명·설명할 수 있는 책임이다. 이에 반할 때 처벌할 수 있고, 타인과 분담할 수 없으며, 민주국가에서 보다 잘 확립될 수 있다.

③ 한편 이와 구별하여 국민의 수임자 입장에서 국민의 요구에 반응하여 행동하는 것을 대응적 책임(Responsiveness)이라 하며, 오늘날 점차 중요시되고 있다.

개념체크 O X

- 행정책임의 평가·측정 기준 중 합법성은 명문규정이 없는 경우의 기준이다. O X
- 도의적 책임은 공무원의 양심과 관련되며, 사회의 옳고 그름이 판단기준이 된다. O X

X, O

(3) 내재적 책임과 외재적 책임

내재적 책임은 상급자나 감독자에 대하여 지는 책임을, 외재적 책임은 입법부·사법부 또는 국민에 대하여 지는 민주적 책임을 의미한다.

(4) 정치적 책임과 기능적(직무상, 직업적) 책임

정치적 책임은 행정조직이나 행정인이 국민에 대하여 지는 민주적 책임을, 기능적(직무상) 책임(Obligation)은 전문직업인으로서의 직업윤리에 따라 전문적인 기술과 지적 능력을 발휘하여 맡은 바 직무를 수행해야 할 의무를 말한다.

(5) 회고적 책임과 전망적 책임

회고적 책임은 일정한 행동기준에 따라야 할 의무가 있음에도 이를 수행하지 않아 초래되는 결과에 대하여 지는 책임을 말하고, 전망적 책임은 앞으로 일정한 행동기준에 따라야 할 의무를 지고 있는 책임을 의미하며, 장래에 비난을 받을 가능성이 있음을 전제하고 있다.

3 행정책임의 확보 필요성과 기준

(1) 행정책임 확보의 필요성

① 행정권의 강화·집중, 행정의 전문화와 재량권의 확대로 인해 행정권력이 남용될 가능성이 높아지고 있다.
② 정부주도형 경제발전이 경제에 대한 행정의 간섭·통제를 가중하여 이에 따른 공직부패를 초래하였고, 소수 관료에 의해 자원배분권도 국민의 통제를 받지 않고 독점적으로 행사되어 왔다.
③ 관존민비적 사고방식이나 권위적 정치문화로 국민에 의한 민주통제가 제약을 받아 왔다.

(2) 행정책임의 기준

① 법 령
가장 기본적인 기준으로, 절차의 규정을 준수하는 것 외에 합목적 운영이 필요하다.
② 공 익
행정책임을 판단하는 중요한 규범적 기준이나, 그 개념이 모호하여 현실적인 운영지침이 되기 어렵고, 모든 집단들이 자기의 주장을 정당화시키는 데 이용할 가능성이 있다.

개념더하기

행정책임의 유형

- **외재적 책임** : 파이너(H. Finer)의 고전적 책임론
어떤 개인이나 조직이 특정한 사항에 관해서 외부자에 대한 책임을 지는 것을 말한다. 파이너(H. Finer)는 본질적으로 외재적 책임만이 참된 의미의 책임이라고 하였다. 법률, 입법부, 사법부, 국민 등에 의한 통제, 관료의 대중이 선출한 대표자에 대한 책임을 말한다.

- **내재적 책임** : 프리드리히(C. Friedrich)의 현대적 책임론
외부자에 대한 책임이 아니라 자기의 양심이나 윤리, 그리고 직업의식에 대한 책임을 말한다. 전문기술적·과학적 기준에 따라야 할 기능적·직업적 책임, 국민의 요구를 인식해서 능동적으로 대응하는 주관적·자율적 책임을 말한다.

③ 근무윤리

행정인은 전문직업인으로서의 직업윤리와 직무수행상의 전문적 기준을 준수해야 한다.

④ 국민 및 수익자집단 · 고객의 요구

국민의 의사를 반영할 제도적 장치를 마련하고, 여론에 대하여 올바로 파악해야 하며, 수익자집단이나 고객의 권익을 보호 · 향상시킬 의무가 있다.

⑤ 조직목표와 정책 · 사업계획 등도 행정책임의 기준이 될 수 있다.

4 행정책임의 확보방안 – 행정통제

(1) 행정책임론의 논쟁

① 행정책임문제를 둘러싸고 1930년대와 1940년대에 걸쳐 공무원의 책임의식과 집단규범 · 전문직업적 기준을 강조한 프리드리히(C. Friedrich)의 기능적 · 내재적 책임론과 의회에 대한 외재적 책임을 강조하고 집단규범에 의한 통제는 실질적으로 기대하기 어렵다는 입장을 취하는 파이너(H. Finer)의 외재적 책임론 사이의 논쟁이 있었다.

② 오늘날에는 외재적 · 정치적 책임으로부터 내재적 · 기능적 · 전망적 책임을 중시하는 방향으로 가고 있다.

> **개념더하기**
>
> **현대국가에서 행정책임의 중요성**
> 현대국가에서 입법사항의 전문성 증대와 함께 위임입법의 증대, 행정부의 재량권 증대, 행정권의 강화 등으로 인해 행정의 합법성 확보가 곤란해지면서 행정책임이 중요시되기 시작하였다.

02 행정통제

1 행정통제의 의의

(1) 행정통제의 개념

① 행정조직의 하부구조나 참여자들이 조직목표나 규범으로부터 이탈되지 않도록 하기 위한 제재와 보상 등의 활동을 말한다.

② 행정통제는 행정의 민주적 책임을 확립하기 위한 민주통제를 의미하며, 외부통제와 내부통제로 대별된다.

③ 비교적 행정이 단순하였던 입법국가 시대에는 외부통제를 주로 생각하였으나 고도의 전문성과 복잡성으로 관료의 재량권이 증대해진 현대 행정국가에서는 외부통제의 효과가 저하되어 불가피하게 내부통제로 중점이 옮겨가고 있다.
④ 외부통제가 진전되어야 내부통제도 그 효과를 거둘 수 있다.

(2) 통제의 기본 방향
① 외부통제의 강화
② 객관적인 통제기준의 설정
③ 통제의 지속화
④ 행정정보의 공개

2 통제의 필요

① 행정인의 전문성과 기술성의 향상
② 행정인의 재량권 확대
③ 행정인이 장악하고 있는 막대한 예산권
④ 행정권력의 우월성과 경제계의 예속화
⑤ 정치문화의 후진성
⑥ 시민의 참여의식 결여(민중통제의 취약)

3 통제방법(Gilbert의 분류)

① 민중통제로서 외부·비공식통제
② 사법통제·입법통제와 옴부즈맨 제도(행정감찰관제도) 등을 포함하는 외부·공식통제
③ 정책 및 기획통제·운영통제(심사분석에 의한 통제-관리통제)와 감찰통제·요소별통제(법제통제, 예산통제, 정원·인사통제, 물자통제)·절차통제(보고·지시 등) 등을 포함하는 내부·공식통제
④ 행정윤리의 확립이나 비공식집단 등에 의해 공무원의 기능적 책임을 확보하려는 자율적 통제인 내부·비공식통제 등

개념더하기

행정통제력 향상 방안
• 행정정보의 공개제도 활성화
• 통제대상 영역의 확대
• 정책과정에 시민참여
• 행정절차법의 활용
• 행정윤리의 확립
• 내부고발인 보호제도
• 국민감사청구제 시행

개념더하기

국민감사청구제
부패방지 및 국민권익위원회 설치·운영에 관한 법률에 규정되어 있으며, 19세 이상의 국민은 공공기관의 사무처리가 법령위반 또는 부정행위로 인하여 공익을 현저히 해하는 경우 대통령령으로 정하는 일정한 수 이상의 국민의 연서로 감사원에 감사를 청구할 수 있다. 다만, 국회·법원·헌법재판소·선거관리위원회 또는 감사원의 사무에 대하여는 국회의장·대법원장·헌법재판소장·중앙선거관리위원회 위원장 또는 감사원장에게 감사를 청구하여야 한다.

4 우리나라 행정통제의 문제점과 방향

(1) 문제점
① 민중통제의 문제점
② 사법권의 불완전한 독립
③ 입법통제의 비전문성, 정치적 이용
④ 내부통제의 형식화(심사분석)
⑤ 감사통제의 합법성 위주
⑥ 공무원의 직업의식(봉사정신) 부족

(2) 방향
① 외부통제
　㉠ 다원화된 사회제도
　㉡ 사회민주화
　㉢ 정치적 사회화의 추진 – 시민의 참여의식·비판의식 제고, 민주정치 교육 강화
　㉣ 정보공개 – 정보의 비대칭성 보완
　㉤ 사법권의 실질적 독립
　㉥ 입법통제의 개선방향
　㉦ 규제완화의 추진 – 행정의 통제·간섭을 배제하고 민간이 경제발전을 주도하는 방향으로 나가야 한다.

② 내부통제
　㉠ 감사원의 독립
　㉡ 행정절차법 제정에 따른 절차의 실질적 보장
　㉢ 비합리적 운영의 정상화 및 이상적 행정기준의 현실화
　㉣ 통제의 기준설정에 의한 객관적 통제
　㉤ 사전·예방적 통제 확립
　㉥ 행정인의 국민에 대한 공복의식 확립
　㉦ 양적 목표 설정을 질적 목표 설정으로 전환

개념체크 ○×
- 정보공개 제도는 행정에 대한 외부통제를 향상시키는 제도이다. ○×
- 직업윤리에 의한 통제는 행정에 대한 외부통제를 향상시키는 수단이다. ○×

○, ×

행정통제의 유형

외부통제(민주성)	민중통제	외부 · 비공식적 통제
	사법통제	외부 · 공식적 통제
	입법통제	
	옴부즈맨 통제	
내부통제(능률성)	행정수반에 의한 통제	내부 · 공식적 통제
	정책 · 기획통제	
	감사원	
	리더십 · 권위(엘리트)	
	명령체계 · 계층제 · 공식적인 규칙 · 법규 · 준칙	
	대표적 관료제	내부 · 비공식적 통제
	비공식조직	
	공무원의 윤리	

> **개념체크** ○ ×
> - 감사원에 의한 통제는 행정의 외재적 통제방안에 속한다. ○×
> - 옴부즈맨 통제는 행정의 내재적 통제방안에 속한다. ○×
>
> ×, ×

03 　외부통제

1 　외부통제의 의의

① 외부통제는 민주통제로서의 정치적 성격을 띠고 있으며, 행정이 국민일반과 입법부 · 사법부에 대하여 지는 행정책임을 보장하는 데 의미가 있다.

② 오늘날 행정기능의 확대 · 변화로 인하여 행정책임의 보장방법으로서 외부통제가 무력화 · 형식화되어 이를 보완하기 위해 내부통제가 강조되고 있으나, 여기에도 한계가 있으므로 외부통제의 중요성을 과소평가해서는 안 된다.

2 　외부통제의 방법

(1) 사법통제

① 사법통제는 국민이 행정에 의하여 위법 또는 부당하게 권익을 침해당한 경우 행정소송이나 헌법소원을 통해 이를 구제하거나 또는 법원 내지 헌법재판소가 법률 · 명령의 위헌 · 위법 여부를 심사함으로써 사법부가 행정을 통제하는 것을 의미한다.

② 그러나 이는 사후적·소극적 구제조치이고, 비용과 시간이 많이 소모되며, 행정재량권의 확대와 행정의 전문화로 어려움이 가중되고 있고, 사법부의 독립성 위협 등으로 그 효과가 높지 못하다는 단점이 있다.

(2) 민중통제

① 의 의
 ㉠ 민중통제란 일반국민에 의한 통제로서 선거권의 행사, 이익단체의 구성·활동, 시민단체 활동, 여론의 조성·작용 등을 통하여 행정을 주로 간접적·비공식적으로 통제하는 것을 의미한다.
 ㉡ 국민에 대하여 직접적으로 공식적 책임을 지지 않는 행정에 대한 통제인 만큼 국민의 높은 정치의식이 전제되어야 하며, 고도의 시민의식이 정착되어야 그 성과를 기대할 수 있다.

② 방 법
 ㉠ 선거권의 행사 : 조직화되지 않은 일반 국민이 가지고 있는 유일한 통제방법으로서, 국민이 자율적인 정치참여 의식을 가지고 있어야 하고, 선거권이 외부압력 없이 행사될 수 있는 여건이 마련되어야 효과를 거둘 수 있다.
 ㉡ 이익단체의 활동 : 선진국일수록 그 영향이 크고 행정통제에 중요한 역할을 한다. 그러나 본래 특수이익을 추구하는 소수의 유력 이익집단이기 때문에 과대한 영향력을 행사할 우려가 있다는 점에서 한계가 있다.
 ㉢ 여론(매스컴) : 국민은 여론을 조성하여 행정기관의 정책수립·결정이나 정책방향에 영향을 미칠 수 있다. 매스컴을 통한 여론의 영향력은 그 나라의 매스컴 보급률과 밀접하다. 매스컴이 효과적인 행정통제수단이 되기 위해서는 언론자유의 보장, 언론기관의 중립성·공정성의 유지, 매스컴의 높은 보급률 등이 전제되어야 한다. 우리나라의 경우 매스컴의 보급률과 이를 접하는 인구 비율이 높다고 할 수 있으나, 매스컴의 중립성은 문제가 된다.
 ㉣ 지식인 : 일반 국민의 교육 및 정치의식 수준이 높지 못한 신생국의 경우 지식인의 행정통제기능이 높은데, 우리의 경우 조선 시대 이래로 지식인에 대한 높은 사회적 평가, 일제하의 반식민 투쟁과 4·19 등에서의 활발한 활동으로 지식인의 영향력이 상대적으로 강하고 국가발전에 대한 이들의 공헌도도 높은 편이다.
 ㉤ 주민참여 : 심의회, 여론조사, 반상회 등의 방법이 있지만, 큰 효과를 발휘하지 못하고 있으며, 최근 소위 '집단민원'의 형태로 주민참여가 빈발하여 이에 대한 대책이 요구된다.

개념더하기

외부통제(Gilbert)
- 공식 : 입법부, 사법부(행정명령·처분·규칙의 위법여부를 심사하는 사후 사법통제), 옴부즈만 제도
- 비공식 : 시민참여, 민중통제, 이익집단, 언론, 정당

(3) 입법통제

① 국가마다 차이가 있고 그의 통제력도 동일하지 않으나, 의회는 입법권, 예산심의 등을 통한 재정통제, 행정에 대한 비판·감독과 조사, 인사에 대한 동의 및 해임건의·탄핵소추 등을 통하여 민주통제에 있어 가장 중요한 역할을 한다.

② 오늘날 행정의 전문화와 재량권의 증대, 정보의 행정부 독점, 행정부의 막강한 경제권, 당수의 공천 결정권 행사로 인한 의원의 비독립성 등으로 입법통제가 약화되는 경향이 있으나, 국민의 대표기관에 의한 공식적 외부통제라는 점에서 결코 과소평가할 수 없고, 국민의 요구나 여론에 민감해야 하는 의원들에 의한 제도화된 공식적 통제라는 점에서 여전히 중요한 의의를 갖고 있다.

04 내부통제

1 관리통제의 의의

(1) 관리통제의 개념

① 관리통제(Managerial Control)란 행정활동이 본래의 목표·계획과 기준에 따라 수행되고 있는가를 확인하고 실적·성과를 비교하여 그 결과에 따라 필요한 시정조치를 취하는 것을 말한다.

② 내부통제의 주된 부분은 관리통제이다. 또한 공무원의 기능적 책임을 확보하려는 자율적·비공식통제인 행정윤리의 확립이나 비공식집단에 의한 통제도 내부통제에 포함된다.

③ 행정에 대한 통제는 기준설정의 곤란, 계량화의 한계로 인한 행정 성과의 특정과 비교 곤란, 양과 질이 갖추어진 정보 흐름의 필요 등의 문제에 봉착한다.

(2) 관리통제의 필요성

① 행정인의 재량권 확대에 따라 입법통제 중심의 외부통제만으로 행정책임의 확보가 어렵다.

② 행정부 자체로서도 외부의 통제를 감소시키기 위해서는 내부의 자율성이 요구된다.

③ 타율적 통제보다는 자율적 통제가 실효성을 보장할 수 있다.

개념더하기

내부통제(Gilbert)
- 공식 : 행정수반(대통령), 교차기능조직, 독립통제기관(감사원, 국민권익위원회), 계층제(상관), 심사평가, 근무성적평정, 행정심판
- 비공식 : 행정윤리(전문직업상의 행동규범), 대표관료제, 공익, 윤리

2 관리통제의 원칙(행정통제의 원칙)

① 즉시성, 적량성, 적응성, 융통성, 일치성, 비교성, 효용성, 예외성의 원칙
② 전략적 통제기준 설정 시 고려요인 – 적시성, 경제성, 균형성, 포괄성, 사회적 가치성
③ 내부통제 중 독립성이 강한 감찰통제와 국민이 선출한 행정수반에 의한 통제는 준외부통제에 해당한다.
④ 자생집단에 의한 통제는 비공식적인 내부통제이고, 이익집단에 의한 통제는 외부통제 중 민중통제에 속한다.

3 관리통제의 방법

① 정책 및 기획통제
② 운영통제(심사분석에 의한 통제 – 협의의 관리통제)
③ 감찰통제
④ 요소별 통제(법제통제, 예산통제, 정원·인사통제, 물자통제)
⑤ 절차통제(보고·지시 등)

> **개념더하기**
>
> **관리통제의 특성**
> - 목표·계획과의 밀접불가분성 : 계획이 보다 명확하고 잘 조정되어 있으며 완전할수록 통제의 필요성이 줄어든다.
> - 직무수행과의 관련성 : 통제의 양과 직무수행은 상호 관련이 있다.
> - 계속적 과정 : 통제과정은 기본목표를 달성할 때까지 계속적으로 진행되는 과정이다.
> - 환류기능 : 과거 또는 현재의 성과에 관한 정보를 제공함으로써 장래의 정책결정이나 목표설정에 영향을 미친다.

05 옴부즈맨 제도

1 의의

① 옴부즈맨이란 공무원의 위법 또는 부당한 행위로 인해 권리를 침해받은 시민이 제기하는 민원과 불평을 조사하여 관계기관에 시정을 권고함으로써 국민의 권리를 구제하는 기관을 말한다.
② 전통적 행정통제 방법인 입법부·사법부에 의한 통제가 제대로 된 기능을 못 하자, 이를 보완하여 보다 적극적이고 쉬운 방식으로 국민의 이익을 보호하려는 취지에서 19세기 초반 스웨덴에서 처음 창설되었고, 이후 많은 나라에서 옴부즈맨 제도를 도입하였다.

2 옴부즈맨 제도의 특징

(1) 입법부 소속기관으로서 직무수행상의 독립성
당파성이 없는 입법부에서 강한 신분보장을 받고, 임명된 행정전문인이 공평무사하게 시민의 불평을 처리하여 시민으로부터 신뢰를 받는다.

(2) 고발행위의 다양성
고발의 대상이 되는 행위는 불법행위 외에도 공직의 요구에서 이탈된 모든 행위이다.

(3) 사실조사와 간접적 통제
① 불평과 고발대상행위를 조사하고 이유가 있다고 판단될 때 담당기관에게 시정조치를 건의할 수는 있으나 직접적인 감독권은 없다.
② 그러나 시정조치의 건의는 판단의 객관성·전문지식, 그들의 사회적 위신 등으로 행정에 미치는 영향력이 크다.
③ 관계기관이 필요한 시정조치를 취하지 않는 경우 의회에 대한 보고나 신문을 통한 공표 등의 간접적 강제수단을 사용하게 된다.

(4) 직권에 의한 조사
신문보도나 여론을 토대로 자기의 직권으로 조사활동이 가능하다.

(5) 신속한 처리와 저렴한 비용
법원에 의한 것보다 신속하고 저렴하게 사건을 처리할 수 있다.

(6) 기 타
헌법상 독립기관, 합법성·합목적성 조사기관, 외부통제 보완수단, 공무원의 직권남용 방지 수단, 비공식적 절차를 주로 하되 공개적인 조사 실시, 의회와 정부 간 완충역할 등의 특징을 가지고 있다.

3 문제점

① 직접적인 권한이나 구속력이 없기 때문에 특히 의회의 기능이 미약하고 행정권이 비대한 개도국에서는 그 실효성이 의문시된다.
② 최근에는 종래의 시민보호를 위한 기능보다는 오히려 보다 나은 공공행정 촉진수단으로 그 기능이 변질되는 경향이 있으며, 공무원의 소극화를 초래한다.
③ 직접적인 권한이나 감독권이 없어 결국 감찰이나 사정기능을 담당하는 기존의 유사기관·제도와 기능이 중복되어 필요 없이 덧보태는 제도라는 비판이 있다.

개념체크 ○ ×

- 옴부즈맨은 행정부의 행정결정을 무효·취소할 수 있는 권한이 있다. ○ ×
- 공무원의 근무태만이나 법규 위반 등은 옴부즈맨의 고발 대상이다. ○ ×

×, ○

06 행정참여

1 의의

(1) 행정참여의 개념

행정참여란 행정에 있어서의 의사결정과정이나 집행과정에 시민 또는 주민이 개인적 또는 집단적으로 직접 또는 간접적인 영향을 미치는 일련의 행위를 의미한다.

(2) 행정참여의 필요성

① 입법통제 및 사법통제의 약화, 선거방식(대의제도)의 한계
② 관료제의 획일적인 행정처리, 행정권력의 증대
③ 환경문제 등의 대두로 행정기관과 시민 간의 직접적이며 의미 있는 상호작용 필요, 규제방식 대신 시민의 이해·협력·지원
④ 민주화와 효율화의 달성이 목표

2 행정참여의 기능

(1) 행정관리적 기능

① 정보기능 – 정보확산기능과 정보수집기능
② 시민에의 접근기능
③ 시민의 이해 및 이견의 조정기능
④ 결정에의 관여기능 – 계획 및 정책결정과정에 시민조직의 참여 원활화

(2) 정치적 기능

① 간접민주주의 제도의 보완기능
② 행정책임기능
③ 행정의 독선화 방지기능

개념더하기

행정참여의 본질적 요소
- 참여의 주체가 그 사회의 구성원인 비엘리트 주민이다.
- 정책이나 계획의 결정이다.
- 다른 사람으로 하여금 생각하고 행동하게 하는 능력, 즉 권력이다.
- 결정을 할 수 있는 권한이 부여된 사람들에게 하는 행위이다.

3 주민참여의 유형

주 체	개별적 참여, 집단적 참여
의도성 여부	자생적 참여, 의도적 참여
제도화의 여부	운동, 교섭, 협조(협찬), 자치
주도권의 소재	행정주도적 참여, 수평적 참여, 주민주도적 참여
행정과정	기획과정에의 참여, 집행과정에의 참여
주민의 영향력	조작단계, 치료단계, 정보제공, 상담, 유화단계, 쌍방협동, 권한이양, 자주관리

4 행정참여의 순기능과 역기능

(1) 순기능
① 시민의식의 성숙과 사회적 · 정치적 능력의 향상
② 행정실태 파악
③ 정책집행과정에서 시민의 권리 · 재산침해 방지 내지 극소화
④ 소외되고 무력해진 시민의 심리적 욕구 충족과 주체성 회복
⑤ 행정수요 파악과 사업의 우선순위 결정에 유리
⑥ 시민과의 거리 단축과 협조관계 강화, 결정에 대한 책임의 분담 가능
⑦ 시민들이 행정의 실태 파악 → 정책이나 계획을 집행함에 있어 시민들의 지지와 협조
⑧ 행정의 효율성 제고

(2) 역기능
① 많은 시간과 노력을 요하며 정책집행의 지체 초래
② 빈곤자의 참여는 행정과 사업집행의 비능률 초래(미국의 경험)
③ 참여가 권력에 흡수, 포섭 → 참여의 의의 상실 · 허구화, 지방행정에 의한 민중조작의 위험성
④ 소수의 적극 참여자나 일부의 특수이익 과잉대표 → 행정의 공공성의 침해 가능성
⑤ 전문성 부재

개념체크 ○×
- 주민 참여가 확대되면 정책에 대한 공감이 확보된다. ○×
- 주민 참여가 확대되면 행정 비용이 감소한다. ○×

○, ×

CHAPTER 01 | 기출분석문제

01 행정책임을 확보하기 위한 수단을 내재적 – 외재적, 공식적 – 비공식적이라는 두 개의 축으로 하여 네 가지 형태의 수단으로 분류할 때 내재적 – 비공식적 수단에 해당하는 것은?

한국토지주택공사

① 회계검사
② 직무감찰
③ 공무원의 직업윤리
④ 언론기관에 의한 통제

해설 ①, ②는 내재적 – 공식적 통제, ④는 외재적 – 비공식적 통제에 해당한다.

02 행정통제에 대한 설명으로 옳은 것은?

한국마사회

① 행정소송은 사법부에 의한 행정 통제수단이지만 사후적 구제이다.
② 스웨덴의 옴부즈맨 제도는 행정기관의 결정이나 행위를 취소 또는 변경시킬 수 있다.
③ 법무부에서 공식적으로 내부적 통제를 담당하고 있다.
④ 공무원의 자율적 통제를 확립하기 위하여 인간관계의 개선이 필요하다.

해설 사법부에 의한 행정통제는 행정행위가 이루어지고 난 후에 재판의 전제가 되었을 때에 통제할 수 있는 제도이다. 전문성의 제약과 작위행위만을 전제로 하기 때문에 부작위에 대한 통제가 어렵고, 위법행위에 대한 사후적·소극적 성격 및 소송절차의 복잡성과 시간·비용의 과다로 통제의 효율성이 약화되고 있다.
② 스웨덴의 옴부즈맨 제도는 행정기관의 결정이나 행위를 취소 또는 변경시킬 수 없다.

03 행정국가에 있어 현실적으로 볼 때 가장 효과적인 행정통제방법으로 볼 수 있는 것은?

① 국회에 의한 통제
② 사법기관에 의한 통제
③ 정치적 통제
④ 행정기관 내부에 의한 통제

해설 행정의 전문화·복잡화의 경향으로 외부통제보다는 직업윤리와 같은 내부통제를 더욱 중요시하고 있다.

04 다음 행정통제 유형 중 외부통제 방안을 전부 포함한 것은?

한국기술교육대학교

> ㉠ 입법부에 의한 통제　　　㉡ 사법부에 의한 통제
> ㉢ 감사원에 의한 통제　　　㉣ 청와대에 의한 통제
> ㉤ 중앙행정부처에 의한 통제　㉥ 시민에 의한 통제
> ㉦ 여론과 매스컴　　　　　　㉧ 옴부즈맨 제도

① ㉠, ㉡, ㉢
② ㉠, ㉡, ㉢, ㉣, ㉤
③ ㉠, ㉡, ㉢, ㉧
④ ㉠, ㉡, ㉥, ㉦, ㉧

[해설] 입법부, 사법부, 옴부즈맨, 민중통제, 시민참여, 이익집단, 언론매체, 정당에 의한 통제가 외부통제이다. 우리나라의 옴부즈맨인 국민권익위원회는 내부통제기관이지만 일반적인 외국의 옴부즈맨은 독립된 외부통제기관이다.

05 행정통제의 유효성을 제고하기 위한 개선방안으로 옳지 않은 것은?

한국지역난방공사

① 행정정보공개제도의 활성화를 통해 행정의 투명성을 높여야 한다.
② 행정절차법의 활용을 높여 열린 행정과 투명 행정을 실현해야 한다.
③ 과도한 시민참여로 인한 정책 과정상의 비효율성을 제거해야 한다.
④ 내부고발인보호제도를 강화해야 한다.

[해설] 행정통제의 향상방안으로 정책과정에서의 시민의 참여 기회를 확대할 필요가 있다. 시민사회나 NGO가 정부의 정책을 감시·비판한다고 해서 정부가 이를 비우호적 세력으로 간주해서는 안 되며, 정부의 역할을 보완하는 파트너로서 인정하고 협력관계를 구축해야 하는데 이를 통해 투명하고 열린 행정이 가능해진다. 시민참여는 일반적으로 행정의 대응성과 책임성 등을 높이지만, 정책의 전문성과 효율성을 저해한다고 평가된다.

〈행정통제의 분류〉

구 분	공식통제	비공식통제
외부통제	입법·사법통제, 옴부즈맨	민중통제(NGO, 이익단체 등), 여론
내부통제	계서적 통제(감독권), 감사원, 국민권익위원회, 평가제도	공무원단체, 행정윤리, 대표관료제

06 옴부즈맨(Ombudsman) 제도에 대한 설명으로 옳지 않은 것은?

① 옴부즈맨은 국민의 고발에 의해 임무수행이 수동적으로 시작되는 것이 일반적이나 직권에 의해 조사를 하는 경우도 있다.
② 옴부즈맨은 법원이나 행정기관의 결정이나 행위를 무효로 할 수는 없지만 취소 또는 변경할 수는 있다.
③ 옴부즈맨은 입법부 및 행정부로부터 정치적으로 독립되어 있다.
④ 옴부즈맨은 행정행위의 합법성뿐만 아니라 합목적성 여부도 다룰 수 있다.

해설 옴부즈맨은 기존의 행정결정이나 행정행위를 직접 무효화시키거나 취소할 수 없는 간접적 통제가 특징이다.

07 우리나라 옴부즈맨 제도인 국민권익위원회에 대한 설명으로 옳은 것은?

① 외부통제수단의 일종으로 정부로부터 독립적이다.
② 헌법상 기관이 아닌 법률상 기관이다.
③ 접수된 고충민원은 접수일로부터 1년 이내에 처리해야 한다.
④ 위원회의 결정은 법적 구속력 또는 강제집행력을 가진다.

해설 우리나라의 옴부즈맨 제도인 국민권익위원회는 헌법상 기관이 아닌 법률상 기관이다.
① 내부통제수단의 일종으로 정부로부터 독립적이다.
③ 접수된 고충민원은 접수일로부터 60일 이내에 처리해야 한다.
④ 위원회의 결정은 법적 구속력 또는 강제집행력이 없다.

08 시민의 행정참여로 인한 역기능으로 옳지 않은 것은?

① 잘못된 정책에 대한 책임을 시민에게 전가시키는 빌미로 활용될 수 있다.
② 행정에 참여하는 시민의 전문성 결여로 인한 의사결정의 지연과 부실의 우려가 있다.
③ 집행과정에서 시민의 정책순응과 협조를 확보할 수 없다.
④ 공동체 전체의 이익보다는 지엽적인 특수이익에 집착할 가능성이 있다.

해설 시민들의 행정참여는 정책이나 계획을 집행하는 데 있어 시민들의 지지와 협조를 확보한다는 순기능이 있다.

행운이란 100%의 노력 뒤에 남는 것이다.

- 랭스턴 콜먼 -

Chapter 02
행정개혁

기출복원문제

키워드 행정개혁에 대한 저항

행정개혁에 대한 저항요인으로 볼 수 없는 것은? 국민연금공단

① 구성원의 참여에 의한 간섭
② 타성적 성향
③ 비용 과중
④ 기득권의 수호

해설 개혁에 따른 비용의 과중은 저항요인으로 작용할 수 있고, 타성(관성)적 성향 또한 개혁에 대한 저항요인으로 작용하기도 한다. 기득권을 수호하려는 과정에서도 또한 저항을 유발하게 된다. 그러나 구성원의 참여에 의한 간섭이 허용되면 오히려 개혁의 저항을 완화하는 계기가 된다.

정답 ①

기출 키워드	중요도
☑ 행정개혁의 의의	★★
☑ 행정개혁의 접근방법	★
☑ 행정개혁에 대한 저항	★★★
☑ 저항에 대한 극복 전략	★★
☑ 감축관리	★

CHAPTER 02 행정개혁

PART 6 행정통제 및 개혁

01 행정개혁의 의의

1 행정개혁의 개념

① 행정개혁이란 행정을 현재보다 더 나은 상태로 개선하기 위하여 새로운 방법을 고안하여 적용하려는 의식적·인위적·계획적인 노력을 의미한다.
② 행정개혁은 단순히 조직개편이나 관리기술의 개선뿐만 아니라 행정인들의 가치관 및 신념·태도를 변화시키는 것도 포함된다.
③ 행정개혁은 행정기구, 정치기구에 대한 행정기구의 관계에 변화를 일으키려 한다는 점에서 행정쇄신·행정발전 내지 조직혁신이나 기관형성에 유사한 개념으로 볼 수 있다.
④ 최근 축소지향적 성격(작은 정부)이 강조되고 있으나, 그것이 전부는 아니며, 가외성과의 관계도 고려할 필요가 있다.

2 행정개혁의 성격

(1) 목표지향성과 계획적 변화
행정개혁은 보다 나은 상태를 지향하고 현상을 인위적으로 타파하려는 것이므로 저항이 불가피하게 수반된다.

(2) 정치적 성격
행정개혁의 목적·대상이나 성공 여부는 정치적 환경이나 정치적 지지에 의하여 좌우되며, 권력투쟁·타협과 설득이 병행되는 정치적·사회심리적 과정이다.

(3) 계속적 과정
사회변동에 따라 끊임없이 제기되는 새로운 행정수요와 문제해결 요청에 부합하여야 한다.

(4) 동태적·행동지향적 성격
성공 여부에 대한 불확실성과 위험 속에서 새로운 방법을 고안하여 적용하고 실천하는 동태적·의식적 과정이며, 개혁전략이 문제되는 과정이다.

개념체크 ○ ×
- 행정개혁안은 대체로 단독제 기관에서 입안한다. ○×
- 행정개혁이 조직 구성원의 안정성을 위협할수록 저항이 강해진다. ○×

×, ○

(5) 포괄적 관련성

궁극적으로 행정의 기구·관리·기술 및 행정인의 총체적 변화를 지향한다.

02 행정개혁의 계기와 성공요건

1 행정개혁의 계기

(1) 새로운 이념의 등장 및 정치적 변혁의 발생

최고관리층의 정치이념이나 기본정책의 변화, 새로운 정치세력의 등장이나 각종 압력단체·여론·국회 등의 외부 요구로 인한 과거와는 다른 행정가치의 지향, 권력투쟁이나 행정기관 내부 또는 기관 간의 긴장·대립의 격화 등은 행정개혁을 요구하는 요인이 된다.

(2) 행정의 능률화와 새로운 기술 도입의 필요성

불필요한 행정기능의 중복, 예산의 낭비, 사무배분의 비합리성, 과다 팽창된 조직 등을 정비하기 위해, 그리고 새로운 과학기술의 발달로 인한 행정의 전문화·현대화 및 합리화의 촉진도 행정개혁의 동기가 된다.

(3) 국제적 환경의 변화

국제질서가 자연환경보호의 우선과 같이 과거와는 다른 가치를 중시하는 경우 국내 행정체제도 환경부처 강화 등의 행정개혁을 시도하게 된다.

(4) 조직확대 경향과 관료이익의 추구

관료의 권한·영향력의 확대, 예산·인원의 경쟁적 팽창, 고위직의 증설 등 일련의 관료이익의 추구도 개혁의 동인이 될 수 있다.

(5) 기 타

인구 및 고객구조의 변화, 행정문제와 수요의 변동, 시민의 참여욕구의 증대, 정부업무의 축소를 요구하는 압력집단의 활동도 행정개혁의 계기가 된다.

2 행정개혁의 성공요건

① 정치적·사회적 안정과 강력한 정치적 리더십의 확립
② 개혁지향성의 존재
③ 여론의 지지와 상승적·횡적 의사소통의 개선
④ 행정조직의 신축성과 관리층의 적극적 역할
⑤ 점진적 전략의 고려

개념더하기

행정개혁의 실패요건
- 개혁정책 결정에서의 실책 : 형식주의와 비밀주의, 잘못 설정된 비밀주의, 실천 가능성 없는 개혁안, 참여자들의 이기주의와 낮은 신망
- 개혁의 장애 : 과다한 개혁수요로 인한 과부하, 격동과 혼란, 자원부족, 매몰비용, 외적 통제의 결함, 법령과 관행상의 제약, 정부관료제의 보수성
- 개혁추진자의 포획 : 거대관료제의 압도적 세력, 광범한 행정적 폐단, 개혁조직의 의존성과 취약성, 개혁 대상 조직과의 마찰 회피

03 행정개혁의 접근방법

1 구조적 접근방법

(1) 의의
① 조직의 구조적 설계를 재조정하여 행정개혁의 목적을 달성하려는 방법이다.
② 집권화를 확대하거나 분권화를 확대하고, 전통적 원리에 따라 기능 중복을 제거하며, 통솔범위를 조정하는 등에 중점을 둔 방법이다.
③ 과학적 관리론, 관료제론, 원리주의행정이론 등 20C 초기 미국 행정개혁(1910년대 태프트위원회, 1940년대 후버위원회)에서 강조하였다.

(2) 주요 전략
① **원리전략**: 통솔범위의 수정 등 조직의 제 원리에 입각한 전략, 기능중복의 제거, 책임의 재규정, 표준적 절차의 간소화, 의사소통체제의 개선을 강조한다.
② **분권화전략**(의사결정 권한의 수정): 조직 구조의 분권화를 통해 조직을 개선하고자 하는 전략으로, 분권화전략의 장점은 구조뿐만 아니라 관리자의 행태에 영향을 미치는 종합적인 성격의 전략이라는 점이다.

(3) 평가
① 구조·법령의 변경이 개혁수단이 되고 있으나, 개도국에서는 현실적으로 수행되는 기능과의 불일치·격차가 심하다.
② 조직 내의 인간적 요인, 조직의 동태적 성격, 조직과 환경과의 관계에 대한 충분한 고려가 없다.

2 기술적 접근방법

(1) 의의
① 조직 내의 운영과정 또는 일의 흐름을 개선하려는 방법이다.
② 정보·작업·물자의 흐름을 분석하고 흐름을 신속하게 재조정하는 데 중점을 둔다.

개념체크 ○×
- 구조적 접근방법에서는 통솔범위의 원리·명령통일의 원리·계층제의 원리·조정의 원리 등을 강조한다. ○×
- 기술적 접근방법은 조직 내의 운영과정을 개선하려는 데 의의가 있다. ○×

○, ○

(2) 특 징
① **과학적 관리기법 중시** : 관리과학(OR), 사무자동화(OA), 체제분석(B/C 분석), 컴퓨터의 활용(EDPS, PMIS), 리엔지니어링(BPR) 등의 관리기법을 통한 업무처리절차나 운영기술을 혁신함으로써 행정의 성과향상을 도모한다.
② **개혁의 실효 중시** : 행정과정에서 사용하는 장비나 수단, 그리고 분석기법 등을 개선하여 개혁의 실효에 중점을 둔다.

(3) 평 가
① 기술적 혁신이 표준적 절차나 조직의 업무수행에 영향을 줄 뿐만 아니라 조직의 구조와 인간의 행태에까지 영향을 미친다.
② 기술을 독립변수로 인간과 조직의 구조를 종속변수로 봄으로써 현실세계를 단순화하여 파악(기계적 모형)할 뿐만 아니라 기술과 인간의 갈등관계를 과소평가한다.

3 인간관계론적 접근방법(행태적 접근방법)

(1) 의 의
① 개혁의 초점을 인간에 맞추어 인간의 능력을 개발하고 인간의 태도와 가치관을 변화시켜 개혁의 실효를 거두고자 하는 방법이다.
② 목표관리, 조직발전, 참여적 관리를 주요 내용으로 한다.

(2) 특 징
① 감수성 훈련, 태도조사, 집단토론 등 조직발전(OD)전략에 의해 구성원의 심리적 욕구를 충족시켜 조직과 개인의 목표를 조화하려는 민주적·분권적·상향적·참여적 접근방법이다.
② 인간을 개혁의 초점으로 두는 인간중심적 접근방법이다.

(3) 평 가
① 행태변화를 추구하므로 오랜 시일이 소요된다.
② 구성원의 참여를 전제로 하므로 권위주의 문화가 지배하는 사회나 이중구조적이고 폐쇄적인 국가에서는 적용하기 어렵다.
③ 정부조직의 경우 현실적인 법적 제약이 있다.

개념체크 ○×
- 기술적 접근방법은 기술을 종속변수로, 인간과 조직의 구조를 독립변수로 본다. ○×
- 인간관계론적 접근방법은 가치관과 신념의 변화를 통해 행정체제 전체를 개혁하려는 방법이다. ○×

×, ○

4 종합적 접근방법

① 종합적 접근방법은 개방체제 관념에 입각하여 개혁 대상의 구성요소들을 포괄적으로 관찰하고, 여러 가지 분화된 접근방법들을 통합하여 해결방안을 모색하는 것이다.
② 어떠한 상황·환경에도 고루 적용되는 접근방법은 없다. 또한 행정개혁의 목적을 모두 달성할 만큼 전면적·포괄적인 접근방법은 없다.
③ 따라서 행정조직·행정인·행정환경을 중심으로 하면서 특히 정치적·사회적 요인을 우선적으로 고려해야 하고, 행정체제의 여러 측면을 종합적으로 고려해야 한다.

04 행정개혁에 대한 저항과 대책

1 저항의 원인

(1) 상황적 원인(객관적)

① 개혁추진자의 권위 부족
② 개혁내용의 불명확성
　개혁의 내용이 명확하지 않으면 조직구성원은 자신의 신분에 대한 불안감이 가중되고 그에 따라 개혁에 저항한다.
③ 개혁추진방법의 문제
④ 집단 간 갈등대립 등의 정치적 요인
⑤ 고객집단의 저항
　고객집단은 자신들의 이익을 위해 일해 온 부서나 행정기관이 소멸되거나 축소되는 것을 원하지 않으므로 개혁에 저항한다.
⑥ 피개혁자의 능력 부족
　새로운 업무처리방법이나 절차에 관한 전문지식·기술의 결여는 저항을 유발한다.

(2) 심리적 원인(주관적)

① 개혁정보의 부족
　개혁과정이 지나치게 폐쇄성을 띠는 경우 반발·무관심을 일으키게 된다.
② 개혁 이후 상황에 대한 불안, 새롭게 적응해야 할 재교육의 부담
③ 자신의 업적에 대한 책임 추궁의 기피

개념더하기

행정개혁의 저항원인(Coombs)
- 행동의 부담 : 개혁에 맞추어 적응하는 데 부담
- 정책에 대한 불만 : 소망하는 내용이 아님
- 권위의 결여 : 정당성의 부족
- 자원의 부족 : 예산 부족
- 의사전달의 왜곡 : 개혁의 취지가 잘못 전파

④ 기득권의 침해

기득권을 가진 관료나 이익집단·이익당사자는 개혁에 의한 침해를 우려하게 된다.

⑤ 타성으로 인한 저항

관료제는 본질적으로 보수적·현상유지적 경향이 있고, 변동에 저항하는 자기방위 의식이 강하다.

2 저항의 극복 전략

(1) 규범적·협조적 전략

① 개혁에 대한 이해와 협조를 구하기 위해 이해 관계자들의 참여를 확대한다.
② 개혁에 대한 정보를 제공하고 개혁의 당위성 및 예상되는 성과를 제시하며 설득한다.
③ 개혁안에 대한 집단토론을 촉진하고 태도·가치관의 변화를 위한 훈련을 실시한다(근본적인 해결책).

(2) 기술적·공리적 전략

① 기득권을 덜 침해하거나 기술적인 것부터 실시하고 개혁안을 점진적으로 추진한다.
② 정치·사회환경이 유리한 시기를 선택한다.
③ 개혁안을 가능한 한 객관적·계량적으로 제시하고 차원 높은 상징 조작에 의해 공공성을 강조한다.
④ 개혁의 방법·기술을 융통성 있게 수행하고, 신축성 있는 인사배치를 한다.
⑤ 개인적으로 입게 되는 손해에 대해서는 적절한 보상을 한다.

(3) 강제적 전략

① 최종적으로 저항을 극복하기 위해서는 저항자에 대해 물리적 제재나 불이익의 위협을 가하는 수밖에 없다.
② 계층제상의 권한을 사용하거나 의식적으로 긴장을 조성하여 개혁에 순응하지 않을 수 없는 분위기를 조성하는 방법도 있다.
③ 이는 단기적 요법으로 긴급을 요하고 개혁추진자가 강력한 권한을 가진 경우 사용할 수 있으나 많은 부작용을 유발할 수 있다.

> **개념체크** ○×
> - 참여의 확대와 의사소통의 촉진은 행정개혁의 저항극복 방안 중 기술적 전략에 해당한다. ○×
> - 저항자에 대한 물리적 제재는 행정개혁의 저항극복 방안 중 강제적 전략에 해당한다. ○×
>
> ×, ○

05 감축관리

1 의 의

① 최근 세출과 예산의 쓰임에 대한 국민의 관심과 비판이 증대하였다. 따라서 보다 적은 투입으로 보다 많은 행정 서비스를 제공받기 위한 수단으로, 증가된 기구의 축소, 자원의 효율적 배분과 사용 등과 같은 감축관리에 대한 중요성이 부각되었다.
② 감축관리는 기존 조직이나 수혜집단, 공무원의 저항을 받게 되므로 이에 대한 저항을 극복하기 위한 관리자의 역할이 특히 중요하다.

2 감축관리의 전략과 방법

(1) 전 략

① 감축의 규모와 기간
　전면적 또는 부분적. 이는 공무원 사기와 관련되는데, 리더십의 강·약과 주위상황의 유·불리에 따라 달라진다.
② 감축의 대상
　조직기구, 사업, 기능, 예산, 정책
③ 능률과 형평
　하위계층의 피해가 문제된다.
④ 가외성
　신뢰성과 안정성을 고려할 필요가 있다.

(2) 방 법

① 기구축소·폐지·통합
② 예산삭감
③ 인력수급계획의 합리화, 인원동결, 감축
④ 공공서비스의 축소(공기업 민영화, 민간위탁)
⑤ 능률적인 행정관리(B/C분석)
⑥ 관·민협조체제(Coproduction)
⑦ 수익자부담원

개념체크 ○ ×
- 축소부서를 미리 정해 놓고 비슷한 비율로 줄이면 효율성은 감소되지만 기득권 피해는 최소화할 수 있다. ○ ×
- 신규채용을 동결하면 관료 조직 저항은 크지만 효과적인 감축대응을 할 수 있다. ○ ×

×, ×

CHAPTER 02 | 기출분석문제

01 행정개혁의 이념을 실현하기 위한 방법으로 옳지 않은 것은?

① 행정수요를 명확히 파악하여 행정의 역할을 명확히 하여야 한다.
② 행정에 부과된 임무를 가장 합리적으로 수행하기 위한 행정기구와 활동을 고안하여야 한다.
③ 기득권을 적절히 조정하여야 한다.
④ 행정개혁에 대한 저항을 최대한 감소시킬 수 있는 방안을 고안하여야 한다.

[해설] 행정개혁은 행정을 보다 바람직한 미래의 상태로 변화시키고자 하는 인위적이고 계획적인 노력으로, 기득권 침해를 보상해 주거나 기득권이 침해되지 않음을 보장해 줌으로써 개혁에 대한 저항을 극복할 수 있다.

02 행정개혁의 구조적 접근방법에 해당되지 않는 것은? 한국농수산식품유통공사

① 기능중복의 제거
② 의사전달체계의 수정
③ 관리과학의 활용
④ 분권화의 확대

[해설] 관리과학 기법은 기술적 관점의 접근법이다.
〈행정개혁 접근법〉
- 구조적 접근방법 : 조직의 구조적 설계를 개선함으로써 행정개혁의 목적을 달성하는 접근방법
- 관리·기술·과정상의 접근방법 : 과학적 관리에 바탕을 두고 행정 절차에서 기술·장비의 개혁으로 행정성과의 향상을 도모하려는 전략
- 행태적 접근방법 : 행정인의 가치관에 개혁의 초점을 두고 가치관이나 행태를 의도적으로 변화시켜 변화를 유도하는 방법
- 종합적·체계적 접근방법 : 구조·인간·환경의 문제 사이에 상호 관련성을 고려하여 접근하는 방법

03 행정개혁의 성공요건이 아닌 것은?

① 정당 등 이익집단의 활성화
② 정치적 리더십의 확립
③ 여론의 지지와 의사소통의 활성화
④ 저항세력에 대한 정확한 진단

[해설] 정당 등 이익집단이 활성화될 경우 개혁에 대한 반발이 활성화될 수 있으므로, 오히려 행정개혁에 있어 걸림돌로 작용할 우려가 있다.

정답 01 ③ 02 ③ 03 ①

04 행정개혁의 접근방법에 대한 설명으로 옳지 않은 것은?

① 행태적 접근방법에서는 행정인의 가치관·태도·신념을 인위적으로 변혁시켜 행정개혁을 도모한다.
② 구조적 접근방법에서는 통솔범위의 원리·명령통일의 원리·계층제의 원리·조정의 원리 등을 강조한다.
③ 현대행정에서 가장 타당한 행정개혁의 방안은 구조, 관리기술, 인간 등의 종합적 영역에 관심을 갖고 이의 상호융합을 시도한 접근방법이다.
④ 구조적 접근이란 주로 과학적 관리기법에 근거하여 업무수행과정에 중점을 두면서 관리기술의 개선을 강조하는 접근방법을 말한다.

[해설] 구조적 접근이 아닌 과학·기술적 접근에 대한 설명이다.

05 감축관리(Cutback Management)와 가장 관련이 적은 것은?

① 생산성과 조직의 효과성 추구
② 예산적자에 대한 대응전략 차원에서 제기
③ 생산품과 서비스의 결과 중시
④ 인적자원의 자질 향상

[해설] 감축관리는 인력, 예산, 절차를 줄이는 것에만 강조점을 둔 나머지 인적자원의 자질을 향상시키는 것에 대해서는 관심을 갖지 못했다.

07 지방행정론

CHAPTER 01 지방행정의 기초이론

CHAPTER 02 지방자치

Chapter 01
지방행정의 기초이론

기출복원문제

키워드 신중앙집권

신중앙집권화의 촉진요인이 아닌 것은?
한국남부발전

① 세계화로 인한 국제정세의 안정성 확보 필요
② 교통·통신의 발달
③ 지방분권의 필요성 약화
④ 경제권·생활권의 확대

해설 | 세계화로 인해 활동영역이 넓어지고 각국이 경쟁 체제로 돌입하는 등 국제정세가 변화함에 따라 국가는 기본 정책을 결정하고, 지방은 효율적으로 집행하자는 신지방분권이 강조되었다.

정답 ①

기출 키워드	중요도
☑ 지방행정 개념	★★
☑ 중앙집권과 지방분권	★★
☑ 신중앙집권과 신지방분권	★★
☑ 특별지방행정기관	★
☑ 광역행정	★★★

지방행정의 기초이론

01 지방행정

1 의의

광의의 개념	• 일정한 지역 내에서 수행하는 일체의 행정을 의미 • 지방자치단체가 처리하는 자치행정, 위임행정뿐 아니라 중앙정부가 지방에 설치한 하급행정기관이 담당하는 행정까지 포함
협의의 개념	일정한 지역에서 수행되는 행정 중에서 지방자치단체가 처리하는 행정으로 보는 견해(자치행정 + 위임행정)
최협의의 개념	지방주민들이 그들의 일상생활과 관련된 사무를 국가에 의지하지 아니하고 스스로 처리하는 행정만을 의미하며, 이에는 자치행정만이 포함(자치행정)

2 지방행정의 수행방법

(1) 관치행정 방식
① 직접행정 방식으로 국가의 직속기관을 지방에 설치·운영하여 지방행정을 수행한다.
② 행정기관은 국가의 일선기관(특별지방행정기관)이다.

(2) 위임행정 방식
① 간접행정 방식으로 지방자치단체가 중앙정부로부터 사무를 위임받아 중앙정부의 간섭과 통제하에 지방행정을 수행한다.
② 행정기관은 지방자치단체(보통지방행정기관)이다.

(3) 자치행정 방식
① 간접행정 방식으로 지방자치단체가 고유의 사무를 중앙정부의 통제를 받지 않고 독자적·자율적으로 수행한다.
② 행정기관은 지방자치단체(보통지방행정기관)이다.

개념체크 ○×

• 지방행정의 협의의 개념에는 자치행정과 위임행정이 포함된다. ○×
• 지방행정의 수행방법에는 관치행정, 위임행정, 자치행정 방식이 있다. ○×

○, ○

3 지방행정의 특징

① **자치행정** : 자치는 관치에 대립되는 개념으로, 지방행정사무는 특수한 경우를 제외하고는 원칙적으로 지방자치단체의 자치사무로써 독자의 의사와 책임하에 수행한다.
② **비권력적 행정** : 지방행정은 지역주민에 대한 조언, 권고, 지원 등을 하는 비권력적 수단을 통해 행정을 수행한다.
③ **종합행정** : 지방행정의 지역범위는 한정적이나 그 지역 안에서 일어나는 모든 행정수요에 대응하여 포괄적으로 문제를 해결하는 종합행정의 성격을 띤다.
④ **급부행정(서비스행정)** : 문서행정과 대립되는 개념으로, 지방행정은 직접 일선에서 현실적인 결과를 구현하는 서비스 행정의 성격을 띤다.
⑤ **대화행정(일선행정)** : 지방행정은 중앙행정과는 달리 주민들과 일상적으로 접촉하면서 대화를 통해 그들의 의견을 청취하고, 이를 바탕으로 시책을 결정하고 집행한다.
⑥ **생활행정** : 국가행정이 전국을 단위로 통일적·일원적으로 실시되는 데 비해, 지방행정은 지역 또는 지방을 단위로 개별적·다원적으로 실시되는 행정이므로 일상생활이 곧 행정의 대상이 된다.
⑦ 국가 내의 일정한 지역인 지역공동사회를 단위로 그 지역이 가진 특수한 조건에 따라 개별적·다원적으로 실시된다.
⑧ 지방정부는 중앙정부와 기능을 적절히 분담하여 행정의 효율성 향상을 기한다.
⑨ 지방자치는 중앙정부의 주도에 비해 구성원이 지역 행정에 참여하기 용이하기 때문에 민중통제와 대응성 제고를 기대할 수 있다.

> **개념더하기**
>
> **자치적 지방행정의 특징**
> - 지방자치단체가 지방행정의 주체가 된다.
> - 지방행정의 권력 근원은 지방주민에 있다.
> - 결정권이 지방분권화된다.
> - 주민이 선출한 지방자치단체장과 그가 통솔하는 공무원이 행정을 담당한다.
> - 주민의 지지와 여론에 입각한 자치행정이 강조된다.
> - 관료들이 주민에 대하여 책임을 지고 그들에 대한 봉사를 주요 행동규범으로 삼는다.
> - 주민의 행정수요를 보다 민감하게 파악하여 결정하고 집행한다.
> - 지방의 실정에 적응하는 다양한 행정을 촉진한다.

02 중앙집권과 지방분권

1 의 의

① 행정조직의 계층구조에 있어서 의사결정권이 어디에 얼마나 집중 혹은 분산되어 있느냐에 따라 집권과 분권이라는 대칭개념이 설정된다. 집권과 분권은 모든 조직에 적용되는 기본개념으로서, 그것이 국가 통치체제상의 중앙기관과 지방기관의 관계를 나타낼 때는 중앙집권과 지방분권으로 호칭된다.

② 이런 관점에서 볼 때 중앙집권이란 통치상의 의사결정 권한이 주로 중앙기관에 집중된 경우를 뜻하며, 지방분권이란 위의 권한이 지방정부에 대폭 분산된 경우를 뜻한다.

2 중앙집권과 지방분권

(1) 중앙집권
① 군주권과 국가에 관한 사상이 발전하면서 부분보다는 전체가 중요하다는 관점에 따라 중앙집권은 지방세력을 통제할 수 있는 제도적 장치로 의미가 강조되었다.
② 절대군주제 아래에서는 군주권을 유지·강화하기 위하여, 또 현대국가에서는 제반 사회세력과 지역세력의 성장 속에서 국가체제를 보호하기 위하여 강력하고 획일적인 관료체제를 중심으로 한 중앙집권을 추구하게 되었다.
③ 특히 국가 건설이라는 명제에 당면한 개도국의 입장에서 중앙집권은 체제 내의 다원주의적 요소에 대칭된 국가주의의 핵으로 강조된다.
④ 한편 중앙집권의 논리적 정당성 및 체제 내적 효율성을 살펴보면, 중앙집권적이고 통치적인 체제에서는 사회의 여러 세력에 대한 효율적 통제를 통해 사회변혁을 보다 원활하게 추진할 수 있고, 부족한 인적·물적 자원을 보다 계획적으로 동원·관리하여 국가사업을 보다 효율적으로 집행할 수 있으며, 전국적인 계획행정·통제행정·권력행정이 용이하다.

(2) 지방분권
① 영국에서 시작된 지방분권은 중앙집권상의 모순과 대의적 민주주의가 제 기능을 다하지 못하면서 그 역할의 강화되었다.
② 지역적인 종합행정의 확보와 민중통제, 신속한 업무처리, 행정수요의 지역적 특수성의 중시 등의 측면에서 지방분권의 효율성이 나타났다.
③ 지방분권의 일반적인 특징으로는 첫째, 지방자치단체의 자치권이 광범위하여 지방 내 행정사무의 대부분이 지방자치단체의 책임 아래 수행된다는 점, 둘째, 중앙정부의 간섭이 적은 반면 지방 주민의 폭넓은 참여가 인정되고 있다는 점 등이 있다.

(3) 중앙집권과 지방분권의 역관계
① 중앙집권은 지방분권의 제도적 취약성을 보완하고, 분권의 비효율적 측면을 보완하는 성격을 띤다. 반대로 지방분권의 집권에 대한 관계도 동일한 논리로 설명된다.

개념체크 ○ ×
- 행정의 집권은 사기를 높이고자 할 때, 행정의 분권은 하층부의 능력이 부족할 때 촉진된다. ○ ×
- 행정의 집권은 능률성과 관련이 있고, 행정의 분권은 민주성과 관련이 있다. ○ ×

×, ○

② 절대적인 중앙집권이나 지방분권은 현실적이지 않다. 중앙집권과 지방분권은 상호 경쟁적인 힘의 균형 관계로 이루어진다. 리그스(F.W. Riggs)는 이러한 중앙집권과 지방분권의 관계를 구심세력과 원심세력에 의한 진퇴양난이란 차원에서 논의하였다.

구 분	중앙집권	지방분권
장 점	• 국가적 위기에 신속한 대처 • 경제발전 · 국민형성에 유리 • 지역 간의 격차 해소 • 전국적 · 광역적 규모의 사업에 유리 • 행정의 통일성 · 전문성 · 능률성의 확보	• 지역 실정에 적합한 행정 • 주민통제를 통한 행정의 민주성 확보 • 주민참여에 의한 행정의 민주화 • 지방공무원의 사기 및 능력 제고 • 신속한 행정처리 • 지역단위행정의 종합 · 조정
단 점	• 중앙정부의 행정부담 과중 • 권위주의적 · 전제주의적 경향 초래 • 지역적 특수성이 고려되지 않으며, 획일적인 행정의 폐단 초래 • 행정단위와 구역의 확대로 인한 공동체 의식, 애향심, 자치의식 결여 • 참여의식이 저하되고 민의의 반영이 적극적으로 이뤄지지 않음	• 행정의 통일성 · 안정성 · 능률성 저해 • 대규모의 광역적 · 거시적 · 전국적인 국가사업 추진 곤란 • 위기 시 강력한 행정력을 발휘하기 어려움 • 규모의 경제를 실현하기 어려움 • 지역 간의 이질성, 불균형, 지역이기주의 심화

개념체크 ○ ×
• 행정의 민주화에 대한 요구는 지방분권화를 촉진시킨다. ○ ×
• 신설 조직이나 소규모 조직인 경우 지방분권화가 촉진된다. ○ ×

○, ×

3 신중앙집권화와 신지방분권화

(1) 신중앙집권화의 개념
① 지방자치를 발전시켜 온 영 · 미 등에서 행정국가화, 광역화, 국제화 등으로 중앙집권이 새로이 일어나는 경향이 나타났다.
② 전통적으로 지방자치제도를 발전시켜 온 나라에 해당되는 개념이다.
③ 중앙과 지방의 새로운 협력관계 또는 행정의 능률화와 민주화의 조화를 모색한다.

(2) 신중앙집권화의 촉진요인
① 행정사무의 양적 증가와 질적 변화
② 과학, 기술과 교통통신의 발달
③ 중앙재정에의 의존
④ 국민 생활권의 확대와 경제규제의 필요성
⑤ 국민적 최저수준 유지의 필요성
⑥ 근대 지방자치의 쇠퇴
⑦ 국제적 불안정과 긴장

(3) 신지방분권화의 개념

중앙집권적 성향이 강했던 유럽 대륙의 프랑스 등에서 정보화, 국제화, 도시화, 지역불균형화 등으로 1980년대 이후 나타난 지방분권의 경향을 의미한다.

(4) 신지방분권화의 촉진요인

① 중앙집권화의 폐해로 인한 지역 간 불균형
② 도시화의 진전
③ 정보화의 확산(재택근무 보편화)
④ 국제화, 세계화의 추세로 활동영역 확대

> **개념체크** ○ ×
> - 세계화로 인한 국제정세의 안정성 확보 필요성으로 신중앙집권화가 강화되었다. ○×
> - 교통통신의 발달로 인한 경제권·생활권의 확대로 신지방분권화가 강화되었다. ○×
>
> ×, ×

03 특별지방행정기관

1 의 의

① 특별지방행정기관(일선기관)은 국가의 특정 중앙행정기관에 소속되어 당해 관할 구역 내에서 시행되는 소속 중앙행정기관에 속하는 행정사무를 관장하는 국가의 지방행정기관(관치기관)이다.
② 국가사무처리를 위해 지방에 설치한 직접적 관치행정기관이라는 점에서 중앙정부와는 독립적 법인격을 갖는 지방자치조직과는 구별된다.
③ 특별지방행정기관은 국가의 사무를 일선에서 처리하는 하급행정 기관으로, 지방행정의 현지성을 저해하며 지방자치단체와의 협조 곤란 및 마찰을 일으킬 수 있다는 것이 다수설의 입장이다.

2 특 징

① 국가업무의 효율적이고 광역적인 추진이라는 긍정적인 목적과 관리·감독의 용이성이라는 목적이 결합되어 설치된다.
② 중앙정부와 특별지방행정기관 간의 관계는 행정상 집·분권의 문제와 관련된다.
③ 특별지방행정기관은 중앙정부의 부처 및 기관의 지역담당자라는 성격을 띠는 기관으로, 정치적이기보다는 관료적인 의미가 강하다.
④ 우리나라의 지방환경청, 지방병무청, 지방국세청, 지방국토관리청 등이 특별지방행정기관의 예에 해당한다.

⑤ 현장의 정보를 중앙정부에 전달하거나 중앙정부와 지방자치단체 사이의 매개 역할을 수행하기도 한다.
⑥ 특별지방행정기관은 국가의 지방행정조직이지 지방자치단체가 아니다.

3 특별지방행정기관의 필요성과 한계

(1) 특별지방행정기관의 필요성
① 중앙행정기관의 집행업무를 분담하여 중앙기관의 업무부담을 경감해 준다.
② 지역별 특성에 맞는 행정의 현지성을 살릴 수 있다.
③ 주민과 직접 접촉해 지역주민의 의사를 반영하여 민주화 실현을 용이하게 한다.
④ 중앙 또는 인접지역과의 협력을 가능하게 한다.

(2) 특별지방행정기관의 한계
① 이중행정·이중감독으로 인한 비효율을 초래할 수 있다.
② 지역의 종합행정을 저해하는 요인이 될 수도 있다.
③ 특별지방행정기관은 국가의 대외적 집행기관에 불과하므로 주민의 자치의식을 저해할 우려가 있다.

04 광역행정

1 의 의

① 광역행정이란 지방자치단체의 기존 행정구역을 초월한 광역을 단위로 하는 광역화를 의미한다.
② 주로 영국·미국 및 프랑스를 중심으로 전개되었으며, 기존의 행정구역을 초월해서 발생되는 여러 가지 행정수요를 통일적·종합적이고 현지성에 맞게 계획적으로 처리함으로써 행정의 능률성, 경제성, 합목적성을 확보하기 위한 지방행정의 양식을 의미한다.

개념더하기

특별지방행정기관의 유형_영·미형과 대륙형
- 영·미형 : 주민자치에서는 자치단체가 위임사무를 수행하지 않으므로 국가의 지역별 소관사무를 처리하기 위하여 별도의 지방 일선기관을 설치·운영한다.
- 대륙형 : 자치단체가 국가의 위임사무를 처리하므로 자치단체이자 일선기관의 이중적 지위를 갖는다. 따라서 별도의 지방 일선기관의 필요성이 영·미보다 적다.

보통지방행정기관과 특별지방행정기관
- 보통지방행정기관 : 하나의 기관이 통합적으로 중앙 여러 부처의 사무를 위임받아 처리하는 경우로, 위임사무를 처리하는 우리나라의 지방자치단체가 해당한다.
- 특별지방행정기관 : 특정한 국가적 사무를 처리하기 위하여 설치된 일선기관으로, 우리나라의 경우 지방경찰청, 지방국세청 등이 해당한다.

2 광역행정의 등장배경

① 교통·통신의 발달은 개인의 지역 간 이동을 원활하게 하였고, 이로 인한 지역 주민의 교통권이나 사회·경제활동 범위의 확대는 광역화를 야기하였다.
② 산업화로 특정 도시의 개별화·특화성이 무너지고, 인접 지역이 동질화되어 도시화가 촉진되었다. 이로 인하여 교통 문제, 주택 문제, 상·하수도 문제, 환경오염 등이 나타났고, 이를 해결하기 위한 광역적 처리가 요구되었다.

3 광역행정의 방식

(1) 특별구역 방식
① 특정한 행정업무만을 광역적으로 처리하기 위하여 기존의 일반행정구역 또는 자치구역과는 별도로 특별구역을 설정하여 처리하는 방식이다.
② 그 예로 런던의 수도경찰국이나 상수도 특별구역, 미국의 학교구나 소방·급수행정을 위한 특별구, 우리나라의 교육구(교육위원회, 교육청 등)나 영림지, 관광구 등이 있다.

(2) 공동처리 방식
① 두 개 이상의 지방자치단체가 행정협의회를 구성하여 계획과 조정사무를 담당하고 집행은 참여단체가 개별적으로 담당하는 방식이다.
② 그 예로 일부 사무조합방식, 협의회(서울특별시), 기관의 공동설치, 사무의 위탁, 연결 회의, 직원 파견 등이 있다.

(3) 연합 방식
두 개 이상의 지방자치단체가 법인격을 갖고 있으면서 광역행정기구를 설치하고 이 기구로 하여금 광역행정에 대한 일체의 업무를 담당하게 하는 방식이다.

(4) 합병 방식
① 두 개 이상의 지방자치단체가 종래의 법인격을 통폐합하고 광역을 단위로 하는 새로운 법인격을 창설하는 방식이다.
② 광역적 처리가 신속·용이한 능률적인 장점은 있으나, 주민들의 반발이 심하여 채택하기 어렵다.
③ 그 예로 일본 동경의 자치단체연합, 시정촌연합 등이 있다.

개념체크 O X

• 주민 생활권의 확대로 광역행정이 등장하게 되었다. ☐O☐X☐
• 지방자치에 대한 불신으로 광역행정이 등장하게 되었다. ☐O☐X☐

O, X

4 우리나라의 광역행정

(1) 미발달 원인
① 중앙집권체제로 인하여 광역적 행정사무를 처리하는 점에서 큰 어려움이 없었다.
② 지방행정체제의 미발달로 광역행정에 대한 인식이나 필요성이 부족하였다.
③ 외국에 비해 각 지방정부의 범위가 넓거나 규모가 크다.

(2) 방 법
① 행정구역의 확장
주변지역의 편입을 통한 구역확장의 방법이 자주 사용되었다.
② 특별지방행정기관의 설치
구역확장이 어렵거나 시간이 급할 경우 중앙정부나 지방정부에 의한 특별지방행정기관을 설치하여 광역적 사무를 처리하였다.
③ 지방자치법에 근거한 광역행정방법
행정협의회와 지방자치단체조합 및 사무위탁 등이 있다.
④ 지방정부의 지위변경
지방정부의 지위를 변경하여 광역적 행정사무를 처리하는 것으로 이것은 행정구역확장과 더불어 자주 이용되는 경향이 있다.

개념더하기

우리나라 광역행정 방식
- 사무의 위탁 : 위탁지방자치단체나 그 장은 소관 사무의 일부를 다른 지방자치단체나 그 장에게 위탁하여 처리하게 할 수 있다.
- 전국적 협의체 : 지방자치단체의 장이나 지방의회의 의장은 상호 간의 교류와 협력을 증진하고, 공동의 문제를 협의하기 위하여 전국적 협의체를 설립할 수 있다.
- 행정협의회 : 2개 이상의 지방자치단체에 관련된 사무의 일부를 공동으로 처리하기 위하여 설치한다.
- 지방자치단체조합 : 2개 이상의 지방자치단체가 하나 또는 둘 이상의 사무를 공동으로 처리할 필요가 있을 때에 설립된다.

CHAPTER 01 | 기출분석문제

01 조직의 분권화를 촉진시키는 요인이 아닌 것은?

① 업무를 신속하게 처리할 필요가 있을 경우
② 조직이 처한 환경이 동태적이고 복잡한 경우
③ 교통·통신의 발달로 상호 유기적인 연계가 강화된 경우
④ 조직 내에 관리자를 육성하고 동기를 부여하고자 하는 분위기가 강할 경우

해설 교통·통신의 발달로 상호 유기적인 연계가 강화되면 집권화가 촉진되기 쉽다.

02 신중앙집권화(Neo-Centralization)의 원인으로 볼 수 없는 것은? 한국남부발전

① 행정구역의 광역화
② 지방정부의 재정부족
③ 행정업무의 양적증대
④ 지방자치의 중요성 약화

해설 신중앙집권화는 현대 지방자치의 비효율성 문제를 보완하기 위하여 촉진되었다. 지방자치의 중요성 약화로 인하여 신중앙집권화가 이루어진 것은 아니다.

03 특별지방행정기관에 대한 설명으로 옳지 않은 것은? 서울도시철도공사

① 국가업무의 효율적·광역적 추진이라는 긍정적 목표를 가진다.
② 주민들의 직접 통제와 참여가 용이하지 않다.
③ 감독의 용이성이라는 중앙행정기관의 부처 이기주의에 따라 설치가 남용되는 문제가 발생한다.
④ 지방자치단체와 명확한 역할배분이 이루어져 행정의 효율성을 높일 수 있다.

해설 자치단체와의 기능·역할 중복 등으로 지방행정의 비효율을 초래한다.

04 우리나라의 광역행정방식에 해당되지 않는 것은?

① 행정협의회
② 지방자치단체조합
③ 행정구역 확장
④ 사무위탁

[해설] 우리나라의 광역행정방식은 지방자치단체조합, 도시권행정협의회, 사무위탁, 지방자치단체의 흡수, 특별지방행정기관의 설치 등이 있다.

05 광역행정에 대한 설명으로 옳지 않은 것은?

한국석유공사

① 규모의 경제에 의한 비용 절약이 가능하다.
② 지방자치단체조합의 구성원은 관련 지방자치단체와 그 지방자치단체의 주민이다.
③ 일상적인 기초단체의 행정수요를 경시하여 지방자치가 위협을 받을 수 있다.
④ 교통, 통신의 발달과 과학, 기술의 발달 등으로 생활권이 확대되면서 광역행정의 필요성이 대두되었다.

[해설] 광역행정을 처리하기 위한 기구인 지방자치단체조합은 자치단체로 구성하는 것이므로 구성원은 주민이 아니라 그 관련 지방자치단체이다.

06 광역행정의 방식에 대한 설명으로 옳지 않은 것은?

① 흡수통합은 자치단체를 몇 개 폐합하여 하나의 법인격을 가진 새로운 자치단체를 신설하는 방식이다.
② 공동처리방식은 둘 이상의 자치단체가 상호 협력관계를 형성하여 광역적 행정사무를 공동으로 처리하는 방식이다.
③ 연합은 기존의 자치단체가 각각 독립적인 법인격을 유지하면서 그 위에 광역행정을 전담하는 새로운 자치단체를 신설하는 방식이다.
④ 자치단체 간 계약은 한 자치단체가 다른 자치단체에게 일정한 대가를 받고 서비스를 제공하는 것을 말한다.

[해설] 자치단체를 몇 개 폐합하여 하나의 법인격을 가진 새로운 자치단체를 신설하는 방식은 흡수통합이 아니라 합병이다. 흡수통합은 하급 자치단체가 가지고 있던 권한이나 지위를 상급 자치단체가 흡수통합하는 것을 말한다.

[정답] 04 ③ 05 ② 06 ①

07 광역행정의 방식으로 여러 자치단체를 포괄하는 단일 정부를 설립하여 그 정부의 주도로 사무를 광역적으로 처리하는 광역행정방식은?

① 연합방식
② 통합방식
③ 참여방식
④ 공동처리방식

해설 여러 자치단체를 포괄하는 단일 정부를 설립하여 그 정부의 주도로 사무를 광역적으로 처리하는 광역행정의 방식은 통합방식 중 합병에 해당한다.

08 지방행정이 지향하는 이념으로 다음 중 옳지 않은 것은?

① 참여성의 강조
② 신뢰성의 강화
③ 다원성과 자율성의 강조
④ 중앙통제의 전면 배제

해설 건전한 지방행정을 위해서는 중앙의 적절한 통제도 필요하다.

모든 전사 중 가장 강한 전사는 이 두 가지, 시간과 인내다.

– 레프 톨스토이 –

Chapter 02
지방자치

기출복원문제

키워드 우리나라의 지방자치제도

우리나라의 지방자치제도에 대한 설명으로 옳은 것은? 　　　　　　　　　　　　　　　　서울시설공단

① 지방의회가 의결을 하면 단체장이 공포하기 전에 바로 효력이 발생한다.
② 지방의회는 조례와 법률의 제정 및 개폐 권한을 갖고 있다.
③ 지방의회는 지방자치단체의 예산을 확정하는 권한과 결산의 승인 권한을 모두 갖고 있다.
④ 기초의회의 경우 주민들의 직선에 의해 최다득표자가 의장으로 선출된다.

해설　① 지방의회가 의결을 해도 단체장이 공포해야 비로소 효력이 발생한다.
　　　　② 지방의회는 법률의 제정 및 개폐 권한은 갖고 있지 않다.
　　　　④ 기초의회의 의장은 주민직선이 아니라 기초의원들이 선출한다.

정답 ③

기출 키워드	중요도
☑ 지방자치 의의	★★
☑ 지방자치의 구성요소	★
☑ 주민자치형과 단체자치형	★★
☑ 자치사무, 단체위임사무, 기관위임사무	★★
☑ 지방자치단체의 사무배분	★
☑ 우리나라의 지방자치제도	★★★

PART 7 지방행정론

CHAPTER 02 지방자치

01 지방자치의 특성과 유형

1 의의

지방행정 수요를 지방주민이 책임지고 자율적으로 처리하는 것을 뜻한다. 즉, 한 나라의 영토를 몇 개의 자치행정 구역으로 나누어, 그 지방에 관한 행정은 원칙적으로 국가관청이 관여하지 않고 지방자치단체에 맡겨서 스스로의 능력과 재정부담으로서 처리하게 하는 것을 말한다.

(1) 지방자치는 일정한 지리적 공간을 토대로 이루어진다.
① 지방자치는 국가의 일부를 구성하고 있는 일정한 지리적 공간에서 이루어진다.
② 국토의 일부 영토를 구성하고 있는 지리적 공간이 바로 '지방'인데, 지방자치는 이러한 지방을 토대로 이루어진다.

(2) 지방자치는 주민을 기초로 이루어진다.
① 일정한 지리적 공간을 가지고 있다고 해서 지방자치가 성립되는 것은 아니다.
② 이러한 공간에 거주하는 주민이 있어야 지방자치가 이루어진다.
③ 일반적으로 주민은 그 지역에 사는 사람을 의미하지만, 우리나라의 지방자치법상 주민은 자치단체 안에 주소를 가진 자, 즉 자치단체의 구역 안에 주민등록이 되어 있는 사람(지방자치법 12조)을 의미한다.
④ 주민은 지역의 주권자이자 지방자치의 행위 주체이며, 지방의 독립적인 의사결정 기구로서의 성격을 지닌다.

(3) 지방자치는 국가와의 상호관계에서 이루어진다.
① 지방은 국가를 전제로 하여 성립되는 개념이다.
② 상위 개념으로서 국가가 존재하지 않는 지방은 지방이 아닌 독립국가가 된다.

개념체크 O X
- 지방자치로 지역 간의 형평성이 강화된다. ⃞O⃞X
- 지방자치로 지역의 개성과 특징에 맞는 발전을 추구할 수 있다. ⃞O⃞X

×, O

2 구성요소

① 지 역
지방자치단체의 지배권이 미치는 지리적 범위를 가리킨다. 지역 범위가 설정됨으로써 특정 지방자치단체의 인적 범위도 설정된다.

② 주 민
자치구역 내 거주하면서 재정을 부담하고 참정권을 행사하는 인적 구성요소이다.

③ 자치권
주민의 총체인 자치단체가 일정한 지역에서 자치사무를 책임하에 처리할 수 있는 권한이다.

④ 자치기관
지역주민의 의사를 표현하고 실현할 기구로 지방의회, 자치단체장, 공무원 조직 등이 해당된다.

⑤ 자치사무
지방자치를 통하여 주민들이 실현하고자 하는 일을 말한다. 지방자치에는 그 지역의 주민이 공동으로 처리해야 할, 일정한 공동문제가 있어야 한다.

⑥ 자주재원
자치사무를 처리하는 데 필요한 비용으로서 지방세가 여기에 해당한다. 지방자치는 주민들 자신의 부담으로 지역 내의 사무를 처리한다.

개념더하기

지방자치의 한계점
- 국가 전체 이익의 경시
- 급박한 위기상황의 대처 부족
- 기술적·사무적 능력 부족 등에 따른 비능률적인 행정
- 외부효과의 발생에 따른 투자기피, 책임 전가
- 소규모적인 서비스 공급에 있어 규모의 경제 상실
- 자치단체의 독자적인 분배시책의 실패
- 배타주의·지역이기주의
- 사회적 형평성의 문제 발생

3 지방자치의 유형

(1) 주민자치형(영·미)
① 지방자치단체와 주민과의 관계에 중점을 두는 자치제도이다.
② 지방주민의 의사와 책임하에 스스로 또는 주민이 선출한 대표자를 통하여 사무를 처리한다.
③ 지방의 조세로 경비를 지출하고 국가의 법률에 따라 명예직 공무원에 의하여 처리하는 형태이다.
④ 주민이 공직자를 선출하고 통제하는 민주적 절차를 중시한다.
⑤ 지방정부에 대한 중앙정부의 감독이 제한된다는 점에서 지방정부의 자율성과 독립성이 크다.

(2) 단체자치형(대륙형)
① 중앙정부와 지방정부와의 관계에 중점을 두는 자치제도이다.
② 국가와 별개의 법인격을 가진 지방자치단체가 국가로부터 상대적으로 독립된 지위와 권한을 인정받아 일정한 범위 내에서 중앙의 통제를 받지 않고 독자적으로 행정사무를 처리한다.
③ 고유사무와 위임사무를 엄격히 구분하고, 지방자치를 법률적 의미의 자치개념으로 파악한다.
④ 우리나라는 제6공화국 이전에는 단체자치형이었으나 점차 주민자치형으로 전환해 가고 있다.

02 지방자치단체의 사무배분

1 지방사무의 종류

(1) 자치사무
① 지방자치단체의 존립 목적에 속하는 사무 및 주민의 복리증진을 도모하기 위하여 행하는 사무로서 법령상 국가사무가 아닌 것을 말한다.
② 적법성 통제를 할 수 있음에 그치고, 합목적성의 통제는 할 수 없다(소극적 감독).
③ 지방자치단체가 그 전액을 부담함이 원칙이나 국고보조금을 받을 수 있다(장려적 보조금).
④ 지방자치단체의 고유사무이므로, 지방의회의 사무감사 및 조사, 회계감사의 대상이며, 조례제정권을 갖는다.

(2) 단체위임사무
① 지방자치단체 본래의 사무가 아니라 전국적 이해와 지방적 이해를 동시에 가지는 사무로서 개개의 법령에 의하여 지방자치단체에 위임된 사무이다.
② 국가의 감독은 합법성·합목적성 차원의 사후·교정적 감독이 인정되나, 사전적·예방적 감독은 원칙적으로 배제된다.
③ 국가와 지방자치단체가 비용을 공동으로 부담하며, 단체위임사무에 대한 국가 보조금은 부담금의 성격을 지닌다.
④ 지방자치단체에 위임된 사무이므로 당연히 지방의회의 관여가 인정되며, 조례제정권을 가진다.

개념체크 ○ ×
- 우리나라 지방자치 유형은 주민자치형에서 점차 단체자치형으로 전환해 가고 있다. ○×
- 지방사무의 종류에는 자치사무, 단체위임사무, 기관위임사무가 있다. ○×

×, ○

(3) 기관위임사무

① 국가 또는 상급자치단체의 사무가 법령의 규정에 의해 지방자치단체의 집행기관에 위임되어 처리하는 사무를 말한다.
② 합법성, 합목적성, 사후적·사전적(예방적) 감독과 통제가 가능하다.
③ 위임기관이 전부 비용을 부담하는 것이 원칙이다.
④ 지방자치단체의 장에게 위임된 사무이므로 지방의회의 관여가 인정되지 않는다.

지방사무의 구분

구 분	자치사무	단체위임사무	기관위임사무
내 용	지방적 사무	지방적 + 국가적 사무	국가적 사무
재 정	자체 재원 (국가보조 가능)	국가의 사업비 일부 보조	전액 국비부담
의 회	지방의회의 통제대상	지방의회의 통제대상	통제대상의 원칙적 배제
감 독	최소한의 국가 감독	제한된 범위 내의 감독	강력한 국가 감독
배 상	자치단체의 책임	국가, 자치단체의 공동 책임	국가의 책임

2 사무배분의 의의 및 방식

(1) 사무배분의 의의

사무배분 혹은 기능배분은 중앙정부와 지방정부 사이에, 또는 상급 지방정부와 하급 지방정부 사이에 이루어지는 일과 책임 권한의 배분을 의미한다.

(2) 사무배분의 원칙

① 국가는 지방자치단체가 행정을 종합적·자율적으로 수행할 수 있도록 국가와 지방자치단체 간 또는 지방자치단체 상호 간의 사무를 주민의 편익증진, 집행의 효과 등을 고려하여 서로 중복되지 아니하도록 배분하여야 한다.
② 국가는 사무를 배분하는 경우 지역주민생활과 밀접한 관련이 있는 사무는 원칙적으로 시·군 및 자치구의 사무로, 시·군 및 자치구가 처리하기 어려운 사무는 시·도의 사무로, 시·도가 처리하기 어려운 사무는 국가의 사무로 각각 배분하여야 한다.
③ 국가가 지방자치단체에 사무를 배분하거나 지방자치단체가 사무를 다른 지방자치단체에 재배분할 때에는 사무를 배분받거나 재배분받는 지방자치단체가 그 사무를 자기의 책임하에 종합적으로 처리할 수 있도록 관련 사무를 포괄적으로 배분하여야 한다.

개념더하기

지방분권법 제정과 목적
- 향후 지방분권 과제의 지속적인 추진을 위해 추진체계를 정비할 필요가 있으며, 지방분권촉진위원회와 지방행정체제개편추진위원회로 분산되어 있는 체계를 발전적으로 통합하여 실질적으로 지방분권을 주도할 수 있는 강력한 지방분권 추진체계를 구축하기 위하여 제정되었다.
- 지방자치분권과 지방행정체제개편을 종합적·체계적·계획적으로 추진하기 위하여 기본원칙·추진과제·추진체제 등을 규정함으로써 성숙한 지방자치를 구현하고 지방의 발전과 국가의 경쟁력 향상을 도모하며 궁극적으로는 국민의 삶의 질을 제고하는 것을 목적으로 한다.

(3) 사무배분의 방식

① 개별적 배분방식 : 지방자치단체가 처리할 수 있는 사무를 중앙정부 또는 중앙정부 의회가 개별적으로 부여하는 유형이다. 지방자치단체의 권한을 자치단체별, 사무분야별로 필요에 따라 특별법으로 부여하는 것을 특징으로 하며 주민자치와 자치헌장제를 채택하고 있는 미국의 일부 주와 영국 등에서 사용한다.

② 포괄적 배분방식 : 법률이 특히 금지한 사항이나 중앙정부가 반드시 처리해야 할 사항을 제외하고는, 지방자치에 대한 일반법에 자치단체의 구별 없이 모든 자치단체에 사무를 포괄적으로 배분하는 방식으로서, 단체자치를 채택하고 있는 독일·프랑스 등 유럽 국가에서 사용한다.

3 사무배분의 기준

(1) 시·도

① 행정처리 결과가 2개 이상의 시·군 및 자치구에 미치는 광역적 사무
② 시·도 단위로 동일한 기준에 따라 처리되어야 할 성질의 사무
③ 지역적 특성을 살리면서 시·도 단위로 통일성을 유지할 필요가 있는 사무
④ 국가와 시·군 및 자치구 사이의 연락·조정 등의 사무
⑤ 시·군 및 자치구가 독자적으로 처리하기 어려운 사무
⑥ 2개 이상의 시·군 및 자치구가 공동으로 설치하는 것이 적당하다고 인정되는 규모의 시설을 설치하고 관리하는 사무

(2) 시·군 및 자치구

시·도가 처리하는 것으로 되어 있는 사무를 제외한 사무. 다만, 인구 50만 이상의 시에 대해서는 도가 처리하는 사무의 일부를 직접 처리하게 할 수 있다.

개념더하기

우리나라 사무배분의 문제점
- 기관위임사무가 많아 자치발전을 저해한다.
- 지방자치법에 규정된 사무배분의 원칙과 사무예시 등이 추상적이어서 개별법 제·개정 시 구체적으로 반영하기가 곤란하다.
- 기관위임사무의 경우 포괄적 위임규정에 의하여 구체적인 법규에 근거하지 않고 일반적으로 일반통첩이나 예규에 의해 이루어지므로 국가나 상급 자치단체의 재량이 지나치게 작용한다.
- 자치사무에 대한 통제가 사후적·합법적 방법으로 행해지는 것이 원칙이나 현실은 과도한 지휘와 감독이 이루어지고 있다.

CHAPTER 02 | 기출분석문제

01 지방자치에 대한 설명으로 옳지 않은 것은? 국민연금공단

① 지방자치법은 법률의 위임에 의해 제정된 지방에 관한 법이다.
② 조례는 지방자치단체가 법령의 범위 안에서 그 권한에 속하는 사무에 관하여 지방의회의 의결로써 제정하는 규범이다.
③ 규칙은 고유사무, 단체위임사무, 조례에 의해 위임된 사항에 관하여 단체장이 제정한다.
④ 훈령이란 상급기관이 하급기관에게 권한행사를 지휘하기 위하여 장기간 발하는 명령이다.

[해설] 지방자치법은 헌법에 근거하여(위임에 의해) 국회에서 제정되는 법률의 형식 법규이다.

02 지방자치제 실시에 대한 기대효과로 옳지 않은 것은?

① 지역 간 협조체제를 강화한다.
② 행정의 전문성을 높인다.
③ 세수입을 효율적으로 사용할 수 있다.
④ 지역의 경쟁성과 창의성을 고양하는 데 기여한다.

[해설] 행정의 전문성은 분권화를 핵심내용으로 하는 지방자치 실시가 갖는 이점이 아니라, 차라리 중앙집권화가 갖는 이점이라고 할 수 있다.

03 우리나라의 지방자치제도에 대한 설명으로 옳은 것은? 서울시설공단

① 지방의회가 의결을 하면 단체장이 공포하기 전에 바로 효력이 발생한다.
② 지방의회는 조례와 법률의 제정 및 개폐 권한을 갖고 있다.
③ 지방의회는 지방자치단체의 예산을 확정하는 권한과 결산의 승인 권한을 모두 갖고 있다.
④ 우리나라에는 자치경찰권이 부여된 지방자치단체는 없다.

[해설] ① 지방의회가 의결을 해도 단체장이 공포해야 비로소 효력이 발생한다.
② 지방의회는 법률의 제정 및 개폐 권한은 갖고 있지 않다.
④ 제주특별자치도에는 자치경찰권이 부여되어 있다.

[정답] 01 ① 02 ② 03 ③

04 다음 지방자치단체의 재정 중 자주재원에 해당하는 것은?　　　　　　　　　　　　　　　　　　　　　　　한국농어촌공사

> ㉠ 주민세　　　　　　　　　　　㉡ 지방교부세
> ㉢ 사용료　　　　　　　　　　　㉣ 국고보조금의 부담금

① ㉠, ㉢
② ㉠, ㉣
③ ㉡, ㉢
④ ㉡, ㉣

[해설] 지방자치단체의 재정 중 자주재원에 해당되는 것은 지방세수입과 세외수입이다. 주민세는 지방세에 해당하고, 사용료는 세외수입에 해당한다.

05 우리나라 지방자치제도 계층구조의 문제점이 아닌 것은?　　　　　　　　　　　　　　　　　　　　　　　한국전력공사

① 시-도, 시-군 간의 협력행정이 미흡하여 갈등을 증대시킨다.
② 도와 시-군 간의 엄격한 기능분리로 인해 행정의 비효율성이 발생한다.
③ 시-군-구에 대한 시-도의 통제기능으로 인해 갈등이 발생한다.
④ 동일지역 내 행정기관의 난립으로 인해 책임성의 확보가 어렵다.

[해설] 우리나라는 하나의 자치단체가 다른 자치단체 안에 포괄하고 있는 '중층제' 구조로 되어 있어 행정기능의 중첩으로 기능배분이 불명확한 것과 책임이 모호해지는 단점이 있다.

06 우리나라의 지방자치단체에서 수행하는 고유사무와 위임사무에 대한 설명으로 옳지 않은 것은?　　　　　　　　　한국지역난방공사

① 기관위임사무는 지방자치단체의 장이 중앙정부의 대리인 자격으로 처리한다.
② 지방자치단체에서 수행하는 사무 중에서 가장 비중이 큰 것은 기관위임사무이다.
③ 고유사무는 지방자치단체의 존립 목적을 위한 본래적 사무를 의미한다.
④ 기관위임사무는 국가 또는 상급 자치단체의 사무가 법령에 의해 자치단체 자체에 위임된 것이다.

[해설] 법령에 의해 자치단체 자체에 위임된 것은 단체위임사무이다.

07 지방자치단체의 자치권을 구성하는 요소 중 우리나라의 지자체가 부여하는 권한으로 옳지 않은 것은?

① 자치재정권
② 자치입법권
③ 자치사법권
④ 자치조직권

해설   자치사법권은 제한적으로도 인정되지 않는다. 우리나라의 지방자치단체는 자치재정권, 자치입법권, 자치조직권, 자치행정권을 가지고 있다.

08 지방자치단체의 기관구성에 대한 설명으로 옳지 않은 것은?   한국석유공사

① 기관통합형은 의원내각제와 비교적 유사하다.
② 기관대립형은 대통령중심제와 비교적 유사하다.
③ 기관통합형에서는 임기 동안 지방자치 행정에 대한 효율성과 책임성을 확보할 수 있다.
④ 기관통합형에서는 의회와 집행기관 간 견제와 균형을 통하여 민주성을 확보할 수 있다.

해설   의회와 집행기관 간 견제와 균형을 통하여 민주성을 확보할 수 있는 것은 기관대립형이다.
〈자치단체의 기관구성〉

구 분	기관통합형	기관대립형
개 념	권력집중주의에 입각하여 자치단체의 의결·집행기능을 단일기관인 지방의회에 귀속시키는 형태	권력분립주의(견제와 균형) 원칙에 입각하여 자치단체의 의결·집행기능을 다른 기관에 분담시키는 형태
장 점	• 소규모기초단체에 적합 • 안정·능률성(신속·탄력적 집행) • 권한·책임 집중(책임행정 구현)	• 대도시의 다양한 이해 대표 • 임기보장으로 행정시책의 강력한 추진력 • 견제·균형으로 주민통제 가능
단 점	전문성·통일성·종합성 저해	인기영합, 권한남용 문제, 갈등과 교착

성공한 사람은 대개 지난번 성취한 것 보다 다소 높게,
그러나 과하지 않게 다음 목표를 세운다.
이렇게 꾸준히 자신의 포부를 키워간다.

- 커트 르윈 -

08
하프모의고사

제1회	하프모의고사
제2회	하프모의고사
제3회	하프모의고사

정답 및 해설

제1회 | 하프모의고사

제한시간 : 20분   맞은 개수 : ___ / 20개

01 행정국가에 대한 설명으로 옳은 것은?

① 정책이 정책을 낳는 관성은 행정의 팽창을 가져온다.
② 행정의 과부하는 행정수요의 감소를 가져온다.
③ 행정의 팽창은 시장실패의 가능성을 증가시킨다.
④ 행정국가는 삼권분립을 전제하지 않은 국가구성 원리이다.

02 행정학의 주요이론에 대한 설명으로 옳지 않은 것은?

① 행태론은 사회현상도 자연과학과 마찬가지로 엄밀한 과학적 연구가 가능하다고 본다.
② 행정생태론은 환경적 요인을 따로 고려한다는 점에서 과학적 관리론과 유사성을 갖는다.
③ 인간관계론은 외부환경의 영향을 고려하지 않는 폐쇄적 조직론이다.
④ 신행정학에서는 1968년에 개최된 미노부르크(Minnowbrook) 회의를 신행정학의 출발점으로 보고 있다.

03 시장실패와 정부실패에 대한 설명으로 옳지 않은 것은?

① 정부보조금의 삭감이나 폐지는 정부실패에 대한 대응책이다.
② 경직화된 권력네트워크의 동태화는 정부실패에 대한 대응책이다.
③ 공공재는 시장실패에 대응하여 정부가 공급해야 한다.
④ 정부실패의 원인은 권력편재보다 정보편재에 있다.

04 신공공관리론에 대한 설명에 해당하는 것은 무엇인가?

① 정치와 행정의 통합을 주장하는 정치행정일원론이다.
② 고객에 대한 서비스보다는 법적 요건의 충족을 중시한다.
③ 민영화와 규제완화보다는 정부의 적극적인 시장개입을 강조한다.
④ 기업가적 정부를 지향한다.

05 정책의 유형과 유형별 사례를 연결한 것 중 옳은 것은?

① 배분정책 – 누진세의 강화
② 추출정책 – 지방소비세의 도입
③ 규제정책 – 고속도로 건설
④ 재배분정책 – 국공립학교를 통한 교육서비스

06 정책결정모형에 대한 설명으로 옳은 것은?

① 합리모형에서는 기존의 정책에 부분적인 수정이 이루어지는 식으로 정책이 결정된다고 본다.
② 점진주의 모형에서는 관료들 간의 흥정, 타협, 연합, 대결 등에 의해 정책이 결정된다고 본다.
③ 만족모형에서는 모든 가능한 대안들 간의 비교분석을 통해 최적의 대안이 선택된다고 본다.
④ 쓰레기통 모형에서는 문제, 해결책, 참여자, 선택기회라는 네 가지 흐름이 따로따로 흘러다니다가 우연한 계기에 임의적으로 정책결정이 이루어진다고 해석한다.

07 현실적 여건으로 인해 정책결정자들이 구체적인 정책이나 목표를 설정하지 못하고 추상적인 수준에 머물고 있기 때문에 정책의 대부분을 정책집행자에게 위임하는 유형은?

① 지시적 위임형
② 재량적 실험형
③ 관료적 기업가형
④ 고전적 기술자형

08 민츠버그(Mintzberg)가 분류한 다섯 가지 조직유형에 대한 설명으로 옳지 않은 것은?

① 단순구조는 신생 조직이나 소규모 조직에서 나타나는데 장기적인 전략결정을 소홀히 할 수 있다는 문제점이 있다.
② 기계적 관료제 구조는 전통적인 대규모 조직에서 나타날 수 있는데 전문화는 높은 반면 환경적응에는 부적합하다.
③ 전문적 관료제 구조는 전문성 확보에 유리한 반면, 수직적 집권화에 따른 환경변화에 영합하는 속도가 빠르다는 문제가 있다.
④ 사업부제구조는 중간관리층을 핵심 부문으로 하는 대규모조직에서 나타나는데 관리자 간 영업영역의 마찰이 일어날 수 있다.

09 대표관료제에 대한 설명으로 옳지 않은 것은?

① 소수집단의 참여기회를 확대한다.
② 실적주의의 폐단을 시정하는 데 기여한다.
③ 행정의 능률성과 전문성을 제고한다.
④ 역차별 문제를 유발한다.

10 다음 〈보기〉가 설명하는 이론은 무엇인가?

| 보기 |
- 해당 이론은 매슬로우의 경우보다 복합적이며 종합적인 욕구 개념을 수립하여 개인의 행동을 설명한다.
- 인간의 기본욕구를 존재(Existence)욕구, 관계(Relatedness)욕구, 성장(Growth)욕구의 3단계 욕구로 분류한다.
- 인간의 욕구를 설문지나 면접 등을 통해 연구할 수 있다고 본다.

① Porter와 Lawler의 업적·만족이론
② Georgopoulos의 통로·목표이론
③ Vroom의 기대이론
④ Alderfer의 ERG이론

11 직업공무원제를 올바르게 수립하기 위한 요건에 대한 설명으로 옳지 않은 것은?

① 공직에 대한 높은 사회적 평가가 있어야 한다.
② 공무원 인력계획에 대한 장기적인 계획이 수립되고 운용되어야 한다.
③ 젊은 사람보다는 직무경험이 있는 사람이 채용되도록 하여야 한다.
④ 노력에 대한 보상이 적절해야 하며, 보수가 적절하게 지급되어야 한다.

12 행정윤리의 개념 및 특징으로 보기 어려운 것은?

① 행정윤리란 공무원이 행정업무를 수행할 때 준수해야 할 행동규범을 의미한다.
② 행정윤리는 행정업무와 관련된 윤리를 의미한다.
③ 행정윤리의 개념은 이를 넓게 해석하여 공무원의 부정부패와 관련된 적극적인 측면으로 이해되기도 한다.
④ 행정윤리의 개념 속에는 공무원이 지켜야 할 공무원의 직업윤리는 물론 공무원이 입안하여 집행하는 정책의 내용이 윤리적이어야 한다는 의미도 내포되어 있다.

13 근무성적평정방법 중 집단평정법에 대한 설명으로 옳지 않은 것은?

① 평정에 감독자, 동료, 부하 등 다양한 사람들이 참여한다.
② 참여의 범위가 크면 클수록 정확성을 높이는 데 유리하다.
③ 소수인의 편견을 배제할 수 있다.
④ 평가자 개인 간의 편차를 줄임으로써 객관성을 높일 수 있다.

14 우리나라 예산편성의 절차를 순서대로 옳게 나열한 것은?

① 사업계획서 제출 → 예산의 사정 → 예산편성지침 시달 → 예산요구서 작성 및 제출 → 국무회의의 심의와 국회 제출
② 사업계획서 제출 → 예산요구서 작성 및 제출 → 예산편성지침 시달 → 예산의 사정 → 국무회의의 심의와 국회 제출
③ 사업계획서 제출 → 예산편성지침 시달 → 예산요구서 작성 및 제출 → 국무회의의 심의와 국회 제출 → 예산의 사정
④ 사업계획서 제출 → 예산편성지침 시달 → 예산요구서 작성 및 제출 → 예산의 사정 → 국무회의의 심의와 국회 제출

15 자본예산에 대한 설명으로 옳지 않은 것은?

① 장기적인 재정계획수립에 기초하여 편성되므로 정부사업에 대한 신뢰도를 높일 수 있다.
② 재정계획에 따라 경상지출의 적자가 발생할 경우 공채발행을 통하여 이를 해결한다.
③ 인플레이션을 조장하지만, 경우에 따라 경제불황의 극복수단으로 활용되어 경기 활성화에 기여할 수 있다.
④ 수익자부담의 원칙을 강조하여 세대간 비용부담의 형평성을 확보할 수 있는 장점이 있다.

16 학력, 연공, 근속년수 등의 속인 기준에 의거하여 보수를 책정하는 것은?

① 혈연주의
② 성과주의
③ 능력주의
④ 연공주의

17 예산편성과정에서 나타나는 정치적 모습에 대한 설명으로 옳지 않은 것은?

① 각 부처들은 자신의 영향력이 미치는 단체들을 동원하여 예산의 필요성을 강조하는 경향이 있다.
② 장관의 역점사업임을 강조하여 예산을 확보하려고 노력한다.
③ 문제가 있거나 새로운 사업을 반드시 다른 사업들과 연계하여 끼워팔기식 예산편성을 시도한다.
④ 인기 있는 사업의 경우 가급적 우선순위를 높여 정치 쟁점화시킨다.

18 행정책임의 특성으로 옳지 않은 것은?

① 행정통제의 목적이 된다.
② 행정책임의 기준은 유동적이다.
③ 행정상의 일정한 권리를 전제로 발생한다.
④ 위임입법이 증가함에 따라 행정책임도 더욱 중요해졌다.

19 행정개혁을 촉진하는 요인으로 볼 수 없는 것은?

① 새로운 이념의 등장
② 정보 기술의 도입
③ 책임운영기관제도의 확대
④ 국제환경과 질서의 변화

20 지방자치단체의 자치권에 속하지 않는 것은 무엇인가?

① 자치입법권
② 자치사법권
③ 자치행정권
④ 자치재정권

제2회 | 하프모의고사

제한시간 : 20분　　　　　　　　　　　　　　　　맞은 개수 : ___ / 20개

01 행정에 대한 개념으로 옳지 않은 것은?

① 최근 행정의 개념에는 공공문제의 해결을 위해 정부 외의 공, 사조직들 간의 연결 네트워크, 즉 거버넌스를 강조하는 경향이 있다.
② 넓은 의미의 행정은 협동적 인간 노력의 형태로서 정부조직을 포함하는 대규모 조직에서 보편적으로 나타난다.
③ 행정과 경영은 비교적 유사한 활동이라고 할 수 있으나 그 목적하는 바가 다르다.
④ 행정은 정치과정과는 분리된 정부의 활동으로 공공서비스의 생산 및 공급, 분배에 관련된 모든 활동을 의미한다.

02 공유지의 비극(The Tragedy of The Commons)에 대한 설명으로 옳지 않은 것은?

① 개인적으로 합리적인 선택이 사회 전체적으로 비효율을 초래한다.
② 외부효과를 내부화함으로써 어느 정도 해결할 수 있다.
③ 이러한 시장실패의 주된 요인은 무임승차자 문제이다.
④ 재화의 재산권을 명확히 하는 것도 이러한 시장실패를 해결하기 위한 하나의 방법이다.

03 공공선택이론에 대한 설명으로 옳지 않은 것은?

① 정치적 경기순환론에 따르면 정치인들은 선거에서 득표율을 높여 승리하기 위하여 선거 직전에는 경기부양책을 펴나가고 예산도 확대시킨다고 보았다.
② 투표의 거래모형에 따르면 대의민주주의 하에서는 투표의 거래나 담합에 의하여 정부사업이 팽창하게 된다고 본다.
③ 니스카넨(Niskanen)에 따르면 합리적인 관료들은 소속부서의 예산규모를 축소하기 위하여 노력한다고 본다.
④ 공공선택론에 따르면 공공부문에서도 시장에서처럼 소비자의 선호를 반영함으로써 파레토 최적을 구현하여 사회 총효용을 극대화할 수 있다고 가정한다.

04 다음 정책유형에 대한 설명으로 옳지 않은 것은?

① 분배정책은 정부가 국민(개인·기업·집단·지역사회) 등에게 공공서비스와 편익을 배분해주는 정책이다.
② 로위(Lowi)는 정책을 분배정책·규제정책·재분배정책·구성정책으로 분류하였다.
③ 규제정책을 보호적 규제정책과 경쟁적 규제정책으로 구분하기도 한다.
④ 재분배정책에 사용되는 가장 일반적인 수단은 보조금과 지원금이다.

05 정책의제설정에 대한 설명으로 옳지 않은 것은?

① 외부주도형은 이익집단이 발달하고 정부가 외부의 요구에 민감하게 반응하는 정치체제에서 주로 나타난다.
② 내부접근형에서 정부의제는 정부PR을 통해 공중의제화된다.
③ 동원형은 정부의 힘이 강하고 민간부문의 힘이 취약한 후진국에서 주로 나타나는 유형이다.
④ 내부접근형은 부와 권력이 집중된 나라에서 흔히 나타나는 유형이다.

06 비용편익분석에 대한 설명으로 옳지 않은 것은?

① 공공투자사업에 따른 모든 비용과 편익을 현재 가치로 산정한 화폐단위로 환산하여 비교·평가하는 기법으로 동종 사업뿐만 아니라 이종 사업 간에도 정책 우선순위를 비교할 수 있다.
② 적용되는 할인율이 낮을수록 미래 금액의 현재가치는 높아지게 되며, 비용편익비가 1보다 큰 사업은 경제적으로 타당성이 있다고 볼 수 있다.
③ 장기적인 안목에서 사업의 바람직한 정도를 평가할 수 있는 방법이며, 형평성과 대응성을 정확하게 대변할 수 있는 수치를 제공한다.
④ 기회비용에 의해 모든 가치가 평가되어야 한다는 가정하에서 이루어진다.

07 정책평가에 있어서 정책과 그 결과 간에 진정한 인과관계가 존재하는 정도를 나타내는 개념은 무엇인가?

① 제3종 오류
② 가외성
③ 내적 타당성
④ 구성적 타당성

08 조직의 원리에 대한 설명으로 옳지 않은 것은?

① 통솔범위의 원리에 따르면 통솔범위와 계층의 수는 역관계가 있다.
② 명령통일의 원리가 강조될수록 참모조직의 영향이 더욱 강화된다.
③ 조정의 원리는 공동목적을 달성하기 위하여 구성원의 행동 통일을 기하도록 집단적 노력을 질서 있게 배열하는 과정이며 전문화에 의한 할거주의, 비협조 등을 해소하는 순기능을 가지고 있다.
④ 기능별구조와 사업부제가 결합된 매트릭스조직은 명령일원화 원리에 위배되는 조직으로 이원적 명령계통으로 인하여 신속한 결정이 어렵고 갈등 조정이 곤란하다.

09 책임운영기관에 대한 설명으로 옳지 않은 것은?

① 책임운영기관은 집행기능 중심의 조직이다.
② 책임운영기관의 성격은 정부기관이며 구성원은 공무원이다.
③ 책임운영기관은 융통성과 책임성을 조화시킬 수 있다.
④ 기관운영에 있어서 탄력적 회계운용, 운영시스템의 개선 등을 통해 결과보다 과정중심의 행정을 추구한다.

10 거래적 리더십과 대비되는 변혁적 리더십에 대한 설명으로 옳지 않은 것은?

① 리더가 부하에게 자긍심과 신념을 심어준다.
② 리더가 부하로 하여금 미래에 대한 비전을 열정적으로 수용하고 계속 촉구하도록 격려한다.
③ 리더가 부하에 대해 개인적으로 존중한다는 것을 전달한다.
④ 리더는 부하가 적절한 수준의 노력과 성과를 보이면 그만큼의 보상을 제공한다.

11 근무성적평정에 대한 설명으로 옳지 않은 것은?

① 정부의 근무성적평정 방법은 다원화되어 있으며, 상황에 따라 신축적인 운영이 가능하다.
② 행태기준척도법은 평정의 임의성과 주관성을 배제하기 위하여 도표식평정척도법에 중요사건기록법을 가미한 방식이다.
③ 근무성적평정의 기준이 일정하지 않은 경우에 발생하는 오류를 시간적 오류라고 한다.
④ 연쇄효과란 평정자가 가장 중요시하는 하나의 평정요소에 대한 평가결과가 성격이 다른 평정 요소에도 영향을 미치는 것으로 연쇄화의 오류를 방지하기 위해서는 강제선택법을 사용한다.

12 공무원의 정치적 중립에 대한 내용으로 옳은 것은?

① 공무원의 정치적 중립은 엽관주의나 정당주의를 강화시킨다.
② 일반적으로 정치적 중립이 강화되면 행정의 능률성과 전문성이 떨어진다.
③ 현대적 관점의 정치적 중립은 행정의 정치적 성격을 일체 배제하는 것이다.
④ 정치적 중립은 행정의 안정성과 계속성을 유지하기 위해 필요하다.

13 예산을 편성절차에 따라 분류할 때, 정부가 의회에 예산안을 제출한 이후 의회의 의결 이전에 기존 예산안에 대해서 정부가 다시 그 편성 내용을 변경하는 것은 무엇인가?

① 추가경정예산
② 잠정예산
③ 수정예산
④ 가예산

14 예산편성에 있어 계속사업이나 신규사업을 막론하고 사업의 존속·축소·확대 여부를 처음부터 새로이 분석·검토하여 사업의 우선순위를 정하고 이에 따라 예산을 편성하는 방식은?

① 품목별 예산제도
② 계획 예산제도
③ 성과주의 예산제도
④ 영기준 예산제도

15 대표관료제(Representative Bureaucracy)에 대한 설명으로 옳은 것은?

① 집단이기주의의 폐단을 사전에 예방하기 위한 제도이다.
② 사회의 인적 구성을 고려하기보다는 개인의 능력 위주로 관료제를 구성한다.
③ 국민의 다양한 요구에 대한 정부의 대응성을 향상시킬 수 있다.
④ 소수집단 혹은 소외된 계층에게는 공직에 진출할 기회가 봉쇄되는 제도이다.

16 우리나라의 결산제도에 대한 설명으로 옳지 않은 것은?

① 일 회계연도에서 국가의 수입과 지출의 실적을 확정적 계수로 표시하는 행위이다.
② 예산과정의 마지막 단계에 해당된다.
③ 결산의 최종적인 과정은 국회의 심의를 거침으로써 끝난다.
④ 결산은 예산운용의 결과를 확인·심사하는 것이므로 입법부에 의해서만 진행된다.

17 조세지출예산제도에 대한 설명으로 옳지 않은 것은?

① 법률에 따라 집행되므로 경직성이 강하다.
② 과세의 수직적·수평적 형평성을 파악할 수 없다.
③ 재정정책의 효과를 판단하기 위한 기초자료가 된다.
④ 보조금의 성격을 띠므로 개방된 국제환경 하에서 무역 마찰의 소지가 될 수 있는 문제점이 있다.

18 행정윤리의 저해요인으로 볼 수 없는 것은?

① 권위주의적 사고 및 관직의 사유관
② 과도한 정부규제 및 비현실적 법규
③ 연공서열 및 개인적 선호에 의한 인사
④ 내부통제장치의 확보

19 지방행정의 개념에 대한 설명으로 옳지 않은 것은?

① 넓은 의미의 지방행정의 개념은 관치행정, 위임행정, 자치행정 모두를 포함하고, 가장 좁은 의미의 지방행정은 자치행정만을 의미한다.
② 지방정부는 지방행정에 한정하지 않고 지방의 정치·정책기능까지 포함하는 개념이다.
③ 우리나라에서 실시하는 지방행정은 좁은 의미의 지방행정으로 자치행정과 위임행정을 포함한다.
④ 영국에서 실시하는 지방행정은 지방자치의 효율성 추구를 위해 자치행정과 위임행정을 포함한다.

20 지방자치단체가 그 자체의 재원으로부터 자주적으로 거두어들이는 수입에 속하는 것은 무엇인가?

① 지방채
② 지방교부세
③ 지방양여금
④ 국고보조금

제3회 | 하프모의고사

제한시간 : 20분　　　　　　　　　　　　　　맞은 개수 : ___ / 20개

01 행정과 경영의 차이점에 해당하지 않는 것은?

① 행정에만 관료제가 적용되고 경영에는 적용되지 않는다.
② 행정은 강제적 권력이고, 경영은 공리적 권력이다.
③ 행정은 공개적이고, 경영은 비공개적이다.
④ 행정은 국민에게 평등하고, 경영은 고객에 따라 차별이 가능하다.

02 인간관계론에 대한 설명으로 옳지 않은 것은?

① 인간의 감정적 요소와 비합리적 요소를 효율적으로 운용하는 것이 능률성 제고에 유용하다는 이론이다.
② 인간관계론에 의하면 구성원은 개인으로서가 아니라 집단의 구성원으로서 행동한다.
③ 조직의 관리에 있어서 의사전달, 리더십, 비공식조직 등을 강조함으로써 경쟁이 아닌 협동과 인화에 의한 생산성 제고를 강조하였다.
④ 직무 자체를 중심으로 동기부여를 강조하고 사회심리적 욕구의 충족에 의한 동기부여를 간과하는 단점이 있다.

03 현상학에 대한 설명으로 옳지 않은 것은?

① 현상학은 수동적이고 원자적인 인간모형을 상정한다.
② 현상학은 개별문제를 중심으로 연구한다.
③ 현상학은 객관적 존재의 서술을 위해 현상을 가급적 분해하여 분석하려 하지 않는다.
④ 현상학에서 인간행위의 가치는 행위가 산출한 결과보다 행위 그 자체에 있다고 본다.

04 무의사결정론에 대한 설명으로 옳지 않은 것은?

① '신엘리트론'이라고도 한다.
② 정책의제 선택과정에서 나타나는 현상을 설명하기 위한 이론이다.
③ 정책의제 설정뿐만 아니라 정책과정 전반에서도 발생한다.
④ 무의사결정은 분권적·개방적·민주적인 사회보다 집권적이면서 폐쇄적·권위적인 사회에서 더 적게 나타난다.

05 피터스가 제시한 정부개혁모형 중 다음 보기에서 설명하는 것은?

> • 정책기능수행에서 기업가적 정부의 역할이 강조된다.
> • 조직구조에 대한 특정적 처방은 없다.
> • 관리작용의 자율성이 높다.
> • 거버넌스의 평가기준은 창의성과 행동주의이다.

① 탈내부규제 정부모형
② 신축적 정부모형
③ 시장적 정부모형
④ 참여적 정부모형

06 정책문제에 대한 설명으로 옳은 것은?

① 정책문제는 사익성을 띤다.
② 정책문제는 객관적이고 자연적이다.
③ 정책문제는 복잡 다양하며 상호 의존적이다.
④ 정책문제는 정태적 성격을 갖는다.

07 정책평가의 유형에 대한 설명으로 옳지 않은 것은?

① 총괄평가는 정책집행이 종료된 후에 그 성과나 효과를 평가하는 것이다.
② 형성평가는 정책집행 도중에 과정의 적절성과 수단·목표 간 인과성 등을 평가하는 것이다.
③ 총괄평가는 주로 내부 평가자에 의해 수행되며, 평가결과를 환류하여 최종안을 개선하는 것이 목적이다.
④ 형성평가는 주로 내부 평가자 및 외부 평가자의 자문에 의해 평가를 진행하며, 정책집행단계에서 정책담당자 등을 돕기 위한 것이다.

08 조직구조에 대한 설명으로 옳은 것은?

① 참모조직(Staff)은 수직적 권한의 계열로 이루어져 있으며 업무수행과 관련된 결정권과 집행권을 보유한다.
② 애드호크라시(Adhocracy)는 유동적인 환경변화에 대응하기 위한 잠정적이고 일시적인 성질의 조직구조이다.
③ 매트릭스(Matrix) 조직은 조직 구성원들의 심리적 욕구를 충족시킴으로써 작업집단을 안정화시키는 순기능을 가질 수 있다.
④ 계선조직(Line)은 일선에서 직접 정책을 수행하기보다는 주로 자문·조정·정보수집·자료분석 등을 통해 정책결정자를 도와주는 기능을 수행한다.

09 비공식조직에 대한 설명으로 옳지 않은 것은?

① 비공식조직은 공식조직의 응집력을 높여 준다.
② 비공식조직은 비밀정보망 역할로 공식적 의사소통을 보완해 준다.
③ 비공식조직은 나름대로 신분과 지위체계가 존재하는 수평 대등한 관계의 조직이다.
④ 비공식조직은 구성원 간의 지식이나 경험의 공유를 통해서 지도자의 능력을 보완해 준다.

10 목표관리제(MBO), 조직발전(OD), 총체적 품질관리(TQM), 리엔지니어링(RE)에 대한 설명으로 옳지 않은 것은?

① 목표관리제(MBO)는 역할모호성 및 역할갈등을 감소시키고 일과 사람의 조화수준을 높인다.
② 조직발전(OD)은 외부의 전문가들이 참여하는 하향적 관리 방식으로 문제해결역량을 개선하려는 지속적이고 장기적인 노력이다.
③ 총체적 품질관리(TQM)는 기능적 조직에 적합하며 개인의 성과평가를 위한 도구로 도입되었다.
④ 리엔지니어링(RE)은 프로세스의 변화뿐만 아니라 조직구조나 문화 등 다양한 측면에서 변화가 요구된다.

11 직위분류제에 대한 설명으로 옳지 않은 것은?

① 변화되는 직무에 대한 내용을 명확하게 반영하지 못하는 경우가 있다.
② 인사행정의 유연화를 초래할 수 있다.
③ 직무 수행능력 및 성과 등으로 보수 등을 결정하는 공무원 인사제도이다.
④ 급료의 산출 및 충원의 파악이 쉬우므로 인력의 수급계획을 세우기가 용이하다.

12 경력직 공무원 중 개별법의 적용을 받는 특수 분야의 업무를 담당하는 공무원을 무엇이라 부르는가?

① 전문직 공무원
② 별정직 공무원
③ 계약직 공무원
④ 특정직 공무원

13 예산원칙에 대한 설명으로 옳지 않은 것은?

① 입법부가 사전에 의결한 사항만 집행이 가능하다는 사전의결의 원칙의 예외로는 긴급명령과 준예산 등이 있다.
② 예산총계주의는 모든 세입과 세출이 예산에 계상되어야 한다는 것을 의미한다.
③ 정부가 특정 수입과 특정 지출을 직접 연계해서는 안 된다는 한계성 원칙의 예외로는 예비비, 계속비 등이 있다.
④ 예산은 결산과 일치해야 한다는 예산 엄밀성의 원칙은 정확성의 원칙이라고도 불린다.

14 수정예산에 대한 설명으로 옳은 것은?

① 정부의 예산편성 작업이 늦어지는 경우, 필요한 경비를 지출할 수 있도록 국회가 별도의 예산을 편성하는 것
② 의회에 정부 예산안이 제출된 후, 의회의 의결 이전에 기존 예산안에 대해서 정부가 다시 그 편성 내용을 변경하는 것
③ 예산안이 회기 내에 국회에서 통과되지 않았을 때, 전년도 예산에 준하여 임시적으로 지출하는 것
④ 회계연도 개시일까지 예산안이 국회에서 통과되지 못했을 경우, 전년도 예산을 최소한도로 수정하여 임시적으로 지출하는 것

15 다음 실적주의에 대한 설명으로 옳지 않은 것은?

① 공직임용의 기회균등으로 사회적 평등을 실현한다.
② 공개경쟁시험 등을 통한 유능한 인재의 임용으로 엽관주의의 폐해를 극복할 수 있다.
③ 유능한 인재 유치에 적극적이기 때문에 인사행정의 지나친 집권화를 막을 수 있다.
④ 신분보장이 법령에 의해 규정됨으로써 행정의 안정성과 계속성을 확보하고 행정의 전문화를 제고할 수 있다.

16 특별회계에 대한 설명으로 옳은 것은?

① 특별회계는 기금과는 달리 예산단일성의 원칙에 부합한다.
② 특별회계의 세입은 주로 조세수입으로 이루어진다.
③ 예산팽창을 효과적으로 통제할 수 있다.
④ 국가에서 특정사업을 운용하기 위해 일반회계와 구분하여 경리할 필요가 있을 때 설치한다.

17 국가공무원법상 징계의 종류에 해당하지 않는 것은?

① 직위해제
② 강 등
③ 견 책
④ 감 봉

18 행정개혁의 주요 속성에 해당하는 것이 아닌 것은?

① 목표지향성
② 포괄적 연관성
③ 동태성
④ 시간적 단절성

19 행정개혁에 대한 다음의 저항 극복방안 중 규범적 전략에 해당하는 것은?

① 개혁의 점진적 추진
② 적절한 시기의 선택
③ 참여의 확대
④ 반대급부의 보장

20 지방자치단체의 기관구성에 대한 설명으로 옳지 않은 것은?

① 기관통합형은 의원내각제와 유사하고, 기관대립형은 대통령중심제와 비슷한 원리를 따르고 있다.
② 기관통합형은 의회와 집행부의 통합형태라는 점에서 견제와 균형이라는 민주정치의 장점이 희생될 우려가 크다.
③ 기관대립형은 두 개의 권력기구가 병존함에 따르는 마찰과 비효율성으로 인한 피해 가능성이 크다.
④ 우리나라 지방자치기관의 구조는 전형적인 기관통합형을 택하고 있다.

제1회 | 하프모의고사 정답 및 해설

빠른정답

01	02	03	04	05	06	07	08	09	10
①	②	④	④	②	④	②	③	③	④
11	12	13	14	15	16	17	18	19	20
③	③	②	④	②	④	④	③	③	②

01
정답 ①

행정국가에서는 행정이 거대해질수록 계속적 유지를 위해 행정이 점점 확대가 되고, 기존에 누리던 행정서비스의 혜택을 포기하려 하지 않는다. 따라서 행정의 규모는 더욱 팽창된다.

02
정답 ②

과학적 관리론은 행정을 행정조직 내의 관리작용으로만 인식하여 환경적 요인을 제대로 반영하지 못하고 있다.

03
정답 ④

정보격차는 시장과 정부 양쪽에서 모두 나타나는 현상이지만 대체로 소비자의 무지를 이용하여 창출하려는 시장(기업)에서 더 많이 발생하기 때문에 정보격차는 시장실패의 원인, 권력의 독점이나 편재는 정부실패의 원인으로 각각 간주한다.

04
정답 ④

① 전통적인 관료조직의 비효율성을 극복하려는 대안이다.
② 고객에 대한 서비스의 질을 중시한다.
③ 민영화와 규제완화를 중시한다.

05 정답 ②

추출정책은 민간에서 정부로 자원이 이동하는 것과 관련된 정책으로 국세징수, 공무원 채용, 병사모집이 해당한다.
누진세의 강화는 재분배 정책, 고속도로 건설과 국공립학교를 통한 교육서비스는 분배정책에 해당한다.

06 정답 ④

① 합리모형에서는 모든 가능한 대안들 간의 비교분석을 통해 최적의 대안이 선택된다고 본다.
② 점진주의 모형은 기존의 정책에 부분적인 수정이 이루어지는 식으로 정책이 결정된다고 본다.
③ 만족모형에서는 제한된 합리성을 강조하며 정책결정 과정에서 단지 몇 개의 대안만이 무작위적이고 순차적으로 탐색·비교된다고 본다.

07 정답 ②

① 지시적 위임형 : 정책결정자들에 의해 목표가 수립되고 대체적인 방침만 정해진 뒤 나머지는 집행자에게 위임된다.
③ 관료적 기업가형 : 정책집행 담당 관료들이 큰 권한을 소유하고 정책과정 전체를 좌지우지하며 결정권까지 행사한다.
④ 고전적 기술자형 : 정책결정자가 정책목표와 세부사항까지 결정하며, 정책집행자는 이를 실천하기 위한 활동을 한다.

08 정답 ③

전문적 관료제 구조는 전문성 확보에 유리한 반면, 기술의 표준화에 따른 환경변화에 적응하는 속도가 느리다는 데에 문제가 있다. 전문적 관료제는 수평적·수직적 분권화를 추구한다.

09 정답 ③

대표관료제는 능력보다는 출신을 중시한다. 그래서 행정의 능률성과 전문성을 저해한다는 비판을 받는다.

10 정답 ④

보기는 앨더퍼의 ERG이론에 관한 것이다. 매슬로우의 기본전제인 욕구의 우선순위와 한 욕구가 어느 정도 충족되면 다음 욕구의 활성화를 유도한다는 만족-진행 접근 가정을 배제하고, 고급욕구냐 하급욕구냐를 막론하고 어느 시점에서든 동기부여의 역할을 할 수 있다는 것이며, 상위욕구가 충족되지 않거나 좌절되면 그보다 낮은 하위욕구의 중요성이 커진다는 좌절-퇴행 접근을 인정하고 있다. 또한 ERG이론은 매슬로우의 경우보다 복합적이며 종합적인 욕구 개념을 수립하여 개인의 행동을 설명하고 있다는 점에서 차이를 발견할 수 있다. 앨더퍼는 매슬로우의 욕구계층론을 수정하여 인간의 기본욕구를 존재욕구, 관계욕구, 성장욕구의 3단계 욕구로 구분하여 설명하고 있다.

11 정답 ③

젊고 유능한 인재를 등용하는 이유는 능력보다 잠재 가능성을 중시하며, 평생에 걸쳐 고위직까지 승진할 수 있는 기회를 제공하기 때문이다.

12 정답 ③

공직윤리는 소극적으로는 부정부패인 비위·부조리를 방지·극복하고, 적극적으로는 공익을 증진하고 전문지식의 함양을 통하여 최선의 공공봉사를 하는 것이다. 그러므로 행정윤리의 소극적 측면이지 적극적 측면이 아니다.

13 정답 ②

집단평정(다면평정)의 경우 참여의 범위를 지나치게 확대하여 평정대상자를 정확히 모르는 상태에서 평가가 이루어진다면 오히려 정확성을 떨어뜨릴 위험도 내포하고 있다.

14 정답 ④

우리나라 정부의 예산편성 절차는 사업계획서 제출 → 예산편성지침 시달 → 예산요구서 작성 및 제출 → 예산의 사정 → 국무회의 심의와 국회 제출 순서이다.

15 정답 ②

자본예산제도는 경상지출은 경상수입으로, 자본지출은 공채발행으로 충당해야 하는 원칙을 가지고 있다. 자본예산은 인플레이션의 문제점과 적자 예산 은폐의 문제점을 가지고 있다.

16 정답 ④

학력, 연공, 근속년수 등의 속인 기준에 의거하여 보수를 책정하는 것은 연공주의로, 집단주의적 연고 질서의 확립과 Life Cycle과 일치하는 장점이 있지만 무사안일에 빠질 우려가 있다.

17 정답 ④

정치적으로 인기 있는 사업은 예산 확보가 용이하므로 우선순위를 일부러 낮게 매기고 인기가 없는 사업의 우선순위를 높게 매겨서 두 사업예산을 모두 확보하려는 전략을 사용한다.

18 정답 ③

③ 행정통제는 행정상 일정한 임무 수행 의무를 전제로 발생한다.

19 정답 ③

책임운영기관제도는 성과중심의 신공공관리론에 입각한 정부혁신의 일환으로 등장한 개혁적 정부조직모형으로, 행정개혁의 촉진요인이 될 수 없으며 최근 정부혁신의 결과물에 해당된다.

20 정답 ②

지방자치단체는 행정부에 해당하며 사법권은 보유하고 있지 않다.

제2회 | 하프모의고사 정답 및 해설

빠른정답

01	02	03	04	05	06	07	08	09	10
④	③	③	④	②	③	③	②	④	④
11	12	13	14	15	16	17	18	19	20
③	④	③	④	③	④	②	④	④	①

01
정답 ④

정치와 행정은 따로 분리될 수 없는 개념이다. 현대 행정은 정치적 영향 속에서 이루어지고 있으며, 행정 또한 정책집행을 넘어서 정책형성에 큰 역할을 한다는 것에 비추어 볼 때 정치와 행정의 관계는 연속적인 관계로 볼 수 있다.

02
정답 ③

넓은 의미로 보면 공유재도 배제성을 지니지 않기 때문에 무임승차 현상이 발생할 수도 있으므로 무임승차문제도 간접적인 원인이 될 수 있지만 이것이 직접적인 주된 요인은 아니며, 무임승차로 인한 과다공급 또는 과소공급에 의한 시장실패는 공유재보다는 공공재를 시장이 공급할 경우 나타날 수 있는 시장실패 현상이다.

03
정답 ③

니스카넨은 관료들이 승진 등의 자기이익을 극대화하기 위하여 필요 이상으로 자기 부서의 예산을 확대한다고 주장한다. 그 결과 정부산출물은 적정수준보다 과잉생산되어 정부실패로 이루어진다는 것이다.

04
정답 ④

보조금과 지원금 등은 분배정책의 수단이며, 재분배정책은 누진세 등 조세정책을 수단으로 한다.

05 정답 ②

내부접근형에서는 공중의제가 생략된다. 정부가 정부PR을 통해 공중의제화하는 것은 정부의 힘이 강하고 민간부문의 힘이 취약한 후진국에서 주로 나타나는 동원형이다.

06 정답 ③

비용편익분석이란 경쟁적인 공공투자 기회의 긍정적인 효과와 이에 수반되는 비용을 체계적으로 평가하고 가능한 한 이들을 계량화하며 대안의 비교 평가를 통해 가장 경제적이고 합리적인 대안선택을 기하는 기법으로 효율성을 중시한다.

07 정답 ③

내적 타당성이란 어떤 정책과 그 결과로 야기되는 효과 혹은 상황변화 사이에 지정한 인과관계가 존재하는 정도를 말한다. 즉, 관찰된 결과가 다른 요인들이 아닌 정책에 의해서 비롯된 것이라고 볼 수 있는 정도를 의미한다.

08 정답 ②

명령통일의 원리가 강조될수록 참모조직의 영향이 더욱 약화된다.

09 정답 ④

책임운영기관은 과정보다는 결과를 중시하는 성과중심의 조직이다.

10 정답 ④

④는 거래적 리더십에 대한 설명이다. 거래적 리더십은 업무를 할당하고, 그 결과를 평가하며, 의사결정을 하는 리더십을 말한다.

11

정답 ③

평정자의 평정기준이 일정하지 않아 관대화·엄격화 경향이 불규칙하게 나타나는 오류는 총계적 오류(불규칙적 오류)에 해당한다. 시간적 오류란 쉽게 기억할 수 있는 최근의 실적이나 능력을 중심으로 평가하려는 데서 생기는 오차를 말한다.

12

정답 ④

① 공무원의 정치적 중립은 엽관주의나 정당주의 인사를 약화시킨다.
② 일반적으로 정치적 중립이 강화되면 행정의 능률성과 전문성이 높아진다.
③ 현대적 관점의 정치적 중립은 행정의 정치적 성격을 일체 배제하려는 것이 아니라 정치성을 띠어도 공평무사한 행정만 하면 된다.

13

정답 ③

수정예산은 정부가 의회에 제출된 예산안이 의결되기 전에 다시 정부가 그 내용을 수정하는 것을 말한다.

14

정답 ④

매년 사업의 존속·축소·확대 여부를 원점에서 새로 검토하여 예산을 편성하는 방식을 영기준 예산제도라고 한다.

15

정답 ③

① 대표관료제는 집단이기주의의 폐단이 발생할 가능성이 있다.
② 대표관료제는 사회의 인적 구성을 잘 반영하도록 구성될 수 있다.
④ 대표관료제는 소수집단 혹은 소외된 계층에게는 기회균등의 원칙을 보장할 수 있다.

16

정답 ④

결산은 행정부와 입법부의 결산 절차로 나누어 진행된다.

17
정답 ②

과세에 대한 수직적·수평적 형평을 파악할 수 있으므로 재정부담의 형평성 재고, 세수 인상을 위한 정책적인 판단 자료가 된다.

18
정답 ④

내부통제장치의 확보는 행정윤리의 확보방안이다.

19
정답 ④

영국은 주민자치형으로 자치행정만을 포함하며, 위임행정을 포함하는 것은 단체자치형이다.

20
정답 ①

지방채는 지방자치단체가 재원조달을 목적으로 증권발행을 통해 민간부문으로부터 자금을 조달하는 채무형태의 재원을 말한다.

제3회 | 하프모의고사 정답 및 해설

빠른정답

01	02	03	04	05	06	07	08	09	10
①	④	①	④	①	③	③	②	①	③
11	12	13	14	15	16	17	18	19	20
②	④	③	②	③	④	①	④	③	④

01 정답 ①

관료제적 성격은 행정과 경영 모두 가지고 있는 성격이다.

02 정답 ④

〈인간관계론의 한계〉
- 비합리적 · 정서적 · 감정적 요인을 지나치게 강조한 결과 인간의 경제적 동기를 지나치게 경시하였다.
- 공식 조직의 합리적 기능을 경시하고, 비공식 집단의 중요성을 지나치게 강조하였다.
- 인간을 관리의 대상으로 삼는다는 점에서 관리방법 적용상의 기술적 한계가 현실적으로 존재한다.
- 조직 내의 개인 · 비공식조직을 단위로 사회적 · 심리적 관계를 연구하는 데에 그치고 있어 조직과 외부환경과의 상호의존적 작용관계를 설명하지 못한다.
- 사회심리적 욕구의 충족에 의한 동기부여를 지나치게 강조하고 있으며, 직무 자체를 중심으로 한 동기부여를 간과하고 있다.

03 정답 ①

현상학에서 상정하는 인간모형은 수동적이고 원자적인 개별적 인간이 아니라, 능동적이고 사회적인 인간이나 상호협력하는 인간이다.

04 정답 ④

무의사결정은 분권적 · 개방적 · 민주적인 사회보다 집권적이면서 폐쇄적 · 권위적인 사회에서 더 많이 나타난다.

05 정답 ①

탈내부규제 정부모형에 대한 설명이다.

06 정답 ③

① 정책문제는 공익성을 띤다.
② 정책문제는 주관적이고 인공적이다.
④ 정책문제는 동태적 성격을 갖는다.

07 정답 ③

총괄평가는 정책 프로그램의 최종적 성과를 확인하기 위해 주로 외부 평가자에 의해 수행되며, 평가결과는 정책 프로그램의 지속, 중단, 확대 등 정책적 판단 혹은 의사결정에 활용된다.

08 정답 ②

① 계선조직(Line)은 수직적 권한의 계열로 이루어져 있으며 업무수행과 관련된 결정권과 집행권을 보유한다.
③ 비공식조직(Informal Organization)은 조직 구성원들의 심리적 욕구를 충족시킴으로써 작업집단을 안정화시키는 순기능을 가질 수 있다.
④ 참모조직(Staff)은 일선에서 직접 정책을 수행하기보다는 주로 자문 · 조정 · 정보수집 · 자료분석 등을 통해 정책결정자를 도와주는 기능을 수행한다

09 정답 ①

비공식조직은 공식조직의 응집력을 약화시킨다.

10 정답 ③

총체적 품질관리는 고객만족을 서비스 질의 제1차적 목표로 삼고 조직 구성원의 광범위한 참여하에 조직의 과정 · 절차를 지속적으로 개선하여 장기적인 전략적 품질관리를 하기 위한 관리철학 내지는 관리원칙으로 개인적 성과측정 및 평가 등에는 적절하지 않다.

11
정답 ②

직위분류제는 인사행정의 경직화를 초래할 수 있다.

12
정답 ④

일반직 공무원과 달리 개별법의 적용을 받는 특수분야 업무를 담당하는 공무원을 특정직 공무원이라고 한다.

13
정답 ③

통일성 원칙에 대한 설명이다. 통일성 원칙의 예외로는 목적세, 수입대체경비, 특별회계, 기금 등이 있다.

14
정답 ②

수정예산은 정부가 의회에 제출된 예산안이 의결되기 전에 다시 정부가 그 내용을 수정하는 것을 말한다.

15
정답 ③

〈실적주의의 한계〉
- 기회균등의 문제 : 시험에 응시할 수 있는 기회가 동일하다는 것과 고용기회가 평등하다는 것은 다르다.
- 관료독재화의 문제 : 편협성을 지닌 관료제를 형성하여 민주적 통제를 곤란하게 한다.
- 유능한 인재 유치에 비적극적 : 과정을 중시하여 정실배제에 관심을 가질 뿐 적극적으로 유능한 인재 유치나 능력 발전에는 소홀하다.
- 독창적 인사행정 저해 : 인사권을 중앙인사기관에 지나치게 집중시킨 나머지 각 운영기관의 실정에 맞는 독창성을 저해한다.

16
정답 ④

특별회계는 예산의 단일성, 통일성 원칙의 예외로서 국가가 특정한 사업을 운영하고자 일반회계와 구분하여 경리할 필요가 있을 때 설치하는 것이다.

17 정답 ①

징계는 파면·해임·강등·정직·감봉·견책(譴責)으로 구분한다(국가공무원법 제79조). 직위해제는 징계처분보다 절차가 간편해 현실적으로 징계처분의 한 수단으로 남용되기도 한다.

18 정답 ④

행정개혁은 변동지향성, 목표 및 가치지향성, 지속성, 계속성, 동태성, 의식성, 인위성, 행동지향성, 정치성, 저항성, 개방성, 포괄적 관련성 등의 특징을 지닌다. 시간적 단절성은 계속성, 지속성과 상치되는 개념으로 행정개혁의 속성이 아니다.

19 정답 ③

행정개혁에 대한 저항 극복방안 중 규범적 전략인 자발적인 협력으로 사회적·공리적 전략에 해당한다.

20 정답 ④

우리나라는 전형적인 기관대립형을 택하고 있다.

좋은 책을 만드는 길, 독자님과 함께 하겠습니다.

2026 시대에듀 COMPACT 공기업 전공필기 기출적중 행정학

개정2판1쇄 발행	2026년 01월 05일 (인쇄 2025년 10월 23일)
초 판 발 행	2024년 01월 05일 (인쇄 2023년 11월 23일)
발 행 인	박영일
책 임 편 집	이해욱
저 자	시대전공필기연구소
편 집 진 행	김준일 · 이경민 · 오다움
표지디자인	김경모
편집디자인	조윤정 · 하한우
발 행 처	(주)시대고시기획
출 판 등 록	제10-1521호
주 소	서울시 마포구 큰우물로 75 [도화동 538 성지 B/D] 9F
전 화	1600-3600
팩 스	02-701-8823
홈 페 이 지	www.sdedu.co.kr
I S B N	979-11-434-0269-1 (13320)
정 가	25,000원

※ 이 책은 저작권법의 보호를 받는 저작물이므로 동영상 제작 및 무단전재와 배포를 금합니다.
※ 잘못된 책은 구입하신 서점에서 바꾸어 드립니다.

우리는 삶의 모든 측면에서 항상 '내가 가치있는 사람일까?'
'내가 무슨 가치가 있을까?'라는 질문을 끊임없이 던지곤 합니다.
하지만 저는 우리가 날 때부터 가치있다 생각합니다.

— 오프라 윈프리 —

공기업 전공필기 분야의 독보적인
COMPACT 시리즈

공기업 전공필기 시리즈로 공부하고 합격하자!

COMPACT 공기업 전공필기
기출적중 경제학

COMPACT 공기업 전공필기
기출적중 행정학

COMPACT 공기업 전공필기
기출적중 경영학

※ 도서의 이미지 및 구성은 변동될 수 있습니다.

공기업 전공시험의 최적대비서

[핵심이론]
확실한 기본기를 잡아주는 핵심이론 수록

[기출분석문제]
최신 기출경향을 빠르게 파악할 수 있는 기출분석문제 수록

[하프모의고사]
완벽한 최종점검과 실전경험을 위한 하프모의고사 수록

가장 빠르게 합격하고 싶다면?

합격의 지름길로 안내하는 **취업 베스트** 도서!

기출로 공부하는 일반상식 통합기본서
- 빈출상식 194선 + 무료동영상(최신시사특강)
- 공사공단·언론사·기업체 취업 대비를 위한 일반상식 종합서

공기업 일반상식·한국사 기출 500제
- 최근 출제된 상식만 모아서 500개 문제 공략
- 대표 공기업 상식 출제경향 분석표 제시

일반상식 만점 비법! 단기완성 시리즈

시험에 필요한 **모든 것을 한 권에** 담았다! 기출의 빈틈을 채우는 상식

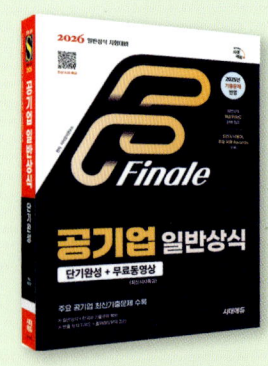

공기업 일반상식 단기완성
- 공기업 일반상식 필기시험 완벽 대비
- 최신기출문제로 본 일반상식 공략 비법 제공
- 빈출상식 키워드 + 출제예상문제 정리

7일 속성 취업 일반상식
- 필기·논술·면접 대비를 위한 취업 일반상식 필독서
- 공기업·기업체·언론사 기출 및 빈출상식 공략
- 7개 분야를 3단계 학습으로 7일 만에 완전 정복

신문으로 공부하는
말랑말랑 시사상식 시리즈

어려운 상식 키워드를 **쉬운 설명**과 **출제 기사**로 말랑말랑하게 공부하자!

시사상식 종합편
- 각 분야 155개 키워드를 쉽고 재밌게 정리
- 읽으면서 정리하는 신문 공부법 노하우 전수

시사상식 청소년
- 사고를 넓히는 시사상식으로 대입·토론 최적화
- 선생님도 훔쳐보는 시사상식의 모든 것

시사상식 경제·경영
- 시사 경제·경영 상식을 자연스레 암기
- 경제 키워드와 기초 경제학 이론까지 함께 공부

시사상식 과학·IT
- 과학 시사상식을 신문으로 재미나게!
- 과학·IT 상식을 손쉽게 쌓을 수 있는 방법!

센스 있는 지성인이 되고 싶다면?

빈틈없이 상식을 채워주는 **필수** 잇템으로 상식 마스터!

 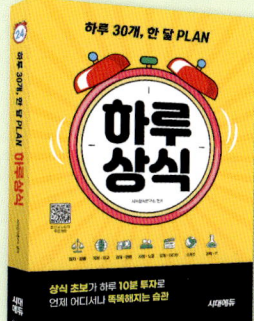

뇌가 섹시해지는 꿀잼 상식퀴즈
- 청소년부터 직장인까지 누구에게나 유용한 상식 퀴즈!
- 평소 찾기 힘들지만 알아두면 도움이 되는 문제를 분야별로 수록!
- 각종 퀴즈대회를 섭렵할 수 있는 절호의 기회

하루 30개씩 한 달 PLAN 하루상식
- 하루하루 쌓아 한 달이면 상식 완전정복!
- 취업 및 각종 시험에 필요한 상식 핵심 공략!
- 최신 이슈, '핫이슈 시사상식' 수록

※ 도서의 이미지 및 구성은 변동될 수 있습니다.

시대에듀 금융시리즈

시대에듀 금융, 경제·경영과 함께라면 쉽고 빠르게 단기 합격!

금융투자협회	펀드투자권유대행인 한권으로 끝내기	18,000원
	펀드투자권유대행인 출제동형 100문항 + 모의고사 3회분 + 특별부록 PASSCODE	18,000원
	증권투자권유대행인 한권으로 끝내기	18,000원
	증권투자권유대행인 출제동형 100문항 + 모의고사 3회분 + 특별부록 PASSCODE	18,000원
	펀드투자권유자문인력 한권으로 끝내기	31,000원
	펀드투자권유자문인력 실제유형 모의고사 4회분 + 특별부록 PASSCODE	21,000원
	증권투자권유자문인력 한권으로 끝내기	32,000원
	증권투자권유자문인력 실제유형 모의고사 4회분 + 특별부록 PASSCODE	21,000원
	파생상품투자권유자문인력 한권으로 끝내기	32,000원
	투자자산운용사 한권으로 끝내기(전2권)	38,000원
	투자자산운용사 실제유형 모의고사 + 특별부록 PASSCODE	55,000원
	투자자산운용사 출제동형 100문항 최신 9회분	33,000원
금융연수원	신용분석사 1부 한권으로 끝내기 + 무료동영상	24,000원
	신용분석사 2부 한권으로 끝내기 + 무료동영상	24,000원
	은행FP 자산관리사 1부 [개념정리 + 적중문제] 한권으로 끝내기	20,000원
	은행FP 자산관리사 1부 출제동형 100문항 + 모의고사 3회분 + 특별부록 PASSCODE	17,000원
	은행FP 자산관리사 2부 [개념정리 + 적중문제] 한권으로 끝내기	20,000원
	은행FP 자산관리사 2부 출제동형 100문항 + 모의고사 3회분 + 특별부록 PASSCODE	17,000원
	은행텔러 한권으로 끝내기	23,000원
	한승연의 외환전문역 Ⅰ종 한권으로 끝내기 + 무료동영상	25,000원
	한승연의 외환전문역 Ⅱ종 한권으로 끝내기 + 무료동영상	25,000원
기술보증기금	기술신용평가사 3급 한권으로 끝내기	31,000원
매일경제신문사	매경TEST 단기완성 필수이론 + 출제예상문제 + 히든노트	30,000원
	매경TEST 600점 뛰어넘기	23,000원
한국경제신문사	TESAT(테셋) 한권으로 끝내기	28,000원
	TESAT(테셋) 초단기완성	23,000원
신용회복위원회	신용상담사 한권으로 끝내기	27,000원
생명보험협회	변액보험판매관리사 한권으로 끝내기	20,000원
한국정보통신진흥협회	SNS광고마케터 1급 7일 단기완성	20,000원
	검색광고마케터 1급 7일 단기완성	20,000원
한국보건의료인국가시험원	국가고시 안경사 기출동형 단기완성	30,000원

※ 도서의 제목 및 가격은 변동될 수 있습니다.